中国社会科学院　学者文选

刘大年集

中国社会科学院科研局组织编选

中国社会科学出版社

图书在版编目(CIP)数据

刘大年集 / 中国社会科学院科研局组织编选. —北京：中国社会
科学出版社，2000.12（2018.8 重印）
（中国社会科学院学者文选）
ISBN 978-7-5004-2884-8

Ⅰ.①刘…　Ⅱ.①中…　Ⅲ.①刘大年—文集②史学—文集
Ⅳ.①K0-53

中国版本图书馆 CIP 数据核字（2000）第 54321 号

出 版 人	赵剑英	
责任编辑	冯广裕	
责任校对	李小冰	
责任印制	王　超	

出　　版	中国社会科学出版社	
社　　址	北京鼓楼西大街甲 158 号	
邮　　编	100720	
网　　址	http://www.csspw.cn	
发 行 部	010-84083685	
门 市 部	010-84029450	
经　　销	新华书店及其他书店	

印刷装订	北京市十月印刷有限公司	
版　　次	2000 年 12 月第 1 版	
印　　次	2018 年 8 月第 2 次印刷	

开　　本	880×1230　1/32	
印　　张	16	
字　　数	381 千字	
定　　价	95.00 元	

出 版 说 明

一、《中国社会科学院学者文选》是根据李铁映院长的倡议和院务会议的决定，由科研局组织编选的大型学术性丛书。它的出版，旨在积累本院学者的重要学术成果，展示他们具有代表性的学术成就。

二、《文选》的作者都是中国社会科学院具有正高级专业技术职称的资深专家、学者。他们在长期的学术生涯中，对于人文社会科学的发展作出了贡献。

三、《文选》中所收学术论文，以作者在社科院工作期间的作品为主，同时也兼顾了作者在院外工作期间的代表作；对少数在建国前成名的学者，文章选收的时间范围更宽。

中国社会科学院

科研局

1999 年 11 月 14 日

目　录

四　思想文化（上）

五　思想文化（下）

六　外　录

编　辑　前　言

　　中国社会科学院决定出版本院老专家文集，我国著名的马克思主义历史学家、中国科学院哲学社会科学部学部委员、俄罗斯科学院外籍院士、中国社会科学院近代史研究所名誉所长刘大年首当其选。刘大年先生非常重视这件事，他把它当作院里交给他的工作任务，认真准备文集的编选工作。非常遗憾地是，刘大年先生不幸已于 1999 年 12 月 28 日去世，他已经看不到这本文选的出版了。我受委托，就本书的编选事项做一点说明。

　　一、这本选集的编辑方针是刘大年先生自己确定的。考虑到此前刘大年已经出版过：《中国近代史诸问题》（1965 年，1978 年重印时改名为《中国近代史问题》）、《刘大年史学论文选集》（1987 年）、《抗日战争时代》（1996 年）等三种文选，这次新编选集，应该有新的面貌。新的面貌不仅要求有新的内容，在编辑方法上也要体现一种思想。这种思想，我想主要是指刘大年先生生平研究所追求的东西，一种马克思主义的思想力量。把自己的研究成果按照这种思想逻辑地编辑起来，而不是仅仅按照文章发表的时间先后为序。按照这种思想，这本文选共分为六个部分。第一部分是引论，所辑文章是讲中国近代史的宏观思考的；第二部

分称为历史关键（上），所辑文章讲孙中山和辛亥革命，这是近代
中国历史上的关键问题之一；第三部分是历史关键（下），所辑文
章是讲抗日战争研究及与此相关的思想理论问题，抗日战争是近
代中国历史上的又一个关键；第四部分是思想文化（上），所辑文
章是对中国近代传统文化尤其是马克思主义与中国传统文化相结
合的评论，其中大量评论了我国第一代马克思主义历史学家的学
术功绩；第五部分是思想文化（下），是对近代经学做出的马克思
主义评论，这一部分只收了一篇文章：《评近代经学》，全文 8 万
余字，可以说是刘大年先生最后一篇重要文章，是临终前在病床
上定稿的；第六部分称外录，所收文章涉及几位外国学者和朋友，
其中一篇题为《讲座元老　西京大师》，是记述日本京都大学名誉
教授井上清的。井上清是日本非常著名的马克思主义历史学家，
他是中国学术界的老朋友，是近代史研究所的老朋友，是刘大年
的老朋友。大年先生早就计划写一篇有关井上清教授的文章，一
直未能如愿。此次编文集，而且可能是最后一本文集，刘大年先
生认为不可没有一篇有关井上清教授的文字。但是这时候，大年
已经躺在病床上，不能捉笔，他便对随伺病床侧的子女口授了这
篇不长的文字。念兹于兹，可见刘大年先生与井上清先生的情谊。
1999 年 9 月 24 日，中国社会科学院举办"新中国社会科学 50 年
学术报告会"，刘大年作为老学者、老学部委员的代表在会上作报
告。这篇报告稿，现在就作为本书的代前言，题目是重新拟定的。

　　二、为了贯彻如上的编辑方针，在选取文章时，尽可能不与
前已出版的三种文集重复，又能体现刘大年先生一贯的研究旨趣。
所选文章，大部分都是在 90 年代内写作的，少部分是在 80 年代
写的，除了个别篇章是在 1979 年写的以外，70 年代以前写的文
章没有收进来。所以，像《论康熙》、《回答日本历史学者的问
题》、《亚洲历史怎样评价?》等 60 年代写作的名篇，这次都没有

收入。这本选集要尽可能体现作者一生的基本研究方向，又在说明作者在最近十年里作了哪些新的思考，随着时代的进步、学术的发展，作者在学术研究中有哪些新的发展、前进。看了这本选集，读者大体上可以明了。但是，读者要想了解作者的全面思想、全部学术成就，这部选集限于篇幅，就难以满足，需要参看他的其他选集、著作，以及散见于报刊杂志的各类文章。本书附有著作目录，可以给读者省去查找的麻烦。

三、全书的编选，是在刘大年先生指导下，由他的女儿刘潞协助完成的。大部分篇章，大年先生都重新看过，不少文章上都留下了他亲自斟酌、修改的痕迹。刘大年先生总是希望用准确、洗练的文笔来表达他的思想。他是对读者负责的。我接到文稿后，对篇章的选取和排序等方面，作了一点技术性的工作，包括一些校订工作，并拟定了生平年表和著述要目。限于篇幅，删除了一些篇目。

四、1999 年 11 月某日，在北京协和医院 601 病房里，我曾在大年先生病床旁短暂逗留。在谈到选集时，大年先生提到把我过去写的一篇介绍他的小文章作为他的文集的附录。我没有说话，点头表示从命。这是文集的这篇附录的由来。也许，这篇附录对于读者了解刘大年先生一生经历和学术成就，会有一点帮助。

五、刘大年先生是在八年抗战中，从太行山走下来的一位学者。他从 1949 年首次发表《美国侵华简史》，到 1999 年 12 月最后发表《评近代经学》，终身都在思考、探讨近代中国的历史。他曾经是抗日根据地一个拿枪的正规八路军战士，此后大部分时间都在从事思想理论战线工作，从事历史研究工作，他是思想理论战线上一个不知疲倦的战士。我把他概括为战士型的学者，学者型的战士。我们从这本文集里，完全可以看出他的这种特色。不管是中国近代史的宏观思考，还是具体历史问题的探讨，他都力求以马克思主义为指导，力求对近代中国历史的来由和去向，做出马克思主义的解说。他长于对政治史的探讨和分析，尤其长于对思想文化领域的历史研究和理论探讨。他对于唯物史观有许多阐说，对历史研究中的方法、理论，有许多独到的见解，对不同的、或者不一定正确的观点，他都能结合历史事实，结合国内外最新的研究成果，或者最新发现的资料，给与评论和解说，不自以为是，不强人所难，实事求是，循循善诱，平等讨论。读过这本文集以后，读者当会自己做出判断。

张海鹏

于中国社会科学院近代史研究所

2000 年 2 月 23 日

马克思主义哲学社会科学的
历史使命（代前言）[·]

五十年前，我来到中国科学院近代史研究所工作。那时是一名小学生、一名实习生。时间过去了半个世纪，我仍然是一个小学生、实习生。虽然老迈龙钟，还是抱着与各位一起学习、交流的愿望。

我是主张马克思主义对哲学社会科学研究的指导作用的。中国马克思主义的社会科学研究，从五四运动算起，到现在已经八十年。五四以后逐渐形成的马克思主义的社会科学研究者群体，特点显著，很值得回顾一下。

第一，研究者们都相当年轻。文史哲经等基础科学一些著名的马克思主义学者，都是在近来几年里由大家或者给他们做百岁诞辰纪念，或者祝贺百岁生日。他们引人注目的著作，都发表在二、三十年代之交，说明他们当时是朝气蓬勃的青年知识分子。第二，国家多难，他们都是满腔热忱的爱国者，各自在不同条件下参加爱国斗争，最终都走上了革命的道路。第三，他们是在物

· 原为在中国社会科学院主办的"中国社会科学五十周年学术报告"会上的报告，题为《与同志们交流》。

质生活匮乏，政治上遭受歧视、压迫的环境下去追求真理的。少数人当教授，生活也极不稳定。马克思主义当然是不可能公开讲的。看看三十年代的出版物上各种隐晦的书名、人名等就可以知道那种状况。第四，创造性研究，直接间接联系现实，是他们著作的特色。他们就这样给文史哲经等领域开了一种生面，把中国传统文化、现实生活的不同方面与马克思主义结合到了一起。

中国近代历史上的基本问题、主要矛盾斗争，一是民族丧失独立，要求从帝国主义侵略压迫下解放出来，二是社会生产、生活落后，要求实行工业化、近代化。马克思主义的社会科学研究，一开始就是和这两大矛盾斗争、两大潮流直接间接联系在一起的。其所以产生这种联系、它的要求和目标，用马克思主义一句高度概括性的话来说，那就是科学性与革命性的统一。在实践当中，两者在多大程度上实现统一，显然因人因时而异。但从主流来看，它是趋向一致的。它由增强科学性来增强革命性，在推动历史前进潮流中发挥作用。要求科学性与革命性相统一，这是中国马克思主义社会科学研究的力量、作用和最大意义所在。

新中国代替旧中国，民族独立了，给中国走向近代化打开了道路。但是民族独立了，不等于捍卫民族独立不受侵犯的斗争，就从此消失。中国的现代化还有很长的路要走，不可中途被打断。旧的矛盾过去了，新的矛盾斗争又会出现。而且旧势力也可以卷土重来。如今新殖民主义猖獗，否认独立国家主权，到处使用新炮舰政策。美国一直借口"人权"干涉中国内政。最近美国权势政客发表宣告，声称要"保卫台湾"。中央情报局工作报告，中国是它的五个重点国家之一，与美国一直在进行侵略颠覆的伊拉克排列在一起。日本修订"安保条约"，进一步加强与美国的军事同盟，共同部署战略防御导弹系统。同时制定"周边关系事态法"，为在全国实行战争动员作准备。一向是日本军国主义标志的"君之代"等，也通过法律肯定下来。面对诸如此类的情况，中国人民群众、首先是广大青年知识分子，新的爱国思想情绪高涨，要求自己有所作为。旧矛盾、新形势，斗争远没有完结。

老一辈马克思主义研究者已经完成他们的任务。谁来继承他们开拓的更新科学文化知识与善于解说国家前途命运相统一的传统，并加以发扬光大之，那当然就是今天我们现在年力旺盛的、特别是八九点钟太阳的青年学子；是今天成熟的爱国者；是今天那些顽强执着、不怕艰难辛苦、勇于追求真理、勇于创造的人。这也就是说，回顾前代先进知识分子的传统，今天年轻的和未来的马克思主义社会科学研究者，从新的社会实践中汲取智慧，处理自己面临的问题，取得远超过老一辈马克思主义研究者的成就，是理所当然的。

众所周知，国外和国内一些人，异口同声，认定马克思主义早就过时了。那它怎么还能够成为社会科学研究的指导思想呢？我想这不是一个凭口舌争论来解决的问题。

马克思主义是资本主义生产力与生产关系存在、资本主义社会制度存在的产物。说它"万古长青"，那不符合马克思主义原理。看看《共产党宣言》就可以明白。说它早就过时了，那就请看看资本主义世界的现实。去年是《共产党宣言》发表一百五十周年。各国学术界、西方媒体讨论热烈。美国主流报纸《华盛顿邮报》去年3月31日刊载的美国事业研究所研究员詹姆斯·格拉斯曼的一篇题目叫《卡尔·马克思的手》的文章，对于我们了解资本主义世界现实，可以有所帮助。去年我在一篇文稿里引用过，现在再略加介绍如下：

"马克思的革命主张首先是：至今一切社会的历史，都是阶级斗争的历史，而目前的，也是最后的阶级斗争是在'两大敌对阵营'……（即资产阶级和无产阶级）之间展开的；第二是：在控制着一切，但最终必将消亡的国家体制之下的集体主义是社会的最好的组织形式。""即便是在美国，我们也依旧按照马克思的划分办法把我们自己划归某一个阶级。在 1996 年的一项调查中，45%的美国人自称是'劳动阶级'（即无产阶级），45%的人自称是'中产阶级'（即资产阶级）。""在《共产党宣言》中，马克思把'征收高额累进税'——也就是美国今天实行的这种所得税——作为无产阶级取得统治地位、'夺取……资产阶级的全部资本，把一切生产工具集中在国家手里'的第二号药方，这不是偶然的。""马克思的思想在集体主义和国家控制这方面的影响最大，也最不为人所注意。一个证据是：直到不久前，人们还确信由政府管理的养老金制度——称为'社会保障'——应当为所有美国人提供退休金。""马克思的影响依然存在的另一个例证是认为政府应当——通过税收、规章和补贴——掌管经济决定的看法，在欧洲，特别是在亚洲，此类政策大行其道。"

归纳一下这几段话，它的要点是：（一）阶级、阶级分析与美国现实情况相符合；（二）无产阶级夺取资本家的全部资本问题，美国今天就在实施高额累进税制；（三）人们确信政府应当为全体美国人提供社会保障；（四）国家应当掌握社会经济，这种政策在欧洲、亚洲正在施行。

什么是资本主义世界的现实？从《卡尔·马克思的手》我们可以知道，各种不同形式所表现出的资本主义制度下生产力与生产关系之间无法解决的矛盾，依然是当今资本主义世界根本的现实。只要这个现实是客观存在，而非唇舌文字所能推倒的，反过来，它就是对种种马克思主义过时论最强有力的反驳。对待马克思主义，要摒弃教条主义，不把自己变成"古之人！古之人！"同时，要承认科学的指导思想。

资本主义制度下生产力与生产关系的矛盾，处在经常的剧烈运动演变中。科学技术的迅速革新不可阻挡，资本主义社会出现某些社会主义成分，也就不可阻挡。什么东西不符合资本主义生产、市场竞争的需要，人们就不会长期接受。它就迟早要改变，去适应用最新科学技术装备起来的充分现代化了的资本主义生产的运转。其中有许多具体的内容、过程，我们并不知道。我们必须认真、全面地研究它们，保持马克思主义的科学生命力。一切科学研究必须从解决具体问题入手，而我们的视界应当更加寥廓。马克思主义是从解剖他那个时代的资本主义开始，又以研究资本主义的结论为基础，全面建立起现在我们所知道的这个科学思想体系的。马克思如果复生，来到今天这个世界上，他也一定要全面研究现代资本主义，加上全面研究现代社会主义，极大地丰富、发展自己的伟大学说。这强调说明，今天马克思主义哲学社会科学的历史使命，应当就是全面研究现代资本主义，加上全面研究现代社会主义，来攀登上一个全新的制高点，回答人们期望得到回答的当代社会生活中一些重要的问题。

西方媒体、评论界对现代资本主义的看法各种各样。法国现任总理若斯潘说："资本主义的目的就是攒钱。""资本主义的敌人就是资本主义。"这话很精辟。现代资本主义越是用最新科学技术装备起来，就越是加速走向自己的极限。人类全部文明史的经验告诉我们，这不是像天体认识上，宇宙到底有边还是无边那个至今人们还无法确认的难题。

我这个社会科学院的老实习生，虽然没有放弃还想做点什么，实在够不上老有所为了。就说这一些，算是与各位一起学习、交流！

1999 年 9 月 24 日

一　引　论

当前近代史研究的几个理论问题*

中国近代史领域目前引起研究者重视的问题不少。我在这里就其中带有共同性的几条说点想法。各条多寡不求相近，有话则长，无话则短。无以名之，姑且叫做方法论问题。

一　近代科学与近代方法论

自然科学与社会科学各有自己的方法论。过去是这样，现在也是这样。

方法论讲指导思想，也讲基本的研究方法。科学研究的结论，只能来自研究的末尾，不能来自开头。科学研究一开始，怎么就能够提出指导思想呢？可是我们知道，人们了解任何一件事物都是在前人积累下来的知识、经验上开始的。那些知识、经验有可靠的，有不可靠的，它们是人们了解任何一件事物的前提。科学研究的指导思想或理论，就是对前人取得的有关知识、认识的总

---

　　* 原题为《方法论问题》，载《近代史研究》1997年第1期，1997年1月11日《人民日报》发表时有所删节。

结、提高，是对那些知识的理论化、系统化。科学研究没有思想理论指导，就会成为盲目的、原始的，前人早就指出过这一点。事实上人们对社会历史的了解、认识，常常不受这种思想倾向影响、左右，就要受另一种思想倾向影响、左右，区别只在于自觉与不自觉。有人热衷标榜讲历史要"浩然中立"，只讲事实，不讲指导思想，那不过是表示他拒绝某种指导思想，而偏爱另外的指导思想。

近代历史科学或整个社会科学的方法论必须是一个足以阐明从社会经济基础、人的地位作用到上层建筑的辩证运动的科学思想体系。而且这体系必须是开放的、非封闭性的。今天我们现有的知识中从哪里去寻找合乎这个要求的方法论呢？中国传统历史学的方法论，有必须继承发扬的值得珍贵的部分。孔子传播《春秋》，对"义"与"事"两者平列。司马迁在《史记》上提出"义"与"法"并重。"事"是"义"的根据，"义"就是观点、主义，"法"则是具体方法。《春秋》一书的精华后人把它归结为"尊王攘夷"。翻译为现在的话，就是维护国家统一，抵抗外来侵略。它是孔学对中国历史最伟大的贡献。人们推崇孔学这样那样了不起，不讲这一条，好像尚未抓住要点。但孔学集中讲伦理哲学，而对社会生活的基础完全缺乏认识理解。孔子反对学稼、学圃，即反对讨论社会生产问题。整个《论语》除了孔子的一个学生名字叫"商"，没有"商"字。把社会物质生产、生活排除在认识社会历史之外，这是孔学根本的弱点。照现在的话来说，就是缺少唯物论，没有经济学思想。人们批评孔学这样那样糟，不讲这一条，好像也尚未抓住要点。孔学整个体系是建立在小农经济基础上的血缘关系、等级制度的封闭体系，这不必证明。西方讲哲学，讲历史方法论的学说、观点，从过去到现在，传到中国来的不胜枚举，这里无法一一论列。简单地讲，那些学说、观点，或者在某方面存在合理性，带有先进性，或者能够讲出一番道理，是与非兼而有之，其中有糟粕充斥，转瞬即逝的，有一直受人注目的。但是，它们之中，没有哪一家是上面说的几个要素俱全，足以成为一个科学思想体系的。迄今为止，有此一家，那就是马克思主义历史唯物主义。历史唯物主义当然不止是讲中国近代史的思想方法论。中国近代史有一个非常特殊的地方，民族矛盾与阶级矛盾两个矛盾并存；半殖民地半封建社会迅速下沉，与近代工业出现并微弱上升两种趋向并存。由此我们可以这样说，抓住近代中国两个矛盾，社会变动中的两种趋向这个特点，应用历史唯物主义，认识由它们构成的矛盾运动、各种事变、社会势力、人物，他们之间的相互关系，及其演变发展过程和结局，这就是研究中国近代史的基本思想方法。迄今为止，只有它够得上现代的方法论。

二　中国近代史上两个基本问题

中国近代 110 年的历史基本问题是两个。一是民族不独立，要求在外国侵略压迫下解放出来；二是社会生产落后，要求工业化、近代化。两个问题内容不一样，又息息相关，不能分离。

关于民族不独立。鸦片战争以前，中国独立于世界的东方，政治上、文化上对周围地区广有影响。英国用鸦片和大炮打开中国大门之日起，情况发生了根本性变化。中国在战争中遭受失败，割地赔款，受到不平等条约束缚。国家衰败下来，民族不独立了，社会开始逐渐走上半殖民地道路。民族矛盾从此成了社会生活里的基本矛盾之一。

中国近代最突出、令人睁眼就能够看到的，是一场接一场联绵不断的战争。其中一类，是列强发动侵略，施加民族压迫，中国抵抗侵略的对外战争。从鸦片战争到1945年抗日战争结束，包括英军进攻西藏、日本两次出兵山东与"九·一八"占领东北等，列强侵略中国的战争共12次，历时16年又9个月。也就是说，近代中国每十年里，就有一年半的时间是在外国侵略者发动的战争中度过的。这一类是中国各阶级共同起来直接抵抗侵略的战争。大地主大资产阶级当权势力，多半先出来组织或参加抵抗，然后屈服退出。抗日战争中蒋政权没有中途退出，那是人民力量兴起和国际环境影响造成的例外。再一类是对内战争，如太平天国、辛亥革命、北伐战争、共产党领导的第二次国内革命战争、第三次国内革命战争等。这些战争好像不是对着外国的，但实际上都是在外国侵略压迫的背景下出现的。对外对内两种战争直接针对的对象与参加者不同。前者是各阶级联合起来抵抗帝国主义，后者是人民对帝国主义与中国封建势力同盟进行革命，那个同盟的盟主正是帝国主义。两种战争来回改变的只是民族矛盾与阶级矛盾哪个为主为次，暂时哪个最尖锐，而不是改变民族独立的目标，不是改变民族矛盾的存在。两种战争集中到一点，是强调说明了中国的近代首先存在民族不独立，中国要求在外国侵略压迫下解放出来这个基本问题。

关于近代化。近代化的核心是工业化。从落后的封建社会进到工业化，是与资本主义分不开的。中国封建经济相当发达，走上资本主义，实现近代化，是历史发展的一种趋势。但是中国的资本主义还没有来得及露头，就受到外国侵入的沉重压制。中国的近代化由此陷入了困境，多灾多难。外国资本主义侵入促使封建经济解体，给中国资本主义生产创造了某些条件和可能，例如机器设备输入，技术引进等。外国既然要利用中国的原料和廉价劳动力，利用中国作为倾销产品的市场，就必须把某些设备、技术带进中国，为自己的利益服务。不那样做是不可能的。然而外国侵入的本来目的，不是要听任中国发展资本主义，而是要变中国为殖民地半殖民地，奴役压榨中国人民，是要阻止中国发展民族资本主义，阻止中国实现国家工业化。他们为了自己的利益，不这样做更是不可能的。

中国资本主义工业挣扎着冒出地面的时候，中国的海关掌握在外国人手里，外国人自由地在中国开设银行、工厂，列强的兵舰商船自由地在中国沿海、内河航行，日英美法意等国的军队驻扎在中国土地上，中国的广大地区成了列强的势力范围，而且一国得利，各国均沾，外国租界更遍布中国许多城市。中国产业与外国产业在华资本相比，外国资本远远超过中国资本。不仅如此，外国资本是商业掠夺性的，它依靠帝国主义的特权，利用投资获取最大的利润。中国资本根本没有力量竞争，处处要仰外国资本鼻息，求得生存。中国的工业中主要又是轻工业，重工业几乎等于零。以钢为例，1936 年全国除东三省外，钢的产量不足 5 万吨。1949 年全国钢产量也只有 15.8 万吨，相当于英国 19 世纪初的水平。科学文化教育的落后人所共知。政治黑暗没有民主，更不待言。所有这些，集中到一点，是强调说明了中国的近代存在社会生产落后，中国要求工业化、近代化这个基本问题。

中国近代史上的民族独立与近代化，这两个基本问题是什么关系，又如何去解决呢？

民族独立与近代化，是两件事，不能互相代替。民族独立不能代替近代化，近代化也不能代替民族独立。它们紧密地联结在一起，不是各自孤立的。没有民族独立，不能实现近代化；没有近代化，政治、经济、文化永远落后，不能实现真正的民族独立。中国人民百折不回追求民族独立，最终目的仍在追求国家的近代化。1949 年，毛泽东说："夺取全国胜利，这只是万里长征走完了第一步。"第二步，第三步是什么，那就是解决近代化问题了。

但是民族独立与近代化毕竟是两个不同的问题。它们各有各的特定内容。民族独立是要改变国家民族被压迫的地位，推倒半殖民地半封建统治秩序。从根本上说是要解决生产关系的问题。近代化则是要改变中国经济、文化落后的地位，要发展以近代工业生产力为主干的社会生产力。从根本上说是要解决生产力的问题。两个问题的内容不同，解决的方法也就不一样。人们无法来实现两任务同时并举，或者毕其功于一役。那么，先从发展工业、发展资本主义入手，实现中国的近代化，然后去解决民族独立问题，行不行？人们不是没有这样想、这样做过。工业救国、教育救国、科学救国、物质救国的主张者，都从这方面作过了努力。但是不行！为什么？就因为有帝国主义与封建主义相勾结，使中国处在殖民地半殖民地半封建统治秩序下，就因为那种统治秩序竭力保护的生产关系，使中国变得越发贫穷落后，生产凋敝，民穷财尽，严重阻碍着中国新生产力的发展；就因为帝国主义的侵略压迫，大片国土沦丧，民族生存且不保，中国这时哪里来的工夫、力量去实行近代化？帝国主义怎么会允许你去实行近代化？事实摆在这里，此路不通。剩下的惟一解决办法，就是走革命的路，推翻半殖民地半封建统治秩序，取得民族独立，为中国实现近代化打开新的天地。历史就是沿着这条路行进的，而且终于走通了。这说明它是一条惟一正确的道路。

以前我们把中国近代史叫做"民主革命"时期的历史。"民主革命"里面有民族独立的要求，没有直接的工业化的要求。这当然不是表示革命者们不要求实现近代化，而是表示他们知道中国的近代化要从解决民族独立问题来突破难关。难关一旦克服，中国实现近代化的办法就形成了，前进的道路就打开了。这就是中国近代历史曲折地走过了110年的道路和结局。

三　社会性质

如何看待近代中国的社会性质。前代人根据种种调查、研究、论证，认定近代中国社会是一个半殖民地半封建社会。这个认识已经为全部革命实践和历史发展所检验、证明。现在一些出版物上有说"两半论"是所谓毛泽东的"失误"，影响了中国反封建任务完成的；有说外国侵入破坏中国领土主权，并不能改变中国社会性质的；有说辛亥革命以前为封建社会，以后为资本主义，无所谓"两半"的；有说"半封建"不准确，妨害与"境外"同行交流接轨的，等等。对历史上传流下来的学术概念有疑问，应当讨论、阐述，但事实终归无法改变。

半殖民地指民族不独立，国家领土主权遭到破坏，重点讲的对外一面；半封建指长期的封建制度开始崩溃，但没有成为独立的资本主义，重点讲的对内一面，它们互为表里，密切不可分，取消其中的一面就不存在另外的一面。中国现在多了一个外国侵略，少了一个民族独立，多了一个外国支持的封建统治势力，少了一个工业化，近代化。中国社会历史要前进，必须反帝反封建，取得民族解放独立，打开走向近代化的道路，认定中国近代社会是半殖民地半封建社会，就是指出这个历史真理，这就是它的意义。说什么提出"半封建"延误了中国反封建任务的完成，那么，这个"全封建"除了共产党领导人民废除了的封建土地制度和推翻了的蒋政权又是什么呢？说外国破坏中国领土主权不能改变社会制度，那么，英国占领香港、日本占领台湾和东三省，算不算把那些地方变成了殖民地？说辛亥革命以前为封建社会，以后为资本主义，那岂不是说辛亥以前以后都不存在帝国主义侵略中国的踪影了吗？这一些，不管出于什么设想，实在是不通之论！科学研究只追求对事物的客观认识，与"境外"境内是否接轨全不相干，就像中国革命、中国历史走自己的路，与"境外"态度如何，毫不相干一样。

半殖民地半封建社会是一个过渡性社会。前面是封建社会，后面是社会主义。如果它始终被旧的社会力量所压倒，而不能从内部酝酿出新的力量，那个过渡就不会实现。种种否认半殖民地半封建的说法，徒然各逞臆见，不顾后面留下了什么问题。中国近代历史上存在着一个特殊的矛盾现象：在民族遭受压迫和民族工业出现上存在着虽不相等却是明显的两个走向、两条路线。一条是急剧的下降线，半殖民地半封建统治秩序不断加深，中国最后被推到了接近亡国的险境。一条是曲折而微弱的上升线，19世纪六七十年代中国近代工业出现，20世纪初短暂地显现出一个小小的浪潮，尽管也只限于轻工业。这个浪潮在第一次世界大战结束，帝国主义再次加紧控制以后成为过去，但是直到日本发动全面侵华战争，民族工业也仍多少保持增长倾向。这个事实表示什么？这个事实表示中国社会的经济基础出现了微弱的部分的但是前所未有的变化。它是中国历史上的最新事物。伴随着它，中国出现了新的社会力量，出现了民族资产阶级、工人阶级、近代知识分子。它们的地位、作用不同。其中工人阶级是近代工业的生产劳动者，最富于革命性、创造性；民族资产阶级有软弱妥协的一面，有要求革命的一面；近代知识分子并非同一色调的群体，但主流是反映时代走向的。因此，它们是不同于旧的社会力量、不同于大地主、大资产阶级的，后者在一定条件下可以参加反对外国侵略的斗争，但最后又或者对外屈膝投降，或者动摇妥协，终归是以保住自己的统治权为目的而行事的社会力量。这些新的社会力量，各自凭着自己的作用，再加上占人口最大多数、强烈要求反对剥削压迫的农民群众，才构成了争取民族独立、解放的最后支柱，中国历史才由此最终打开了前进的道路。这些新的社会力量，一般说，和民族工业的出现与存在直接间接，或多或少是相联系的。半殖民地半封建社会和其他任何社会一样，是一个整体运动过程。民族压迫与近代工业同时存在的下降与上升两条线，两个走向的矛盾运动，是中国半殖民地半封建社会整体运动的两个方面，两种方向。帝国主义与封建势力相结合，把中国推进了黑暗深渊，民族工业、新的社会力量出现，给中国前景带来了光明。否定半殖民地半封建社会存在，那既是否定中国在帝国主义侵略与封建统治下在黑暗深渊里下沉，也是否定经济基础变化、新的社会力量出现推动了中国开始朝着光明的前景行走。照那些否定半殖民地半封建社会的说法看来，中国近代110年的正反两面，实际上什么都不再剩下，只剩下了漆黑一团或者白茫茫一片。

四　阶级分析

　　私有制社会里，人们由于在生活资料谋得方式、生产资料占有关系上的不同，形成了地位不同的社会阶级。研究私有制的历史，阶级分析是基本的分析方法。所谓基本的方法，是说不能牵强附会，把什么都拉到阶级上来解说，反过来，也决不可以丢掉阶级分析去认识、评定历史上一切重要的人和事，去认识看待历史的运转变迁。我们当然知道，讲中国近代史是否采取阶级分析方法，叙述重大事变，评价人物活动，结论是不一样的。但是也不一定就知道，拒绝基本的阶级分析，那完全可以从人们早已达到的合乎历史实际的现实认识，会一百八十度向后转，把颠倒过来了的历史再又颠倒过去，以至比没有加工没有雕琢的唯心史观，显得更加荒唐。现在就有这样的典型事实。

　　请看下面两个实例：

　　太平天国是一场农民战争，农民起义，学术界对此早有定论，无可疑义。前几年出版的冯友兰《中国哲学史新编》第 6 册集中论述太平天国、洪秀全与曾国藩，提出一个根本相反的说法。照冯著上说：近代中国进步的人们都向西方学习，"洪秀全和太平天国所要学习而搬到中国来的是西方中世纪的神权政治，那正是西方的缺点……洪秀全和太平天国如果统一了全国，那就要使中国倒退几个世纪"，"把洪秀全和太平天国贬低了，其自然的结果就是把它的对立面曾国藩抬高了。曾国藩是不是把中国推向前进是可以讨论的，但他确实阻止了中国的倒退，这是一个大贡献"①。"洪秀全宣传基督教，实行神权政治，这在客观上是和西方的侵略起了里应外合的作用"②。"洪秀全和太平天国的对立面，名义上是清朝皇帝，实际上是当时的湘军统帅曾国藩"③，"曾国藩的《讨粤匪檄》中说太平天国'乃开辟以来名教之奇变，我孔子孟子之所痛哭于九泉，凡读书识字者又乌可袖手安坐，不思一为之所也?!'这几句话说出了曾国藩、罗泽南等人共同的激愤和目标……照这些话看起来，曾国藩和太平天国的斗争，是中西两种文化、两种宗教的斗争，即有西方宗教斗争中所谓'圣战'的意义。这是曾国藩和太平天国斗争的历史意义。曾国藩认识到，在这个斗争中所要保护的是中国传统文化，特别是其中的纲常名教"④。"在对付太平天国的问题上，曾国藩和清廷的目的是相同的，但其出发点不同。清廷的出发点是维护自己的统治，曾国藩的出发点是保卫

①　冯友兰：《中国哲学史新编·自序》第 6 册，人民出版社 1989 年版。
②　同上书，第 71 页。
③　同上书，第 73 页。
④　同上书，第 75 页。

传统文化。他和清廷是同床异梦，同归殊途"①。"曾国藩的成功阻止了中国的后退，他在这一方面抵抗帝国主义的文化侵略，这是他的一个大贡献"② 如此等等。

拿冯友兰《新编》6 册上这些论述和历史事实对照一下，我们马上就知道：

（一）否认太平天国农民战争的性质是撇开历史的本质，掩盖事实真相。太平天国袭取西方宗教皮毛组织动员群众，但在它的全部斗争中从来没有对外国侵略者损害中国主权利益的要求屈服过，它所到之处，破坏清政府与西方签订的损害中国利益的条约。它几次进攻外国军事控制的上海，在浙江和整个苏南地区，一直与清政府雇佣的实际是外国侵略军进行着大规模战争。只是在外国侵略者干涉下才最终遭到失败的。这说明太平天国期间农民群众是反对外国侵略的主力军。太平天国的性质不取决于它奉行袭取基督教皮毛而创立的拜上帝教那种形式。拜上帝教是否与基督教相合，当时西方传教士、外交官争论不休，那都毫无意义。太平天国的性质是由广大贫苦农民构成运动的基本队伍，《天朝田亩制度》等纲领政策和运动一开始就把打击目标指向整个封建统治秩序所决定的。《天朝田亩制度》的核心，是从根本上否定封建土地所有制，没收地主土地，平分给农民耕种。否定封建土地制度就是挖掉地主阶级生存的根基，这是封建统治阶级必须拼死相争的。虽然《天朝田亩制度》事实上不可能实行，却是最突出地表现了农民群众要求摆脱封建统治剥削的强烈愿望。太平军所到之处，给封建势力以打击是毫不留情的实实在在的。宗教的形式是它的外壳。农民运动要以宗教作为组织形式，很容易理解。《中国

① 冯友兰：《中国哲学史新编·自序》第 6 册，人民出版社 1989 年版，第 93 页。
② 同上书，第 76 页。

哲学史新编》上其实对这个问题讲得十分清楚了。它说："中国历史中的农民起义向来都以宗教为组织形式，因为农民是散漫的，如果没有一种宗教作为中心，它们就组织不起来。洪秀全等人用拜上帝教组织农民，这是农民起义的规律，和黄巾起义用太平教作为组织形式完全一样。不过洪秀全等人适逢其会，自己先受了西方传教士的影响，先信了基督教，所以就利用基督教组织农民。这正说明西方的传教士已经在中国社会中发生了影响……"①"在封建社会里，农民的生产是个体生产。在地主阶级的剥削和压迫之下，他们被剥夺了学文化的权利。农民起义往往要依靠一种宗教组织起来，借用一种宗教的观念，表达自己的要求和愿望"。这说明《新编》著者也清楚地知道太平天国也不过是"借用一种宗教的观念，表达自己的要求和愿望"。它之所以"借用"基督教不过是"适逢其会"而已。既然这一点是明确的，太平天国的农民反对地主统治的斗争当然也是明确的。不从这里立论，完全离开实质，掩盖了事件真相。

（二）说太平天国是外国的工具是对太平天国、清政权与外国侵略者三者的关系的根本歪曲。清政权最初对太平天国袭取基督教的外貌，是否与外国有什么联系，多少有过疑虑。但当英法发动第二次鸦片战争经过一些冲突试探以后，清政府那种疑虑消失了。那就是发现"夷人并无他志"，即并不想推翻清政权取而代之，是可以合作的。于是与打着传播基督教文明的西方国家相结合来镇压太平天国农民起义就成了它的基本方针。在西方一面，《北京条约》签订以前，英法等国还伪装"中立"，实际支持清军，打击太平军。在那以后，它们马上撕去伪装面纱，站在清政府一边，进攻太平天国。1862年3月，英国下院正式作出决议，以太

---

①　冯友兰：《中国哲学史新编·自序》第6册，人民出版社1989年版，第71页。

平天国为敌人，并准备同中国再进行一次战争。《泰晤士报》发表社论，欢呼"我们很高兴地说，下院对中国那些祸水（太平天国）的本质以及应该怎样对待它们的问题，看法完全一致"。英国政府接连采取措施，支持英国军人在中国训练清军，英国议会有人指出，清政府现在成了英国"新的被保护人"。俄国、法国也向清政府提供武器，并表示愿意派兵帮助清军作战。基督教的西方国家竟然与清政府联合起来攻打被认为是基督教侵略中国的"里应外合"工具的太平天国，也就是说，基督教自己打倒自己，西方文化跟西方文化自己开仗！试问这不是太过荒唐了吗？拿曾国藩来说，在第二次鸦片战争中，他没有动用过一兵一卒去对付外国侵略者。第二次英法联军向北京进攻，清政府慌忙号召各地"勤王"，他也无动于衷。《北京条约》以后，他马上赞成借用洋兵作战，说"目前资夷力以助剿济运，得纾一时之忧"①。1862年，湘军主力在南京城外遭到太平军包围，曾国藩同意由白齐文率领"常胜军"从上海前来增援，由于英军司令作梗，没有实现。这时曾国藩节制的李鸿章的淮军进攻苏、常，在很大程度上靠了戈登统领的"常胜军"协助。怎么能够说曾国藩这是对西方宗教作战，而不是与外国侵略者联合起来对中国的农民革命作战呢！国内农民与地主的阶级战争，变成了中国与西方两种宗教、两种文化的战争，国内战争变成了对外战争，地主阶级与西方侵略势力联合起来镇压起义农民变成了农民充当西方工具对中国进行文化侵略，捏造错乱，孰甚于此！

（三）所谓宗教、文化战争是随意割裂《天朝田亩制度》和《讨粤匪檄》而来的。《天朝田亩制度》的基本内容是全面地逐一地对封建社会的秩序从经济基础到上层建筑、意识形态的彻底否

---

① 曾国藩：《曾文正公全集·奏稿》第12卷，传忠书局版，第58页。

定，因此，曾国藩《讨粤匪檄》针锋相对，是全面地逐一地对《天朝田亩制度》所设计推行的从经济基础到上层建筑意识形态的极力批驳，"农不能自耕以纳赋，而谓田皆天主之田，商不能自贾以取息，而谓货皆天主之货"。强调君臣父子，上下尊卑自古以来是谁也不能改变的。太平天国居然自称天王，下至士兵，"皆以兄弟称之，谓惟天可称父，此外凡民之父皆兄弟也、凡民之母皆姊妹也"，毁灭人伦，冠履倒置。然后才是"士不能诵孔子经，而别有所谓耶稣之说，新约之书"那句话。《新编》置前面的全面逐一反驳《天朝田亩制度》的文字于不顾，单单挑出后面那句话来做文章，说曾国藩是保卫中国文化，进行"圣战"，那岂不是说他并不重视保卫封建土地私有，并不重视保卫君臣父子上下尊卑统治秩序，并不重视毁灭人伦，冠履倒置。《新编》知道两种文化的战争难于成立，于是又把湘军首领曾国藩与清朝皇帝镇压太平天国离奇地区分为两种不同的出发点。依照这种乱说，就先要承认清朝皇帝并不强调孔学教义，不需要利用它来挽救统治危机，而曾国藩只关心保卫程朱道学、纲常名教，并不看重维护地主国家的整个统治。事实是，在太平天国暴风骤雨般的进攻面前，最早抬出孔学教义来整饬内部，笼络民心的是咸丰帝自己。50 年前范文澜评论曾国藩的时候就讲过此事。这是有案可查的。对于地主阶级的代表曾国藩，保卫孔学纲常名教是他的出发点，维护清朝统治同样是他的出发点。孔学纲常名教与封建统治秩序，本来是一回事，不是两回事。给曾国藩与清朝皇帝各自安上一个出发点，意味着对清政权镇压太平天国的战争一分为二，从这方面看是一个部分、一种性质，从那方面看又是一个部分、一种性质。这个部分是中国反对外国侵略的战争，另一个部分是中国内部的阶级战争。这实在教人不可思议。

（四）曾国藩在西方文化侵略面前是投降者，也不存在所谓理学的"气学"讲唯物论，反神学的问题。曾国藩与西方直接打交道最重要的事件，是他作为直隶总督办理天津教案。他抱定媚外宗旨，一到天津，就滥捕无辜，严刑逼供，判处 20 人死刑，25 人充军，知府知县交刑部治罪。群众闻讯大哗，齐呼曾国藩为卖国贼。清政府中不少人也指责曾是"强人就案"，"杀民以谢敌"。北京的两湖人士要求撤除湖广会馆中夸耀曾国藩的牌匾，把他从会馆里除名。清政府不得已改派李鸿章处理此案。曾国藩事后也只得承认，"但冀和局之速成，不顾情罪之当否"，"庇护天主教，本乖正理"，"内疚神明，外惭清议"。曾国藩一死，地主阶级中就有人评论他"和洋罪大，早死三年是完人。""和洋罪大"，即投降外国罪恶不轻！所谓曾国藩"抵抗帝国主义的文化侵略，这是他的一个大贡献"从何说起呢！

冯著强调曾国藩爱民，关于曾国藩"爱民"的问题，可以看谭嗣同《仁学》上怎么说的。冯著强调他讲"礼"、讲"诚"、讲"仁"的伦理学思想。"曾国藩的礼学，是将礼与诚、仁融合为一体，而不是就礼论礼"①，意思是曾国藩掌握的传统文化、程朱道学与太平天国相比是进步的。这里是老问题重提：究竟用什么观点看待程朱道学那些封建伦理的说教？就这个问题说下去，会把事情扯远了。《新编》作者主要是说，曾国藩奉行道学中的气学，用唯物主义与洪秀全的宗教神学作斗争。这是由于"只有气学的'气'不可能曲解为类似上帝的东西，而理学的'理'和心学的'心'都有可能解释为类似上帝的东西，所以只有气学可以与洪秀全的'上帝'划清界线……这一点用我们现在的话说，就是只有唯物主义才能彻底反对宗教"②。可是曾国藩却毫不客气反驳了这

---

① 冯友兰：《中国哲学史新编·自序》第 6 册，人民出版社 1989 年版，第 79 页。
② 同上书，第 80 页。

个论点。《讨粤匪檄》上说，"自古生有功德，没则为神；王道治明，神道治幽……粤匪焚郴州之学宫，毁宣圣之木主，十哲两庑，狼藉满地。嗣是所过郡县先毁庙宇，即忠臣义士如关帝岳王之凛凛，亦皆污其宫室，残其身首，以至佛寺道院，城隍社坛，无庙不焚，无像不灭。斯又鬼神所共愤怒，欲一雪此憾于冥冥之中也"。曾国藩在这里顶多是用土宗教、土迷信、土上帝，反对洪秀全半洋半土的宗教、迷信和中西合璧的上帝，它们同样是宗教神学，何以就成了彻底反对宗教的唯物主义呢？一句话，《中国哲学史新编》认定曾国藩与太平天国之间的战争是两种宗教、两种文化的战争，曾国藩阻止了历史的倒退，纵然别出心裁，独创新说，却是从根本上颠倒了历史。

冯友兰先生的《中国哲学史新编》对于古代的部分有写得很深刻，讲出了唯物论辩证法的地方，极具学术价值，应该加以珍惜和发扬。何以到了晚年，要写出一本书把曾国藩这个半殖民地半封建中国统治阶级中的重要代表人物全面肯定下来，这里不去讨论。但结果是一清二楚的，那就是把外国侵略者和中国封建统治者的作用，中国人民反抗外国侵略，反抗封建统治的地位作用，来了一个从头大颠倒。这也许是作者最初没有预料到的。原因就在于一条：拒绝对中国近代复杂的历史事变作基本的阶级分析，彻底否定阶级分析。

请看再一个实例：

蒋介石代表大地主大资产阶级，在他建立南京政权以后，这很容易说明，不存在疑义。前几年英国出版的《中国季刊》上刊载一篇研究性长文上坚决反对说蒋介石是大地主大资产阶级的代表。该文根据上海工部局的和一些外国确凿资料叙述说：1927年3月底，蒋到上海与同他以前在上海一起当过证券经纪人的同事这时在统治上海商业的宁波帮财阀虞洽卿等人达成协议，由资本家出资 300 万元支持蒋镇压上海组织起来的工人运动。"四·一二"反共政变后，又再付给 700 万元。但蒋与武汉政权对抗，需要大批款项而资本家不愿再付。蒋于是采取高压政策，5 月 1 日发行国库券 3000 万元。蒋从南京亲自到上海督促对资本家挨家挨户指定承购数目。如上海钱业公会、闸北水电公司、华商保险公司、内地自来水公司、南洋烟草公司、粤侨商业联合会等十多家大公司，分别派购十万元、数十万元到一百数十万元不等。最富有的上海总商会会长傅某，被派购 1000 万元，傅不答应。蒋亲自下令逮捕，没收财产。傅被迫屈服。大批著名商家、工厂主、钱庄老板，纷纷以各种罪名被捕，没收财产。在他们各自认捐十万、数十万以后又无罪释放。蒋特别利用同他关系密切的上海流氓集团青红帮，对资本家发动恐怖浪潮。先施公司总经理三岁的儿子被绑票，勒款 50 万元，大棉布商徐某的儿子被绑票，勒款 67 万元。资本家们或者在家中被捕，或者在大街上神秘失踪，他们任何时候都没有经历过这样的恐怖统治。据估计蒋靠这种手段，筹款约 5000 万美元。中间蒋一度下野。1928 年 1 月，蒋重新上台，再度掀起绑架、镇压资本家的高潮。1929 年以后，情况才缓和下来。据此种种事实，文章作者的结论是："蒋介石国民党占领统治地位的领导是反资本家的。"

《中国季刊》该文所述事实不假，然而它的结论却是完全错误的。道理很简单：此时共产党领导的人民革命力量仍然强大存在，南京与武汉的斗争胜负未决。1928 年蒋再次上台，地位也不巩固。对于蒋介石只有两条道路可供选择：极力加强南京政权，把共产党最后打下去，保住大地主大资产阶级统治，或者相反，看着人民力量发展，在全国出现一个"反资产阶级"政权。蒋选择了前者，即牺牲资产阶级局部的暂时的利益，换来保护这个阶级的长远利益。这说明蒋确实是大地主大资产阶级最得力的代表人物。该文作者眼光短浅，见不及此，而得出蒋介石"反资产阶级"的结论。根本原因也就在一条：拒绝对中国近代复杂的历史事变作基本的阶级分析，否认阶级分析。

上述冯著《新编》第6册与《中国季刊》长文论述的事件广狭不同，前者教人一眼就看出其谬误所在，后者可以令人发生迟疑。然而它们论及的太平天国、中国大革命失败都是些近代历史上最重大的事件，它们都是肯定或基本肯定反动统治阶级代表人物活动的。结果都是使人辨别不清中国的基本矛盾是什么，中国历史到底应该走向何处！拒绝阶级分析，根本否认阶级分析，他们向人展现的结果，其实是苦果。事情就是如此。人类社会是一个复杂集体，阶级、阶级斗争这个概念，与现象常常呈现出某种差异，或者不相符合，而且在实际斗争中某些现象是可经常变动的。用贴标签、简单化的办法看待阶级、阶级斗争，到处乱套，只能破坏唯物论辩证法。但是冯著《新编》、英国《中国季刊》把历史上人所熟知的完全合乎客观实际的认识又无谓地颠倒过去。这里只是强调指出：阶级分析方法，是历史分析的基本方法。讲近代史研究方法论，不可丢掉，或者所谓"淡化"这个基本方法。

五　革命与改良

革命与改良方面的问题，报纸上有专文论述，不去重复。有两点在这里强调一下：

（一）什么是中国近代史的脊梁或者说是贯穿于其中的主旋律？回答是革命运动，人民起义。中国严肃的历史著作是这么叙述的，西方严肃的关于中国近代史的著作也是这么讲的。因为事情的本来面目就是那样。美国首屈一指的中国问题学者费正清 80 年代出的一本主要讲孙中山、共产党领导革命斗争的书，题目就叫《伟大的中国革命》。他更靠后出版的一本书题目叫《观察中国》，叙述中国革命一直讲到"四人帮"垮台。他说，美国人不了解中国，主要是由于不了解近代中国历史，中国近代历史的基调是革命。"基调是革命"确实讲到了中国近代史的点子上。谈论革命与改良，首先必须抓住中国近代历史的脊梁或者基调。人们不管赞成与否，对此是无法否定，也无法顾左右而言他的。

（二）帝国主义的侵略压迫把中国变成了半殖民地、半独立国。但中国除了部分地区，到底又没有变成外国殖民地，这与历史的脊梁即革命运动、人民起义又是什么关系？一一叙述这些历史事件，大概要写一本书。在此且看看义和团这个由农民群众掀起，直受人贬责的历史风暴。义和团抱着排外思想，带有不少封建愚昧的东西，最后被地主阶级统治者出卖而告终。尽管如此，它却起了阻止甲午战争以后中国面临的列强瓜分，变为殖民地的历史作用。八国联军占领北京前后，对于是否要或者如何瓜分中国，讨论和争论不休。这时，担任中国海关总税务司已经 37 年的西方侵略中国的谋主、代言人赫德说，瓜分中国行不通。"不论中国哪一部分领土被分割去，都必须用武力来统治。像这样，被分割去的领土越大，治理起来所需要的兵力就越多，而骚乱和叛乱的发生就越是确定无疑。中国如被瓜分，全国就将协同一致来反对参与瓜分的那几个外国统治者。"话讲得相当透彻。换一个说法，侵略者面临的问题是如何协同一致来反对中国人民，而不是瓜分中国，把它变为一块块帝国主义的殖民地。赫德又说，义和团"这个运动已经掌握了群众的想象力，将会像野火一样烧遍全中国，简单说来，这是一个纯粹爱国主义的自发自愿的运动，其目标是使中国强盛起来"。"这个运动对于世界其余各国不是吉祥之兆，但是中国将有权利采取行动，中国将贯彻它的民族计划"。①
这些话都是一个意思，中国人民的反抗对帝国主义是"不祥之
兆"，但又是无法加以阻止的。义和团运动以后七八年，孙中山同
他的英国老师某人讨论中国形势，提到列强瓜分阴谋。对方回答
说："在吾西国，则此等言论已成为明日黄花。盖自日本败中国之
后，西人见如此地广民众之国，乃败于蕞尔弹丸之日本，各国之
野心家，遂大倡瓜分中国之议。谓：'支那人乏于爱种爱国之心，
而富于服从媚异性质……'无何，而'扶清灭洋'之义和拳起矣，
其举虽野蛮暴乱，为千古所未闻，然而足见中国人民有敢死之
气。""近数年来，西土人士，无贤不肖，皆知瓜分中国，为必不
能行之事；倘犹有言此者，世必以不识时务目之。不意中国人士
至今尚泥于'拳变'以前之言，真可谓不识时务者矣。"② 孙中山
深有感于其言，把自己的文章题目叫做《论惧革命召瓜分者乃不
识时务者也》。后来孙中山继续评论义和团的功绩说："其勇锐之
气，殊不可当，真是令人惊奇佩服。所以经过那次血战之后，外
国人才知道，中国还有民族思想，这种民族是不可消灭的。"这一
些，就是赫德和西方其他人士和孙中山告诉我们的义和团起义。
为什么中国没有由半殖民地变为殖民地，而且最后终于摆脱了殖
民地、半殖民地统治，恢复了民族独立？根本原因就是一条：有
包括人民各种反抗斗争在内的整个革命运动，有革命这个历史的
主旋律。不管人们赞成与否，对此同样是无法否定，也无法顾左
右而言他的。

中国近代历史上自有革命起，就有反对革命的声浪起。革命

① 《黄祸论历史资料选辑》，中国社会科学出版社1979年版，第152、145、146、148页。
② 《孙中山全集》第1集，中华书局1981年版，第382页。

残酷流血呀！革命不如改良、不如开明专制呀！革命破坏稳定呀！
革命过激呀！等等。革命的态度从来是相应不理，向着时代指引
的目标、道路前进，曲折反复，直至达到某种解决。中国革命是
这样，其他国家的革命也是这样。所谓时代目标的某种解决，是
社会从基础到上层建筑实现一定的或者非常深刻的变革，旧的制
度、秩序靠边或者消失，新的制度、秩序树立起来。革命于是宣
告胜利了，历史由此再展开一个新局面。因此，世界上没有哪个
伟大民族、先进国家是不把自己历史上的革命引以为光荣的。美
国隆重的国家节日是独立纪念日。法国的国庆是大革命中群众攻
占巴士底狱的日子。俄国有十月革命节，有卫国战争胜利日。中
国革命是中国历史的光荣，我们没有理由、也没有权利妄自菲薄！
一些论者反其道而行之，把帝国主义、封建主义统治及其代表人
物的假丑恶，像变戏法一样，描绘成为真善美的化身，而对于推
动历史前进的革命运动则说成仿佛是中国穷困落后，黑暗纷乱的
祸首与根源。它与学术研究不沾边，但确实是一种在讲历史的名
义下制造的社会舆论。"历史无用论"被人们说了很久似乎已成定
论，现在看来也不尽然。

六　中国当代与近代

　　中华人民共和国诞生，中国历史翻开崭新的一页。近代中国
历史上的民族不独立，社会落后，无法工业化、近代化那两个基
本问题，现在发生了以前几代人梦寐以求的变化。

　　关于民族独立，从 150 年前开始使中国沦为半殖民地殖民地
的世界列强，如今不再是与旧中国那样的关系了。再过二百几十
天，英国就要把香港交还中国了。日本政府首脑去年"八·一五"
对日本侵略中国表示了道歉；前此，日本天皇也特地对中国进行

了正式访问。中俄两国边界条约和一系列有关协定的签订，把双方的关系建立在长期互利合作基础上了。德国、法国与中国早已不存在任何历史遗留问题。中国是联合国常任理事国，也是核俱乐部一个成员。这就是中华民族今天屹立于世界民族之林的地位和状况。关于国家工业化现代化，前进的道路打开了，尽管中国要赶上发达国家还有很长的路要走，但小康已经在望，举世共认，不需要细叙。但是如果以为中国近代史那一页一经翻过去，就再也没有必要加以回顾，加以过问了，再也没有必要加以认真研究了，或者即使回顾，那也无非是历史的过去，任凭你去怎么解释，怎么编造，与我们今天也没有多大关系，说不说由他，信不信由你，何必大惊小怪，小题大作，如此等等，是完全错误的。我们知道，新中国不是从天上掉下来的，它是从昨天即从近代史上一步一步走过来的。现在中国的社会主义道路不是由任何其他什么决定的，是近代110年历史反复斗争，反复选择而来的。你认为它合理也罢，不合理也罢，你无法去改变历史。事实上只有了解过去的历史，才能认识我们所走道路的总体上的合理性。我们只有知道近代，才知道今天前进了多少，只有知道近代也才了解应当如何去克服前进道路上的种种困难。这与我们经常说的爱国主义，提高思想认识水平存在直接的重要的关系，一点也不假。这是现代史与近代史关系的一个方面一个部分。但还不止这个方面，这个部分。

现代的中国民族独立了，国家近代化的道路打开了。历史的经验告诉我们，中国的现代化必须坚持改革开放，坚持行之有效的一切对外经济合作，文化交流，坚持接受世界上一切先进的事物。这是毫无疑问的，不可改变的。历史和一切其他事物一样只存在于矛盾运动中，旧的矛盾克服了，新的矛盾又会出现，而且有些旧的矛盾也可以在新的形势下存留下来，兴妖作怪。现在摆在我们面前的，仍有继续捍卫民族独立，不受外敌侵犯的问题，仍有保卫国家现代化在中国特色社会主义道路上继续前进的问题，也就是说与中国近代史上的两个基本问题有关的斗争今天还在继续，而且这种斗争还会在相当的时间里继续下去。举世共知，冷战结束以后，美国企图独霸世界，抱着帝国主义霸权主义的态度对待世界，也对待中国。它公开宣布把中国作为"假想敌国"，宣布要所谓"遏制中国"。它在中国领土台湾、西藏和其他一系列问题上干涉中国内政，制造两国间的麻烦和事端。它必欲改变中国的社会制度，使中国变为适合美国统治利益需要而后快。日本在侵略中国的8年或14年战争中遭受失败投降，50年过去了。现在日本随着经济势力的增强，不甘心于当经济大国，要当政治大国。军国主义势力又蠢蠢而动，越来越嚣张，妄图重温"皇军赫赫战果"的旧梦。前人早就说过历史是可以重演的，尽管不会一模一样的重演。我们切不可以忘记，与中国近代史上两个基本问题有关的斗争今天还在继续这个现实，不要自我麻痹，自我陶醉。历史发展过程中，常常出现种种不可预料的情况。近代史领域美化帝国主义侵略，美化封建阶级统治的议论愈出愈奇，其中有些来自两个继续的背景，恐怕是无法否认的。

关于过去现在的关系，不妨这样说，一个人要生存下去不能只有躯壳，没有灵魂，一个民族要生存、兴旺发达下去也是这样。一个民族的牢固性，取决于它的以经济、文化发展水平为基础的灵魂的牢固性、顽强性，它表现在现实中，更表现在经过千锤百炼铸成的历史里。我们讲中国历史，说到底，就是要讲出我们这个民族所以生存下来，还要发展下去的灵魂。为什么我们总是强调要研究近代史、学习近代史，这绝不是什么个人或专业兴趣问题，从中国当代与近代中国历史上两个基本问题的密切关系上来看，讲中国近代历史、讲中国由衰败到复兴的过程，显现出我们这个民族的灵魂是怎么样的，这对于人们当前和今后继续捍卫民族独立、复兴，捍卫现代化建设加速进行，决不是可有可无的事。这就是为什么我们要把近代和当代联在一起，来讨论近代史的方法论问题。

七 勇敢坚持真理，勇敢追求真理

马克思主义历史唯物主义是一个科学理论体系，作为一个体系整体——不是指个别的局部的论点，它是科学真理。我们说的坚持真理，就是指坚持这个科学理论体系。

马克思主义科学理论体系的内容，人所共知，如果简单重复几句，那就是它以人类社会任何共同生活里的基本事实、即生活资料的谋得方式为出发点。第一，它找到了人类社会存在和历史运动的物质存在、物质基础。人们依赖一定的生产力并结成相应关系进行解决衣食住行需要的物质资料生产，来开始自己对历史的创造。其他一切创造都起源于和最终依赖于这个创造的存在和继续。这是认定历史运动是独立于人的意志的客观过程的头一个也是决定性的根据。第二，它指出了社会生活中经济、政治、意识形态几个领域是不可分割的，以及它们的各自的作用和相互关系。人们的社会关系同时表现为经济、政治和意识形态的关系。它是一个统一的社会关系客观体系。人们按照自己的意志创造历史，但人们不能脱离物质生活环境条件，而必须受物质环境条件的制约从事创造。这解决了人们以前何以只从人的思想活动说明历史总是漂浮无根，落不到实处的问题。第三，人们对于在社会生活中多种多样的活动，以前似乎是不可能加以任何系统化的。现在被综合起来，归结为完全可以从物质上量化查考的社会经济结构系统了。这就是归结为物质生产体系结构中不同利益人群、即不同阶级从量化上可以考察的状况，以及由此而来的不同地位作用上。一定的质必定表现为一定的量，社会生活中不能以某种方式量化的事物，就很难确认其质的地位。它不同于"历史是由个人创造的"那种空洞的观点，而是指出了个人活动是由什么社会环境决定的，使人认识到社会历史过程，最终也是自然历史过程。第四，科学上一般是通过客观事物的重复性来认识事物的规律性。现在，这个理论告诉我们，那也是认识历史运动规律的基本途径。物质生产过程，产品交换分配，同一经济形态下的生产力与生产关系矛盾，不同范围不同形式的阶级、阶级斗争，一种社会制度代替另一种社会制度等等，无不处在重复中。社会历史中的重复性正是常规性。与自然界的事物不同，历史运动规律要通过有思想意志的人活动、斗争来实现。但多得不可胜计的重大历史事件表明，历史运动方向并不随着权力人物的意志愿望改变，这说明人们的意志只有在与重复性所表现出的客观规律性相适应才能起作用。否则无济于事。

科学研究的任务是一要坚持真理，二要追求真理。而且原则上应该说坚持真理是为了追求真理。德国启蒙时代的大思想家、文学评论家莱辛说：假如上帝一只手拿着真理，一只手拿着追求真理，问我要哪一个，那我就说，要追求真理。因为真理是不能穷尽的，是认识不完的。同样意思的话，恩格斯在《反杜林论》上强调地反复地讲过，在此不去详述。客观世界的运动没有完结，人对它的认识就不会完结，就存在追求真理的问题。

真理是一个很大的词，真理又是具体的。它不会凭谁的自封而拥有，也不会因人的反对而消失。在这里，我们是讨论中国近代的历史。上面讲的指导思想，基本矛盾，社会性质，阶级分析，革命与改良，近代与现代等问题，都存在坚持真理与追求真理的问题，都需要进一步研究讨论下去。追求真理与无谓的翻案把本来正确的认识再颠过去是绝缘的。那种由前进变为倒退，是没有出路的。追求真理，不等于有人所说的讲近代史要所谓"淡化是非"之类。那是谬说。外国侵略中国，中国人抵抗外国入侵，统治阶级残酷剥削压迫人民，人民起来反抗，大是大非，如何"淡化"呢！追求真理，有时要研究重要的细节，但不等于要用种种无谓的细节去代替掩盖大节，等等。中国古人讥笑胶柱鼓瑟，刻舟求剑，追求真理是我们不要为古人所讥笑。清代汉学家在考据学上强调"解蔽"，追求真理就是要求思想认识上"解蔽"，照现在的话说就是解放思想。我们要支持讨论、争论。事物的存在、运转是有条件的，不能什么都"放之四海而皆准"，我们要同一切不赞成马克思主义的研究者讨论问题。要排除宗派主义，反对门户之见。不要怕对立面的反驳，应该欢迎反驳。一反驳就垮了，这说明你的观点本来与真理相悖谬或者似是而非，应该垮掉；驳不倒，则说明你的观点似非而是或者部分地站得住脚，有益于自己继续追求下去。要承认人对事物的认识需要有一个过程，越是复杂的事物，认识需要的过程可能就越长。人的认识又是有矛盾有反复的，正确的和错误的认识往往交织在一起，不可以看得太单一。

总而言之，追求真理，不是为了怀疑科学，而是为了认识新的真理，推进科学。追求与坚持真理，两者相区别，又直接相联。坚持是追求的前提，没有坚持，就谈不上追求，追求是坚持的继续，不追求，就会停滞下来，最终落后下去。马克思主义理论体系的唯物论辩证法，就说明了这个道理，坚持要有勇敢精神，追求同样要有勇敢精神。前怕狼后怕虎，连走在阳关大道上也难免提心吊胆。马克思说科学的入口处就是地狱的入口处。它永远是科学研究者的座右铭。真正的科学创造、突破，无疑地不是可以信手拈来，轻易取得，轻易言之的。但是后人总要学习、继承前人，又不断超越前人。对于一切有抱负、有作为的研究者，科学的王国永远敞开着大门。

中国近代史的两条线[*]

中国近代 110 年的历史，基本问题是两个：一是民族不独立，要求在外国侵略压迫下解放出来，一是社会生产落后，要求工业化、近代化。两个问题内容不一样，不能互相代替，但又息息相关，不能分离。孙中山的全部革命活动和斗争，都是围绕着这两大矛盾展开和抱着争取解决这两个问题的宗旨去进行的。关于如何使中国实现工业化、近代化，孙中山自从提出"三民主义"起，有一系列的思想、理论主张。不少主张是他同时代的大多数人中最先进的，没有或很少有人超过他。一个短时间里，他并且单刀直入为中国的工业化进行过努力。那就是辛亥革命后他宣布"十年不问政治"，集中精力兴办铺遍全国的铁路。然而中国人一切试图改变前此已经形成的半殖民地半封建统治秩序的努力，包括实现工业化的努力，首先是侵入中国的世界列强所不允许的，同时也是中国封建统治势力所反对的。其中列强处于决定性作用的地位。孙中山的先进、伟大，就是他在备受压迫、极其艰险的环境

---

* 在"孙中山与中国近代化"国际学术讨论会开幕式上的讲话。原题《关于研究孙中山与中国近代化问题》，载《文汇报》1996 年 11 月 13 日。

条件下，把争取民族独立，争取国家工业化和社会进步的斗争坚持下去，并紧跟时代潮流前进。辛亥革命达到了第一个高峰，国民党第一次代表大会达到了第二个高峰。他的斗争推动了历史前进的步伐，然而在争取民族独立和打开中国近代化道路这两个基本问题上又都归于失败，就像美国韦慕廷教授的书名所说，他是"壮志未酬的爱国者"。为什么他的主张和实践是先进的，而事实上在中国又都不能实现？对于中国近代历史研究者，这不能不是一个需要切实考察研究的重要课题。

中国近代历史上存在着一个特殊的矛盾现象：在民族遭受压迫和民族工业出现上存在着虽不相等却是明显的两个走向、两条路线。一条是急剧的下降线，半殖民地半封建统治秩序不断加深，中国最后被推到了接近亡国的险境。一条是曲折而微弱的上升线，上一个世纪六七十年代中国近代工业出现，本世纪初短暂地显现出一个小小的浪潮，尽管也只限于轻工业。这个浪潮在第一次世界大战结束，帝国主义再次加紧控制以后成为过去，但是直到日本发动全面侵华战争，民族工业也仍多少保持增长倾向。民族工业是新生事物，给中国前景带来了光明。也就是伴随着它，中国出现了新的社会力量，出现了民族资产阶级、工人阶级、近代知识分子。他们的地位、作用不同，其中工人阶级是近代工业的生产劳动者，最富于革命性、创造性。中国共产党的诞生，就是以中国工人阶级的存在为基础，并且在政治上成为它的先锋队的。这是近代历史上的一个大变化。民族资产阶级、近代知识分子也各有特色。它们是不同于旧的社会力量，即不同于大地主、大资产阶级的，在一定条件下，愿意参加反对外国侵略，保卫民族利益的斗争，但最后又或者对外屈膝投降，或者妥协动摇，终归是以保住自己的统治政权为目的而行事的社会力量。这些新的社会力量，各自凭着自己的作用，再加上占人口最大多数的农民群众，才构成了争取民族独立和打开中国近代化前进道路的最后支柱。这些新的社会力量，一般说，和民族工业的出现与存在直接间接，或多或少是相联系的。这也就是说，了解中国近代史上的特殊状况，了解民族压迫与近代工业同时存在的下降与上升两条线、两个走向的矛盾运动，也就可以对中国近代历史有更完整、更丰富、更深刻的了解。照我想，研究中国近代史上有无或有了多少工业化、近代化，意义大致在这里，研究孙中山与中国近代化问题，意义也大致在这里。

孙中山早在辛亥革命以前就强调说，只要中国从"最上之改革着手"，实现推翻清朝统治的革命，在工业和科学技术上采用世界最新成果，在"十年、二十年之后，不难举西人之文明而尽有之，即或胜之焉，亦非不可能之事"。孙中山的意思是说，推翻旧的统治秩序，民族恢复独立以后，中国的工业化、近代化会很快发展起来。他的这个话是很有气魄，也很有远见的。新中国代替旧中国，中华民族遭受上百年的屈辱、压迫以后获得了解放，同时也找到了适合中国国情的实现国家工业化、社会现代化的道路。中国要赶上世界发达国家，还有很长的路要走，但小康已经在望。国际上的分析家对此似乎异议甚少。历史从来是在矛盾运动中前进的。旧的矛盾克服了，过去了，新的矛盾又会出现。它们之中，可能有来自我们自己社会生活中的某些窒碍，了解过去，可能有助于客观认识现实。它们之中，也可以来自世界关系中极大地改变了，然后又在新形势下重演的旧矛盾的继续。世界与中国有多方打交道的过去，当今联系更加密切。当今中国丰富多彩的现代化努力是世界日新月异的现代化进程的一部分。中国需要了解世界，世界也需要了解中国。如果在列强交侵的旧中国，在孙中山的时代，在民族不独立的严酷环境条件下，中国只是凭着在前近代高度发展了的社会生产力，在前近代所具有的社会文明以及凭着国家潜力、人们的奋斗精神，使近代工业在中国出现成为不可阻挡的，那么，在那一切或者都过去了，或者都焕然更新了、长足发展了的今天，中国人显然更有理由充满信心，克服前进道路上的困难，取得现代化建设上应有的成就。讨论孙中山与中国近代化问题，可以比较容易地在这方面得出适当的认识。

在这里，我相信，各位学者一定会各抒己见，疑义相与析，共同欣赏奇文与高明之论。

中国近代化的道路与世界的关系[*]

　　中国与世界的联系可以上溯到很久以前，那些联系尽管文化的、物质的俱备，却从来不曾引起过中国社会生活的重大变迁。进入近代，情形彻底改变了。中国被卷进到了世界、特别是世界东方矛盾的漩涡里面，成了东方矛盾的焦点。世界上的强国把它们的力量伸进到了中国社会生活之中。一边是中国，一边是世界，中国近代究竟是由谁在那里起主导作用呢？中国是否有能力自立于世界民族之林，它如何才能自立于世界民族之林？我想我们不能回避对这个问题作出回答。

　　近代世界的基本特点不是别的，就是工业化，也就是通常所说的近代化。适应世界潮流，走向近代化，是中国社会发展的必然趋势。外部世界与中国社会的这个趋势，密切联系在一起。中国社会生活的深刻、急剧演变，处处显示出近代工业生产的影响。所谓中国是否有能力自立于世界民族之林，如何来自立于世界民族之林，其核心，就是中国社会能否走向近代化，在当今世界上

　　* 在中国社会科学院近代史研究所主办的"近代中国与世界"国际学术讨论会开幕式上的讲话。原载《求是》1990 年第 22 期。

自荣自立的问题。

中国近代，一般是指从鸦片战争到中华人民共和国诞生以前的时代。世界历史在这个时代里发生了巨变。世界这时并非是单一的存在。从历史的主流看，第一个世界，是英国执牛耳的西方资本主义世界。第二个世界，是俄国十月革命以后的社会主义世界。俄国十月革命到现在，已经接近一个世纪的四分之三时段。近代中国联系的世界不是一个，而是两个。一个资本主义，一个社会主义，它们彼此对立。近代世界格局的这种基本特点，规定了中国如何才能走上近代化道路的基本特点。

第一个世界，一出马它就是作为一种侵略、强制力量出现在中国面前的。它把中国由一个独立国家变成了不独立或半独立的国家，中国社会被改变成了半殖民地半封建社会。中国民族危机愈演愈烈，瓜分灭亡近于实现。这个世界从自己的利益需要出发，把资本主义生产方式传播到了中国，使中国出现了向近代化道路上起步的某些条件和可能。像艾奇逊在《白皮书》序言里说的，西方把科学技术带进了中国，也非全属子虚，中国开始出现了一些民族工业。但这个世界出于自己的需要，却极力压迫中国民族资本的成长，阻止中国民族独立，堵塞中国走向近代化的途径。前一面与后一面，两者的意义绝不相同。它们为了榨取中国人民的血汗，前一面是客观上不可避免的，后一面是主观上所要极力追求的。

在资本主义实力的强大存在和强烈影响下，先进的中国人想要使中国近代化，没有别的选择，只能去向西方学习。然而事实证明，此路根本不通。举孙中山的例子。孙中山在辛亥革命推翻清政府时，仿效法国、美国式样，建立起革命临时政府。他满怀信心，呼吁列强给予承认。但是所有西方政府全都不予理睬，相反，它们一致支持反对革命的"强人"袁世凯夺取政权，照旧把半殖民地统治秩序保持下去。这个世界在中国横冲直撞长达 110 年。本世纪 30 年代日本帝国主义发动侵略中国的战争，占领了中国绝大部分富庶地区。日本失败以后，美国又实行武装干涉，全力支持南京国民党政府发动空前规模的内战。照罗斯福推荐给蒋介石担任过顾问、以后又在美国国务院任职的拉铁摩尔所说，那种军事干涉继续下去的逻辑结果，就是使中国成为美国的印度。中国那时眼前所要解决的是民族如何能够生存下去，而不可能是如何去实施近代化。

第二个世界，是来自资本主义世界的内部突破。它的存在，宣告资本主义体系不是金瓯无缺的了。社会主义的价值观念像巨大的磁铁一般，强烈吸引着寻求中国民族解放独立、寻求中国近代化出路的中国先进分子。中国共产党成立，使中国革命出现了新的面貌，也使民主主义革命者对中国如何走上近代化道路得出了新的认识。再举孙中山的例子。辛亥革命以前，孙中山强调的宗旨是法国革命的口号"自由、平等、博爱"。20 年代，他毅然改弦更张，提出中国革命要"以俄为师"。但是第二个世界当时诞生不久，与中国的实际关系有限。它与中国的联系主要是在意识形态方面。帝国主义、封建主义的大山压在中国人民头上。中国人那时最紧迫、不可须臾等待的，是要不惜流血牺牲去推倒阻止中国走近代化道路的帝国主义、封建主义大山，而不可能是如何去实施近代化。

从这里可以看出，中国与世界的关系是复杂的，中国近代化的道路特别复杂。第一个世界、第二个世界，它们所起作用的方面不一样，但都起了巨大的作用。在中国共产党领导下，中国人民经过反复斗争取得了民族民主革命的伟大胜利。中国获得了民族独立，搬掉了阻碍实现近代化的大山。但是，近代化的实现，历史只好把它留给了下一个时代，即现在的社会主义时代。这是近代历史形成的中国近代化道路的基本特点，不是谁愿意不愿意的问题。这叫做实逼处此。中国舍此别无它途。

中国民族独立，民主革命完成之日，也就是中国近代化扫清了前进道路上的障碍，独立自主迈开第一步之时。1949 年 3 月，毛泽东讲过一句话："夺取全国胜利，这只是万里长征走完了第一步"。那么第二步、第三步是什么呢？当然就是全力以赴，解决中国近代化问题了。所以毛泽东又接下去作了一段发挥，他说，如果这第一步也值得骄傲，那是比较渺小的。过了几十年之后回头来看，就会使人觉得那好像只是一出长戏的一个短小的序幕。剧是必须从序幕开始的，但序幕不是高潮。事实也正是这样，近代中国在近代世界环境里，为中国近代化所进行的斗争，是终于走完了第一步，拉开了一出长戏的序幕。今天，人们可以说，费了那么长的时间，才走了第一步，岂不做得太少！问题是那个舞台上不是中国一个角色，还有一群角色在活动。它们名叫世界列强。克服世界列强的拦阻，走过了那一步，这就是了不起的胜利。

外国的侵略压迫，中国人民的反侵略斗争，两股力量紧紧扭在一起，难解难分。中国又没有变成殖民地，又没有避免变成半殖民地。外部世界与中国究竟谁在那里起主导作用，这样的问题不但中国人会提出来，外国学术界也早就提出来了。例如近代中国与世界的关系，就是美国研究中国史的学者近年来热烈讨论和争论的题目，他们也是想对同样或类似的问题作出回答。

据美国学者柯文所著《在中国发现历史》一书的研究、评述，他们的观点可以分为几派：（一）"冲击——回应"派。费正清、李文森两位最先提出此说。它的中心意思是认为在中国近代历史发展中起主要作用的因素或主要线索是西方入侵。（二）"传统——近代"派。此说认为世界各国万流归宗的是资本主义社会。中国传统社会停滞不前，只有等待西方猛烈教训，然后才能学西方的榜样，走入近代化社会。（三）"帝国主义决定"派。这一派认为帝国主义是中国近代各种变化的主要原因，是中国社会崩溃、无法前进的祸害根源。（四）"中国中心"派。他们认为，中国历史变化的根源来自中国内部因素。柯文本人是这一派的主张者和发挥者。他在自己的著作里开头就强调说，研究中国历史的美国学者，最严重的问题一直是由于种族中心主义造成的歪曲。"冲击——回应"等三种模式，有一个共同点，那就是"西方中心模式"或种族主义。照那个模式看去，19世纪、20世纪中国所有可能经历的一切有历史意义的变化，只能是西方式的变化，只有在西方冲击下才能够引起这些变化。"西方中心论"堵塞了从中国内部探索中国近代社会自身变化的途径，把中国近代史研究引入了狭窄的死胡同。"中国中心观"主张研究中国近代史要把注意力集中于中国内部因素，而不是放在外来因素上。"中国本土社会并不是一个惰性十足的物体，只接受转变乾坤的西方冲击，而是自身不断变化的实体，具有自己的运动能力和强有力的内在方向感"①等等。

　　美国学术界把他们关于近代中国与世界的争论，叫做中国历史"剧情主线"的争论。归纳起来，也就是一个西方主线决定论，一个中国主线决定论。他们讨论涉及的范围很广，翻来覆去争论西方文明与中国传统问题。他们极力想要说明的是，中国近代化与外部世界到底是什么关系。西方主线论认为，"西方体现文明，中国体现野蛮"。区分文明与野蛮，就看有无科学技术高水平发展的条件。"中国社会内部始终无法生产工业化的前提条件，需要西方入侵来提供这些条件"。没有西方，不可能想象中国会发生任何近代化的变化。"同样不可想象的是，除了近代化的变化，没有任

---

① 柯文著：《在中国发现历史——中国中心观在美国的兴起》，第78页。

何变化称得上重要的历史变化"①。以研究中国思想史著称的李文森说，中国的一切问题都来自西方。新中国的变革也主要源于西方。他用一句话概括出了自己对这个问题的看法："中国革命是反对西方正是为了加入西方的革命"②。加入西方，自然就是加入西方的近代文明或近代化。60 年代末，美国较年轻的学者詹姆斯·佩克等人创办《关心亚洲学者通讯》，提出了相反的看法。佩克说，帝国主义并不是中国人虚构出来的，它带来的后果是真实的，可以衡量的。100 年间，帝国主义改造、歪曲了中国的经济，迫使中国处于不发达的状态，直到共产党领导的革命赶走了帝国主义，"砸碎了把中国绑在帝国主义体系的枷锁"③，才得以使它摆脱这种状态。双方的讨论和争论，显著反映出了美国学者讨论近代中国与世界的最后注意力所在。因为说到底，西方世界所以能够侵略压迫中国，而中国则遭受侵略压迫，就是一个走进近代化了，一个则落在近代化后面。

如何看待美国学术界在中国近代史研究中两条对立主线的争论，实际上也就是如何看待中国近代化道路与世界的关系以及与此有关的看法的争论。我想在此作一点评论。

倘若有人以为那对立的两条主线，非彼即此，二者必居其一，必定使自己陷进泥坑里，无法自拔。说外国侵入不起决定作用，那等于说，中国是自己把自己变成了半殖民地，变成了被压迫民族的。不会有人听信如此荒唐无稽之言！说中国内部力量不起决定作用，那等于说，中国的民族独立是外部侵略势力开恩赐予的，而不是中国人民战胜了所有强大敌手所获得的。同样不会有人听

---

① 柯文著：《在中国发现历史——中国中心观在美国的兴起》，第 133 页。
② 同上书，第 65 页。
③ 同上书，第 110 页。

信如此荒唐无稽之言！历史是一个过程。一切都在运动变化中。静止观念，绝对观念，不可能科学认识历史。形势、条件变了，历史的面貌结局也就变了。

西方主线决定论看到了列强侵入中国的基本事实，看到了那种侵入造成的中国社会生活变化和激烈的矛盾斗争。他们叙述了这方面的一些具体史实。但是"冲击——回应"公式决不是一个接近于反映历史真实的公式。不管发明者的主观愿望如何，这个公式首先掩盖了西方与中国关系的实质。它用西方的冲击使中国作出回应，接受西方文化技术等来代替了侵略、压迫者与被侵略、被压迫者的关系的实质。中国由受害者竟然成了受益者。所谓"回应"，明白点说就是被动反应。它即使部分地可以形容中国社会在西方侵略进逼下所发生的某些现象，但它完全不能说明中国人民反对外国侵略的态度，完全没有能够估计到中国人民的力量。既然"冲击回应"说可以解释历史，西方为什么不总是继续冲击下去，反而要从中国大地上偃旗息鼓一齐退了出去呢？与近代西方世界相遇以后，中国这个"中央之国"的社会制度确实显得太腐朽、太衰老了。但是中国人民的力量仍然足以使它自立于世界民族之林。70 年代初，费正清等人的观点受到了美国另一些学者的尖锐批评。例如佩克认为，美国的中国问题专家是美国官方对亚洲现实世界形成看法的帮凶与唆使者。事实如何，这要由美国学术界去讨论和作出某种结论。

费正清教授对于西方与中国关系的看法，可谓"吾道一以贯之"。80 年代他出版的《伟大的中国革命》一书中指出，中国人民经过曲折以后"又长期继续进行民族复兴的狂热努力，现在总算成功在望了"，表示了他对中国革命的同情心。在学术观点上则继续发挥其"冲击——回应"论。他说，西方两次对中国思想界的冲击：自由主义一次，马克思主义一次，"都是我们西方文化帝

国主义发展的最高阶段"。中国实行马克思主义是一种必须。中国
的社会主义是可取的。总的来说，它使日常生活趋向集体和群体，
而不是趋向于个人。他又拿毛泽东和洪秀全相比，说他们开始时
都受外来学说影响，后来又都摆脱外来的控制。洪秀全摆脱了传
教士，毛泽东摆脱了第三国际。我们姑且不说拿毛泽东与洪秀全
相比有多么牵强，西方两次对中国思想冲击的一大段话，实在地
说，著者既是造成了一个不小的混乱，同时又是自己反驳自己的
观点。"西方"二字，好久以来并非地理概念，而是专指资本主义
社会制度，包括思想文化在内。否则，日本位于亚洲东部，何以
公认它是一个"西方国家"呢？马克思主义学说是世界进入资本
主义以后的产物，又是西方文明、即资本主义文明的对立物。因
此，它一出现，就在西方世界受到堵截围攻，必欲扼杀消灭之而
后快。世界上出现社会主义以后，"自由主义"与马克思主义两种
意识形态的对立，本质上反映的是资本主义与社会主义两种制度
的矛盾对立。著者对它们不加区分，说成"都是我们西方文化帝
国主义发展的最高阶段"，近乎幽默地表示"冲击回应"说确有根
据。然而揭开"西方"面纱掩盖下的两种互不相容、彼此对立的
意识形态这个事实，就可以看出它的涵义恰巧相反，著者是自己
在反驳自己。"西方"即资本主义两次对中国思想冲击，为什么一
没有回应为资本主义，二没有回应为殖民地，偏偏回应为与资本
主义相对立的社会主义了，而且是在西方世界一致坚决反对的条
件下回应为社会主义的呢？洪秀全、毛泽东是他们各自时代寻求
中国出路、中国近代化的代表者，他们都受了西方影响，为什么
又摆脱了控制，没有照西方的影响回应下去呢？这一些，都自相
矛盾。西方主线论是没有办法合理解释这种矛盾的。

"中国中心观"显得过于看轻了外部世界的作用，对于外部势
力深入到中国社会内部结构里面发生的毒害影响估计不足。他们

的"内部取向"观念有的含糊不清，或者变成了陈旧的心理史观。但是中国主线论批驳那种以为在近代历史舞台上，西方扮演主动的角色，中国只扮演消极、被动的角色，以及批评殖民主义观点的遗留，是正确的和有说服力的。他们强调中国是具有自身运动能力的实体，中国的近代是中国这个实体的内部结构生产的各种巨大势力不断发生作用，不断为自己选择方向、开辟前进的道路所形成的。也就是说，中国近代历史的演变和方向，最后是由中国内部力量所决定的。无疑地这符合于历史运动的本质。

"中国中心观"的学者极力寻找中国内部情节。中国民族自身的特点如何，理应受到注意。但从柯文的研究评述中，完全看不到这一点。他们收集资料很广，议论上下古今，西方某些历史人物或知名人士例如赫德、拉铁摩尔等人关于中国民族性格、中国民族文化的看法、言论，他们概未提及。赫德在义和团运动发生时，已经担任帝国主义控制中国的中国海关总税务司 37 年，通晓中国内情。其时外国人认定"支那人乏于爱国爱种之心，而富于服从媚异性质"。瓜分中国之说甚嚣尘上。赫德认为瓜分行不通。他说，义和团是一次民族起义。中国人具有爱国主义精神，要求和能够抵抗外国侵略。"中国如被瓜分，全国就将协同一致来反对参与瓜分的那几个外国统治者"。赫德此处说出了中国民族性格的特点。外国的压迫越增强，中国反侵略压迫的斗争就越激烈，力量越增强；外国要瓜分中国，中国就会团结一致，来进行反对瓜分的斗争。世界上不论一个或几个侵略国家，要征服统治四亿中国人民都是办不到的。义和团运动证明了这个论点正确。抗日战争更证明了这个论点正确。拉铁摩尔长期生活在中国，熟悉中国传统文化。他说，世界上再也没有其他民族，像中国人这样人口繁多，而在体格构造上和文化上都具有这样高度的一致性。"几千年以前孔子就发明了这样一个公式：让愿穿夷狄服装的人做夷狄，愿穿中国人服装的人做中国人。换句话说，如果你的行为像夷狄，就以夷狄看待你；如果你的行为像中国人，就以中国人看待你"。拉铁摩尔强调中国民族文化的一致性是有见地的。两千年以来，中国社会历史发展了，中华民族的文化自然没有固定不变，它更加丰富了。但经过种种考验，它的显著一致性的地方、思想观念的共同感，并没有变得不重要了。这确实是中国民族文化的突出特点之一。柯文等人的书上没有谈到这一些，赫德、拉铁摩尔把它们指出来了。这说明西方某些人士对中国民族性格、民族文化特点的认识、观察相当深入，并非浮光掠影。

讲到这里，前面说的人们要求我们回答的中国是否有能力自立于世界民族之林，如何来自立于世界民族之林的问题，现在可以作出切实回答了。

第一，中国是能够自立于世界民族之林的。近代中国没有实现西方那样的近代化，但它凭自己的力量打开了走进近代化世界的大门，而且迈开第一步了。

第二，中国将走人类文明的大道来自立于世界民族之林。中国走社会主义道路来实现近代化或今天所说的现代化，出自历史的选择。一个有五千年文明、人口占世界五分之一的国家的人民，走在历史选定的道路上，这本身就强有力地说明，它不是与世界文明大道相悖离，而是与之相适应的。至于中国的现代化目前已经取得了怎样的成就，为什么还排在发展中国家行列里，那已经不是此处要讨论的问题。

旧中国与世界的那种关系，已经结束40年了。但历史与现实毕竟无法一刀两断。它与现代中国与世界的社会生活仍从各种渠道发生联系。40年后的今天，世界正在发生第二次世界大战以来的最急剧的变动。对这种变动，欢呼、高度评价者有之，指为倒退或感到出乎意外者有之。20世纪开头，当时人们所作的本世纪前景预测，研究历史的人会感到兴趣，不妨回顾一下。

据有人收集的资料，当时西方世界的主要报刊和政治家反映出的基调是踌躇满志。例如1900年1月1日《纽约时报》宣布："在美国，我们在前进的过程中，可望获得无限的繁荣，这将使我们的国家位于世界最前列。"同一天，《华盛顿邮报》重申了美国在海外殖民地的使命，说"它们是我们的，所有反对扩张的谈论，就像喜鹊的叽喳声一样无聊可笑"。英国《伦敦时报》登载的文章说，"我们有理由相信，英国和它的子孙在20世纪末将和在19世纪末一样，胜利地经受住严峻考验。到那时，他们将作为一个团结的帝国民族世世代代生活和繁荣下去，成为人类事业的堡垒"。法国《费加罗报》、德国柏林《每日评论》等，也都是讲的文化、民族的乐观主义。1917年忽然出来一群布尔什维克，在占世界六分之一面积的俄国一举推倒了资本主义制度，建立起了社会主义制度。两次世界大战人类被投入空前规模的自相残杀。第二次世界大战以后社会主义在欧、亚、拉兴起，它们使世界资本主义遭受沉重打击，陷入一片混乱。当初西方那些乐观主义预测者，谁又能够料想得到呢！

社会固有的矛盾继续存在，社会生产力、科学技术越发展，世界历史的变迁，新秩序、新关系代替旧秩序、旧关系就越发迅速。中国谚语说的"三十年河东，三十年河西"，讲了河流变化不居，没有讲河流的方向。历史长河无止境，主流经过有段落。只要资本主义不是人类文明发展的顶点——如果真的就此到了顶点，像罗马俱乐部关于世界发展之极限的报告所说，那人类就没有什么希望了，因为到了顶点的东西，就是意味着即将死亡、毁灭的东西——那么人类文明的河流不管要经过多少弯曲转折，就终归要"山随平野尽，江入大荒流"，向适宜于全人类生活的前景浩浩荡荡奔腾行进下去。前几年和最近预测21世纪的言论纷纷见于报刊上。一些政治家、社会活动家如尼克松、池田大作、阿·汤因比就分别出版了书名《展望21世纪》的著作。21世纪的世界将是迅速变化的世界,那是肯定无疑的。近代中国与世界全部过程告诉我们的是:过去中国是以半殖民地、殖民地的地位与世界发生联系的。今天中国是一个独立国家,是世界大国的一员。它与世界联系的地位改变了,看待、认识世界的眼界完全不同了。中国将在现有道路上使自己与世界的最新发展密切接触,来推进国家的现代化事业。谈论历史允许把昨天、今天、明天联系起来,这里说的是一个历史研究者的展望。再作什么推论、描绘,那是未来学家的任务。

参考书目:

1.拉铁摩尔夫妇:《中国简明史》,商务印书馆本。

2.柯文著,林同奇译:《在中国发现历史——中国中心观在美国的兴起》。

3.费正清著,刘尊棋译:《伟大的中国革命》。

4.赫德:《这些从秦国来——中国问题论文集》。译文见《〈黄祸论〉历史资料选集》。

二　历史关键（上）

孙中山对中国国情的认识[*]

　　中国和世界的历史上，都发生过一些里程碑式的事件。那些事件或者显著影响历史的行程，或者推动历史前进，开辟了一个新的时代。同时，伴随那些开创性事件的发生，又必然会涌现一些杰出人物，他们站在时代潮流的前面，对于社会的变革和历史的前进，起着推动作用。中国有的文献上把这类事件和这类人物的历史作用，概括为"承前启后，继往开来"。距现在八十年以前，在中国发生的辛亥革命和领导这次革命的孙中山，就称得起是这样的事件和这样的人物。我想，这也就是我们把这次学术讨论会的主题定为"孙中山和中国革命"用意所在；同时也是在座的各位对这次讨论会感到兴趣的原因。关于辛亥革命和孙中山这个历史课题，不论在中国和在外国，都有不少历史学家作出了很好的研究，取得了许多很有价值的研究成果。但是人们对一些重大历史事件和对一些重要历史人物的认识，是需要反复研究、反

　　* 1991年8月在夏威夷举行的"孙中山与中国革命"国际学术讨论会上散发的讲话稿，原载《真理的追求》1991年第10期；又，卫藤沈吉主编英文本《中国共和革命·前言》，东京大学出版社，1994年。

复验证的。历史，可以说是一个难以穷尽的研究领域，大概谁也不能说，自己的某种研究是那个历史课题研究的最后终结。

以1911年10月10日武昌起义为标志的辛亥革命，在短短几个月的时间里，就在全国范围内推翻了清王朝的封建统治，建立了中华民国，并且永远结束了封建君主专制的制度，改写了历史的纪元。从鸦片战争到辛亥革命的七十年中间，中国人进行过多次反对外国侵略的战争；进行过反对封建压迫的农民革命战争；进行过改良政治的维新变法。结果都失败了。辛亥革命是中国近代历史的一个大突破。这次革命虽然没有完成也不可能完成反帝反封建的民主革命任务，然而毕竟推翻了清朝统治，建立了共和民国，从这个意义上说，是一次历史性的胜利。而孙中山的革命生涯，也因为这次胜利达到了第一个高峰。

辛亥革命为什么能取得推翻清朝的胜利，可以从多方面去分析，从孙中山对于中国国情的认识来考查一下这个问题是有意义的。所谓"国情"，就是中国社会最基本的实际情况和现实生活中最迫切的需要。20世纪初期的中国，最基本的实际情况、最尖锐的社会矛盾，一是民族不独立，要求在外国侵略压迫下解放出来，一是社会生产落后，要求工业化近代化。两个问题内容不一样，又密切联系在一起。孙中山一开始从事革命活动，就强调指出，强邻环列，虎视眈眈，垂涎于中国的物产富饶。中国被蚕食鲸吞，形势危殆，至堪忧虑。往后他又指出，中国数千年来是君主专制政体，人民遭受重压，生活异常困苦，前面一片黑暗。清朝统治19世纪初已经开始衰落，现在正在迅速走向死亡。他的讲话和文章，多次重复诸如此类的内容。孙中山就是根据对中国国情的这种现实，加上他关于欧美资本主义的考察，提出他的三民主义理论的。三民主义中的民族主义与民权主义是给现实中国对症下药，民生主义则是鉴于欧洲资本主义社会弊病积重难返，想要作一番未雨绸缪。这些都是从中国国情出发的，都是反映了孙中山对中国国情的基本认识。

用现代人的眼光来看，孙中山对当时中国国情的论述和分析，也许未必深刻而全面，然而在当时，还没有哪一个中国人对国情和对革命的认识能达到孙中山那样的高度。守旧的官僚士大夫自不必说，就说同孙中山等革命党人立场歧异的立宪派，他们对强邻环列、瓜分豆剖的险恶国际环境和严重的民族危机的认识，同孙中山是一致的，甚至表述的语言也基本相同。然而在对于清朝统治者的认识和态度上，就大不相同了。在立宪派看来，救亡图存最好的办法，就是劝说清王朝实行"立宪"的"君民共主"，至于推翻清朝，取消皇帝，则不但不能接受，而且是不可想象的。而在革命党人内部，对于"排满革命"，这是大家一致赞成的，至于在推翻清朝专制政权之后，要实行"民权主义"，掌握行政权力的官员要做人民的"公仆"，特别是要实行"平均地权"的"民生主义"，那就不是所有革命党人都能同意的了。怎样看待国情，是否尊重国情，本身就是极其严重的斗争。1905年以后几年里改良派与革命派的论战是有代表性的。论战列举了一批题目，其实大部分都涉及如何认识中国国情的问题。改良派在论战中失败了，是在国情认识上的失败。革命派在论战中胜利了，是在国情认识上的胜利。

作为孙中山指导民主革命思想理论的三民主义，其主要组成部分，当然是从西方学来的。然而孙中山并不是把西方的理论和西方社会的政治、经济模式一一照搬到中国来。他热烈赞扬欧美文化先进、科学技术发达，但他从来也没有把西方的理论学说和西方的社会制度当做医治中国病痛的万应灵药，他不但没有把西方资本主义社会制度看成是理想的"极乐世界"，而且强调指出了资本主义制度具有许多无法克服的弊病。孙中山是当之无愧的中国近代事业的开拓者，但是他所追求的近代化，绝不是有些西方人所构想的西方化，即殖民地化；也不是往后某些中国人所臆想和鼓吹的所谓"全盘西化"。他根据中国的国情和中国的需要，构筑自己的理论体系和制订革命的策略。直到今天，我们每逢重读他的许多重要论著和重要讲演，还会感受到一种强烈的中国气派和中国特色。孙中山是努力向西方寻求救国救民真理的人。他的一生贯穿着革命创造精神。他叙述过自己的思想理论来自何处的问题。除了吸收中国传统中的某些东西以外，孙中山所以成为一位革命先驱，就是他的主要思想理论虽然来自西方，而脚跟则是牢固地站在中国国情基点上的。

　　辛亥革命取得了历史性的胜利，但是很快又悲剧性地失败了。这次革命最大的成就，就在于它第一次用革命的手段推翻了旧的封建政权，建立了资产阶级革命的政权。而它最大的失误，也就在于迫于内外形势，同旧势力妥协而让出了政权。革命政权的得而复失，正是受帝国主义支配的封建政权的失而复得。中国又陷入了北洋军阀统治和帝国主义操纵下的军阀混战的灾难深渊。当初曾经是生气勃勃的革命党人，有些消极甚至悲观失望了，有些则与反动势力同流合污了。孙中山没有在失败和困难面前退缩却步，他冷静地反思过去，以坚毅的革命意志，重新探索前进的道路。在屡遭挫折、反复求索中，孙中山深化了对中国国情的再认识，从而也进一步加深了他对中国革命艰苦性和复杂性的再认识。1919 年他在一次讲演中痛心地说道：我们因为满清政治不良，所以要革命，但革命的结果，所呈的现象比满清尤坏，八年来的中华民国，政治不良到这个地位，实因单破坏地面，没有掘起地底陈土的缘故。这里说的"地底陈土"，无疑就是帝国主义势力的强大存在和封建社会的经济基础。孙中山指出，军阀莫不与列强帝国主义发生关系，军阀"结欢于列强，以求自固"，列强利用军阀，以"攫取利权，各占势力范围"。他这时已经深刻认识到，辛亥革命之所以失败，民国的政治之所以不良，最根本的原因，一是没有赶走帝国主义侵略势力；二是没有触动封建主义的社会经济基础。而不搬掉压在中国人民头上的这"两座大山"，任何政治的、经济的、文化的建设，都是不可能的。要搬掉这两座大山，决不是像辛亥革命那样可以轻易实现的，更不是当时已经分化涣散了的国民党所能完成的。为了寻找新的革命力量，制定新的革命纲领，孙中山断然决定与中国共产党合作，改组国民党。在1924 年中国国民党第一次全国代表大会通过的宣言中，孙中山对三民主义作了新的更切合国情的解释。他明确指出："现在是拿出鲜明反帝国主义的革命纲领来唤起民众为中国的自由独立而奋斗的时代了。不如此，是一个无目的无意义的革命，将永远不会成功。"关于民权主义，宣言强调："近世各国所谓民权制度，往往为资产阶级所专有，适成为压迫平民之工具，若国民党之民权主义，则为一般平民所共有，非少数者所得而私。"对于民生主义，则规定了平均地权和节制资本两大原则。孙中山随后又提出："农民是我们中国人民之中的最大多数。如果农民不参加革命，就是我们的革命没有基础"。为了解决至关重要的土地问题，他提出了"耕者有其田"的主张。经过孙中山重新解释和发展了的三民主义，就这样具有了彻底反对帝国主义和彻底反对封建主义的革命性质。这种思想飞跃，不论是在对国情的认识上，还是在革命理论上和实践上，都使孙中山的革命生涯大大超越了第一个高峰而达到了第二个高峰。

孙中山对中国国情和对中国革命认识的高明之处，至少有两点是很明显的。第一，跟随时代前进，把认识国情与革命实践联系起来。他站在时代前列，用发展变化的观点来观察中国问题，而不是离开时代前进的步伐，静止地认识中国。第二，注视世界潮流，把对中国问题的观察与世界潮流联系起来。不是孤立地了解中国，而是要使中国迈开大步走向世界，走向近代化。对于孙中山革命的一生，似乎可以这样说：站立在中国大地上，与时俱进，辨别世界前途的轨迹，走自己的路。

当历史进入 20 世纪最后十年的今天，辛亥革命过去已经整整八十年了；孙中山先生离开我们也已经六十六年了。现在我们再来回顾一下这八十年或这六十六年中国和世界的历史，都会感到这是充满动荡与变革、战争与角逐、发展与进步交织而成的历史。历史就是在这种惊心动魄的风云变幻中，按照自己客观发展的规律，曲折前进的。历史的丰碑铭记着推动时代前进的人们为中国和为人类进步事业所作出的卓越贡献。辛亥革命和孙中山的名字，就用大字铭刻在历史丰碑上面，至今放射着光辉。

当前，中国正在全力进行的社会主义现代化事业，正是对孙中山先生生前事业的继承和发展。孙中山在他全部革命政治生涯中，始终致力于把中国建设成一个统一独立与兴盛的国家。他说："统一是全体国民的希望。能够统一，全国人民便幸福。不能统一，便是受害。"这无疑是孙中山对于中国国情认识的重要组成部分，是应当加以重视的。

历史学家们研究讨论每一段历史，目的总在于弄清事实，并试图从中获得启示与教益。对辛亥革命和孙中山的研究也是这样。我想，我们现在的讨论会也应该能够获得一定的启示与教益。

论辛亥革命的性质[*]

一 新旧"反满论"与革命否定论

中国的近代一直处在革命风暴之中。太平天国、义和团运动、辛亥革命先后掀起了农民革命、资产阶级民主革命的高潮。它们的结局可以用两个字概括：失败。但它们都建立了重大的历史功绩，失败并没有抵消它们的功绩。

辛亥革命过去半个多世纪了，这场革命的性质至今还是一个争论的问题。最近十多年里，国外发表的有关著作很多。日本、苏联、美国都出版有讨论辛亥革命的论文集、专著；法国也出版有辛亥革命的专著；日本的刊物上常有这方面的论义。它们多半从不同角度论及辛亥革命的性质问题。议论蜂起，众说纷陈。其中最为突出的一是"反满论"；一是革命否定论。这两种观点，以前都出现过，现在旧调新弹，很有一些特出的地方。

旧日"反满论"的特点，是撇开中国资本主义出现这个决定性的社会条件，只强调国内满汉民族矛盾的重要。持有这种观点

• 原载《赤门谈史录》，人民出版社 1981 年 7 月版。

的论著上说：辛亥革命从开始就缺乏政治上的共同感觉。"反对皇室是基本思想，所有近代变革的努力都与此有关"。异族统治在革命运动中起了重要的作用。"根据文化原则来看，坐在皇位上的满人是个中国人"，可是他们仍是北方的蛮夷，出身不明，没有历史传统的支持。随着政治和经济情势的恶化，人民对皇室的情绪必定同样程度地恶化。"中国的民族观念联系到过去的明代而把明朝写在它的旗帜上，这是当然的"[①]。或者说：辛亥革命的原因，种类纷繁。"首先应当说是旧中国对它的征服者满洲人的仇恨。这种仇恨有公开的，有隐秘的，但都经常存在"。尽管满族人和以前的蒙古人一样，"都未曾改变这个国家风俗和行政的一般性质"，也还是有矛盾[②]。此类论述，详略不一，大致都以反满斗争为重点。

　　苏联历史研究者近来创造、发明了一种新的"反满论"。1974年出版的齐赫文斯基教授主编，一群博士、副博士参加编写的《中国近代史》和其他一些著作上叙述了这种新"反满论"的内容。作者把一部以中国人民反对帝国主义侵略及其走狗封建统治为基本内容的中国近代史，从头改变为清朝侵略扩张和中国人民反抗满族"征服"的历史。他们杜撰出一个所谓"非中国（非汉族）"的说法，要人们相信"非汉族"等于"非中国"。中国人民反对清朝封建统治的斗争，就像魔术师的变戏法一样，一反掌之间，变成了中国反对外国的斗争。于是，"中国近代史的中心事件——1911年的革命，即推翻清王朝、形式上建立共和制的所谓辛亥革命"，也就是中国民族反对"非中国民族"，中国人民反对"非中国人"的运动，或者说，是"具有大汉族沙文主义"的反满民族运动。1975年，齐赫文斯基教授又发表一篇题目叫做《中国

　　① 克劳斯，Frederich E. A. Krause：《东亚史》第2卷，第194—197页。
　　② 高第，Henri Cordier：《中国通史》第4卷，第283—287页。

历史学中的大汉族霸权主义》的长文，直截了当断言："满族人不是中国人，而清朝是外国对中国的统治"。他列举的证据如下：

中国社会进步势力的代表，从 17 世纪的王夫之和黄宗羲，以及 19 世纪中叶农民战争领袖洪秀全、杨秀清和萧朝贵起，到民主革命家孙中山止，在满清王朝统治中国整整 268 年期间，无不将满人当作中国的异族征服者，并和满人进行了不调和的斗争。

公认的革命领导者、中国人民的伟大儿子孙中山为了推翻清政权，还在满清统治中国的黑暗年代里，就阐明了他的"三民主义"中的第一个主义，即民族主义。当时，他说，受满人奴役的中国人已经变成了"亡国之民"，他号召"想起我们汉族亡国时代，我们祖宗是不肯服从满洲"的。他说，"闭眼想想历史上我们祖宗流血成河、伏尸遍野的光景，我们祖宗很对得住子孙。"他继续说，"我们汉人面子上从他，心里还是不愿意的，所以有几回的起义"。

反清口号是 17 世纪 60 年代至 1912 年 2 月中国所有人民运动最流行的口号。①

文章的作者，以为只要能够列举王夫之、黄宗羲、洪秀全、杨秀清、萧朝贵、孙中山这些人讲过反满，以及清代历史上有过反满斗争，那么，满族人不是中国人，清朝是外国对中国的统治，就铁案如山，再也不可动摇了。

新旧两种"反满论"大不一样。前一种认为"坐在皇位上的满人是个中国人"，清朝的统治没有改变国家的"风俗和行政的一般性质"，我们不妨把这种议论叫做"国内民族革命"说，即认为

---

① 齐赫文斯基：《中国历史学中的大汉族霸权主义》，《历史问题》1975 年第 11 期。

辛亥革命是国内民族运动。后一种则为"中国对外国革命"说。他们的篡改编造，都是为了证明这个观点，宣传这个观点。

革命否定论也是早就有过的。西方长期奉为圭臬的马士关于中国近代史的著作上，就认为辛亥革命"与其说是革命，毋宁说是总罢工性质的运动"①。日本的研究者中也早有人主张辛亥革命"只不过是一场不彻底的政权交替戏剧"，不过是一场"伪装革命"而已②。近来持革命否定论的作品增多起来。1967年日本平和书房出的《辛亥革命研究序说》、1968年巴黎和海牙出版的《中国资产阶级与辛亥革命》等，从不同的角度，肯定辛亥革命不是一场资产阶级革命。

《辛亥革命研究序说》的作者，首先构造了这样一个关于近代中国历史的别出心裁的体系：中国近代史的发展是两条变革路线的冲突斗争，但又是在相互影响下进行的。一条线是反帝反封建的变革道路，另一条线是殖民地化半殖民地化的变革道路。前一条线主要的斗争力量来自农民、城市中小企业生产者及部分小资产阶级，表现于具体的历史运动是：太平天国——义和团——五四运动，这个过程客观地、实际地发挥了反帝反封建的效果。后一条线的主要力量来自资产阶级化的官僚地主、买办资产阶级、资产阶级及小资产阶级等，表现于具体的历史运动是：洋务运动——戊戌变法——辛亥革命，这个过程在客观上和实际上不但不能达到反帝反封建的任务，相反地使中国陷入半殖民地、半封建社会的深渊。因此，把辛亥革命说成"资产阶级革命"的这种提法不能成立。那是"毛泽东根据抗日民族统一战线这种政治状况

---

① 马士，Hosea Ballou Morse：《中华帝国对外关系史》中译本，第3卷，第471页。

② 宫崎市定：《东洋之历史》第11卷，第143—144页。

的要求而唱出的一种‘革命论’的产物，今天已经不起科学的探讨了”。那末，辛亥革命是一场什么斗争呢？作者曲曲折折地说：

> 清末的中国出现了新洋务派即军阀、立宪派、同盟会这三大股政治势力。尽管这三大势力都根据自己的阶级立场而固执着各自的政治主张，但都是力图适应于这种半殖民地半封建社会的经济状况以谋求自我发展的政治势力。换言之，即笔者所说的半殖民地半封建势力，也就是清末中国社会半殖民地半封建化变革过程的推动者。由此看来，清末变革的内容不是革命，并没有改变原有政治体制的基本结构，只不过是各种半殖民地半封建的政治势力为了实现其资产阶级化和建立一种适合自己要求的政治体制而进行的资产阶级改良；换言之，〔各派政治势力〕以建立半殖民地半封建统治权力为目标，把资产阶级因素自上而下的兼收并蓄，借以整顿原有的封建统治秩序而发动的一场政治变革而已。……“真正”的革命不应如此。[①]

《中国资产阶级与辛亥革命》与日本这位研究者的论点有同有异。那上面说，资产阶级应当主要指商业资产阶级，它们中间很难划分买办资产阶级与民族资产阶级两个不同的部分，也很难严格区分革命派与改良派。辛亥革命中，“资产阶级只处于事变的次要地位。士绅掀起的武装起义，远在他们的地域和势力之外。因此，我们很难同意葛罗斯约克[②]的意见，认为中国资产阶级领导这次革命这一事实是不容争辩的真理”。“事变发展过程中，资产

---

① 横山英：《辛亥革命研究序说》，广岛平和书房 1977 年 3 月版，第 102 页。又《清末变革中的领导与同盟——辛亥革命研究笔记》，1966 年 7 月广岛史学会编《史学研究》第 97 号，《以辛亥革命为‘资产阶级革命’说的起源与演变》，《史学研究》第 111 及 112 号。

② 苏联 1962 年出版的《辛亥革命论文集》文章作者之一。

阶级既未参加鼓吹，也无法控制。从外国引进来而愈来愈混乱的资产阶级的思想意识，既不能平衡各方面出现的势力，也不能解决现实政治问题。因此，就正式的意义来说，至少从西方的观点来说，这很难说是一次资产阶级革命"[①]。而且就其作用而言，辛亥革命与其说是一次革命运动，还不如说是一个保守运动。

新旧两种"反满论"，两种革命否定论各有不同。但它们有一个基本的共同点：辛亥革命不是一场剧烈的阶级搏斗，它的性质不是资产阶级民主革命，或者干脆不算一场革命。这就提出了一个问题：你们说辛亥革命是比较更完全的意义上的资产阶级革命，根据在哪里？

下面我们就来讨论这个问题。

二 辛亥革命是资产阶级民主革命的根据

甲，第一条根据

辛亥革命发生在中国进入半殖民地半封建社会以后60年，中国资本主义已经初步成长的社会条件下面。资产阶级尽管很幼弱，但它已经成为一个新兴的、成熟的力量，足以使自己扮演发动和领导一场革命的脚色。

中国资本主义的发生、发展，国内外学者一直在研究。但至今仍缺少全面讲这个题目的著作。我们只能举出部分或个别统计资料，从中看出一般趋势。据严中平等编的《中国近代经济统计资料选辑》，从1872—1911年间，中国资本（包括早期的官办、官督商办）设立的矿冶、机器、纺织、食品和其他工业、厂矿，共521家。1894年以前，即中日战争以前22年间设立的74家，

---

① 贝热尔：《中国资产阶级与辛亥革命》，第125—126页。

1895 年以后，即中日战争结束到辛亥革命的 16 年间设立的 447 家。后面 16 年达到了前面 22 年的 6 倍。1894 年以前，各年设立的厂矿资本总数，只有 1878、1889、1890、1891、1892、1894 等年份在 100 万元以上，其他都只几万元，几十万元。1895—1911 年间，各年设立的厂矿的资本总数，只有 1901、1903 两年为几万元，其他都在百万元以上。1905—1908 年，分别为 1000 万元至 2000 万元[①]。又如棉纺织这一个行业，1890 年，中国资本第一家纺织厂"上海机器织布局"开办，1895 年，投入生产的 7 个厂，纺锭 174564 枚，布机 1800 台；同时，正在筹建，定于 1895 年以后开车的 3 个厂，纺锭 88614 枚。1896—1913 年的 17 年中，开办华资厂 16 家，中外合资的 3 家，纺锭 484192 枚，织布机 2016 台，织机增加 12%。资本数额，估计 1895 年以前，只有 9862 千两，1913 年达到 26232 千两，即增加了 166%[②]。从这些材料远不足以看出整个轮廓，但发展的趋势是明显的。资本主义生产在中国不仅确实在进行中，而且 19 世纪末，20 世纪初，中国资本主义也确实出现了一个初步的、小小的发展浪潮。中国民族资本主义发生、发展的过程，就是中国资产阶级发生、发展的过程。资产阶级虽然很幼小，但它是新生产力的代表者，是中国历史上从来没有过的阶级。

无须乎论证，与民族资本主义相比，外国在中国的资本占绝对优势。帝国主义与中国封建势力相结合，把中国变为半殖民地半封建社会，规定了帝国主义和中华民族的矛盾、封建势力和人民大众的矛盾是中国社会的主要矛盾，其中就包括帝国主义、封建势力压迫民族资本的发展、与民族资产阶级的矛盾。在 20 世纪

---

① 严中平等编：《中国近代经济史统计资料选辑》，第 95 页。
② 严中平：《中国棉纺织史稿》，第 113、140 页。

初期，资本主义已经初步发展的条件下，像太平天国、义和团运动那种单纯的农民反抗运动，就永远成为过去了，而无产阶级这时又处在自在的阶段。民族要求独立，资本主义要求发展。于是，发动革命，进行反对帝国主义、封建主义的斗争的任务，就不得不落在软弱的民族资产阶级的肩上。这就是辛亥革命所以成为资产阶级民主革命的头一条根据。

西方一些著作上在叙述辛亥革命时，极力避免谈论中国资本主义的发生发展、资产阶级登上历史舞台这个崭新的事实。那些作者到处寻找辛亥革命发生的真正原因，总没有发现它。有的怀着皮毛之见，搬出些最一般的理由，例如水旱灾荒，"盗匪活动"，人口膨胀等，来说明这场革命发生的背景。他们以为中国每一次革命背后都存在着人口问题。这次也不例外。太平天国革命、其他"叛乱"，以及天灾流行，对人口的增长不过暂时阻止而已。人口密集省份向边疆地区移动，以及沿海人往海外谋生，也无济于事。据说1885—1911年，中国人口总数自三亿七千余万人，增加到四亿三千余万人。因此，到1911年的时候，人口对于食物供应的压力已十分沉重；同时，由于1910—1911年饥荒的情况，就为一个大规模的革命准备了条件[①]。有的作者承认西方与发生这场革命有关，说清朝正在接近它的末日，将要发生什么事情则并不清楚。西方的"进入"影响革命，改变了历史上从秦汉、隋唐往下那种改朝换代的模式。至于西方"进入"的内容怎样，其中固然有外国在华传教、经营商业、银行贷款等等，而主要的是"新思想来了"，使人们要求用共和国代替帝制。他们的议论，集中起来，就是不承认辛亥革命是在帝国主义侵入，封建经济破坏，资本主义初步成长的条件下发生的，社会生活中，不存在民族资本

---

① 费纳克：《现代东洋史》，第213—223页。

主义与帝国主义、封建势力这个根本矛盾。一望而知，这类说法有意无意起着替帝国主义侵略中国进行辩护的作用。

半殖民地半封建制度的存在，中国资本主义的发生、发展，这是谈论近代中国历史的出发点，当然也是确定辛亥革命性质的出发点。或者有人怀疑，突出资本主义，难道不过高估计了资产阶级的重要性吗？从历史发展的进程讲，黑暗落后、民族灾难深重的中国，出路在哪里？出路只有一条：应当有一个阶级强大到足以使全民族的提高依赖于它的提高，使其他革命阶级的发展依赖于它的利益发展和演进。这个阶级的利益，在当时应该成为民族的利益，而这个阶级在当时则应该成为民族利益的代表者。距今 70 年以前，可以充当这个阶级、发生这种作用的，只有民族资产阶级，没有其他阶级。问题在于中国资本主义太弱小，资产阶级一点也不强大，在帝国主义、封建势力两大敌人面前，表现虚弱无能。它没有等到克服面前的障碍，就设置了新的障碍，没有等到发挥自身的先进本质，就暴露了自身的狭隘本质；刚刚开始同高于自己的阶级进行斗争，就卷入了同低于自己的阶级的斗争。形势给它提供了扮演一个重要角色的可能性，自己的所作所为很快葬送了这种可能性。它没有可观的力量去消灭现状，改变现状。最后是用庆祝胜利的词藻，来宣告了斗争的真正失败。但历史发展规律并不是不起作用的东西。实际的力量是一回事，资产阶级是否在某种程度上必定要履行自己的历史使命又是一回事。辛亥革命无论如何是资产阶级为改变民族现状所发动的最重要的一次冲击。中国资本主义的发生、发展既然是确定不移的，辛亥革命的资产阶级性质也就是确定不移的。

乙，第二条根据

资本主义一出现，资产阶级内部就由于社会地位不同，分裂为不同利害关系的集团。它们各自按照自己利益的需要展开活动。辛亥革命的发动者和领导成员，完全不同于农民战争的领导人物，也有异于戊戌变法那样的资产阶级改良主义者和与革命派相对立的资产阶级立宪派。中国资产阶级中，有从地主官僚转化过来，与封建势力联系密切的一部分，有中小生产者、富有革命要求的一部分。辛亥革命运动主要地是代表中小生产者的资产阶级、小资产阶级知识分子领导的。他们最善于反映那个阶级和时代的要求。

　　谁是革命的敌人，谁是革命的领导力量和依靠谁来革命？1901 年以后的革命书刊上，陆续讨论、回答了这个问题。那些作者称统治阶级为"上等社会"，称劳动群众为"下等社会"，而把他们自己列为"中等社会"的代表者。例如《游学丛编》上说："中等社会者，革命事业之前列也"。杨笃生《新湖南》上说："诸君（指中等社会）在湖南之位置，实下等社会之所托命而上等社会之替人也。提挈下等社会以矫正上等社会者，惟诸君之责；破坏上等社会以卵翼下等社会者，亦惟诸君之责"。陈天华说："故今日惟有使中等社会皆知革命主义，渐普及下等社会"，那时就一夫发难，万众响应，大事可成①。那末，何谓"中等社会"呢？《新湖南》上说："湖南无兼并之豪农，无走集海陆之巨商，无鸠合巨厂之大工业，诸君占中等社会之位置，惟自居于士类者成一大部分，而出入于商与士之间者附属焉，出入于方术技击与士类之间者附属焉"。《湖北学生界》上说：统治阶级顽钝腐败，"位置之上于学生者无望矣"；下等社会的人没有知识，"位置之下于学生者更无望矣"。"学生介于上等社会、下等社会之中间，为过渡最不可少之人"。只有他们能够肩负起挽救中国的伟大责任。《苏

_____
①　陈天华：《遗书》，《民报》第 2 号。

报案纪事》上说："学生为革命之原动力"。章太炎对这个问题也集中讲过。他说，"以前的革命俗称强盗结义，现在的革命俗称秀才造反。强盗有力量，秀才没有力量；强盗仰攀不上官府，秀才仰攀的上官府。所以强盗起事没有依赖督抚的心，秀才就有依赖督抚的心。前此数年，遍地是借权的话。直到如今，讲革命的也想借到督抚的权，好谋大事。这真糊涂得很。颇有人说，学界中人不如会党，会党中人不如强盗。依兄弟看来，知识高下且不说，但强盗从没有靠官造反的心，会党略有数分，学界中人更加数倍。论他志气的下劣与自信力的薄弱，较之会党强盗，不免有些惭愧。……现在官场情景是微虫霉菌，到处流毒。不是平民革命，怎么辟得这些瘴气。……从今以后，我汉人兄弟，请把依赖督抚的一念早早打消。但想当兵，不要想当奸细；但想做将士，不要想做参谋；这革命大事不怕不成，中华民国不怕不立。何必怀着那下劣心思，为会党强盗所笑呢？"[①] 孙中山早在 1904 年发出的《中国问题的真解决》一文里，就对可能参加革命的人作过阶级分类。他说："这种欢喜革命思想的中国人，可以粗分为三个阶级：第一个阶级，人数是在三个中最多，容着因官厅的压迫而不能得到一个满意的生活的。第二，就是一般用激进中伤手段，而打倒满人的。第三，那就是运用高尚的思想，和超绝的理想，来从事鼓吹的人们。这三种重要分子，都以有力而爽快的方法，分头合作，所以最后必定能达到所希望的结果"[②]。孙中山无疑是把自己和他的许多同志列在这第三个"阶级"里面的。"自居于士类者"、"出入于商与士之间者"、"学生"、"秀才"、"学界中人"、"平民"、"运用高尚的思想和超绝的理想"者等，说法不完全一样，基本意

① 章炳麟：《民报》周年演说词，《民报》第 10 号。
② 《建国月刊》2 卷 6 期，译文照台湾《国父全集》第 2 卷，第 71—72 页。

思是一个：革命领导者是中小资产阶级和它的知识分子。

事实也就是这样。最早的革命团体之一兴中会主要在华侨中活动。会员279人中在国外经商和从事其他职业的219人，占总数的78％多。在这些人中，商业和农业资本家133人，占48％，学生和小资产者58人，占21％，工人54人，占19％，会党活动分子34人，占12％①。知识分子不占主要地位，资本家却引人注目。同盟会成立，革命知识分子显著增多。据极不完全的材料，1905、1906、1907三年加入同盟会，现在可以查出本人成分的379人中，留学生和学生354人，占93％以上，为绝大多数。官僚、有功名的知识分子10人，教师、医生8人，各占2％多一些。资本家、商人6人，占1％多一些。贫农1人，占不到1％②。参加同盟会筹备会的66人（内田良平、宫崎寅藏、末永节三名日本人除外）③，目前能查到家庭经济状况的十几人中，有华侨商人、资本家、自由职业者、塾师、官僚等；他们本人的成分除商人1人，全都是知识分子、留学生④。组织、领导武昌起义的秘密革命团体文学社、共进会明显地反映了同盟会领导的基层组织的情况。

———————————

①　冯自由：《革命逸史》所载材料。

②　中国科学院近代史研究所1957年初调查材料。现在正重新订正、补充，具体数字将有变动。

③　同盟会筹备会，指1905年7月30日在东京赤坂区桧町黑龙会本部（即内田良平住宅）举行的一次会议。参加者的名单，大部分见于邹鲁《中国国民党史稿》，其余见于下列各书：曹亚伯《武昌革命真史》，冯自由《中华民国开国前革命史续编》上卷、《中华民国开国前革命史》、《革命逸史》、《中国革命二十六年组织史》，台湾《中华民国开国五十年文献》第1编，第11册。

④　关于这十几人家庭出身的记载是：陈天华，"箪瓢屡空"；宋教仁，"家贫"；冯自由，华侨商人；田桐，"父为塾师"；朱少穆，"父经商越南堤岸，拥资甚富"；朱执信，父"在张之洞幕府数十年"；孙毓筠，大学士孙家鼐侄孙；秋瑾，祖父厦门知县，父知县，湖南常德厘金局总办；孙元，"先人为医学大家"；关于本人的成分，梁慕光，商人。

文学社社员 3000 多人，现在知道的 97 人中，新军士兵 80 人，占 81.6%，新军排长 4 人，新闻工作者 5 人，中学生 4 人，陆军学生 2 人，留学生 1 人，农民 1 人。共进会会员 2000 多人，现在知道的 169 人中，新军士兵 87 人，占 51.4%，新军排长 4 人，陆军学堂学生 27 人，中学生 22 人，留学生 8 人，新闻工作者 2 人，中、小学教师 3 人，商人 5 人，资本家 3 人，会党 5 人（新军士兵和知识分子加入会党的在外），家庭妇女 2 人，铁路稽查 1 人。实际领导起义和主持军政府的机构"谋略处"（10 月 11 日晚上成立，主要负责人蔡济民）共 15 人，其中 14 人的情况是：新军排长 5 人，新军目兵 4 人，司书生 1 人，中学生 2 人，留学生 1 人，中学教师 1 人。新军排长、目兵都是投营当兵的青年知识分子。这说明湖北革命党人主要由士兵和青年知识分子组成。同盟会成员中的商人、资本家，知名的有钟明光、许雪秋、禹之谟、沈懋昭、梁钟汉、熊晋槐、周增、卞萧、税联三、税种麟、余照常等①。禹之谟做过长沙商会会长、教育会长，戊戌变法以后倾向革命。1903 年在长沙开办毛巾工厂，一度留学日本。1906 年夏天，陈天华遗榇归葬湖南，禹之谟发动长沙学生举行丧礼，上万人游行送葬。反动派寻找借口，逮捕他入狱。萍乡、浏阳起义后被杀害。许雪秋潮州人，经商南洋，富于资财。1904 年回到潮州，捐道员头衔，又承办潮汕铁路部分工程，招收工人，准备起义。1905 年以后加入同盟会。孙中山委任他为中华民国东路军都督。1907 年他领导了潮州黄岗起义。沈懋昭经办上海信成银行，上海起义中起过作用。辛亥革命后不久，他协助孙中山联合华侨资本家，组建中华银行。资产阶级、小资产阶级知识分子，要求革命

---

　　① 邹鲁：《中国国民党史稿》第四篇各传，又《辛亥革命前十年时论选集》上卷，第 51 页。

的资产阶级分子，倾向革命的其他成员，这就是辛亥革命的发动者、领导力量。列宁说，辛亥革命中的资产阶级是一个上山的阶级。列宁的话，对于说明这个力量，是很深刻，很形象的。

立宪派不同。他们的基础是民族资产阶级中的大资产者，带有极大封建性的部分。19世纪末、20世纪初，地主、官僚、商人创办、投资近代工业，一时蔚然成风。1907年清政府农工商部的一个报告描述这种情形说："兹查有三品衔臣部头等顾问官翰林院修撰张謇创办江苏耀徐玻璃公司、上海轮船公司，集股100万元以上。三品衔直隶候补道严义彬创办浙江通久源轧花纺织厂，集股在80万元以上。二品顶戴安徽候补道许鼎霖创办江苏海丰面粉公司、赣丰饼油公司，集股在60万元以上。四品衔候选州同楼景辉创办浙江通惠公纺织公司；三品衔中书科中书顾钊创办浙江和丰纺织公司；三品衔兵部郎中萧永华创办广东汕头自来水公司；候选道马吉森创办河南六合沟煤矿公司；分部郎中蒋汝坊创办江苏济泰公纺织公司，均集股在40万元以上。二品衔度支部右参议刘世珩创办安徽贵池垦务公司；御史史履进创办京师华商电灯公司；二品顶戴浙江候补道程恩培创办安徽裕新榨油公司；候选道曾铸创办镇江机器造纸公司；二品顶戴福建补用道程祖福创办河南清华实业公司；候选道顾思远创办山东博山玻璃公司；顾润章创办湖北扬子江机器制造公司；黄兰生创办湖北汉丰面粉公司，集股均在20万元以上。皆能卓著成效"[①]。地主、官僚、绅士，又兼有资本家身份，就是民族资产阶级这个部分的特色。

关于中国的商人、资本家，日本早期的出版物上作过这样的分析：中国的资本家或为大商人，或为大地主。在这两者以外，另有一批资本家存在，那就是官僚。东方西方各国，官吏富裕的

---

① 《光绪政要》，实业七。

并非没有，但在中国足以号称大资本家的，大商人大地主实在不如官吏那样多。中国人，一旦为官，积蓄起雄厚资产，即使下台了，也以富豪而兼绅贵，隐然操纵地方政治，为乡民所畏惮。不少商人都有相当官阶。他们为官为商，常难明显区分。表面上供职于官府，背后则经营商务①。日本出版物上讲的官僚、地主而又兼资本家的分子，有洋务派官僚、买办资产阶级，也有民族工业中的大资产者部分。

立宪派成员中很多人，尤其那些主要人物恰恰就具有官僚、地主绅士与资本家这两种社会属性。各种立宪团体的成员，投资近代工业的有相当数量。以江、浙为中心的预备立宪公会正副会长、会董共22人，除了个别人没有查到材料，其他的人包括郑孝胥、张謇、汤寿潜、朱福诜、张元济、李平书、许鼎霖、李厚祐、王清穆、沈同芳、周晋镳、周廷弼、王同愈等，都是近代工业的创办者、投资人。他们经营着铁路、银行、轮船运输、冶铁、棉纺、垦牧、制呢、面粉、洋灰、印刷、电灯、水电、丝织、锑矿、造纸、榨油、烛皂、酿酒、盐栈、机制麻袋、药房、制革、瓷业等二十多个行业。张謇一个人创办、投资的工厂、公司就有二十几家，资本达900余万元。李厚祐创办、投资的十几家，李平书创办、投资的十几家，周晋镳创办、投资的七八家，许鼎霖创办、投资的十几家，周廷弼创办、投资的上十家，等等。广东地方自治研究社成员，现在能查出经历的50余人中，在南洋经营矿业的13人。广东咨议局筹办处议绅张振勋（弼士），在南洋独资经营远洋航运公司、垦植公司、矿务公司、银行及房地产等，在国内独资经营烟台酿酒公司、织造厂、玻璃公司、垦牧公司、盐田公司等，粤汉铁路赎回自办，又募集和自投大量股本；据说最多时

<hr/>

① 汪敬虞：《中国近代工业史资料第二辑》，第925—926页。

拥有资财一千数百万两。1907年由广州总商会会董及七十二行商公举为总理。立宪派的很多人出身于科举功名，担任着或者担任过各种职官。台北出版的一本名叫《立宪派与辛亥革命》的书上，对咨议局议员作过一番研究以后说：议员绝大多数为绅士阶层。根据奉天、山东、陕西、湖北、四川五省资料统计，100名议员中91名为有传统功名的。其中进士占4.7%，举人占19.1%，贡生占43.1%，生员占24%。进士、举人、贡生合在一起，为66.9%。有的受过新式教育，同时兼有传统功名。五个省的议员日本留学生在100人以上。议员中不少人任过政府官吏、教谕等职。出身于举人、贡生的，也有不少任过知县、内阁中书等。议长、副议长63人，曾任中央或地方官吏的40人，并且多数为中级以上官吏[①]。这些叙述是可信的。但是作者由于深怕惹下谈论"阶级斗争"这个可怕问题的嫌疑，撇开了阶级成分的重要内容。立宪派的官僚、地主绅士的社会属性，从预备立宪公会、广东咨议局筹办处和广东地方自治研究社成员中看得更清楚。预备立宪公会正、副会长、会董22人中，状元1人（张謇），进士7人（汤寿潜、朱福诜、张元济、沈同芳、王清穆、许鼎霖、王同愈），举人2人（郑孝胥、孟昭常），优贡1人（李平书）。22人中16人的官阶、头衔是：广西龙州边防督办、安徽臬司、广东臬司、学部咨议官（郑孝胥），翰林院编修、商部顾问官、学部咨议官（张謇），两淮盐运使、学部咨议官（汤寿潜），贵州学政、监察御史（朱福诜），邮传部参议（张元济），翰林院庶吉士、河南唐县知县（沈同芳），商部右丞、直隶臬司（王清穆），光禄寺署正衔（陆尔奎），候补朗中（李厚祐），道员衔（周晋镳），安徽候补道、浙江洋务局总办（许鼎霖），候选道、商部顾问（周廷弼），知府（高

① 张朋园：《立宪派与辛亥革命》，台湾，1966年10月版。

凤歧）、候补知府、海参崴商务委员（李家鏊），翰林院编修、湖北学政（王同愈）和知县（李平书）。广东咨议局筹办处议绅邓华熙等9人中，已知的有进士3人（江孔殷、邱逢甲、戴鸿慈），其他待查。他们的官阶、头衔是：贵州巡抚（邓华熙），翰林、江苏候补道、广东清乡督办（江孔殷），法部尚书、出洋考察大臣（戴鸿慈），驻外公使（陈枢），头品顶戴、补授太仆寺正卿侍郎衔、南洋商务大臣、佛山铁路总办、闽广农工路矿大臣（张振勋）等。广东地方自治研究社成员中，不少是著名的"省绅"，即担任过职官的在籍人员。张謇说他自己是处在"通官商之情"，"介官商之间"，"兼官商之任"① 的地位，非常准确。预备立宪公会，广东咨议局筹办处成员，他们所处的地位与张謇完全一样。从这里我们知道，立宪派的特点是：一，资本家，而且主要是大资产者、大商人；二，官僚、地主绅士；而他们的主要代表者则同时具有这两种属性，结合二者于一身，极其鲜明、突出。他们与革命派是一个大不相同的人群。

　　因此，资产阶级立宪派作为一个政治势力，从一开始，就站在与资产阶级革命派相反的地位。大资产者、官僚、地主的社会基础，决定了立宪派只要求改良，实行君主立宪，而坚决抵制和破坏革命。因为在地主、官僚看来，革命必然打乱现有秩序，无异于洪水猛兽。张謇就说得很明白，"革命有圣贤、权奸、盗贼之异。圣贤旷世不可得，权奸今已无其人，盗贼为之，则六朝五代可鉴"。也就是现在的革命无非盗贼作乱，洪水横流，必须防止。由清政府实行立宪政体，对封建制度作些改良，他们就可以得到现实利益，也能够使现有秩序不遭到破坏。

　　立宪派的社会属性，他们的政治活动，说明中国资产阶级里

---

① 张謇：《张季子九种·实业录》第1卷，第8、15页。

面，只有中小生产者富有革命要求的那个部分，能够发动、领导一场反对帝国主义、封建势力的资产阶级民主革命。

初一看很奇怪，立宪派与革命派，在苏联历史编纂家笔下竟然毫无区别。它不但与革命派没有区别，而且同劳动群众的作用也完全相等。苏联《中国近代史》写道："在 1911 年末至 1912 年初这段短暂的时间内，由于农民群众、城市工人、手工业者、城市贫民的自发起义，资产阶级革命运动，以及资产阶级和地主自由派的君主立宪运动这三股反清力量的密切配合，推翻清朝、建立资产阶级共和国的任务方告完成"。即使"这三派反清的基本力量的联盟历时是十分短暂，而且极不巩固"[①]。根据是什么，他们没有讲。人们当然要问：立宪派何时何地，曾经成为"反清的基本力量"，并与革命派、人民群众"密切配合"过呢？事实是：

第一，立宪派以前要求立宪的宣传和请愿，在一定程度上有动摇清政权，促进反对封建专制的意义。武昌起义以后，他们之中一些人犹豫观望，脚踩两只船，或者公然列名革命阵营中，清政府因之加速瓦解。这两者都是显而易见的。但是无论国内的立宪派，国外的梁启超等，他们与革命派尖锐对立和斗争的根本内容，是他们要求用君主立宪来改良清政府，阻止革命，保住清政府。梁启超等人关于"与政府死战"和"与革党死战"，哪个第一位，哪个第二位，有过讨论，他们要求保住清政府，则从来没有任何含糊的地方。所谓"与政府死战"，决非要打倒清朝统治，而是要求实行君主立宪，使这个统治多少带上点民主色彩，继续存在下去。"死战"的对象虽然叫做"政府"，其实只指顽固派，他们的"当今圣上"载湉一派显然不在其中。死保清政府与坚决打倒清政府，是革命与反对革命只求立宪的分界线。要求立宪的办

---

① 齐赫文斯基主编：《中国近代史》，《编者的话》。

法就是请愿。一次、二次不行，就"至于三，至于四，至于无穷"①。1910年各省咨议局联合会代表孙洪伊等上书咨政院，陈述必须赶快立宪的理由，其中有这样的话：

> 昔汉臣刘向上成帝封事云："下有泰山之安，则上必有累卵之危。陛下为人子孙，保持宗庙，而令国祚永移，降为皂隶，纵不爱身，奈宗庙何！"其词危苦，千载之下读之，犹将流泪。而独怪当时时主处彼岌岌之势，闻此謇謇之言，何以漠然曾无动于中！或明知其善而莫能用，坐使身死国亡，为天下笑。岂天命不佑，非人力所能回？毋亦在上者不能听言择善，有以自取其咎也！今国势之危，过于汉季者且将十倍。出万死以求一生，……犹惧已迟，更复荏苒数年，后事何堪设想？②

真是披肝沥胆，垂涕泣而道之。他们这种宣传，是为了打倒清政府吗？当然不是。维新运动期间，康有为上皇帝书里面也讲："陈胜辍耕于垄上，石勒倚啸于东门。斩木揭竿，已可忧危"。金田之役，有再见于今日的危险。康有为是说，要赶快变法，否则农民就要造反了。现在立宪派宣传清政府君臣可能很快身死国亡，是说要赶快立宪，否则资产阶级革命就要爆发了。义和团运动证明康有为的忧虑没有错，辛亥革命更证明立宪派的忧虑没有错。但那都是他们极力加以阻止而没有做到的结果，绝对不是他们所希望的结果。立宪派那样反对革命，准备无尽头的请愿，说明他们从来只是保清力量，从来不是"反清的基本力量"。革命派与立宪派，一个保清，一个反清，激烈斗争若干年。那段酝酿着暴风雨的历史怎么一个早晨就不存在了呢？

---

① 张謇：《张季子九种·政闻录》，《送十六省议员指阙上书序》。
② 《东方杂志》第7卷，第11期，第145—146页。

第二，各省独立，立宪派不但很快挤进革命阵营里，并取得大部分权力，完全不是因为他们与革命有渊源，反清斗争有功。考察一下任何一个著名立宪党人在武昌起义以后的表演，都充分暴露出他们与革命为敌，破坏革命的丑恶面目。如汤化龙、谭延闿、张謇等等，莫不如此。立宪派是辛亥革命的反对派。他们之所以与清政府分手了，那是全国蓬蓬勃勃的革命形势造成的。人民群众自发的反抗运动，与资产阶级革命派的斗争相呼应，眼看那个政权就要树倒猢狲散了。立宪派由拚命保住清政府变为纷纷离开清政府，被迫"赞成共和"，本身就说明革命形势的高涨和革命的正当性。利害所在，形势逼人，不变也得变，他们改变保清态度的决定性原因在此。

那末为什么很短时间里，权力的大部分归到了立宪派和旧军官手里？答案要从两方面寻找。一要从革命派方面寻找。革命派声势大，立宪派加上整个旧势力，社会实力大。权力不靠声势决定，要靠实力决定。全国革命形势高涨，不等于革命派力量强大。相反，与全部反对革命的势力相比，他们的力量太小，以至不相信自己能够掌握政权。武昌一起义，革命士兵马上用枪逼着旧军官黎元洪当都督，请出咨议局议长汤化龙掌管民政。他们以为不这样，胜利就没有指望。政权于是大部分落到了立宪派、旧军官手里。长沙革命党一起义，领导人焦达峰就宣布：他们是进行所谓种族革命，"凡我种族附义者，不问其曾为官僚，抑为绅士，余皆容之"①。原咨议局议长谭延闿被请出来当革命军政府的民政部长。湖南革命党人的幼稚认识，对立宪派来说正中下怀。谭延闿很快抓住机会，利用旧军官发动暴乱，杀焦达峰、陈作新，政权基本上落到了立宪派手里。湖北、湖南模式一出现，不少省份照

---

① 《辛亥革命》丛刊（六），第134页。

此办理。二要从帝国主义方面寻找。武昌起义以后，帝国主义极
力破坏革命，对革命派打击、压制，不承认军政府的合法性；对
反革命、旧势力从外交、军事、财政上全面加以支持。这给立宪
派造就了夺取权力的最重要的条件和机会。革命派严重软弱，帝
国主义和整个旧势力强大，立宪派以前的吹吹打打的立宪请愿活
动，意外地成了他们可以扮演"反清"角色的政治资本。这就是
立宪派能够挤进革命阵营并夺得很多权力的形势和原因。南京临
时政府成立前后，独立的十四个省中，革命党人担任都督的有陕
西、山西、贵州、安徽、福建、广东六个省，立宪派担任都督的
有湖南、浙江、云南、四川四个省，旧军官、旧官僚担任都督的
有湖北、广西、江苏、江西四个省；立宪派、旧军官、旧官僚占
优势。南京政府国务员九人中，革命派三人（黄兴、王宠惠、蔡
元培），立宪派二人（张謇、汤寿潜），旧官僚、军人四人（程德
全、陈锦涛、伍廷芳、黄钟英）。立宪派与旧官僚、军人合起来占
很大比重。中央和地方，或者一部分、或者绝大部分权力，就这
样处在立宪派的控制之下了。实际上，决定局势的是革命与反革
命两个营垒力量的对比，立宪派只有沟通反革命、依附旧势力，
才能够充分发挥出它的作用。半殖民地半封建的中国，农民、工
人、广大劳动群众和帝国主义及其走狗封建统治者，处于对立和
力量的两极。资产阶级政治流派所以能够产生作用，发生影响，
要么与人民群众建立一定的联系，去进行反帝反封建斗争；要么
倚赖帝国主义、封建势力，反对人民。二者必居其一。革命派表
现为前者，立宪派表现为后者。中间状态、中间路线，是不稳定、迅
速分化、缺少力量的别名。在一个短时间里，革命派与立宪派似乎
形成了某种"联盟"。但这种所谓"联盟"，不是立宪派改变反对革命
派的立场，取消、收回了与革命派的分歧，而是革命派放弃反对立宪
派的立场，取消、收回了与立宪派的分歧。革命派没有把立宪派

"联"过来,跟自己走,立宪派却把革命派"联"过去,跟他们走了。至于"三种反清基本力量的联盟",更没有存在过。人民群众闻风而起,立宪派坚决镇压他们,革命派也反对他们。

第三,立宪派挤进革命阵营,加速了清政府的瓦解,同时也加速了革命政权的瓦解。清政府以"逊位"方式倒台,和他们的作用分不开;南京政府宣告成立,同时就决定把政权交出去,简直像给一个婴儿做生日,同时就祝贺他夭折一样,更和他们的作用分不开。中央以及多数省份立宪派得势,革命政权在很大程度上流于有名无实。但是南京政府毕竟是革命派领导的,是革命的一个标志。立宪派宁肯选择旧势力和另一种政权来代表自己的利益。如果他们对革命做了什么工作,那主要是做了破坏革命、瓦解革命政权的工作。

立宪派首领张謇的活动是有代表性的。武昌革命军的枪声一响,他就紧张行动,"密切配合"。张謇自编《年谱》记载:武昌起义,他正自汉口乘船赴南京途中。十月十四日抵南京,立即往见驻防将军铁良,建议铁良派兵西上"援鄂",并奏请清政府赶快颁发命令,宣布立宪。铁良要他找总督张人骏商量,十五日,跑到张人骏那里,重复他对铁良讲过的主张。张人骏反对立宪,也拒绝派出援兵。张謇提出警告说:武昌地居上游,倘若敌军顺流而下,安庆又有革命党接应,江宁太危险了!张人骏还是不干,强作镇静。张謇悲哀叹息:"呜呼!大难作矣!人自为之,无与于天。然,人何以愤愤如此,不得谓非天也"。十六日赶到苏州,往见巡抚程德全。程德全很赞成请求清政府颁布宪法、开国会的主张。张謇找到某某二人,共同连夜起草奏稿。几天之后,以咨议局名义直接电达清内阁,请宣布立宪、开国会①。南京政府成立,

---

① 张謇:《啬翁自订年谱》,第70页。

张謇已经一变而为共和政体的"赞助者"，并担任实业部长。但他根本没有准备维护这个政权，而是想如何让这个政权结束，愈快愈妙。在革命阵营中，他反对孙中山，反对南京政府的一些措施，声言要同革命党人拆伙（实际上也不曾入伙）；在反革命阵营，他与袁世凯声息相通，策划由袁世凯接替清政府。目的都是一个：埋葬革命政权，结束革命。他在致袁世凯的信中说："甲日满退，乙日拥公，东南诸方，一切通过。……愿公奋其英略，旦夕之间，戡定大局，为人民无疆之休，亦即为公身名俱泰，无穷之利。"①立宪派与谁"密切配合"？与革命派，与人民群众，还是与反革命派"密切配合"？这实在不需要词费了。

照立宪派"配合"革命、推倒了清政府那种逻辑，就应当把袁世凯也列在革命的"基本力量"之中，袁世凯表面上从清政府手中、实际是从革命派手中接收政权，也应当算做"密切配合"了革命。因为立宪派的活动和袁世凯攫取政权是分不开的。类似的说法，以前有过的。《民国通俗演义》上就这样评论袁世凯："始创革命者为孙、黎，而助成革命者为袁项城。项城之与民国，实具有绝大关系。自民国纪元，以迄五年，无非袁项城一人作用，即无非袁项城一人历史。……无袁氏，则民国或未必成立；无袁氏，则民国成立后，或不致扰攘至今。成也萧何，败也萧何，吾当以此言转赠袁公"②。评论者的中心思想是宣传个人决定历史，袁世凯不过顺便成了"革命助成者"。稗官野史，信口开河，读者有理由不予重视。苏联历史编纂家自称他们的书是重大"科学研究成果"，科学巨著，不知怎么也可以那样对待历史！

"三股反清力量密切配合"论，绝对站不住脚。作者郑重其事

---

① 张孝若：《南通张季直先生传记》，第150页。
② 蔡东藩、许廑父：《民国通俗演义》，第一回评语。

地当做一项新发现，推荐给学术界，其中必有道理。他们断定辛亥革命是中国民族革"非中国"民族的命，即中国人革外国人的命。依照这个前提，凡属非满族人都应当列入"反清基本力量"之中，才是合乎逻辑的。无疑地这就是"三股反清力量密切配合"那种高论的根据。当然，他们"忘记了"清政府本身颁布过宪法"十九信条"，宣布是要实行立宪政体的。

1911 年末，1912 年初，立宪派的所作所为，说明它不成其为"反清的基本力量"，那么，对以前的立宪请愿怎样看待呢？它们前后一脉相连，表现的是同一个本质。

立宪派与清政府统治集团之间有矛盾，有斗争。清政府想用"预备立宪"的空言，敷衍搪塞，延缓、减少灭亡危机，不愿真正开放政权；立宪派则要求作一些局部改革，抓到参与政权，提高政治、经济地位的实际利益。立宪派接二连三发起请愿，清政府极力拒绝他们的要求，矛盾冲突，争持不下。等到武昌起义，全国革命形势陡然高涨，立宪派纷纷与革命势力挂钩，这固然是由于无路可走，见风使舵，他们与清政府之间原来就存在矛盾，也是一个原因。同时，如前面所说，立宪派要求立宪的活动和宣传，在一定程度上有促进反对封建专制，动摇、削弱清政府的意义。论客观效果，必须看到这一点，不可以否认这一点。

但立宪派与清政府之间的矛盾不应该夸大。立宪派是近代工业创办者、资本家、商人，又是地主、官僚和绅士。换一个说法，他们是地主——资产阶级，封建性大于资本主义。同等地、不加分析地认为立宪派与革命派一样，都是前进中的社会力量，完全不足以表明这个社会力量的阶级特征，仿佛它多么"先进"。事实上，当初他们同清政府的矛盾，远远小于与革命派的矛盾，同革命派的矛盾远远超过与清政府的矛盾。正因为这样，立宪派的态度非常鲜明：用和平请愿解决自己与清政府当权势力之间的分歧，而又同情清政府武力镇压，解决他们共同的与革命派之间的分歧。清政府的态度也证明了这一点。它同革命派没有妥协余地，同国内立宪派则没有决裂过，没有撕破过情面①。

立宪请愿所起的促进反对封建专制的作用，同样不应该夸大。尤其没有理由把1906年以后的立宪请愿与1898年的维新运动同等看待，甚至看得更高。他们所处的地位很不一样。1898年，那时资产阶级革命派力量尚待形成，维新派提出发展资本主义要求，是时代的先进者。1905年以后，资产阶级革命派已经壁垒严整，旗帜鲜明，为资产阶级民主革命而进行斗争，只有他们是时代的先进者。君主立宪的道路被革命、人民群众的斗争所无情淘汰，这充分说明历史前进所需要的，是发动革命，打倒作为帝国主义、封建主义统治工具的清政府，而不是其他。立宪请愿有相当数量的群众参加，也不能成为高估立宪派作用的理由。群众中早已积压着对清政府统治的强烈不满。他们要求阻止外国侵略，摆脱封建剥削压迫。遇有机会，他们的不满就迸发为反抗行动。群众参加立宪派号召的游行请愿，或者是那种反抗情绪的一种表现，或者是受后者虚伪的民主宣传蒙蔽了。就像立宪派的政治、经济主张并不体现普通商人、市民、农民群众的利益一样，他们也根本不是立宪派的社会基础。两者虽然走到一起去请愿，目的、要求迥然不同。所以群众起来以后，立宪派领导层连忙向后转，"遵旨"解散请愿团体，置身事外。他们害怕群众，害怕民主派——资产阶级革命派是民主派，比害怕清政府当权势力厉害何止十倍！清政府施加威吓、打击的对象，也明白地指出，是"逾越范围"的"无知愚氓"；反之，对立宪请愿的领导层、发起者笼

———————

① 1910年冬天，四川等省代表滞留北京，打算组织第四次请愿，清政府逮捕天津请愿代表温世霖，发遣新疆，那是个别情况。

络优礼，久而不衰。请愿结束，在立宪派是胜利了，弹冠相庆，在群众则是一次失败。还有，就算立宪请愿的要求全部实现了，最终的结果，也不过是使清王朝变为半殖民地的资产阶级王朝，而立宪派所代表的地主——资产阶级变为王朝资产阶级。如斯而已。而关键却在于改变殖民地半殖民地半封建秩序，推翻清政权的统治。

中国立宪派——上层资产阶级，在俄国叫立宪民主党——自由资产阶级。列宁评论立宪民主党说："从 1906 年起，我们就曾千百次地说明过，立宪民主党不是民主派，而是保皇派自由资产阶级。每个政治上有教养的人都晓得的，1907 年春俄国各地马克思主义者做出的正式决定，就肯定了这一点，并大声宣布：立宪民主党是保皇派自由资产阶级的政党，他们的民主主义是'虚伪的'，一部分小资产阶级跟着他们走'只是由于传统的关系（对常见的陈旧的事物的盲目习惯），完全受了自由派的蒙蔽'"。"自由派不同于保守党（黑帮）的，就是他们代表资产阶级的利益，而资产阶级则要求进步和实行经过一定调整的法制，要求遵守法律和宪法，要求保证一定的政治自由。""但是，这个进步的资产阶级害怕民主派和群众运动，比害怕反动派还要厉害。因此，自由派永远倾向于向旧制度让步，向它妥协，维护旧制度的许多基石。这就使自由派软弱无力，畏缩不前，不彻底，总是摆来摆去。"[①]列宁评论俄国自由民主党的每一句话，对立宪派都适用。事实使我们同样能够大声宣布：立宪派是地主——资产阶级保皇势力，他们的民主主义是虚伪的。活动于国外的康梁等人，正式打着"保皇"的旗子，国内拥有实力的张謇等人，正式打着"君主立

---

　　① 列宁：《立宪民主党与民主派》，《列宁全集》第 18 卷，1959 年版，第 220—221 页。

宪"的旗子,一个"保皇",一个保"君主",他们的区别仅仅在
这一点上。辛亥革命以前和以后,他们自己的招牌、所保的皇权
名称改变了,立宪派改称统一党、共和党、进步党等,保清王朝
改为保袁世凯王朝;它的阶级性格和追随中国大地主、买办阶级
的一贯的政治路线,丝毫也没有改变。同盟会里的人当时就一针
见血地指出过这种情况:民国元年以后的保皇派,一次改名叫共
和讨论会,再次改名叫民主党,任你满嘴共和,也任你满嘴民主,
而"保皇骨相终古难磨",好比旧戏中花旦演烈女传,到处露出马
脚,徒然以外表骗人。1913年,列宁在《中国党派的斗争》一文
中说:"袁世凯联合了一切中间派(即反动派)",并与欧洲资产阶
级结成了"反动恐怖同盟"。这个"中间派(即反动派)"里面,
立宪派占着重要的份额。孙中山后来总结辛亥革命的教训时也说:
"武昌起义,全国响应,民国以成。而反对革命之人及杀革命党之
人,均变为赞成革命之人。此辈之数目,多于革命党,何啻数十
倍;故其力量,大于革命党。乃此辈反革命派——即旧官僚——
一方参加革命党,一方反破坏革命党,故把革命事业弄坏……"①
这些"反对革命及杀革命党之人,均变为赞成革命之人"里面,
立宪派也占着重要的份额。前后联系起来,更足以识透它的非民
主派的本来面目。

　　谁发动、谁领导辛亥革命,最直接地表现这场革命的性质。
论述这个问题,辨明立宪派的作用,是应有之义。

丙,第三条根据

　　革命的领导者提出了明确的资产阶级纲领。他们以西方资产

---

　　① 孙中山:《中国现状及国民党改组问题》,《国父全集》第2卷,台湾,第616
页。

阶级的革命历史和革命学说为根据，反对清王朝的专制统治；照搬西方资产阶级的革命口号，以号召群众。他们的纲领、口号充分反映了资产阶级在政治上、经济上的要求和利益。孙中山多次讲，中国的革命思潮是发源于欧美，平等自由的学说也是从欧美传进来的。但辛亥革命的发动者，与欧美革命的资产阶级处在完全不同的时代、环境下面。中国资产阶级带着先天的软弱性，所以革命派采用西方学说时又表现了自己的特点和弱点。下面分做两点来讲。

（一）纲领的资产阶级性质

同盟会总章第二条规定："本会以驱除鞑虏，恢复中华，创立民国，平均地权为宗旨"。《军政府宣言》写着：今日革命与前代不同，于驱除鞑虏、恢复中华之外，国体民生，应当变更。"虽经纬万端，要其一贯之精神，则为自由、平等、博爱"。《宣言》解释"平均地权"的含义说："改良社会经济组织，核定天下地价，其现有之地价，仍属原主。所有革命后社会改良进步之增价，则归于国家，为国民所共享"。同盟会纲领的内容是三件事：一，推翻清政府；二，建立共和国；三，平均地权。孙中山在《民报》发刊词里，把它们归纳为三大主义，即民族主义、民权主义、民生主义。《民报》第三期发表《民报之六大主义》，加入维持世界和平、要求世界列强赞成中国革新事业，补充说明了革命派对外国和世界事务的态度。三大主义每一条都明确地表现了资产阶级革命的特性。检阅一下事实就可以证明这个问题。

关于民族主义。

民族运动有各种各样。历史条件，阶级内容不同，民族运动的性质也因之不同。资本主义成长、对外扩张，世界上跟着形成两种国家，两类民族。一类，宗主国，压迫民族；一类，殖民地、半殖民地，被压迫民族。宗主国的资产阶级，在反对封建专制，扫清资本主义前进道路上的障碍，建立统一的"民族国家"时，领导过自己的民族运动。那是资产阶级民族运动的一种。殖民地半殖民地在无产阶级登上政治舞台以前，本地资产阶级要反对封建势力、外国侵略势力的压迫，实现民族独立，发展资本主义，摆脱殖民地半殖民地枷锁，也必定要从事自己的民族运动。这是资产阶级民族运动的又一种。同盟会纲领、孙中山的民族问题学说、民族主义，其中一项内容，就是属于后面的这一种。同盟会纲领里只有"驱除鞑虏，恢复中华"，强调了国内民族矛盾、反封建的一面，没有强调反对帝国主义、中国与外国侵略者民族矛盾的一面。但革命派的宣传、解释中对民族主义的反帝国主义、中国与外国侵略者民族矛盾的一面，有鲜明的阐述。孙中山、革命派的其他一些人，都用明白警醒的语言，指出革命首先是由于帝国主义侵略的刺激，革命是要挽救民族危亡，使中国不至被帝国主义最后鲸吞瓜分。《兴中会宣言》和革命派的一些报刊上写道：

> 中国积弱，至今极矣！……堂堂华国，不齿于列邦；济济衣冠，被轻于异族。有志之士，能不痛心。……方今强邻环列，虎视鹰瞵，久垂涎我中华五金之富，物产之多，蚕食鲸吞，已见效于接踵，瓜分豆剖，实堪虑于目前。呜乎危哉！有心人不禁大声疾呼，亟拯斯民于水火，切扶大厦之将倾，庶我子子孙孙，或免奴隶于他族。……不思中国一旦为人分裂，则子子孙孙世为奴隶，身家性命且不保乎！急莫急于此，私莫私于此。……倘不及早维持，乘时奋发，则数千年声名文物之邦，累世代衣冠礼义之族，从此沦亡，由兹泯灭。①

> 今日吾国灭亡之风潮诚达于极点，欧美之白人日奴灭我，地跨欧亚二洲黄白两界之俄人日奴灭我，并同洲同文种源大

---

① 孙文：《香港兴中会宣言》，《辛亥革命》丛刊（一），第86—87页。

陆之区区日本人亦取隐计曰奴灭我。无非以吾国锢守旧学，国势日减而民气不伸，一切大计皆任政府之因循以坐就渐灭，因是而轻蔑我，因是而訾诮我。直以为我之因循，固可以奴灭者，且可以奴灭我之手段先明告我者，日夜咆哮攘臂于亡我之一大问题，对我曰："亡而种！亡而种！"虽然，支那诚亡矣，而尚存此一线未亡之残喘者，正我支那存亡关系之重要时代，时刻分秒，皆当认明救国之方针，挟死力以图自立于竞争界者也。①

爱国少年痛国势之日危，种族之将灭，四百兆黄帝之子孙将为奴隶，为牛马，供鬈发皙颜高颧隆准碧眼黄须儿之蹂躏蹴踏，不复使亚洲大陆留吾同胞角逐之场。……俄虎、英豹、德法貙、美狼、日豺眈眈逐逐，露爪张牙，环伺于四千余年病狮之傍。割要地，租军港，以扼其咽喉；开矿山，筑铁路，以断其筋络；借债索款，推广工商，以胶其膏血；开放门户，划势力圈，搏肥而食，无所顾忌……呜呼！望中国之前途，如风前烛、水中泡耳，几何不随十九世纪之影以俱逝也。②

呜呼！今日之中国，其世界列强竞争角逐之烧点哉！英也、俄也、法也、德也，咸眈眈焉、孜孜焉，蓄神出鬼没之阴谋，施巧偷豪夺之手段，思逞其大欲于我者，无时而或已也。反而自镜，则如庞然一巨象，横卧于亚东广漠之野。有悍鹫焉，来而攫其首，吸其髓；有强狮焉，来而裂其腹，抓其脏；有俄狼焉，伺其旁而啮其足；又有猛虎焉，乘其窘而

---

① 张枬、王忍之：《辛亥革命前十年间时论选集》第 1 卷，上册，第 380—381 页。

② 同上书，第 452—453 页。

啗其肩。彼庞然巨物者方奄奄一息，仅余残喘，以待命于噬者之果腹焉。噫！此非中国之现象乎！分割之惨，灭亡之祸，悬于眉睫，岂我四万万黄帝神农之遗裔，遂穷补救之术乎?!岂数千年文明祖国，遂沉于天演大圈，所谓万劫不复者乎?!①

革命派在这里并没有以反满为惟一目标。相反，他们以为革命最终要解决的任务，是挽救民族危亡，把中国从帝国主义的侵略、压迫下解放出来。实现这个任务，就必须反满，打倒帝国主义的走狗清朝政府。由此可以看出，同盟会纲领、孙中山的民族问题学说、民族主义和反对帝国主义侵略，要求民族独立，发展资本主义直接地联系在一起。这正是殖民地、半殖民地的民族运动，民族主义。它反映着全民族的要求，指出了历史前进的道路。

对"驱除鞑虏"的强烈主张怎么看待？推翻清朝统治与反对帝国主义，只有一致，并无矛盾。1903 年，孙中山在一篇《驳保皇报》的文章里，就集中讲过这个问题。他明确指出，清政府是外国鹰犬，中国"欲免瓜分，必先倒清政府"。他说：《保皇报》也知道外国瓜分中国的原因吗？根本原因是政府不振作，人民不发奋。政府倘使有作为，则强横如俄罗斯，残暴如土耳其，外国也奈何它不得；人民能够发奋，则微小如巴拿巴，激烈如苏威亚，列强也不得不承认它们。今天国际上实力强权就是一切，绝无道德仁义可言。清政府是不可救约了，要害之区尽失，发祥之地已亡，浸而日削地百里，月失数城，终归于灭亡为止。中国复苏的希望，惟有靠人民自己的奋斗。人心觉醒，发奋为雄，起来革命，一举打倒腐朽残喘的清政府，那时列强钦佩我、敬畏我之不暇，哪敢再肆窥伺瓜分呢？解决中国的问题，必须先驱"客帝"，还我政权，根除它今天签一约割山东，明日押一款卖广东。现在的清

---

① 张枬、王忍之：《辛亥革命前十年间时论选集》第 1 卷，上册，第 416 页。

政府，不特签约押款，割让土地，出卖主权，而且替外人平靖地方，然后再拱手送给人家。广东的新安县、广州湾，大家亲眼看见了。倘若没有清政府助桀为虐，人民犹可自由行动，舍死相拚，去保卫桑梓之地。外国知道人民不好轻侮，不能垂手得我尺寸之地，它们虽然贪得无厌，也还要存有戒心。"今有满清政府为之鹰犬，则彼外国者欲取我土地，有予取予携之便矣。故欲免瓜分，非先倒清政府，则无挽救之法也。"可是有那么一些人，对外国心存畏惧，不识时务，不达事体，动不动就怕"逢人之怒"。殊不知你愈畏葸，人家愈窥伺；我能发奋，彼反敬畏，有何逢人之怒的问题！如其不信，我请问《保皇报》主编陈仪侃，你天天向外国人叩头，天天向外国人摇尾乞怜，能阻止外国人向清政府夺取土地、勒索权益吗？"清国帝后今日日媚外人矣，日日宴会公使及其夫人矣。媚外人之中，又与俄为最亲昵矣，然而据其发祥之地者则俄也。不逢人之怒，莫过于今日之清帝后，以仪侃之见解，则必能免于瓜分矣。信乎？否乎？"① 著名的宣传家陈天华在《警世钟》、《猛回头》等作品里也把为什么反满的道理讲得极为透辟。他反复申述：清朝早已名存实亡，现在的朝廷其实是外国人的政府。它把那些财政权、铁道权、用人权，一概拱手送与了洋人。中国虽说未曾瓜分，其实已经瓜分数十年了。从前不过是暗中瓜分，于今却是实行瓜分，不过形式略有不同：在满洲政府的头上建立各国的政府，在各省督抚的头上建立各国的督抚。我们要想动一动，洋人只须下一道命令，满洲政府立刻就代各国剿除得干干净净了。"朝廷固然是不可抗拒，难道这洋人的朝廷也不该违拒吗？"也就是说，人们反满，就是反对帝国主义的奴才。人民打倒了清朝统治，就是打击了站在清朝统治者背后的帝国主义。革帝国主

---

① 《中国国民党史稿》第2篇，第406—407页。

义的命,必须同时革封建主义的命。二者相联,不可分割。在这个意义上,反满斗争属于资产阶级反对帝国主义的民族运动的一翼。当然,资产阶级并不认识帝国主义的本质,革命派中许多人抱着资产阶级狭隘民族主义、种族主义的观点,极力把从西方输入的民族主义,变为反满主义、种族主义,那除了表明中国革命中有满汉矛盾这个特殊问题,还表明了中国资产阶级严重的落后性、软弱性。

关于民权主义。

资产阶级的民主或人权,与封建制度相比是一个了不起的进步。人权作为政治纲领首先来自美国独立战争、法国资产阶级革命。美国资产阶级民主派代表杰佛逊起草的《独立宣言》,被马克思称之为"第一个人权宣言"。1789 年,法国资产阶级在革命的疾风暴雨中,通过按照 18 世纪启蒙学者"天赋人权"思想制定的纲领性文件——《人权宣言》。其中宣布"在权利方面,人们生来是而且始终是自由平等的"。人权、自由平等博爱,作为资产阶级反对封建专制的思想武器,起了巨大的进步作用。资产阶级因此把它当做普遍原则接受下来,写在自己的旗子上,去进行反抗压迫,争取统治权的斗争。辛亥革命中的中国资产阶级也不例外。它们采用这条原则作为自己的纲领,说明它们是以历史上同类进步事业的继承者自居的。客观上也应当给以这样的评价。

民权或人权、民主、自由平等博爱,我们说是资产阶级口号,是指它本质上体现资产阶级的要求和利益。马克思和恩格斯写过不少著作揭露资产阶级"人权"的虚伪性。恩格斯在《反杜林论》中,详细分析了人权观念形成的过程以后,强调指出:"无产阶级平等要求的实际内容都是消灭阶级的要求。任何超出这个范围的平等要求,都必然要流于荒谬"[①]。列宁反驳资产阶级对无产阶级

---

① 恩格斯:《反杜林论》,《马克思恩格斯全集》第 20 卷,1971 年版,第 117 页。

专政的攻击说：文明的法国人、英国人、美国人把集会自由叫做自由。他们的宪法总是写着："全体公民有集会自由"，他们说，你们看，这就是自由的内容，这就是自由的基本表现。我们回答说，是的，英国、法国、美国的先生们，"你们忘记了一件小事情，忘记了你们的自由是写在把私有制法定下来的宪法上的。问题的实质就在这里"①。平等问题也是一样。列宁尖锐地问道："被剥削者能同剥削者平等吗?"他指出："平等"如果同劳动摆脱资本的压迫相抵触，那就是骗人的东西。"这是我们说的，而且这是千真万确的真理。我们说，民主共和国和现代的平等是谎言，是欺骗，因为在那里没有平等，也不可能有平等；生产资料、货币和资本的所有制妨碍着人们享受这种平等"②。因此，"谁承认阶级斗争，谁就应当承认在资产阶级共和国中，即使在最自由最民主的共和国中，'自由'和'平等'只能是而且从来就是商品所有者的平等和自由，资本的平等和自由"③。资产阶级的民主、自由，并不因为它与封建制度相比具有莫大的进步性，就足以掩盖、减少它在资本主义制度下所表现的狭隘、残缺不全和对穷人、被压迫者的虚伪性，欺骗性。

　　历史充满了这类事实。美国宪法最先承认人权，与此同时，又确认了存在于美国的有色人种奴隶制。法国革命中，1791 年 6 月，制宪议会通过《霞不列法》，宣布一切工人罢工或集会结社都属非法，违者要受到严厉惩罚。《霞不列法》用国家警察权，把劳动与资本间的斗争，限制在有利于资本的范围内，并且经过几次

---

①　列宁：《全俄社会教育第一次代表大会》，《列宁全集》第 29 卷，1959 年版，第 317 页。

②　同上书，第 321 页。

③　列宁：《〈关于用自由平等口号欺骗人民〉出版序言》，《列宁全集》第 29 卷，1959 年版，第 342 页。

革命，几个朝代，一直保持了半个多世纪。8月，通过《人权宣言》。9月，通过新宪法。宪法规定两级选举制，复选人必须具备极高的财产资格。工人、雇工等无产的居民，被宣布为消极居民，根本不能参加选举。1848年，法国工人阶级在"六月革命"中遭到资产阶级的残酷镇压。马克思对此评论说，资产阶级的巴黎张灯结彩，无产阶级的巴黎呻吟、流血、燃烧，劳动与资本间的战争，这就是资产阶级昭示的博爱①。

辛亥革命中，资产阶级采用民权、自由平等博爱口号作为斗争武器，也在实践中发挥了这个口号的资产阶级特性。他们刚一上台，还没来得及张灯结彩，就立刻回过头来，反对、屠杀工农群众。武昌起义，鄂北江湖会首领张国荃、李季昂等在老河口响应，很快建立起光化、谷城、襄阳革命政权。江湖会武装自发打击反动官绅，向地主富豪派捐勒饷。革命党人季雨霖、刘公（襄阳大地主兼商业经营者）等，利用黎元洪封给的"招讨使"、"总指挥"等名义，前往改编、解散。李季昂、海凤山和大批革命群众被屠杀。广东在武昌起义以后，各路民军同时并起。其中三合会首领王和顺，早在1907年奉孙中山命，发动钦州起义，就宣布"以自由平等博爱为根据，扫专制不平之政治，建民主立宪政体，行土地国土之制度，……"辛亥革命中，王和顺在惠州发动，檄文中又宣布：本军队宗旨，"专为驱除满奴，光复神州，实行平等自由博爱三大主义"②。陈炯明代理都督，下令裁撤民军。王和顺不服，陈炯明武力解决，用炮火教训三合会首领，他应当如何了解自由平等博爱的真意。其他地区，群众自动组织的武装，革命派或指为"行动越轨"，或诬以"假革命"罪名，杀戮解散。鲁迅

① 马克思：《六月革命》，《马克思恩格斯全集》第5卷，1958年版，第154页。
② 《中国日报》，香港，1907年9月28日，《辛亥记事》，第136—138页。

在《阿Q正传》中，描写了辛亥革命的一番景象，若干人物。其中一个没有觉悟的贫苦农民阿Q；一个先跑到城里去进洋学堂，以后又到了东洋，半年之后回到家里来，腿也直了，辫子也不见了的"假洋鬼子"——资产阶级革命党人或"自由党"分子，形象特别生动、逼真。"假洋鬼子"对阿Q的态度是"不准革命"，最后并让他走上了"大团圆"的结局。资产阶级就是这样对劳动者自由平等博爱的。

辛亥革命的失败，当然决不是因为资产阶级讲民主、自由、平等、博爱太多了，而是讲得太少，没有真正实行过。这里分析资产阶级民主的虚伪性，是为了说明同盟会民权主义纲领的阶级属性。半殖民地半封建的中国，缺少独立发展的资本主义，因之十分缺乏资本主义民主的洗礼。帝王思想，个人专制，宗法关系，特权观念，等级观念等各种同资产阶级民主思想相对立的封建意识形态，根深蒂固。辛亥革命的失败，既是由于缺少一个农村大变动，也是由于在思想领域里缺少一个铲除封建传统的大变动。孙中山领导传播资产阶级民主思想，创建共和制度，功勋不朽。但那对于卸下中国人身上沉重的封建传统枷锁，还只算得一种很初步的工夫。"五四"运动文化思想领域的反封建斗争，是辛亥革命的补课。中国历史随着出现了一个跃进。这说明在中国的革命斗争中，大力反对封建意识形态，普及民主思想，是何等的重要。

关于民生主义。

反对封建剥削压迫，发展资本主义，土地问题必然成为革命的中心问题。法国大革命对于这个问题的解决带有典型性。雅各宾专政期间，国民公会颁布法令，使近二百年来封建主从村社公有地夺去的土地归还农民，按人口分配，不分性别、年龄。农民的各种义务，包括地租以及其他封建苛税均被豁免；封建文据契约，一律焚毁。农民土地问题解决，有利于革命的深入发展。法国封建的经济基础，也由此根本改变。资本主义的剥削关系代替封建的剥削关系，旧的生产方式过渡到新的生产方式。

辛亥革命中，革命派的"平均地权"或"土地国有"，与法国资产阶级采用革命手段没收封建主占有的村社土地直接分配给农民，显然不同。《军政府宣言》和孙中山的解说，"平均地权"是要通过核定地价和向地主收买土地，使土地归国家控制；换一个说法，也叫单一税制。它来自美国人亨利·乔治的土地问题学说。据说国家有了这一项税收，就可以用之不竭，其他一概免税。孙中山强调说："欧美强矣，其民实困。"中国讲求民生主义的人，"睹其害之未萌，诚可举政治革命社会革命毕其功于一役。还视欧美，彼且瞠乎后也"①。又说：社会问题，在欧美已经积重难返，中国将来也会发生。到那时收拾不来，又要闹成大革命。欧美社会党所以创导民生主义，就是因为贫富不均，想设法挽救。其中流派极多，有主张废资本家为国有的，有主张均分于贫民的，议论纷纷。凡有识见的人，都知道社会革命是决不能免的。中国革命及时改良社会经济组织，防止后来发生社会革命，这将为欧美各国所不及。"欧美为甚不能解决社会问题，因为没有解决土地问题"②。在孙中山等人看来，实行这条纲领，就可以平均土地所有权，克服资本主义的贫富对立，避免社会主义革命到来。实则它所起的作用正好相反。

"平均地权"、土地国有或"平分土地"，究竟意味着什么，马克思主义著作上有详尽的论述。马克思《反克利盖的通告》③，恩

---

① 孙文：《民报发刊词》，《辛亥革命》丛刊（二），第 260 页。
② 孙文：《民报》周年演说词，《民报》第 10 号。
③ 《马克思恩格斯全集》第 4 卷，1958 年版，第 3—12 页。

格斯《美国工人运动》中论亨利·乔治的理论①，列宁《两种乌托邦》②，《中国的民主主义和民粹主义》中论土地平分、土地国有等，反复指出，那些土地问题的主张内容不尽相同，但实际都是一样：扫除封建土地制度，促进商品生产，扩大资本主义的基地。

列宁对孙中山"平均地权"的纲领是这样讲的：先进的中国人，竭力向欧洲吸收解放思想。但在欧美，摆在日程上的问题已经是从资产阶级下面解放出来，即实行社会主义的问题。因此必然产生中国民主派对社会主义的同情，产生他们的主观社会主义。中国这个落后的、半封建的农业国家的客观条件，在将近五亿人民的生活日程上，只提出了这种压迫这种剥削的一定的历史独特形式——封建制度。中国民主主义者的土地纲领，事实上仅仅是改变不动产的一切法律基础的纲领，仅仅是消灭封建剥削的纲领。孙中山的进步的、战斗的、革命的资产阶级民主主义土地改革纲领以及他的所谓社会主义理论的实质就在这里。他谈得如此漂亮而又如此含糊的"经济改革"所产生的结果，是把地租转交给国家，即以亨利·乔治式的什么单一税来实行土地国有。他所提出和鼓吹的"经济改革"，决不会带来其他实际的东西。在资本主义范围内实行这种改革是最纯粹、最彻底、最完善的资本主义。土地国有能够消灭绝对地租。按照马克思主义的学说，土地国有就是：尽量铲除农业中的中世纪垄断和中世纪关系，使土地买卖有最大的自由，使农业有最大的可能适应市场。在亚洲一个落后的农民国家中，是什么经济必要性使得最先进的资产阶级民主主义土地纲领能够被人接受呢？这是因为必须摧毁以各种形式表现出的封

----

① 《马克思恩格斯全集》第21卷，1965年版，第386—388页。
② 《列宁全集》第18卷，1959年版，第349—353页。

建主义①。

列宁的分析告诉我们："平均地权"，土地国有，它的意义集中到一点，就是摧毁封建制度，促进资本主义。革命派的这条纲领谈得如此漂亮，但没有，也无从付诸实行。它不能满足农民对土地的迫切要求，表明资产阶级没有可能真正领导民主革命的主力军——农民从事反封建斗争。但提出这个纲领，本身就说明，一个资产阶级发动和领导的民主革命高潮的形势，正在中国地平线上兴起。

孙中山以为一旦实行"平均地权"，就可以克服资本主义贫富对立，避免社会主义革命到来，那当然是一种空想。他想避免的资本主义的恶，却是历史上的善。因为它将要惊人地加速社会的发展，使新的、更高的社会形态——社会主义形态提早到来。所以列宁分析孙中山的土地问题纲领时又指出：从学理上来说，是资产阶级"社会主义者"反动的理论。因为认为在中国可以"防止"资本主义，认为中国既然落后，就比较容易实行"社会革命"等等，都是反动的空想。但它的"纯粹资本主义的、实足资本主义"的性质，又是反封建的、战斗的、革命的。中国将出现许多个上海，中国无产阶级将日益成长起来，建立自己的政党。而这个政党在批判孙中山的小资产阶级空想和反动观点时，一定会细心地辨别、保存和发展他的政治纲领和土地纲领的革命民主主义内核。

历史给中国资产阶级革命提出反帝反封建两个任务。革命派的纲领内容，客观上反映了历史前进的要求，即使他们对于革命应当解决什么任务，和纲领可能产生什么结果并不完全了解。它的资产阶级性质如此鲜明，以至谁也不怀疑，它同中国历史上传

---

① 《列宁全集》第18卷，1959年版，第151—157页。

统的农民革命有何相似的地方。历来谈论辛亥革命的有反满论或其他什么论，从来没有农民革命论，就是证明。但是，由于第一，推翻清政府统治等三条，都着重讲的反封建，缺少明确反帝国主义侵略、实现民族独立的口号；第二，"平均地权"没有、也无从实行，没有触动封建统治的根基——封建土地所有制；第三，民族主义列于三大主义的首位，但它的实质是什么，从开始就解说不一，这都暴露了革命派的重大弱点：他们提出的是一个不彻底的、可以作不同解释的、妥协性很大的资产阶级民主革命纲领。何况革命派在制订纲领的过程中本来就存在意见分歧。邹鲁《中国国民党史稿》记载：同盟会成立时，有人主张称"中国革命同盟会"为"对满同盟会"，"平均地权"一条，怀疑的人更多。孙中山详加解释，才得通过。在革命派的宣传中，这种意见分歧表现得越发明显，这就更加削弱了纲领的战斗性。

（二）纲领宣传中的问题

革命党人以《民报》为中心，经过与《新民丛报》等激烈论战，宣传三民主义，高举中国革命民主派的旗帜，使革命的思想潮流得到迅速推进。1906年，《新民丛报》的一篇文章承认："数年以来，革命论盛行于国中，今则得法理论、政治论以为羽翼，其旗帜益鲜明，其壁垒益森严，其势力益磅礴而郁积，下至贩夫走卒，莫不口谈革命而身行破坏。……革命党指政府为集权，詈立宪为卖国，而人士之怀疑不决者，不敢党与立宪。遂致革命党者公然为事实上之进行，立宪党者不过为名义上之鼓吹。气为所摄，而口为所箝。"[1] 革命派取得了对改良派思想理论斗争的胜利，但同时，也暴露了他们之间一些人一面开步走，一面缩回脚步。在纲领的宣传上，这主要表现为两个问题。

---

① 《新民丛报》第四年，第20号，与之《论中国现在之党派及将来之政党》。

第一个问题，要不要民主共和国。

"驱除鞑虏"列在纲领的头一条。资产阶级不可能或者不愿意用阶级观点来宣传他们的事业的正义性，宁愿用种族观点来宣传革命的必要性。改良派害怕革命，鼓吹立宪死保清政府。康有为著《辩革命书》，主张"满汉不分，君民同体"①。梁启超著《中国魂》，说"张之洞非汉人耶？吾恨之若仇雠也！今上非满人耶？吾尊之若帝天也！"② 革命派为着在理论上战胜改良派，就要倾注全力揭露、攻击清朝的腐朽统治，使对方没有立足的余地。所以在反满这个问题上，革命派的宣传是共同的。不同的，是一部分人讲"驱除鞑虏"，"排满"，同时也讲建立共和国，实现社会改革；另一部分人只强调排满，以为现在只须推倒满清，国体民生，一切等将来再说。前一部分人中有孙中山、胡汉民、陈天华、朱执信等；后一部分人有章太炎、吴樾、刘师培、黄侃、汪东等。

孙中山的言论，很少单讲排满的。《民报》周年纪念演说，谈过要革满族的命以后，马上指出："兄弟曾听见人说，民族革命是要尽灭满洲民族，这话大错"。陈天华更明确地指出："近今革命之论，嚣嚣然起矣，鄙人亦此中之一人也。而革命之中，有置重于民族主义者，有置重于政治问题者。鄙人所主张固重政治而轻民族。观于鄙人所著各书自明"③。他的《论中国宜改民主政体》、《中国革命史论》、《警世钟》、《猛回头》等，确实都着重于政治问题，着重于反封建。胡汉民、朱执信、冯自由等的文章，或者偏重政治革命，或者偏重民生主义，宣传土地国有等。有的作者把

---

① 《新民丛报》第16号，《南海先生辩革命书》。
② 《中国魂》1906年本、《饮冰室合集》第2册、《中国积弱溯源论》所载这几句话的文字是："彼秦始皇、魏武帝、明太祖非汉人耶？吾嫉之犹蛇蝎也！使其为爱民之君也，岂必因其为满人而外视之。若今上皇帝非满人耶？吾戴之犹父母也。"
③ 陈天华：《遗书》，《民报》第2号。

清朝的反动统治同帝国主义对中国的侵略联系起来论述，指出革命的首要任务，是推翻清王朝，建立民主共和国。

章太炎首先不同。他对于建立共和国，改革社会经济，以为人云亦云则可，认真对待则不必。他说："今之种族革命，若人人期于颠覆清廷而止，其利害存亡悉所不论，吾则顶礼膜拜于斯人矣。而缀学知书之士，才识一名以上，皆汲汲于远谋，未有不以共和政体、国家社会耿耿于其心者。余虽蹁跹，亦不能不随俗为言"①。因此，他写《中华民国解》长篇大论，全在"中华"二字和反满上做文章，没有一语及于民国、共和。在别的地方，他讲到过"合众共和"和"民主"是不可抗拒的时代潮流，正是"随俗为言"的例子。章太炎再三声明："吾侪所志，在光复中国而已。光复者，义所任，情所迫也。光复以后复设共和政府，则不得已而为之也，非义所任，非情所迫也。以是反观，则无欣厌于甘辛黑白矣"②。"若夫民族必有国家，国家必有政府，而共和政体为祸害为差轻，固不得已而取之矣。……无是四者（按：上文列举的四个条件），勿论君民立宪，皆不如专制之为愈"③。"要之，代议政体，必不如专制为善。满洲行之非，汉人行之亦非。君主行之非，民主行之亦非"。"余固非执守共和政体者"，"共和之名不足多，专制之名不足讳。任他人与之称号耳"④。这些声明，至少表示他"执守"光复旧物，而决不"执守"共和政体。章太炎的主张，很代表和他相同的那一部分人的思想。他们从狭隘民族主义出发，赞成革命"期于颠覆清廷而止"。大家谈论共和政体、社会改革，他们也只得随声附和，其实是言不由衷的。章太炎的大弟子黄侃《专一之驱满主义》一文，把这个观点发挥得淋漓尽致。黄侃

---

① 《章氏丛书》，别录第 1 卷，《复仇是非论》。
② 《章氏丛书》，文录第 2 卷，《官制索引》。
③ 《章氏丛书》，别录第 3 卷，《五无论》。
④ 《章氏丛书》，别录第 1 卷，《代议然否论》。

说：实行何种政体，应当等到推翻清政府以后去讨论。人民生活、风
习愿望，到那时才能真正了解。现在就想用一个整齐划一的方案，
遥控未来，纵然写出几百篇宏文，为之辩护，也徒劳憔悴而无益处。
一个人生疡于头，发疽于背，疡对生命威胁更大。医生必先治头，然
后治背。目前汉族生存权利尚且保不住，谈得上什么改变政体、导
致太平？一旦皇天有眼，汉族恢复旧物，那时我们就像牛马脱离羁
绁，奴隶免于淫威，消除了各种痛苦中最大的痛苦，其他癣疥之疾，
就会忘掉。所以"种为大，而政次之"。革命者惟一急于要做的事，
在摧毁、破坏，不必讲求往后如何建设。帝王专制，人们早就反对。
泗上亭长，濠州丐僧，古时可以出现，今天难于再见，不必斤斤过虑。
立宪固然比专制优越，但同样有其弊病。革命以后，贫富分化更加
悬殊、工商业发达，农事衰微，资本家兴起，劳动者困苦。美国、法国
都是共和国，不是也照样无法挽救扰乱、纷争吗？实现了共和还有
主张实现无政府主义的，那就更复杂了。"故今日之事，宜以逐满为
莫大之谟。苦心焦志以求，犹虞其不给，宁有余闲，高谈远大之事
耶！"黄侃文章写得颇有生气，如说满族一日不亡，子子孙孙的斗争
就不停止。"虽令神洲之垠，积骸如岳，亦无悔焉"。又认为革命后
倘有阴谋家、野心家敢于凭借权力，实行帝制，人民不能容忍，就会
持梃操耒，灭此巨憝，使之不旋踵而亡。但同时又说：革命不可武装
起义，炸弹刺杀之法最为简易可行。一千人的军队打胜仗，也不能
保证歼敌渠魁。就算得其渠魁，自己也必死几百人。打败仗，损失
就更不用说了。用一千人去刺杀，我死一千，敌人也死一千。不幸
失败多，成功少，也可以杀敌五百。"以万军所不能尽戮者，而以千
人易之，不易简易乎"①。推翻封建专制，建立民主共和国，是同盟会
纲领的核心。同盟会里章太炎为代表的这些人，恰恰就是不重视，

---

①　黄侃：《专一之驱满主义》，《民报》第17号。

以至宁肯抛弃这个核心。

20 年代出版的《建国月刊》上一篇题为《同盟会时代〈民报〉始末记》的文章说：

> 《民报》最初之撰稿者，如胡、汪、朱、宋诸氏，为文立论，探幽撅微，莫不以阐发此三大主义为任。……厥后章枚叔氏出狱东渡，主纂《民报》，而《民报》之文章风尚，为之稍变。论者以为《民报》偏重民族革命之宣扬，殆眩于章氏之文所由误也。……谓其于政治革命与社会革命，或有次列之后先，而并非权衡其轻重，斯则可已。①

最早的同盟会员、辛亥革命亲历者何香凝，在一篇回忆文章中讲到《民报》的时候说：

> 同盟会机关报《民报》发刊，投稿的多为同盟会会员，他们写宣传革命的文章很受读者欢迎。但是当时发表在《民报》上的文章，也明显地反映了同盟会会员内部存在的思想分歧。这些文章可分为三类。其中第一类的文章，仅仅反映推翻清朝的单纯民族主义思想，至于推翻清朝以后中国往何处去，思想上还是完全模糊的，甚至可以说根本就没有接触到这个问题。这一类的代表人物是章太炎等。第二类的文章则指出在推翻清朝以后，要把中国引上资本主义道路，也就是欧洲或日本式资产阶级民主主义的道路。代表人物就是胡汉民、汪精卫。第三类人则是接受了当时已经在日本青年学生中开始流行的早期社会主义思想，并试着把那种尽管还是处于萌芽状态的早期社会主义思想传播到中国来。他们在翻译日本社会主义者的著作的时候，把资产阶级译作"豪富"，把无产阶级译作"细民"，他们在《民报》上宣传"细民"与

---

① 《辛亥革命》丛刊（二），第 439—440 页。

"豪富"的斗争，也就是宣传无产阶级与资产阶级的斗争。这一类的代表人物就是朱执信和廖仲恺（廖用笔名"屠富"）。当时中国同盟会存在的这三类思想都在《民报》的文章上反映出来。中国究竟往何处去？问题是提出来了，也有过争论，可是在那种情况下不可能得到解决，而彼此的见解也极不一致。辛亥革命是没有明确的思想准备基础的。当时武装斗争是抓得紧，而思想建设就比较松了。后来的历史可以充分证明：第一类人和第二类人中的一部分在刚刚推翻清朝，袁世凯上台的时候，就完全倒过去了。第二类人中的另一部分在改组中国国民党的时候，也完全暴露了他们的反动本质。[1]

《民报始末记》作者有意替章太炎、陶成章的狭隘民族主义解说；何香凝的文章出现很晚，难免有后来人思想的影响。但是他们或者承认章、陶与胡、汪、朱、宋宣传重点不同，对于政治革命与社会革命，有次列之后先；或者指出革命派在纲领宣传上存在明显分歧；这是一致的，也是完全合乎事实的。

封建宗派、人事纠葛，加上纲领思想的分歧，同盟会内部终于爆发光复会与同盟会公开的、组织上的对抗。章太炎、陶成章、李燮和等蓄意搞垮孙中山。1908年，由陶成章策划、李燮和出面，以所谓"江浙湘楚闽广蜀七省同志"在南洋者的名义发出的《孙文罪状》一文中，宣称"天下各国革命党非尽佳士，皆有败类，其要在能除之而已"，要求把孙中山作为"败类"除掉[2]。孙

---

① 何香凝：《回忆孙中山和廖仲恺》，三联书店1978年8月版。
② 《孙文罪状》一文中，列举罪名"三种"、"十二项"，"第一种，残贼同志之罪状"，"第二种，蒙蔽同志之罪状"，"第三种，败坏全体名誉之罪状"。办法中要求"一，开除孙文总理之名，发表罪状，遍告海内外，慎勿沾沾于名誉之顾全，行妇人之仁，以小不忍而乱我大谋。二，另订章程，发布南洋各机关所，令其直接东京总会，须用全体名义，或多数人之名义行之；嘱令南洋部原章程，一概作废。三，由总会执事出名，令各埠将孙文所等去之款，令其自行报告总会，加给凭单，以为收拾人心之具。……"1911年11月2日，《神州日报》。

中山坚持斗争，并得到黄兴等人的支持。章太炎、陶成章于是宣布成立新光复会，从同盟会中分裂出去。

第二个问题，民族主义包括什么内容。

前面列举的《兴中会宣言》，报刊上的文章，强调号召中国人民反对外国侵略，挽救民族危亡。反对帝国主义，大体上是革命派的共同立场。至于说到民族主义的内容，它与反帝国主义的关系如何，他们中间的思想分歧就显露出来了。孙中山讲反满，但从来没有说民族主义不应当具有反帝国主义的内容。民族主义包含国内国外两个方面，孙中山是有明确解释的。他说："余之民族主义，特就先民所遗留者，发挥而光大之。且改良其缺点。对于满洲，不以复仇为事，而务与之平等共处于中国之内。此为以民族主义对国内之诸民族也。对于世界诸民族，务保持吾民族之独立地位，发扬吾固有之文化，且吸收世界之文化而光大之，以期与诸民族并驱于世界，以驯致于大同。此为以民族主义对世界诸民族也"①。"务保持吾民族之独立地位"，就必须反对帝国主义的侵略压迫。非常明确，讲民族主义，不能只讲反满，也要讲反帝。

章太炎不赞成。他认为民族主义只有一个含义：汉族反对满族。他断言"民族主义非遍为人群说法，顾专为汉人说法耳。夫排满洲，即排强种矣；排清主，即排王权矣"。在他看来，民族主义者，种族主义也，反满主义也。民族主义与反对帝国主义的关系怎样？章太炎的一种回答：今天世界的强种莫过于"白人"，王权莫过于"独逸帝"（德国皇帝）。黑人、赤人需要驱除白人，全球人民需要废止"独逸帝"。"然，规定行事者，至急莫如切肤，至审莫如量力。今日汉人，其智力岂足方行域外？则斯事固为后

---

① 孙中山：《中国之革命》，申报馆五十周年纪念，《最近之五十季》。这段话是1923年作者讲中国革命历史，叙述当初提出三民主义时的思想，不是谈后来的思想。

图矣"①。也就是说，反对帝国主义并非中国最紧迫的任务，也非力量所能及，只可以等将来再看。一个不"切肤"，一个待"后图"，这无疑地认为民族主义是不包括反帝国主义的。又一种回答：不分青红皂白，把满族也当作帝国主义去反。被认为由章太炎起草的《亚洲和亲会约章》里面写着："本会宗旨在反抗帝国主义，期使亚洲已失主权之民族，各得独立"。凡亚洲人，除了主张侵略的，"无论'民族主义'、'共和主义'、'无政府主义'皆得入会"。但就在这个《约章》中，他叙述说："百余年顷，欧人东渐，亚洲之势日微。非独政权兵力，浸见缩朒，其人种亦稍稍自卑。印度先亡，支那遂沦于满洲"②。清朝取得统治，居然与英国占领印度并列，混为一谈，人们实在不知道他到底反的那一家帝国主义！总之，章太炎对民族主义的宣传，集中到一点：单纯排满。当时有一种说法："孙中山三民主义，宋教仁二民主义，章太炎一民主义"。这相当概括地反映了同盟会在宣传中所表现的纲领思想的分歧。吴樾也强调反满，强调复仇思想。他历数满汉过去的冤仇和清政府现在的虐政，呼吁"颠覆漠视汉人、势不两立之满洲政府，而建立皇汉民族新国家"。刘师培、陈去病、汪东等人在《民报》发表的文章，激烈反满，充塞着清政府非我族类，汉族光荣一类的议论。

满族对汉族和其他民族的歧视，国内民族间的矛盾是一个客观存在。汉族和其他族人民中埋藏着反满思想情绪，并不奇怪。就在革命派中，不止少数人有狭隘民族主义思想，甚至大多数人都有那种思想。孙中山后来谈到当时的情形说：在没有革命以前，大多数人的观念，只知道有民族主义。参加同盟会的同志，各人

---

① 《章氏丛书》，别录第1卷，《复仇是非论》。
② 《亚洲和亲会约章》，抄件。

的目的，都是在排满。在进会的时候，我要他们宣誓，本是赞成三民主义。但是他们本人的心理，许多都是注意在民族主义，要推翻清朝，以为只要推翻了满清，汉族人来做皇帝，他们也是欢迎。就是极有思想的人，赞成三民主义，想用革命手段来实行主义，在当时，以为只要能够排满，民族主义能够达到目的，民权主义、民生主义便自然跟着去做，没有别的枝节。[①] 革命派利用群众反对清朝统治的情绪鼓吹革命，对于掀起革命风暴，起了很大的作用。这是毫无疑问的。但那种单纯排满宣传，给革命同时带来了极大的坏处。它没有提高人们对于中国革命反帝反封建这两个根本任务的认识，反而模糊了人们对这两个根本任务的认识。反对帝国主义的斗争，要求提高中国人民的民族意识，呼唤中华民族猛然觉醒。单纯反满，把一切仇恨集中在满族统治者身上，爱国主义由狭隘民族主义所代替。外国侵略者这个真正的民族敌人，被于无形中放过了。反对封建统治的斗争，要求揭露、批判中国封建制度的黑暗腐朽，揭露、批判封建统治加给人民群众残酷的剥削、压迫，启发人民民主主义的觉悟，摆脱封建愚昧。单纯反满，把一切坏事集中到满族统治者身上，革命的民主主义由汉族祖先的光荣传统所代替。中国封建阶级这个国内的主要敌人，又被于无形中放过了。革命派由于在中国革命反帝反封建这两个根本问题上存在着错误思想，模糊观念，因而对于改良派在论战中提出的不少反驳和质问，也就不能作出有力的回答。他们明明在进行一场激烈的阶级斗争，他们的言论中也常常使用阶级这种字眼，但偏偏要用种族矛盾来掩盖阶级矛盾、阶级斗争。这正是表示了资产阶级理论口是心非，回避阶级剥削的特性。

　　唯物主义按照社会经济基础、生产关系的类型观察、划分历

---

① 《孙中山全书》，民生主义第二讲。

史，不是按照人们的意识形态观察、划分历史。革命运动的性质，取决于社会性质、经济基础所构成的主要矛盾、阶级对立的性质。马克思说，我们评判某个时代不能以它的意识形态为根据，就像我们评判某个人的时候不能以他对自己的揣度为根据一样。恩格斯说，唯心论者习惯于轻信，他们总是把某一个时代对本时代的一切幻想信以为真，或者是把某一个时代的思想家们对那个时代的一切幻想信以为真。不同的历史编纂家，认定辛亥革命为一场反满运动，而不是资产阶级民主革命，正是以革命派强烈、突出的反满宣传为根据的。他们不从社会经济结构、阶级矛盾出发评判历史，只从某些活动人物的意识形态出发去评判历史。他们使用的方法，就好比用头朝下、脚朝上，倒立在地面上。那是不会站立得住的。马戏中有"拿大顶"的动作，但也不过是个动作而已。他们的论述，就像反满宣传本身一样，归根到底，不过是掩盖辛亥革命是一场阶级大搏斗。

丁，第四条根据

农民仍是革命的主力军。在中国近代史上，农民阶级独立进行了轰轰烈烈的太平天国革命和震撼全球的义和团运动。现在他们的斗争，直接间接与资产阶级相联系。农民遍布各地的自发反压迫活动和直接参加资产阶级领导的武装斗争，才使辛亥革命继太平天国、义和团运动以后，掀起了又一个革命高潮。

同盟会成立到辛亥革命爆发，六七年时间里，农民为主体的人民群众自发反抗斗争汹涌澎湃。他们或者抗租、抗税、抗捐，反抗地主、官吏压迫；或者惩治外人为非作歹。参加的群众动辄数百数千，以至数万，并往往由一般骚动发展为武装反抗。据不完全统计，1905年各种反抗斗争共90余次，1907年增到160余次，1908年又增加到190余次，1909年130余次，1910年骤增至

290 余次。革命派自 1906 年以后频繁暴动、武装起义有：1906 年萍浏醴之役；1907 年安庆之役，潮州黄岗之役，惠州七女湖之役，钦州防城之役，镇南关之役；1908 年钦廉上思之役，云南河口之役；1910 年广州之役；1911 年黄花岗之役等。这些暴动、起义，有的是人民群众自发的反抗斗争爆发，同盟会派人前往领导，用金钱军火予以援助的。潮州、惠州、防城各役都是这样。革命派受到农民和广大群众自发反抗斗争的推动，从中吸取力量，反过来，他们的革命宣传和起义又在群众中散播新的影响。风潮激荡，革命形势愈来愈高涨。单有资产阶级的活动，决不足以造成这种形势。

武昌起义一个月多一点，即到 11 月下旬，全国二十四个省区中，有十四个省宣布脱离清政府独立。同盟会发动的一部分新军和一部分会党在各省响应，这个力量是很重要的。广大农村的农民和若干城市群众的反清斗争猛烈开展起来，这个力量是更加重要的。

请看各地农民群众和其他劳动人民斗争的事例：湖北江湖会起义，在光化、襄阳、谷城建立革命政权，表示愿意接受湖北军政府领导。江苏扬州手工业工人孙天生杀官起义，成立扬州军政府；无锡、常熟、江阴一带贫苦农民组织"千人会"，武装抗捐、抗租。广东顺德等县农民起义，组成几路农民军，共十余万人，进逼省城。湖南衡州、嘉禾、醴陵、澧县等州、县会党同时起义，杀逐官吏豪绅。陕西会党、刀客并起，各种名目的农民军林立；咸阳到凤翔、陇州数百里地区，一时成了"会党世界"；潼关革命军杀敌，乡民数万前往助战。四川许多州县农民武装与地主搏斗；大竹"孝义会"农民军攻占邻水、广安等十余州县，宣布独立；成都被各路同志军一二十万人所包围；川西藏族人民起义，攻下松番、懋功等地。云南腾越、永昌一带少数民族和会党起义。贵州贵阳等地会党开台口、立山堂，头打包巾，背插双刀的人群到处活动，并配合革命军作战。广西军阀搞假独立，柳、平、浔、郁等处会党奋起武装抵抗，其他地区也发生群众强迫官吏交印、缴枪、纳款和攻城据卡。福建清军对抗革命，福州船工、学生、哥老会群众组织义勇队、先锋队、洋枪队参加战斗。江西洪江会、哥老会、三点会群众广泛开展斗争，他们的力量把那些革命党人也吓坏了，掉转枪口，对他们残酷镇压。山西丰镇雇农张占魁等起义，攻克陶林、宁远；汾城哥老会组成"晋南民军"，攻下新绛、稷山、河津；浮山哥老会宣布成立革命军政府；黎城、辽县、武乡天龙会焚烧外国教堂，驱逐教士；高平、长治、沁县一带贫苦农民组织"干草会"反抗官绅；沁源"干草会"暴动，参加者达数万人。河南洛阳、伊川、孟津和京汉、道济、陇海铁路沿线大刀会数万，武装反抗官吏。奉天辽阳、辽中、凤凰、庄河、复州等地民军很快兴起。直隶丘县、雄县、滦州群众起义；雄县群众竖起"北洋革命军"大旗。山东、甘肃、新疆、内蒙等省区也发生民变或会党起义。上海工人、学生、妇女四万多人参加革命军。广潮帮一百余人报名，愿充敢死队。龙华火药局归入革命军手以后，工匠、童工，一齐加夜班赶造军火。江南制造局工人莫宽、叶辛等配合起义军攻打清军，夺取火药库，占领制造局。京汉路武胜关内外铁路工人同农民群众一起破坏铁路，伏击清军。四川富顺煤矿工人，四川、福建、江苏的运输工人参加武装起义。秘密结社的会党在这些斗争中占着显著的地位。其中少数有同盟会员参加活动，大多数是听到革命风声，**揭竿而起**。那些秘密结社的基本群众是农民、手工业者和其他劳动群众。他们袭用设立码头、台口、山堂的陈旧方式进行活动；喊着"救民伐暴"、"劫富济贫"、"灭旗兴汉"、"灭清复汉"等传统口号；不少地方，会党与"革党"碰在一起，两者就矛盾、对立，而且后者就镇压前者，这充分表现了他们属于受剥削、受压迫的劳动群众的特色。同盟会有的领导人原来设想，先在某地取得武装斗争的胜利，然后传檄四方，把革命有秩序地推及全国。席卷全国辽阔地区的农民、人民群众的奋起斗争，彻底打破了资产阶级设想的那种"有秩序"的革命。他们表现出是左右局势的主力军的姿态。

不用说，革命派发动的新军、会党、起义中建立的革命武装，它的参加者除了一部分青年知识分子，大部分也是农民群众。湖北军政府建立，预定扩充革命武装四协，每协三千人。城乡人民踊跃参加，五天即告足额，四乡农民前来报名的仍源源不绝。安徽寿州革命党起义，建立"淮上革命军"，四乡农民二万多人，报名要求入伍。湖南革命军进入长沙，群众欢呼从军。三天之内，招兵达六万人。有一个记载说："焦达峰原系会党出身，手下万余人，多市井。焦既就职，其党徒辄大呼曰：'焦大哥作大都督，我们都做官去'"。那很像《史记》陈涉世家上讲的农民投奔陈胜的情景。大抵会党下层群众，在城市为手工业者、城市贫民，在农村为贫苦农民。

封建时代，历次农民战争都是以农民为主力军的，但它们不曾成为资产阶级民主革命。农民是辛亥革命的主力军，何以就成为这场革命是资产阶级民主革命的根据呢？关键在于资产阶级的领导与农民群众反封建斗争的结合。农民深受封建剥削、压迫，又和落后的生产方式联系在一起。没有新的领导力量以前，他们只能自发地去进行斗争。资产阶级出现以后，情况就不同了。资产阶级是代表新生产方式的比农民先进的阶级，它有可能领导农民取得反封建斗争的胜利。但"资产阶级是一支有官无兵的军队"。光有官，没有兵，就谈不上打仗。它们要靠农民的力量为自己夺取政权开辟道路。资产阶级离开了农民就不可能进行一场真正的革命。因此，由农民充当、并且也只有农民能够充当革命的主力军，这是资产阶级革命的通例。

资产阶级革命这个通例，第一次由德国所证明，第二次由英国所证明，第三次由法国所证明，如出一辙。

德国农民大起义：1524—1525 年全国约三分之二的农民投入了托马斯·闵采尔领导的农民战争。它发生在早期资产阶级诞生的时候，带有资产阶级革命的性质。

英国资产阶级革命：农民和其他劳动群众始终是革命的主力军。首先资产阶级是在农民斗争高涨的形势下走向革命的。1632 年、1638 年剑桥郡农民爆发反圈地运动。1639—1640 年，林肯郡农民发动大规模反圈地斗争。1640 年 5 月，伦敦劳动群众冲击国王宠臣住宅，农民在农村控诉地主。就在这时，资产阶级新贵族展开了反对宗教迫害，反对王权的斗争。农民运动又推动了革命战争。1642—1643 年间，反圈地的农民运动遍及东部。1645 年，西南诸郡爆发"棒民"的武装起义。革命军也主要是靠农民组成的。克伦威尔靠亨丁顿、剑桥等郡的自耕农组成了号称"铁军"的第一支骑兵队。1644 年国会军在马斯顿草原大捷，就全凭这支骑兵队。克伦威尔接着建立的新军，成员也是自耕农和手工业者。1645 年的纳西比一役，新军把王军基本上消灭了。资产阶级和新贵族上层的代表长老派、中等资产阶级和小贵族的代表独立派，都害怕民主运动的增长，先后谋求与王权妥协，使革命止步。平等派和掘地派的斗争，才使革命取得了一度推翻君主制、建立共和国的胜利。平等派、掘地派的社会基础，就是小资产阶级、贫农和其他贫苦群众。

法国资产阶级革命：1789 年 7 月攻陷巴士底狱，同年 10 月进军凡尔赛，1792 年 8 月推翻君主制度，1793 年山岳党的胜利，1794 年罗伯斯庇尔失败等等，这一系列激烈斗争，决定了法国大革命的面貌和结局。关于谁是这些斗争的主力，资产阶级历史研究者，例如以宣传英雄史观著名的卡莱尔用许多空洞的词藻，把他们描绘为"激怒了的国民猛虎"，"喷出熊熊烈火的世间怪兽"之类；另一些作者则断言他们是匪徒、盗贼、逃税者、私盐贩、偷猎分子、多年积犯、罗亚尔宫的侍女们、洗衣妇、乞丐、穷老太婆、花钱雇来的卖鱼妇、女看门人、女裁缝、流浪汉、在街头闲荡的二流子、操下贱行业的顽民、好勇斗狠者、无法无天的冒险者、马赛人和外邦人等等。总之，是"社会渣滓"，乌合之众。在所有这些称呼中，剥去攻击诬蔑之词，有一点是正确的，就是他们不属于高贵者、资产者，而是"贱民"，社会底层的群众。

乔治·德鲁《法国大革命中的群众》一书提供的丰富材料，使我们对参加历次斗争的群众有了确切的了解。那次革命的每一个重要篇章，都是由工场工人（当时巴黎 60 多万人口中，工人连同家属占近 30 万人）、小店主、小作坊老板、小商人、城市贫民和农民群众这些所谓无套裤党人写下来的。攻打巴士底狱的群众，包括"巴士底攻克者"，焚烧关卡等暴动的群众，是建筑工人、酿酒工人、刀匠帮工、鞋匠帮工、桶匠、油烛制造工人、公共工程雇用的工人、甲匠帮工等约 30 种手工业工人以及马车夫、搬运工、码头工人、水夫、街灯点火夫、厨师、失业工人、小作坊老板、酒商、小商贩、士兵、国民自卫军骠骑兵和城市贫民。向凡尔赛进军的群众，是市场卖鱼妇、女摊贩、洗衣妇、其他劳动妇女、面包师、假发匠、裁缝、裁缝帮工、鞋匠、药剂师、救济工场中的失业者、印刷工人、磨粉工人、搬运夫、镀金匠、家俱匠帮工、小商贩、小作坊主、家庭仆役等等。最后还有巴黎各区的革命自卫军。山岳党的胜利、罗伯斯庇尔失败，起重要作用的是"每天工作的公民"、"全体工人"、"贫穷的义勇军"、"不太宽裕的公民"，其中包括建筑工人、陶器工人、官方包工工程的工人、印刷工人、烟草工人、面包工人、宰猪工人、码头工人、军火工人等等。他们的积极斗争，使山岳党战胜吉伦特党，建立起雅各宾专政。因为他们识破了吉伦特党的反人民面目。他们的离弃或冷眼旁观，又使罗伯斯庇尔遭受失败。因为他们被雅各宾的最高工资限额、禁止工人集会等激怒，不愿意给后者支持了。农民的斗争至少同样剧烈。革命的第一年，农民起义就遍及全国。正是农民的起义、农民的斗争，他们才实际上从封建主手中夺回以前的村社公有土地，焚毁文据契约，免除地租、苛税剥削；也正是农民的起义和斗争，资产阶级才在农村的广阔土地上得到了支持。照资产阶级观点看来，这些"贱民"、无套裤党人，在革命中似乎无足轻重。马迪厄的名著《法国革命史》也是把罗伯斯庇尔作为决定历史命运的主角。事实上，除开这些"贱民"、无套裤党人的斗争，除开遍及全国的农民运动，也就没有了法国大革命全部雄壮的篇章。

恩格斯总结德国、英国、法国的革命说："很有意思的是：在所有三次资产阶级大起义中，都是农民提供了战斗部队，而在胜利后必然由于这一胜利的经济结果而破产的阶级又恰恰是农民。……无论如何，如果没有这种自耕农和城市平民，单单资产阶级决不会把斗争进行到底，也不会把查理一世送上断头台。为了取得即便是那些在当时已经成熟而只待采集的资产阶级的胜利果实，也必须使革命远远地超出这一目的，正如1793年在法国和1848年在德国那样。这看来事实上就是资产阶级社会发展的规律之一[①]。又说："资产阶级至多不过是一个没有英雄气概的阶级。在17世纪的英国和18世纪的法国，甚至资产阶级的最光辉灿烂的成就都不是它自己争得的，而是平民大众，即工人和农民为它

[①]　恩格斯：《〈社会主义从空想到科学的发展〉英文版导言》，《马克思恩格斯全集》第22卷，1965年版，第349—350页。

争得的。"①

辛亥革命中，资产阶级依靠广大农民参加，提供战斗部队，才掀起中国近代史上又一次革命高潮，夺取了推翻帝制这种起码的结局。列宁说："亚洲这个还能从事历史上进步事业的资产阶级的主要代表或主要社会支柱是农民"。又说："没有真实的民主主义高潮，中国人民就不可能摆脱历来的奴隶地位而求得真正的解放，只有这种高潮才能激发劳动群众，使他们创造奇迹。在孙中山纲领的每一句话中都可以看出这种高潮"②。农民的斗争构成了革命高潮的主要部分。但是这次革命不但没有走得更远，而且应当得到的成熟果实也远未得到。这是因为半殖民地半封建社会资产阶级的地位，不同于英法等国资产阶级的地位，资产阶级社会发展的规律也就在这方面失去了效验。英国、法国资产阶级的成就尚且不是自己争得的，中国资产阶级就毋待论矣。

农民在资产阶级革命中的作用问题，在马克思主义历史观点中占着重要地位。马克思、恩格斯评论拉萨尔的剧本《弗朗茨·冯·济金根》时指出：拉萨尔在剧本中没有把当时广泛兴起的农民战争作为骑士暴动的背景，对贵族的国民运动作了不正确的描写。济金根的失败，是因为他作为骑士和垂死阶级的代表起来反对现存制度，他所属阶级的本质决定了他不可能联合农民③，而农民恰恰是反封建斗争的基本力量。列宁也指出：正是城市平民（等于现代无产阶级）和民主派农民的联盟，使17世纪的英国革命和18

---

① 恩格斯：《普鲁士"危机"》，《马克思恩格斯全集》第18卷，1964年版，第325页。

② 列宁：《中国的民主主义和民粹主义》，《列宁全集》第18卷，1959年版，第153页。

③ 《马克思致斐·拉萨尔》、《恩格斯致斐·拉萨尔》，《马克思恩格斯全集》第29卷，1972年版，第571—575、581—587页。

世纪的法国革命有了那样的规模和威力。马克思和恩格斯认为，把"路德骑士"，即自由派——地主反对派，看得高于"闵采尔——平民"，即无产阶级——农民的反对派，是一个明显的错误，是社会民主党人绝对不能容许的[1]。马克思、恩格斯、列宁这些评论对于认识农民在资产阶级革命中的地位和作用有重要意义。事实上，资产阶级即使在上升阶段、充当着革命领导者的时候，也因为它的剥削阶级的地位而胆小如鼠，踟蹰不前。而且当它一旦取得权力，马上就翻过脸来，镇压农民和劳动群众。所以归根到底，人民，特别是只有劳动人民是历史的创造者。封建社会的农民战争指明了这一点，资产阶级革命中农民所起的作用，同样指明了这一点。

以上四条根据，足以充分说明辛亥革命的性质。它不是任何其他革命，只是一场资产阶级民主革命。要否认辛亥革命的这种性质，就要推倒上面那些根据。而那些客观事实是怎么也不会被驳倒的。

毛泽东同志曾经把新民主主义革命概括为这样一个公式："无产阶级领导的，人民大众的，反对帝国主义、封建主义和官僚资本主义的革命，这就是中国的新民主主义的革命"[2]。依照那个公式，对于辛亥革命，我们也可以说：资产阶级领导的，农民阶级充当主力军的，反对帝国主义、封建主义的革命，这就是中国1911 年革命，即辛亥革命。

三　析疑、正误、关于非"真正的革命"

现在，对于新、旧"反满论"与革命否定论，我们应当作出

---

① 列宁：《选举运动的几个原则问题》，《列宁全集》第 17 卷，1959 年版，第397 页。

② 《毛泽东选集》合订本，1964 年版，第 1315 页。

必要的评说。它们的论点不同。其中有需要析疑的，有要正误的，也有需要进一步讨论的。

甲，"国内民族革命"说析疑

辛亥革命要打倒的反动政权，是一个满洲贵族占有特殊地位的政权。满洲贵族利用它的地位采取一些只符合于贵族特殊利益的民族歧视政策，压迫国内其他民族，主要是压迫汉族。它首先损害到一部分汉族地主的权利。劳动人民、后来的资产阶级，在不同程度上也受到那种民族歧视政策的影响。清政权和明朝一样，所代表的是整个地主阶级的利益，是地主阶级对农民阶级的专政；农民与地主两个阶级的对立和斗争居于决定的地位。但它带来了两个新的矛盾因素：一，王权的；二，种族的；增加了矛盾斗争的复杂性。清政权的建立，造成清代历史上连绵不断的反抗和起义。辛亥革命就发生在这个特定的历史环境里。"国内民族革命"说，正是拿这作为立论根据的。它并非全无道理，但只有表面的道理。中心问题，就是这些研究者只肯从国内民族矛盾来考察清代历史，拒绝从阶级矛盾、阶级斗争来考察历史。而正是后者才能说明历史的本质。我说的析疑，就是要用阶级分析观点，来剖析整个清代民族矛盾的实质。

马克思主义认为，从来没有某种脱离阶级斗争的单纯的民族运动。反满作为一种民族运动，它只能是当时阶级斗争主流里随风起伏的波浪。清初到辛亥革命之前，阶级斗争的主流经历了两个不同时期。反满斗争也随着历史的发展变化而有不同的阶级内容。

清政府在全国建立统治权至 18 世纪末，反满问题和王朝、王权，即和地主阶级内部不同势力之间的斗争联系在一起。它在很大程度上是从属于地主阶级内部斗争的。其时农民与地主的阶级矛盾暂时趋向缓和，地主阶级内部新旧地主势力之间争夺王朝、争夺统治权的矛盾猛烈加剧。满族入关，许多以前不当权的和从当权势力中分裂出去的地主转向拥护这个新政权，形成地主阶级中反明拥满的一派。清朝的统治，就是受到这一部分地主的支持而稳定下来的。拥明反满派地主不甘屈服，他们在很长一个时间里采取不同的形式相对抗。若干地主知识分子利用儒家学说，特别是发挥"夷夏之防"的春秋大义，宣传仇满思想。有些人利用天地会等民间秘密结社武装起事，"反清复明"因此一直成为天地会的口号。它显然没有农民与地主对立的影子，而只有王朝对立、地主阶级内部斗争的影子。清政府针锋相对，兴文字狱对付反满宣传，用武力镇压会党反抗活动。18世纪末、19世纪初，文字狱告一段落，地主知识分子参与的会党斗争显著减少。嘉庆年间胡秉耀、丘天泽等在江西奉朱毛俚起事失败是这种斗争的尾声。地主阶级的反满斗争不是打击、推翻封建统治的问题，而是争的由谁来做皇帝，叫做什么王朝，由哪一派地主当权来维护封建统治的问题。因此，这时的反满运动便不是一种革命运动。虽然反满斗争也有暴露封建社会内部矛盾、削弱当权派的意义，但事情的性质并不由此而改变。18世纪末年以后阶级斗争已经处在另一种形势下面。变化的关键是农民与地主阶级的矛盾尖锐化、农民革命的兴起。地主阶级对农民专政的清朝统治遇到了严重的危机。地主阶级内部的各派必须搁下他们的分歧，进一步联合起来抵抗农民革命。反满这面旗帜从此成了农民革命号召群众的旗帜。嘉庆年间白莲教暴动是农民斗争大爆发的第一声。鸦片战争以后太平天国农民革命登上了历史的最高峰。19世纪末的义和团运动是农民爱国运动。反满斗争这时不但是处在农民革命高涨的年代里，而且农民革命对反满问题采取的态度，也正保持着农民的朴素本色。白莲教、太平天国、义和团反满色调都很淡薄。反映地主阶级反满派要求的"反清复明"在这些斗争里不见声响。白莲教的口号是"官逼民反"、"灭满兴汉"。义和团先是号称"扶清灭洋",后来改为"反清灭洋"。农民战争打击帝国主义、封建主义统治,推动着历史前进,伴随着农民战争的反满斗争也就具有革命的意义。

民族运动不是脱离阶级斗争的独立运动,这绝不等于说清代历史上不存在民族矛盾或民族问题。列宁就批评过那种试图"否认"民族问题的小资产阶级观点。问题在于:高喊民族矛盾,拒绝揭露它的阶级实质,丝毫也不说明历史的真相。恰恰相反,这等于蒙上又一层帷幕拼命掩盖起它的真相。清代民族矛盾、反满斗争,如前所述是客观存在的。这种国内民族矛盾的最后基础是封建制度,到鸦片战争以后是半殖民地半封建制度。用超阶级观点看待这种矛盾是违反科学的,同样地,不承认封建社会半殖民地半封建社会里有这种矛盾也是违反科学的[①]。

20世纪的头一个十年,历史再向前跨进了一大步。这时的反满斗争已经是受资产阶级指挥,服从于资产阶级革命利益的运动。理由是:一,它为资产阶级所发动。单纯的农民战争过去了,工人阶级还没有作为独立的力量登上政治舞台,除了资产阶级革命的风暴,当时没有其他社会力量能掀起这股反满怒涛。二,它斗争的主要内容也就是资产阶级民主革命的主要内容,即推翻封建统治,反对站在这个统治背后的帝国主义。三,决定这场革命的成败、面貌的,不是反满斗争,而是整个阶级斗争的形势,领导这个革命的资产阶级本身的特点,和资产阶级与工人、农民群众的关系。资产阶级在某种程度上依靠热情高涨的群众把统治中国260多年的清王朝推翻了;资产阶级不敢真正依靠群众,革命又

---

① 参见拙作《辛亥革命与反满问题》。

以对帝国主义封建主义的妥协而宣告失败。从这里表现出来的，支配着整个事变的不是满汉矛盾的演变、对立，而是阶级矛盾的演变，阶级利害的对立。

回顾全部清代民族运动、民族矛盾以后，我们就知道，关于辛亥革命的"国内民族革命"说，并无新鲜内容，无非表现了资产阶级在民族问题上的超阶级观点。西方一些研究者对待民族问题的这种观点，来源在资产阶级世界观。他们强调辛亥革命为反满民族运动，一般地或普遍地是要否认它是一场重大的阶级斗争；具体地或特殊地是要否认它是一场反帝国主义的斗争，没有反帝国主义斗争，也就意味着没有帝国主义对中国的侵略。事理甚明，不言而喻。

乙，"中国对外国革命"说正误

齐赫文斯基教授等独创出来的清政权是"外国"对中国的统治，辛亥革命"反满"是中国人反对"外国"的说法，宣传了十多年。他们为此编写的作品如《中国近代史》、《满人在中国的统治》、《中国历史研究中的大汉族霸权主义》等，贯彻着同一条主线，操着同一种腔调。因为那种说法多半被认为不值一顾，以前很少受到系统反驳。我们讨论辛亥革命的性质问题，要辨明什么是科学历史观，什么是历史真实，对那些捕风捉影的议论，就不得不做一番正误工作。

（一）革命派关于"亡国"的混乱观念与齐赫文斯基教授等的误区。

何谓"亡国"？革命派说法不一。章太炎下过一条定义。他在《支那亡国二百四十二年纪念会宣言》（《章氏丛书》中题目改为《中夏亡国二百四十二年纪念会书》）里说："自永历建元，穷于辛丑，明祚既移，则炎黄姬汉之邦族，亦因以渐灭"。汉族人当皇帝的明朝最后灭亡，满族人作皇帝的清朝巩固，就叫亡国。章太炎不算这种"亡国论"的发明者，但是它的狂热鼓吹者。革命派里面多数人说的"亡国"，都是从这种掩盖地主阶级统治的狭隘民族主义、种族主义思想出发的。然而就连章太炎本人也没有把自己的认识统一起来。他至少有三种说法。第一种，从种族异同立论。据说"改制同族，谓之革命，驱除异族，谓之光复"。辛亥革命不能叫"革命"，只能叫"光复"，因为是驱除异族。这与明祚既移，黄炎邦族渐灭相一致。第二种，从道德问题立论。顾炎武《日知录》里讲，有亡国，有亡天下。亡国与亡天下怎么区别？回答是："易姓改号谓之亡国，仁义充塞，而至于率兽食人，人将相食，谓之亡天下"。人们先要懂得"保天下"，然后才可懂得"保国"。保国的责任在统治集团，"其君其臣，肉食者谋之"。保天下的责任在普通人民，"匹夫之贱，与有责焉"。也就是所谓"天下兴亡，匹夫有责"。封建时代的亡国，就是指"易姓改号"，这本来简单明了。章太炎表示深有味乎其言，但又改正说，顾炎武所讲的保国应当叫"保一姓"，他所讲的"保天下"应当叫"保国"[①]。按照这种解释，不管"亡国"、"亡天下"，都与种族问题无关。第三种，从政权转移立论。章太炎在《排满平议》中说："排满者，排其皇室也，排其官吏也，排其士卒也。若夫列为编氓，相从耕牧，是满人者，则岂欲剚刃其腹哉？……所欲排者为满人在汉之政府。"照这种说法，所谓亡国，指清朝地主政权灭亡了明朝地主政权；也就是易姓改号，政权转移了，而不是满族灭亡了汉族。屡次改变论点，自立自破，捉襟见肘，充分暴露了从国内民族矛盾谈论"亡国"，完全不足为据。孙中山讲民族主义，也讲过满族灭亡了中国。但他在东京留日学生欢迎会上发表的演讲中明白指出："（兄弟）离东二年，论时不久，见东方一切事皆大变局。兄弟料

---

① 《章氏丛书》，别录第 1 卷，《革命道德说》。

不到如此，又料不到今日与诸君相会于此。近来我中国人的思想议论，都是大声疾呼，怕中国沦为非、澳。前两年还没有这等的风潮。从此看来，我们中国不是亡国了。这都由我国民文明的进步，日进一日，民族的思想，日长一日，所以有这样的影响。从此看来，我们中国一定没有沦亡的道理。"①《民报发刊词》中也指出："今者中国以千年专制之毒而不解，异种残之，外邦逼之。民族主义，民权主义，殆不可须臾缓"。"异种"，"外邦"并列，足见满族并非外国，中国并没有亡国。又在《民报》周年演说里，他先是大讲清朝统治使中国人变成了"亡国之民"，"想起我们汉族亡国时代，我们祖宗是不肯服从满洲"的。但后面讲的正好和前面相反。他说："尚有一层最要紧的话，因为凡是革命的人，如果存有一些皇帝思想，就会弄到亡国。……今日中国正是万国眈眈虎视的时候，如果革命家自己相争，四分五裂，岂不是自亡其国。近来志士都怕外人瓜分中国，兄弟的见解却是两样。外国人断不能瓜分我中国，只怕中国人自己瓜分起来，那就不可救了"②。所谓"就会弄到亡国"，不要"自亡其国"，不是说中国并没有灭亡吗？不正是反驳了中国已经"亡国"的说法吗？亡国与不亡国，什么叫亡国，革命派里面，连同章太炎、孙中山，他们自己也说不清楚。难怪早就有人发问道："亡国与不亡国，其界何在？普天下好男子为吾下一断语来！"③ 革命派在这个问题上的矛盾、混乱，产生于他们从狭隘民族主义、种族主义去宣传反满，把帝国主义侵略、压迫，帝国主义与中华民族这个根本矛盾摆到了不适当的地位。他们的矛盾、混乱，是"光复旧物"一类的封建主义观念

① 《孙逸仙演说》，1905年8月13日，日本印本，第2页。
② 《民报》第10号。
③ 张枬、王忍之：《辛亥革命前十年间时论选集》第1卷，下册，第492页。

与反帝反封建现实斗争之间脱节的矛盾、混乱。

齐赫文斯基教授等的中国"亡国论"的依据是什么？他们第一，利用革命派的思想混乱，照抄革命派宣传中不切合现实斗争的封建概念。第二，掩盖矛盾，阉割章太炎、孙中山等人言论中有区别的和正确的东西。例如章太炎对满汉种族间的矛盾、中国与外国之间的矛盾曾经明确加以区分，认定满汉斗争只是"两种"间的问题，不是"两国"间的问题。他在宣传"种族革命之志为复仇"的时候说，"今以一种族代他种族而有国家，两种族间岂有法律处其际者。既无法律，则非复仇不已。若以种族革命为复仇之非行，国与国之相战争者，何以不为复仇之非行？于此则退之，于彼则进之，抑扬之论，非有比例可知也"。又说，"以两种相对之复仇为非，则必不以两国相对之复仇为是。今于两国治戎积尸躞血者顾不敢议其后，虽议之，亦只以为一是一非，而于种族革命乃穷极诟詈之。是非以汉族之事业尚未成，而它国之事业则已成，故议论亦因之去就乎？此适足以自白其佞谀强者，亦何足与校焉！呜乎！万方同醉，不可以是非争也"[①]。齐书把这些议论掩盖起来，似乎章太炎所说的"亡国"，不是讲国内的"两种"问题，即满洲贵族在中国建立了政权，而是讲"两国"问题，即满族那个"外国"灭亡了中国。又例如孙中山在同一个讲演中，前面说中国人已经变成"亡国之民"，隔不几行否认中国已经亡国。齐书列举前面一段，作为孙中山断言中国亡国了的铁证，砍掉后面一段，只当它不存在。他们的清朝灭亡中国说，就这样上市了。

那末，亡国与不亡国，讲革命排满的知识分子，对此就没有客观分析吗？当然有，可以举一篇长文《中国灭亡论》为代表。文章写于1901年夏天，八国联军尚未撤退，作者深怀亡国的忧

---

① 《章氏丛书》，别录第1卷，《复仇是非论》。

痛，除了对义和团表示敌意，总的论点值得重视。试读下面几段：

> 团匪飙起，联军骈入，车驾蒙尘，宗社荆棘，此不过一姓之存亡而已，于我国民何关哉；余奔走未遑，奚暇论此。所痛者，二千万里山河已为白种之殖民地，四万万黄种已为欧人注籍之奴，而我国国民愚蒙如故，涣散如故，醉生梦死，禽视鸟息，以为中国即亡，亦不过十七朝之寻常鼎革而已。……然则吾国之民，其心已死，其气已绝。闻唐、宋、元、明之主而君我国也，则我为唐、宋、元、明之忠臣义士。闻英、德、俄、法之种而君我国也，则我为英、德、俄、法之忠臣义士。此所以茫茫亚洲绝少独立之国，芸芸黄种无一独立之民，固无足怪也。

> 今试执一人而问之曰：国何以亡？则鲜不曰，君易其姓，朝易其名，则国亡。又执一人而问之曰：今日之中国，亡乎不亡乎？则鲜不曰，西安之朝廷俨然者如故，政府之号令赫然者如故，……若是者而谓之国亡，是必丧心病狂者也。呜呼，斯言也，何足与辩！然，吾窃闻今日之亡人国者，有新例焉。向之亡人国者，必占其地，虏其君，戮其臣而后已；今之亡人国者，则有其地而弗守，即从其君若臣守之。其所以然者何也？骤占其地，则其民未必服，而治之甚难，故不如以土人守之。且也其君若臣既有亡国之才，则留之无所害。若一旦去其亡国之君，则英明之主出，是其国终不得而亡也。若一旦去其亡国之臣，则爱国之士进，是其国又不得而亡也。故吾国志士，每叹息痛恨于外人处置之不得其宜，而岂知外人之为己谋者，固有所不得不然者在乎！由此观之，则今日之中国，亡乎不亡乎？……

> 且国之所以立者，赖有一定不移完全无缺之疆域；故国

之有疆域，犹室之有界址也。中国则不然。不唯旅大胶威台澳香广险要之海湾，已为异族所宰割，且举所谓满洲发祥之地，亦拱手而让之俄。……吾知一转瞬间，不独满洲而已，且将率其慓悍淫虐之哥萨克，以席卷内外蒙古，进克新疆，建瓴而下秦晋幽燕之郊，一战而长城失其险，再战而黄河断其流。当此之时，德必驱胶州之兵以占山东，英必发香港印度之兵以据大江南北诸省会，法必率安南广州湾之众以取两广云贵之地，日必起台湾澎湖之师以据闽浙而进图江西之南部，其外若美、若伊、若比及一切无名小国，亦将染指于我国焉！呜呼，搏搏大陆，白人纵横，哀哀众生，蝼蚁同命，从此万国地图永无支那之称。斯时吾国人士，殆骇然知吾国之亡；而岂知有形之亡亡于瓜分，无形之亡亡于今日。譬之某甲之田售之某乙，则其田亡，瓜分之谓也；某甲之田押之某乙，而其甲已为乞丐，万无可赎之理，则其田亦亡，今日之谓也。[1]

两种"亡国论"鲜明对立。一种指地主阶级内部易姓改号，加上国内少数民族当权；一种指外国资产阶级侵略势力鲸吞瓜分中国。从中国民族、中国人民革命的角度来观察，哪一种正确？当然是后者，而不是前者。齐书为了贯彻他们的反满"主线"，对于后面这种正确的言论视而不见。他们拒绝从中国人民革命的角度观察问题。

孙中山、章太炎关于"亡国"的说法，就始终矛盾吗？并非那样。客观事实使他们的看法终于走向统一了。孙中山1910年在一次讲演中重新申述，中国并没有灭亡，但是列强环伺、满廷昏庸，不及时挽救，"将恐国亡无日"。时机紧迫，大有朝不保夕

---

① 张枬、王忍之：《辛亥革命前十年间时论选集》第1卷，上册，第78—81页。

之势①。辛亥革命的第二年，孙中山在一次讲演中进一步说：去年的革命是种族革命，也是政治革命。当时汉、满、蒙、回、藏五大族中，满族独占优胜地位，握着无上权力，以压制其他四族。满洲为主人，其他四族皆为奴隶。种族不平等，政治自然也不能平等，所以革命。此时国体改定共和，"但愿五大民族相爱相亲，如兄如弟，以同赴国家之事，主张和平，主张大同，使地球上人类最大之幸福，由中国人保障之；最光荣之伟绩，由中国人建树之"②。满族不过是"汉、满、蒙、回、藏五大族"之一，他们都是"如兄如弟"的中国人，谁亡了谁的国呢？章太炎执拗鼓吹"亡国"说，这时也自行矫正。武昌起义，章太炎写《致满洲留日学生书》。其中说：革命派主张对满民族革命，也并非要奴役满人，不与齐民齿叙。"若大军北定宛平，贵政府一时倾覆，君等满族，亦是中国人民，农商之业，任所欲为，选举之权，一切平等，优游于共和政体之中，其乐何似。……域中尚有蒙古、回部、西藏诸人，既皆等视，何独薄遇满人哉？四年之前曾说肃王，晓以此意，肃王心亦默知。彼爱新觉罗之皇族，犹不遗弃，何况君辈，惟是编氓，何所用其猜忌耶？"③满族和汉族一样是中国人民，谁也不是"外国人"，不正是说并不存在满族统治使中国"亡国"的问题吗？章太炎还承认，以前一味排满，是由于人心郁愤，"发言任情"。纷扰一时的"亡国"说，讲的是国内"两种"间的问题，不是讲的中国与外国"两国"间的问题，系铃解铃，孙中山、章太炎他们自己把混乱澄清了。

（二）一系列事实的误认。

---

① 《总理庚戌在槟城关于筹划辛亥广州举义之演说》，《建国月刊》第 3 卷第 1 期。

② 《民立报》，1912 年 9 月 10 日，第 6 版。

③ 冯自由：《革命逸史》第五集，商务印书馆 1947 年本，第 254—255 页。

《中国历史学中的大汉族霸权主义》里面说：清朝统治中国的全部时间中，从王夫之、黄宗羲、洪秀全、杨秀清、萧朝贵到孙中山，无不将满人当做中国的异族征服者；并且武断作出这样的结论："反清口号是 17 世纪 60 年代至 1912 年 2 月中国所有人民运动最流行的口号"。顾炎武、黄宗羲（即清初地主反满派思想家）等人反满思想、活动的阶级实质，前面已经涉及，不再重复，现在就看看鸦片战争以后的主要事实吧！

太平天国"最流行的"口号不是反满。

太平军起义，称敌人为"妖"，所谓"男将女将尽持刀"，"同心放胆同杀妖"。"妖"指清政府所有文武官吏，并非专指满族。说到纲领，谁都知道，太平天国的纲领是《天朝田亩制度》。地主阶级利用封建土地所有制，压迫、剥削农民，地主占有土地，农民失掉土地是封建社会一切矛盾的根源。中国历史上多次发生的农民战争、农民革命，本质上是指出了农民阶级与地主阶级争夺土地所有权的问题。《天朝田亩制度》规定把土地平分给农民耕种，强烈反映了农民获得土地的要求，主观上是乌托邦，客观上具有消灭封建剥削，推翻封建制度的意义。它从头到尾，没有一个字涉及满汉问题。太平天国的诏旨、文告里有斥责"胡奴""鞑狗"的辞句。以杨秀清、萧朝贵名义发布的《奉天讨胡》檄文里指出："慨自有明失政，满洲乘衅，混乱中国；而中国以六合之大，九洲之众，一任其胡行而恬不为怪，中国尚得为有人乎！"等等，着重讲到了满汉矛盾。如何看待它的含义？一方面，那种最初来自满洲贵族与汉族地主之间争夺权力、利益的冲突，即统治阶级内部矛盾的存在，使地主阶级中一部分人，常常从自己的需要出发，煽动狭隘的民族情绪，以模糊人们反抗封建压迫的斗争，檄文表现了那种宣传在农民队伍中的影响；又一方面，清朝皇帝是代表整个地主阶级来对农民阶级和其他劳动者进行统治的，农民讲的反满，本质上就是反对地主阶级的总代表，就是要推翻满汉封建势力的剥削、压迫，太平天国革命，一切都围绕着这个核心问题。革命的农民，以前的宣传大半用借来的宗教语言讲这个问题，檄文直接了当，呼吁人们进行政治斗争，把锋芒直指清王朝，从神秘的世界进到了现实的世界。把太平天国文件中所有反满的内容加在一起，与《天朝田亩制度》相比，也微不足道。太平天国的反满色彩淡薄，革命派中早就有人这样指出过：洪杨起事，参加者都以获得财物为目的。革命打击的对象，根本没有满汉的界限。反过来，出死力抵抗、破坏太平天国的，绝大多数都是汉人，足见当时种族之见很薄弱云云[①]。决定农民革命对满族保持这种态度的，是农民与地主两个阶级壁垒分明。对农民来说，惟有地主阶级的存在，地主占有土地，是他们的劳动果实被剥夺、备受艰难困苦的罪恶渊薮。因此农民的反抗目标，是对着地主阶级统治势力，而不只是反抗那个势力中的满族或者汉族统治者。说太平天国"最流行的口号"是反满，事实误认。这是一条。

"百日维新"的口号不是反满。

"百日维新"是一场资产阶级改良运动，有着爱国的性质。它的口号很鲜明，一个叫"变法维新"，一个叫"救亡图存"。那场运动发生在鸦片战争以后的 60 年，中国在半殖民地半封建制度里走了相当一段路程。中日甲午战争刚刚过去。清政府已经逐步和外国结合，变成侵略者的工具。中日战争以后，一方面再一次掀起割地狂潮，中国面临被瓜分的现实危险；一方面民族工业又开始显露出其活动力。挽救民族危亡，发展资本主义，成了社会生活中两个最重大、最紧迫的问题。"变法维新"、"救亡图存"是资产阶级改良派对解决这两个问题所提供的对策。康有为在《统筹

---

① 《蔡元培选集》，中华书局版，第 3 页。

全局折》里代表维新派宣布的纲领有三条：统筹全局以图变法，大誓群臣以定国是，开制度局以定宪法。一为通盘改革行政机构，二为依靠皇帝的权力推行新政，三为变革专制政体，并使维新派参予政权。那三条纲领的具体化，是设立铁路矿务、农工商业机构，允许私人兴办兵工厂，组织商会农会等民间团体，裁撤某些旧衙门、裁减绿营，允许人民上书言事，废除八股，取消书院，准许自由创立报馆、学会，等等。其中没有任何一点与反满丝毫相干。所谓反满口号是"所有人民运动最流行的口号"，"百日维新"尖锐反驳了这种说法。事实误认，这是再一条。

义和团运动最流行的口号不是"反满"。

无人不知，义和团的口号是"保清灭洋"（或"扶清灭洋"），与"反满"口号正好对立着。以贫苦农民为主体的广大群众，从山东、直隶忿激而起，进入北京、天津，直至在八国联军残酷屠杀、清政府卑鄙出卖下惨遭失败，一直打着这面旗帜。1901 年 4 月，川东义和团提出"灭清、剿洋、兴汉"，1902 年 3 月，河北广宗景廷宾起义，提出"扫清灭洋"。这个改变很重要，但已是斗争的余波。农民革命运动的口号，从传统的"反清复明"到"保清灭洋"是一个前进。所谓"反清复明"本来意思含混，不足以体现农民阶级的利益和要求。义和团刚刚过去，资产阶级知识分子里就有人指出：百年以来，白莲、哥老、三合、大刀、小刀、安清道友、义和拳等集会，出没于沿江沿海各行省。"吾尝纵观其间，叩其宗旨，莫不曰吾将反清以复明也。噫嘻！明之弊政何可缕指，与其复一独裁君主之明，何如仍此独裁君主之清，反无杀人流血之惨乎？且不止此也，其宗旨亦不过震震铄铄慷慨谈之，究之所谓反也复也，亦并不能践"①。农民对帝国主义只有感性认

---

① 《辛亥革命前十年间时论选集》第 1 卷，上册，第 82 页。

识，他们不可能解决反帝与反封建的关系问题。帝国主义的疯狂进攻，既然迫使他们必须把主要斗争锋芒转向外国侵略者，"保清灭洋"就成了一个有现实意义的号召。当然它也含着对农民不利的方面，所以"扫清灭洋"是一个更大的进步。它意味着农民群众给后来的革命斗争作出了这样的启示：反帝国主义的斗争与反对已经彻底变成帝国主义走狗清朝反动统治的斗争，必须走上结合的道路。人们如果对传统的"反清复明"还能勉强涂上一些种族主义的釉彩，在新口号面前，就再也办不到了。齐书说"反满"是所有人民运动最流行的口号，义和团这个人民运动又偏偏不在其内。事实误认，这是又一条。

列宁说："布尔什维克"、"苏维埃"就像"义和团"那样，曾经为西方所重复而不理解，把它们看做怪诞的字眼。苏联历史家中的反满论者，对什么叫"义和团"，至今似乎还没有了解，因为它不首先反对满族人，而要与洋人作对，奇怪！

抵抗英国侵略中国的鸦片战争等等运动的口号不是反满。

鸦片战争、中法战争、中日战争、反对八国联军的战争中，清政府对外宣战，代表中国这一方，反侵略斗争的主要力量则是人民群众。人民在这些运动里的口号，是反对英国、法国、德国、俄国、日本、美国侵略者，不是"反满"，这根本用不着什么论证。"中国所有人民运动"都"反满"，而这些重大历史事变中的人民运动又都没有反满，只有反帝。事实误认，这又是一条。

齐赫文斯基教授等人对于中国历史并非全不熟悉。他们极力想要证实"满族人不是中国人，而清朝是外国对中国的统治"，但一部中国近代史是中国人民反帝反封建斗争史，这使他们陷入了拔不出脚的误区。

辛亥革命中，反满问题到底占有怎样的份量，这里不妨引美国研究者的论述，与齐书作一个比较。芮玛丽编辑的辛亥革命论

文集的序言，专有"反满论"一节。那上面说，辛亥革命的任务
有三项：一，反对帝国主义，二，要求建立现代化的中央集权国
家，三，反满。关于反满的部分，序言从评论国民党出版物上的
观点开始，是这样写的：

> 就国民党来说，革命民族主义的第三项主要内容是，汉
> 族对满清异族统治的反抗，满清的统治对内反动，对外懦弱。
> 国民党的这种传统观点，影响了当时的许多著作。要是考察
> 一下，是会很失望的。因为事实说明，民族主义中的反满论，
> 在三项内容之中也许最缺乏重要性，而且也少有什么革命
> 性。

> 应该认识到满族并不是一个执行着一种政策的单纯的统
> 治集团。满汉的融合，自18世纪到19世纪中叶已经成熟了。
> 国内的叛乱，威胁整个上层阶级，外国的侵略威胁整个国家。
> 20世纪初，旧制度的改革——其特点有与其他的重大革命相
> 似的地方——其政策的差异之处，并不与种族差别有关。亲
> 王贵族中既有主张维新的，也有反对维新的。整个政府机构
> 中亦复如此……

> 1905年7月，革命党人吴樾向出洋考察立宪的大臣投掷
> 炸弹，他的目标亦非指向满族人，因为其中也有汉族大臣。
> 两个吓怕了退出这个使团的人，一个是满族人，一个是汉族
> 人。在我看来，吴樾怀着两种相反的矛盾心情：一方面他怀
> 疑最高当局实行改良的效果和诚意；另一方面又怕因此而削
> 弱了革命的力量。

> 满汉两族的头面人物，既有维新派，又有反革命派，因
> 此也有强硬的反帝派和投降派。这里，不可能划分出种族政
> 策的界线。……革命小册子《天讨》所反对的政治领袖人物，
> 上起曾国藩，下到袁世凯。这清楚说明了其攻击的矛头是指

向帝制，而非指向满族。①

不问可知，论文集序言的作者绝不相信马克思主义，也不主张辛亥革命是资产阶级民主革命。对于反满斗争当时占有什么地位，她的评论却是"民族主义中的反满论，在三项内容（按：指前面列举的反对帝国主义等三项）之中也许最缺乏重要性，而且也少有什么革命性"。这个论述与《中国历史学中的大汉族霸权主义》的论述，哪一个比较接近事实，哪一个完全背离事实，任何人都不难立即作出评断。

希夫林的《孙逸仙和中国革命的起源》一书，广泛涉猎孙中山、章太炎、邹容、陈天华、杨笃生等人的言论以后，关于反满问题的叙述是这样：

> 孙中山当求助于会党时，曾试图利用他们对异族统治者的传统反感，但当他和他们主要关切的外国人谈话时，他就责备满洲人阻碍与西方的友好关系了。而学生则不同，他们是要对中国人讲话，他们责备的是满洲人向西方人让步。正如这个时期的民族主义文献中所反映的情况那样，是反对帝国主义的副产品。为什么外国人能够夺取中国的大片领土，侵犯中国的主权？学生民族主义者最普遍的回答是：因为满清统治者宣布"宁赠友邦，不予家奴"。这句话以不同的说法出现于各种各样的文章和小册子中……把满族统治者与帝国主义相提并论，仍是学生的刊物和小册子中所表现的普遍态度。杨笃生指责欧洲压迫者把满清政府看作他们的"守藏之胥"。陈天华则认为满洲人是适应帝国主义征服中国的傀儡。邹容警告说，汉人将被他们目前的监工满洲人移交给外国人

---

① 芮玛丽编：《中国革命——第一阶段》1968 年版。Mary Clabaugh wright（ed）:《China in Revolution: The First Phase 1900—1913》。

当奴隶。他大声疾呼道,孔子的故乡山东这个有如"耶稣之耶路撒冷"一样神圣的地方,已被满洲人送给外国人,他指出满洲人把中国的土地施与外人,有如"他人之财产"。

还有一种排满论点,它的意味深长之处是,它对反清朝的革命具有手段的价值,而不是终极的价值。杨笃生除了警告在满人的统治下中国人只能举行原始的起义来反抗外国侵略者之外……他宣称,推翻满清将激起对欧洲和日本入侵者的有效抵抗。他说满人永远不能把藏、蒙和其他组成中华帝国的种族合在一起,而汉族由于受排满与排外两股刺激力量的推动,却能做到这一点。还有一点也是意味深长的,杨笃生不是要坚持消灭满人,而是宣告,一旦汉族在他们的民族斗争中"自相吸集",他们就会帮助满、蒙、藏、回各族完成他们的"自相吸集",然后集权于亚洲中央政府"抵御白祸"。杨笃生认为,满族统治汉族,这就是向白人表明汉族的势力"未及成长",从而怂恿其侵略。

革命的排满主义,最初是作为一个过渡目标,或是一种手段提出来的,其目的是对抗外国人。但由于醉心革命,就把它本身看成目的了。

(陈天华、杨笃生先后自杀)这种绝望,给排满主义增加了神圣的光彩,而使民族主义的锋芒暂时偏离它原来所针对的西方。这并不是年青的民族主义者忘记了他们反对帝国主义的宿愿,而是他们对赢得这样一场斗争感到绝望,因此只好在对外关系上采取守势。他们也许希望一个国内的政治革命会给中国带来国际上的地位和尊重,从而使中国自动地摆脱帝国的阴谋。[①]

---

① 希夫林(H. Z. Schiffrin):《孙逸仙和中国革命的起源》(Sun Yat - sen and the Origins of the Chinese Revolution),美国加利福尼亚大学 1968 年英文版,第十章《民族主义的和革命的语言》。

概括这些叙述，辛亥革命中，革命知识分子的斗争锋芒，第
一，是指向帝国主义的；第二，反满是反对帝国主义征服中国的
傀儡；二者又彼此相关。论点明确，没有犹疑含糊之处。理论家、
华兴会的重要人物杨笃生写《新湖南》，透彻揭露、批判帝国主
义，在革命派里的思想地位，以前没有受到应有的重视。《孙逸仙
和中国革命的起源》上特地介绍他的反帝思想，强调中国社会基
本矛盾的所在，卓有见地。

齐赫文斯基教授等的反满"主线"论相反，把"反满"看作
辛亥革命的一切，对尖锐的反帝国主义斗争置诸脑后，一叶障目，
不见泰山。

丙，关于非"真正的革命"

革命否定论认为辛亥革命是反动的、保守的，至少也不应算
做"真正"的革命。这种看法需要进一步讨论，以求得对那场革
命作出客观的评价。何谓"真正"的革命，先搁在一边。看看革
命否定论者的那些论著，我愿意直率地说，他们对近代中国历史
上各阶级的地位和作用缺少切实的了解，因此，对各阶级所作的
阵线划分是不符合客观情况的，对它们的作用估计是颠倒的。

第一，买办资产阶级与民族资产阶级是两个不同的势力，不
是同一个势力，革命否定论把它们混为一谈了。

《辛亥革命研究序说》作者横山英教授说：一般人往往以为清
廷守旧派＝满清政权＝封建专制政权，那是不对的。义和团运动
以后，清政府内部权力结构起了重要变化。实际操纵政权的是袁
世凯、张之洞、刘坤一等为代表的"新洋务派"，而非固有的满族
统治阶级。从那时起，"主导权已落入军阀之手，从前的统治阶级
即满洲贵族变成了同盟者（阶级），从前的同盟者（阶级）即军阀
变成了统治阶级"。也就是说，"从阶级实质上来看，主导权已发

生了从传统的地主阶级向半殖民地半封建势力的转移，而后者变
成了国家的统治阶级"①。把清朝统治者和军阀截然分开，以为前
者代表地主阶级，后者代表半殖民地半封建势力，这种区分法肯
定不恰当。但从阶级实质上来认识清政权，这比新、旧"反满论"
或"反王朝起义"说，都高明何止倍蓰。清政权从第一次鸦片战
争、《南京条约》起，开始由以前的地主阶级对中国农民阶级的专
政，变为同时又是外国资产阶级统治中国人民的工具。中国半殖
民地化、半封建社会化的程度越深，适合外国侵略势力需要的买
办阶级在它里面的影响就越大。研究辛亥革命，不能脱离这个问
题。但是作者并没有从这里引出相应的结论，而走向了相反的方
面。他认为辛亥革命所要打倒的对象，应该是"新洋务派"军阀
势力，而事实并非如此。更主要的，是他独特地提出的近代中国
历史两条变革道路公式中，民族资产阶级与买办资产阶级被划在
一条线上，都定为是走半殖民地化、半封建化道路的势力。同时，
又认为"新洋务派"即军阀、立宪派、同盟会派三种半殖民地、
半封建变革势力之间，"立宪派与同盟会派为统治形态而存在着敌
对的关系是众所周知的事；而新洋务派与立宪派之间，除了袁世
凯与张謇等一部分人的勾结以外，从整体来看，见不到有明显的
合作关系。大致说来，三种势力是没有合作关系的，倒该可以说
是处于对立的状态。不过……三派势力虽然一方面互相对立，并
进行独自的变革活动，但客观上却可以说是处于合作的关系"②。
这一些，既不合事实，又自相龃龉。

中国学术界对买办资产阶级的研究还很不充分。但已经取得

---

① 横山英：《清末变革中的领导与同盟》，1966 年《史学研究》第 97 号，第 79
页。

② 《辛亥革命研究序说》，第 102--103 页。

的成绩证明资产阶级中有带买办性的大资产阶级与民族资产阶级的区别。这个论断是科学的，可信的。买办资产阶级是直接为帝国主义服务，并为它们豢养的阶级，与农村封建势力的联系也千丝万缕。单就洋行买办一项而言，据不完全统计，19世纪末，外国在华洋行达933所，估计洋行买办全国在万人以上。其中英商怡和洋行在上海的直属机构达29个单位，有正副买办50余人。他们拥有一定的生产资料，同外国侵略势力直接挂钩。人数不多，能量不小。买办阶级最初在政治上显露作用，是参与反对太平天国。美国旗昌洋行买办吴健彰由美驻华公使支持，署理苏松太道兼江海关监督。他在被上海小刀会俘获逃脱以后，继续镇压小刀会起义。怡和洋行买办杨坊，投靠洋人起家的买办官僚吴煦，勾结美国流氓华尔组织洋枪队，对太平军作战。买办阶级作为一种社会势力，一出现就与人民革命相对立，这是一个特点。以曾国藩、李鸿章为头目的洋务派，也正是中国封建势力与外国资产阶级相勾结，共同镇压太平天国革命的产物。洋务派先后举办一批军事工业和民用工业。它们的机器设备、大部分原材料，加上军火，都由外国进口。仅江南制造局从1867—1904年的38年间，花于从外国购买机器设备和原材料的款项，达1680余万两。机器设备、大批军火的购买，多数通过买办来进行。一部分官僚地主在与外国侵略者的接触中买办化。买办活动范围扩大，人数增多，势力莘莘而上。著名的买办和买办官僚如唐廷枢、徐润、郑观应、胡光墉、盛宣怀等，或为洋务派举借外债、购买军火的经手者，或为企业的主持人。他们拥有相应的官衔，多数人的财产惊人，从几十万、几百万到上千万两银子。买办官僚化，官僚买办化。曾国藩、左宗棠死后，李鸿章为首的洋务派大官僚日益明显地成为买办势力在政治上的代表。他们与外国打交道、受到外国支持的时间越长，办的军事、民用工业越多，手里掌握的镇压人民革命的武力越大，在清政府里的地位也就越来越显赫，成为统治阶级里反对人民的当权派。中国半殖民地半封建社会制度存在，这个社会阶级、势力就存在，而且要继续膨胀。不断改变的不过是它的代表人物的名字，如李鸿章变为张之洞、袁世凯，变为段祺瑞、蒋介石等等。所以买办资产阶级一开始就是中国革命的对象，而不是中国革命的动力。

民族资产阶级不同，它们带有两重性。既有要求摆脱帝国主义、封建主义压迫、束缚的革命性的一面，又有缺乏坚决反帝反封建勇气的妥协性的一面。它们不是帝国主义豢养、扶植下成长起来的阶级，要求民族独立，要求发展资本主义。辛亥革命以前，它们没有建立过自己的统治，也没有买办阶级那样的反人民的记录。买办资产阶级推进半殖民地化，民族资产阶级抵制半殖民地化，把它们等同起来，划在一条线上，完全失去了科学的意义。人们从这里丝毫不能了解历史的真相或得到什么有益的东西。

说同盟会、革命派不要求打倒袁世凯、张之洞等"新洋务派"，这是明白的自相矛盾。清末政权的阶级基础既然已经起了变化，实际操纵政权的是"新洋务派"，他们"变成了国家的统治阶级"，那末，打倒清政权，不就是打倒"新洋务派"的统治、打倒国家的统治阶级吗？打倒清政权，而又不打倒"新洋务派"，那就等于说不存在他们操纵政权那种事实。左手立起一个前提，右手又推翻那个前提，近于游戏。资产阶级革命派自然没有提出打倒"新洋务派"的口号，也没有"洋务派"那种观念。强烈的反满宣传模糊了革命派的民族意识，更模糊了他们对买办阶级的认识。他们只能从反满的角度来反对洋务派，反对袁世凯、张之洞等为首的政治势力。吴樾意见书指出"袁世凯甘为傀儡，且猜嫌备至"。《汉帜》等刊物上说："杀汉奸必杀张之洞"，痛骂袁世凯、岑春煊、张之洞、魏光焘为清政府"四大忠奴"。《民报》刊载

"过去汉奸之变相"、"现在汉奸之真相"的图片，曾国藩蛇身人首，左宗棠兽身人首，李鸿章鱼身人首，袁世凯头从中间劈开，张之洞头在胯下，岑春煊头斜搁在颈上。尽管革命派的认识缺乏深度，他们反对从曾国藩到袁世凯这个势力，态度是鲜明的。就像革命派没提出反帝国主义口号，我们不能因此抹煞革命派反对帝国主义一样，他们没有打起反"洋务派"的旗子，我们不能因此就抹煞他们反对洋务派，反对清政府的统治。

说同盟会与"新洋务派"事实上是处于对立状态，客观上却处于合作状态，这更是明白的自相矛盾。一切事实都是客观的。客观上互相反对，客观上又合作推进中国的半殖民地半封建化，什么意思？同样近于游戏。清政府灭亡，政权落到袁世凯手里，中国继续走着半殖民地半封建道路，那不是革命的罪过，而是反革命破坏了革命的罪过。革命派进行了斗争，革命失败了。所谓"客观上的合作"，等于把革命的失败看做革命的目标，那岂非历史的颠倒！

第二，立宪派受到不正确的评价，革命否定论把它的力量夸大了。

《资产阶级与辛亥革命》的作者玛丽亚·贝热尔女士断言：资产阶级只处于事变的次要地位，远在起义者的地域和能力之外。"资产阶级既不是决策人，也不是组织者"。"事变发展过程中，资产阶级既未加鼓吹，也无法控制"等等。光看这些结论，人们不免怀疑作品上谈论的是否辛亥革命；因为既然这样，革命又怎么发生了呢？作出如此判断的重要原因，是作者对资产阶级上层、立宪派的了解不正确。这表现为：

（一）立宪派被当做了资产阶级全部或主要力量。《资产阶级与辛亥革命》首先划定资产阶级的范围为商业资产阶级，即各式各样的商人、产业资本家。照作者说，这个阶级出现于19世纪末

20世纪初。1904年商业资产阶级建立起了自己的组织商会，并且有了自己的武装商团。商人不同于绅士，由于废除科举制度，商人的利益与绅士的利益取得一致，二者实际相差无几。1905年，他们作为一个政治势力出现在舞台上，如发动反美运动，收回利权运动等。这些叙述，清楚地告诉我们，那个阶级、政治势力不是别的什么，正是上层资产阶级和它的政治代表立宪派。上层资产阶级、立宪派处在起义者的行列之外，既不是发动革命的决策人，也不是组织者，也没有鼓吹过革命，这完全合乎事实。结论摆在面前：立宪派根本不是革命力量。但作者另有判断：这个势力不革命，反对革命，所以辛亥革命不是资产阶级革命。这显然是把上层资产阶级、立宪派当做了整个资产阶级。立宪派不革命，资产阶级的其他部分也就不革命。立宪派等于资产阶级全体，全体资产阶级等于立宪派。只有这个社会阶层是最有力量的，这就是作者的论点。

（二）重视上层资产阶级抵制革命的事实，忽视了另一部分商人、资本家支持革命的事实。武昌起义以后，汉口、广州、上海等城市的大商人、资本家首先注重的是"保卫地方"，维持"市面"，生怕革命打搅旧的秩序。汉口的情况是有代表性的。武昌起义后第二天，大商人、资本家，即由李国镛、吕逵先等出面，组织"地方保安社"。李国镛经营鸦片生意，在商界有相当实力，又是湖北宪政会、宪政同志会成员，人称"李老板"。"保安社"宣布"专以守中立，保治安"为宗旨；李国镛并以商会名义参与了种种活动。上海大商人、资本家与立宪派首领张謇等态度基本一致。说上层资产阶级抵制革命，是完全正确的。但还有另外一种情况，即中小商人、资本家同情革命。以上海为例：革命党人李燮和、陈其美分别发动起义以后，商人很快组织各种团体，如"馈送军食联合会"、"节费助饷会"、"售物助饷会"、"上海军事募捐团"、"民军协济总会"等，支持革命军。不少商业行会还分别捐款助饷，其中有北货海味业、绍酒业、西药业、纱业、绸业、豆油饼业、木作业、骨器杂货业等等。这说明中小商人、资本家对革命怀有相当的热情。《中国资产阶级与辛亥革命》上划定的资产阶级范围是商业资产阶级，却没有看到这部分人的行动，表明作者重视的是上层资产阶级和它的政治代表，认为只有他们是值得注意的。上层资产阶级就一成不变吗？那不可能。当全国革命高涨的形势已经形成，上海工人、四乡农民反抗风潮兴起，连商团成员都要求参加斗争，以至不可违逆的时候，资产阶级上层的一部分人也迫于形势，不得不改变对革命的态度。如上海商界实力人物李平书、王震（一亭）就是这样。李平书曾为预备立宪公会会董，实际控制着商团，王震出身日商三井洋行买办，在李平书以后当过上海商会会长。在上海起义过程中，他们最后赞成商团武装转向于革命阵营。李燮和先在闸北发动，陈其美想说服江南制造局总办起义，被清军捉拿，得到商团武装营救，才扭转局面，占领上海。李平书、王震并分别任上海军政府民政总长、工商总长。但那种情形，并非如贝热尔所主张的，资产阶级里面革命派与改良派就是一回事；它们之间，只有因时因地行动的差异，没有阶级基础的不同。事实上，哪一部分商人、资本家欢迎革命，哪一部分商人、资本家被迫跟着事变的进程改变态度，两者是有分别的。

（三）以为不是由大商人、资本家，它们的代表立宪派去策划、鼓吹的革命，就不能叫革命，《资产阶级与辛亥革命》上正是抱着这种看法，那除了对立宪派估计不正确，还把资产阶级革命想得过分狭窄了。世界上所有资产阶级革命，主要不是靠商人、资本家亲自来完成的。革命的组织者可能兼有资本家的身份，但他们主要是资产阶级、小资产阶级知识分子，是资产阶级的思想家、政治家、军事指挥人员。在革命中冲锋陷阵的力量，主要来自农民、工人，其他劳动群众，而非商人、资本家。法国大革命中"三级会议"里"第三等级"的代表无疑属于资产阶级的人物。他们是革命的鼓吹者，也是革命的策划者。可是第三等级的代表中，商人、银行家、工业家并不占多数。其中近半数为律师，其次为作家、政论家、传教士。写出著名的《什么是第三等级》一书的作者是教会人员西哀耶斯。前期"国民派"的"三头"迪波尔、巴纳夫、亚历山大·拉梅特是律师、高等法院人员和贵族出身的上校。革命民主派最杰出的代表马拉是贫穷教员家庭出身的自然科学家、政论家，罗伯斯庇尔是律师、法官，丹东是律师、政论家。忿激派的领袖扎克·卢是下级军官家庭出身的教员、乡村教士。从攻打巴士底狱开始的各次事变中的基本群众，如前面叙述过的是各行各业的工人、城市贫民、农民那些"无套裤党人"。贝热尔评论辛亥革命，认为"至少从西方观点来说，这很难说是一次资产阶级革命"。西方资产阶级革命首推法国革命。而法国革命的实际情形远不像她认为的那样，全凭商人、资本家就演出了使路易十六人头落地的雄壮历史戏剧。恰恰相反，法国广大人民群众的流血牺牲，才使那次革命得以在世界资产阶级革命中名列前茅。像中国君主立宪派那种势力，在法国革命中也早就暴露出了它的暂时侧身革命很快就背叛革命的反动本质。

拿上层资产阶级、立宪派的态度、作用为依据，来判断辛亥革命不是一次资产阶级革命，这是《资产阶级与辛亥革命》的中心思想，也是它不同于其他革命否定论的地方。

如果说《资产阶级与辛亥革命》仔细收集了若干事实——当然也提出了一些需要着重研究的问题，来谈论上层资产阶级与立宪派的作用，那末《辛亥革命研究序说》就制造出了这个问题的一套理论。作者断言：辛亥"变革"的主力，不是代表中小资产阶级利益的同盟会派，而是代表资产阶级和大资产阶级利益的绅商层及其政治上的代表立宪派。"企图点燃'革命'火种而多方活跃的同盟会的'革命'活动，虽然采用了以反清为口号的'革命'战术，但却未能掀起波及全国的影响。……在资产阶级各派政治势力当中，掌握着最进步的生产力，并提出了最具体、最系统、最现实的政权变革即'政治革命'构想，且在社会上和地方上已经形成并保有着最大的社会、政治影响力的是立宪派。这一派，以不断向资产阶级转化的绅商阶层为其阶级基础，是由集结于各省商会、咨议局、自治局及其他立宪团体机构下的地方上实力派开明人士组成的。从实际的历史过程来看，自义和团运动失败以后，立宪派即通过各种政治、社会、经济活动形成为一股社会上和政治上的领导势力。从武昌起义到民国成立之间，实际上是在立宪派的领导之下，与同盟会派及地方上的旧势力联合起来，共同建立起新政权（各省军政府——南京临时政府）"①。总而言之，"以变革的主体来说，作为半殖民地半封建社会变革道路的推动者的主体的三派政治势力之中，以绅商阶层为基础的立宪派扮演了领导者的角色"。作者把自己的意思讲得很明白：那就是一，辛亥革命是推动半殖民地道路的反动变革；二，革命派、群众的斗争无足轻重；三，立宪派最有力量、最重要，是革命的领导者。辛亥革命一大篇资产阶级革命史，从头到尾，变成了一篇立宪派领导的变革史。辛亥革命到底推动了历史前进还是阻碍了历史前进，推翻清政府的斗争是同盟会发动的还是立宪派发动的，从武昌起义到政权落入袁世凯手里，立宪派是支持了革命还是破坏、瓦解了革命，对于这一系列问题的回答，都与客观史实截然相反。

　　症结在哪里？症结就在作者拒绝从历史唯物主义观点、人民

---

① 《辛亥革命研究序说》，第104--105页。

群众创造历史的观点看问题。立宪派的极力破坏革命，被说成领导了革命，革命的失败被当做了革命的成功。人们当然要问：既然立宪派那么有力量，确实起了领导作用，他们为什么不防止革命燃起熊熊大火？为什么不保住清政府使它不被打倒？为什么又与据说是处于"对立"地位的袁世凯"联合"起来了？这是立宪派领导变革说所永远解释不了的。

第三，农民和其他劳动群众在革命中的地位和决定性作用，被一笔勾消或至少大大降低了。

夸大资产阶级的地位和作用，反过来必然贬低农民、劳动群众的作用。横山英教授划分的两条变革路线中，农民被列于反帝反封建势力的一边，表面上占有应得的地位，而实际上不占任何地位。他一则说：

> 辛亥革命时期的群众反抗斗争，绝对不是革命斗争，而主要是反对政府政策即新政的群众斗争。它是反帝反封建的变革路线，是同军阀与资产阶级的同盟所推动的半殖民地、半封建主义化的变革处于根本对立的关系的。但同时由于它是潜在的，所以它只能处于酿成革命形势的程度，而客观上竟起到了为半殖民地、半封建政权的树立提供条件的作用。①

再则说：

> 如所周知，列宁在所著《第二国际的破产》一文中，对革命的各种条件有如下的法则性规定："没有革命的形势就不可能有革命。……只有在上述客观变化加上主观变化的形势下才会产生革命，这种主观变化就是：革命阶级能够发动足以打倒（或摧毁）旧政府的强大的群众革命行动，因为这种政府，如果不'推'它，即使在危机时代也是不会倒的……"

---

① 《清末变革中的领导与同盟》，《史学研究》第97号，第85页。

"如果在这个国家没有一个革命阶级能够把遭受压迫的消极局面变成愤怒和起义的积极局面的话，任何下层社会的遭受压迫或上层社会的危机都还不能造成革命……"在清末辛亥革命时期的革命形势下，"主体的变化"，亦即"能够发动足以打倒（或摧毁）旧政府的强大群众革命行动的阶级"或者"能够把遭受压迫的消极局面变成愤怒和起义的局面"的革命阶级，存在过吗？……我们看不到堪称为"革命的阶级"——当然是"能够发动足以打倒（或摧毁）旧政府的强大的群众革命行动"的阶级动力，或者"能够把遭受压迫的消极局面变成愤怒和起义的积极局面"的革命阶级，又或者这样内容的"主体的变化"曾经存在过。①

农民、人民群众，根据这些叙述，他们的情况是这样：（一）进行过斗争，发生了作用，但进行的"绝对不是革命斗争"，也不发生革命作用。他们与帝国主义、封建势力，由"潜在"的对立，走到了实际的结合。他们没有破坏半殖民地半封建统治，而是客观上帮助反革命树立起了半殖民地半封建的统治。（二）没有进行过斗争，没有起作用。辛亥革命时期不存在革命的阶级，不存在谁能够把遭受压迫的消极局面变成愤怒和起义的局面。"不存在革命的阶级"里面，当然也包括农民阶级、其他劳动群众。第一种情况，农民的地位和作用只能是否定的；第二种情况，农民的地位和作用仍然只能是否定的。中国近代史两条变革路线的理论中，资产阶级革命派发起、领导革命的地位，一开始就直截了当勾消了；资产阶级革命的主力军农民阶级的地位，又拐弯抹角地一笔勾消了。两条变革路线云云，其实只有一条变革路线：半殖民地半封建的变革路线。没有什么革命反革命，大家一起在半殖民地

---

① 《辛亥革命研究序说》，第99—101页。

半封建的道路上赛跑，看谁得到冠军。革命否定论就是这样告诉我们的。

农民的革命斗争可以变成推进半殖民地化，革命派的武装起义——其中有武昌起义，可以说成没有全国影响，同盟会的一整套资产阶级政治纲领、政权设想等，可以看成不如立宪派的政治主张、政权设想具体、现实等等，最后集中到一点：上层资产阶级立宪派是辛亥革命的、也是中国社会的领导力量。如此颂扬、抬高资产阶级改良势力，如此贬低、抹煞农民、人民群众，这种观点新奇吗？请看资产阶级改良主义宣传家梁启超关于这个问题的议论吧！辛亥革命以前，梁启超攻击革命派的时候说："吾见夫所欲用之以起革命之多数下等社会，其血管内皆含黄巾、闯、献之遗传性也。……汝而欲言革命欲行革命也，则汝其学克伦威尔，汝其学华盛顿，汝其用最善良之市民。……若曰破坏旧道德为革命应行之义务，则刀加吾颈，枪指吾胸，吾敢曰：倡此论者，实亡中国之罪人也，实黄帝子孙之公敌也"①。辛亥革命以后，梁启超承认革命不是有罪，而是有功了。但谁最有功呢？他说，同盟会与立宪派"一派注重种族革命，说是只要把满洲人撵跑了，不愁政治不清明；一派注重政治革命，说是把民治机关建设起来，不愁满人不跑。两派人各自进行，表面上像是分歧，目的总是归着到一点。一面是同盟会的人，暗杀唎，起事唎，用秘密手段做了许多壮烈行为；一面是各省咨议局中立宪派的人，请愿唎，弹劾唎，用公开手段做了许多群众运动……不约而同的起一种大联合运动。武昌一声炮响，各省咨议局先后十日间，各自开一场会议，发一篇宣言，那二百多年霸占铺产的掌柜，便乖乖的把全盘交出，我们永远托命的中华民国，便头角峥嵘的诞生出来了。这

---

① 梁启超：《饮冰室合集》第5册，《中国历史上革命之研究》。

是谁的功劳呢？可以说谁也没有功劳，可以说谁也有功劳"①。痛骂黄巾闯献，赞扬"最善良之市民"的大资产阶级，彻底抹煞农民的作用，极力涂改立宪派的破坏作用，资产阶级改良派历来就是这么看待辛亥革命的。不承认人民群众的力量，只承认剥削阶级的力量，这是挂着不同招牌的唯心史观的共同点。所以《辛亥革命研究序说》并没讲出什么新的思想，不过在重复唯心论的一种旧思想。表面上引述科学词句，实际违反科学精神。

非"真正"的革命论或革命否定论，目前相当时髦。上面谈到的著作只是两个例子。革命否定论者的出发点不同，情况各异。有为反驳国民党"正统"宣传的，也有抱某种现实目的，想从历史上找根据的。但不管哪种情况，哪种理论，最后都必然归结到革命取消论。历史既然是不可改变的，革命取消论也就无法为人们所接受。

抽象地谈论什么叫真正的革命，什么叫非"真正的革命"毫无意义。尤其不能用资产阶级观点看待革命问题。一切革命斗争都是群众运动。群众在哪里推翻旧制度、旧秩序，建立新制度、新秩序，哪里就在进行革命，历史就在跃进。革命总要有必要的组织、领导、计划等。但革命从来不是按某种预定计划进行的。它打破反革命的意志，也违反革命者的意志。有秩序的革命，从来只存在于书本上，不存在于实际的运动之中。历史正是在这里表现了它的辩证法，表现了不以人的意志为转移的某种客观规律性。所谓两条"变革"路线，处处矛盾、混乱。最后都和这样一个问题直接相联系：对帝国主义侵略的看法矛盾、混乱。

---

① 梁启超：《饮冰室合集》第13册，《辛亥革命之意义与十年双十节之乐观》。

四 辨明辛亥革命是资产阶级革命的意义

甲，认识世界资产阶级革命的多样性与共同性。

17世纪的英国资产阶级革命，开始了资本主义社会与资产阶级统治，以及这个统治走向没落、衰亡的时期。资产阶级的革命斗争、政治运动和民族战争，彼伏此起，情形极不一样。举例而言，英国革命、18世纪的法国革命具有划时代的重要性。它们发生在资本主义手工工场时代和工业资本主义时代，不仅仅反映了英国、法国的要求，而且在更大得多的程度上反映了当时整个世界的要求。法国资产阶级革命走到了自己的顶端，给历史带来的影响，比英国革命更加广泛、深刻。以至列宁评论说，18世纪是法国革命的世纪。19世纪40年代普鲁士的革命、1905—1907年俄国的革命，都发生在后进的资本主义国度里。普鲁士的革命只是在思想上建立君主立宪政体，在事实上建立起资产阶级专政。俄国革命处在帝国主义时代，资本主义国家的资产阶级这时已经变成反革命阶级。所以俄国资产阶级性质的革命是在无产阶级领导下进行的。中国的辛亥革命、1920—1923年的土耳其革命，与英、法、德、俄完全不同。它们是半殖民地的资产阶级革命。它们的任务，除了要反对本国封建阶级的统治，还特别要反对帝国主义即外国资产阶级的统治。帝国主义的时代条件，决定了辛亥革命、土耳其革命都不能取得真正胜利的结局。

然而世界资产阶级革命的这种多样性，并不足以掩盖、抵消它们的基本的共同之点。首先它们都是社会生产力、社会经济发展到一定阶段的产物。资本主义生产造成了新的不能为封建生产关系所容纳的社会生产力。封建的生产关系必须打破，而且果然打破了。第二，所有这些革命（除了俄国1905年革命以外），都是资产阶级、它们的代表人物发动和领导的，它们斗争的目标、提出的口号、要求，基本相同或者相似。例如建立共和国、改革封建土地制度、人权、平等的号召等等。甚至英国、法国出现的政治派别如君主立宪派、共和派以及他们的代表人物，在后来的革命中也一再重复出现。第三，它们都在不同程度上推动了历史前进。资本主义近代工业生产是历史上从未有过的大前进。辛亥革命没有触动旧中国的牢固基础，封建土地制度、旧官僚制度、旧军队等照样保持。革命雷声大，雨点小，最后失败了。但它打倒几千年的封建专制政体，改组了上层建筑，仍有重要的意义。它打倒的不是一个朝代，而是一种根深蒂固的制度。民主共和的观念从此深入人心。反革命是皇权复辟的条件，皇权又是反革命复辟的条件。辛亥革命打倒清政府，反革命借以复辟的皇权不再被人们所接受了。皇权和民权的斗争，民权取得了某种胜利。特别这个事件出现在几亿人口的大国，出现在落后的东方，不能不产生很大的影响。资产阶级革命的共同性告诉我们：世界历史是遵循着一定的基本规律进行的。那种规律，如果在封建时代还由落后的生产力所掩蔽着，那末，到资本主义出现、资产阶级革命普遍地成为必要之后，它就最后显露出来，为人们所认识了。这个规律就是"人们在自己生活的社会生产中发生一定的、必然的、不以他们的意志为转移的关系，即同他们的物质生产力的一定发展阶段相适合的生产关系。这些生产关系的总和构成社会的经济结构，即有法律的和政治的上层建筑竖立其上并有一定的社会意识形式与之相适应的现实基础。物质生活的生产方式制约着整个社会生活、政治生活和精神生活的过程。不是人们的意识决定人们的存在，相反，是人们的社会存在决定人们的意识。社会的物质生产力发展到一定阶段，便同它们一直在其中活动的现存生产关系或财产关系（这只是生产关系的法律用语）发生矛盾。于是这些关系便由生产力的发展形式变成生产力的桎梏。那时社会革命的时代就到来了。随着经济基础的变更，全部庞大的上层建筑也或慢或快地发生变革"①。这个规律支配着世界历史由封建制过渡到资本主义，也支配着世界历史必然由资本主义过渡到社会主义、共产主义。不管人们乐意不乐意，世界历史就是这样遵循自己的轨道运行的。

乙，认识中国民主革命的历史特点。

中国资产阶级民主革命，如前面所说，是半殖民地半封建国度的民主革命。这个革命从鸦片战争开始到中华人民共和国成立，进行了 110 年。它的任务是打倒帝国主义和封建主义，争取民族独立，争取中国社会生产、生活走向近代化。"五四"运动以前的民主革命是资产阶级领导的，我们称它为旧民主主义；"五四"以后的民主革命是无产阶级领导的，我们称它为新民主主义。旧民主主义从鸦片战争到"五四"以前，一共 80 年。其中，第一阶段，以太平天国为中心的农民革命战争时期；第二阶段，戊戌变法、义和团运动，资产阶级改良主义和农民爱国运动并行时期；第三阶段，即资产阶级领导的辛亥革命及其失败的时期。农民和资产阶级的政治运动、革命斗争都遭到了失败，都没有挽救中国半殖民地半封建社会沿着下降线行进。"五四"以后，有了无产阶级的领导，中国革命才由失败转而逐步走向胜利。新民主主义革命从"五四"运动到中华人民共和国成立，一共 30 年。其中经过第一次国内革命战争、第二次国内革命战争、抗日战争、人民解放战争，革命是沿着上升线行进的。1949 年中华人民共和国成

---

① 马克思：《〈政治经济学批判〉序言》，《马克思恩格斯全集》第 13 卷，1962 年版，第 8—9 页。

立，标志着中国人民推翻帝国主义封建主义统治，夺得了民主革命的伟大胜利。鸦片战争到中华人民共和国成立以前这 110 年的历史告诉我们：在帝国主义的侵略、压迫下的半殖民地半封建的中国，没有无产阶级领导，革命就失败，中国人民就不能摆脱帝国主义的剥削、压迫，就不能推翻本国封建阶级的统治；有了无产阶级、中国共产党的领导，有了马克思列宁主义、毛泽东思想的指引，革命就走向胜利，中国人民就能够战胜国内外一切强大的敌人，打碎旧中国、旧社会的沉重枷锁，获得解放。

　　中国民主革命这个历史特点极为突出。它必然要对后来的历史发展产生深远影响。民主革命的胜利，打开了中国历史巍然跨进社会主义的大门。社会主义经过种种严峻的考验，已经在中国最后站稳脚跟。它像一棵参天大树，在中国地面上扎下了根。这个根有九亿多条，没有什么力量可以使它动摇得了。社会主义至今仍是人类生活中最大的新鲜事物。它的矛盾、运动规律还没有全部显露出来。人们还需要在探索中前进。无产阶级的政党——中国共产党，既然能够领导人民群众走自己的道路，推翻帝国主义封建主义的统治，也就一定能够领导人民走自己的道路，把落后的中国改造、建设成为一个社会主义的近代化的新中国。"我们不但善于破坏一个旧世界，我们还将善于建设一个新世界"。不管有什么困难、曲折，历史的车轮正滚滚向前。中国人民既拥有巨大的物质力量，也拥有巨大的精神力量。这都是中国民主革命给我们留下的最宝贵的用之不竭的财富。辨明辛亥革命的性质，说明中国民主革命的历史特点，我们将更好地利用这笔巨大的精神财富。

三　历史关键（下）

民族的胜利，人民的胜利*

　　抗日战争在中国近代史上占有特殊重要的地位。中国历史上有多次大规模战争，中国近代有多次反对外国侵略的战争，像抗日战争这样的规模、性质和胜利结局的战争，确实为前所未有。中华民族的空前觉醒，以中国共产党为核心的中国人民力量的空前壮大，是取得抗日战争胜利的决定性原因。抗日战争的胜利是民族的胜利，人民的胜利。50 年以后回顾那场伟大的战争，我们可以深刻地知道它是怎样转换祖国命运的，并增进对它与现实生活联系的认识。

一　关于抗日战争的性质

　　抗日战争一开始就叫抗日民族解放战争。日本对中国的民族压迫，从甲午战争、马关条约到"九·一八"占领中国东北，这里不去细说。卢沟桥事变爆发不久，日本提出建立所谓"东亚新秩序"，在中国实现"王道乐土"，也就是灭亡中国，把中国变为它

---

*　原载《人民日报》1995 年 8 月 15 日。

的附属国、殖民地。抗战八年中，大半个中国土地遭到日军占领践踏。中华民族真正到了存亡续绝的关头。抗日战争就是中国人民用民族战争来挣脱日本施加的民族压迫，收复中国领土主权，恢复自己的民族尊严。这是全中国人民的神圣事业。中国属于反抗侵略的正义的一方，日本属于施加侵略的非正义的一方。这个性质不仅仅是用种种文字、图像记录下来的，也是用中国人民流成河的血记录下来的。这个性质不仅仅记载在中日双方的文字、图像中，也记载在《开罗宣言》、《波茨坦公告》和至今为全世界所普遍承认的《联合国宪章》中，记载在遵循联合国大会批准的国际法原则的东京国际法庭材料中。"侵略"这个词人们可以改成别的什么，日本侵略中国的历史事实却永世也无法改变。

人们也许要问，国际和日本历史学者怎么看。抗日战争是日本侵略中国的战争，国际和日本第一流的被称为"主流派"的历史学者的大量著作都是这么写的。日本少数人宣传"大东亚战争肯定论"、"皇国史观"，学术界不认为那是严肃的科学性研究。

事实上，中国抗日战争的性质，根本不需要那段历史过去以后才能作出判断。这里可以看一看就在抗日战争进行中正直的日本皇族成员是怎么说的。1943 年至 1944 年，裕仁天皇胞弟三笠宫崇仁担任中国派遣军总司令部幕僚，在中国战地广泛考察以后，有感于需要对派遣军总司令部的佐、尉级军官进行教育所写的题为《作为日本人对中国事变的内心反省》文中说："明治维新以来，伴随欧美文化的输入，日本人也感染了霸权主义的侵略压榨思想，并与欧美诸国一起，对中国实施此等行径，如二十一条要求"。"甲午战争以后滋长了侮华思想"。"满洲独立后，日本又对华北怀有野心"。"中国事变爆发以后，日本军队的残暴行为又给中国的抗日宣传提供了事实根据。如掠夺，强奸，杀害平民，放火等等。""大东亚战争开始以后，把中国看成'日本的军事基地'，在中枢决策机构内还有人认为，战争的主角是日本，日本必须战胜，所以日本必须榨取中国以自肥"。"如果是'有取有予'，尚可另论，而现在的日本是无所不取，掠夺殆尽。这还成什么事体！""烈犬是不狂吠的，回顾以前高喊'圣战'、'正义'云云，叫喊的声音越高，事实越近于相反"。三笠宫至今健在。这份文书当时被没收，去年偶然发现。他在回答《读卖新闻》编辑部负责人采访的提问中，接着又讲了许多亲眼目睹的骇人听闻的事实。对于日本从"九·一八"占领中国东北以后的所作所为，他的断语是："连侵入他人所有的土地都要构成非法侵占罪，更何况侵占他国的领土，这能说不是侵略吗？"（日《读卖杂志》1994 年 8 月号）

抗日战争 50 年以后的今天，日本政界一些人极力否认中国抗日战争是抵抗日本侵略的战争，极力给日本军国主义侵略中国翻案。他们扬言日本侵略中国、侵略亚洲邻国不但无罪，而是有大功。这个大功是把中国和亚洲国家从英美统治下"解放出来"了，促进了亚洲国家今天的经济发展。那些人并非不知道联合国宪章精神、东京审判材料，不知道日本和国际上一切严肃历史学者的看法，不知道《作为日本人对中国事变的内心反省》那类文件上记述的基本事实。但是他们仍然无休无止地颠倒黑白，这表明日本至今仍潜在着一股军国主义势力，表明日本社会中至今仍有那么一批蔑视、轻侮中国的人，盼望有朝一日重温"大东亚战争"、"皇军赫赫战果"的旧梦。6 月间，日本国会通过的《战后 50 年国会决议》，受到东京各家大报猛烈谴责，认为"可耻，可悲，难以容忍"。这些言论鲜明地反映了广大知识界、大多数日本人的良知，和他们要求保持民族荣誉的情感，是应该受到尊敬的。但《战后决议》大耍花招，颠倒原则，暗藏蒺藜，甚至有一天可能成为想要复活军国主义势力的所谓"法律根据"。中国人民有充分理由对此感到愤慨。日本政界一些人将把21世纪的日本，把中日关系引向何处去，这就是问题的实质。

二　争取民族解放斗争的胜利是国民党、共产党和全国人民共同取得的

　　抗日战争时期中国存在两个矛盾，一为民族矛盾，二为阶级矛盾。国民党与共产党的地位、作用，同这两个矛盾的性质与相互关系直接相联。抗日战争是全民族战争，这是民族矛盾居于主导地位所造成的。在全民族战争中起作用的有各派政治势力，中国共产党与国民党由十年内战转为结成统一战线合作抗日，是抗日战争实现并坚持下来的基础。

　　蒋介石国民党及其各派系，在抗战爆发前基本上掌握着国家政权。有蒋政权参加，才有全民抗战。共产党先把"反蒋抗日"改为"拥蒋抗日"，抗战实现以后又反复强调国共合作，强调全国团结抗战，就是说明了这个事实。中国共产党领导的人民力量的兴起、壮大，是抗日战争实现并取得最后胜利的基本条件之一。共产党政治上是抗日民族统一战线的创导者，军事上领导着敌后战场，有共产党领导的人民力量的参加，全民抗战才有了力量重心。西安事变后，蒋政权由"攘外必先安内"转为准备抗日。抗战开始不久，国民党中央通讯社发表中共关于国共合作抗日宣言和蒋介石发表谈话，承认共产党的应有地位和国共合作抗日，就是说明了这个事实。国共两党合作成为一个历史关键。中国内部新的团结格局由此确定下来。全国各阶级、各民族团结起来，一致抗日救亡。中华民族使自己的觉醒达到了前所未有的新的高度。抗日战争就是这样实现的和虽然经历惊涛骇浪终于坚持到底了的。从双方合作奠定抗日战争的基础来看，国民党与共产党在抗日战

争中的地位，基本是相同的。它们这时都站在争取民族解放斗争的关键位置上，力挽日本军国主义汹涌而来的狂澜。这是历史事实。

抗日战争中，民族矛盾起主导作用，阶级矛盾并没有消失。蒋政权这时具有两面性格。参加抗日民族解放战争，这一面是爱国的，带着革命性的；坚持大地主大资产阶级专政，这一面是反民主、反人民，带着反革命性的。前一面符合民族利益，后一面违反民族利益。抗战初期，前一面表现得比较明显。战争进入相持阶段，日本对重庆加紧诱降，共产党在敌后战场上很快发展，国民党的态度逆转。蒋介石这时谈话多次拿抗日、反共并列，甚至认为反共重于抗日。他要求美国给予军事经济援助时也把担心"国内中共之猖狂"作为重点。中国因此几度出现国共分裂内战、抗日战争中途夭折的严重危险。

一次是皖南事变。蒋政权原是打算与共产党分裂的。这从蒋介石的心腹谋士王世杰给蒋的《密呈》中可以知道。《密呈》分析形势说，"以为目前为彻底制共之最良时机者，殊非的论"。理由是苏联英美都不会赞成中国内部分裂，其中并涉及"世界大战全局关系"；建议"务期以政治方式解决全案"，切勿"引起分裂"。[①]意思很明白，所谓"彻底制共"，也就是国共彻底分裂，重新内战。王世杰在这里讲出了事情的严重性，但没有提到它的背景。那时日本正通过多条渠道对重庆诱降。1940年11月22日，即正当重庆紧锣密鼓策划围剿新四军的时候，美国驻日大使格鲁、驻上海领事罗赫德分别向国内发回情报：东京、上海盛传日本御前会议作出决定，要汪精卫与重庆政权合并。罗斯福得到这些消息，担心"日蒋之间在进行一些活动"。也就在这时，蒋介石致电罗斯

① 《中国外交史资料选辑》第3册，第186—187页。

福，承认日本"渴望与中国缔结一项条件不苛刻的和约"。这说明重庆发动皖南事变与日本诱降直接相关。共产党领导的军队这时达50万人，政治影响深入全国。国共分裂内战，重庆政权不可能同时骑在又抗日又剿共的两匹马上，紧接的一步就是同日本订立所谓"和约"，与汪精卫合流。这确实涉及"世界大战全局关系"，更与重庆政权生命攸关，显然是它不能承受的。皖南事变于是以"政治方式解决"收场。又一次是1943年夏天。蒋介石命令胡宗南闪击陕甘宁边区。这时恰逢甘肃南部民变蜂起。其中以马富善为首的"富善救国军"，短时间里扩大至10多万人，占领临夏、定西等八个县城，打乱了国民党军队的部署。共产党又及时揭露了对方的阴谋。时机过去以后，蒋介石也就同意收兵了。

共产党面对那种形势采取的行动，是与蒋政权尚在抗日的一面相联合，对它发动反共内战的一面进行斗争。这个行动中最重要最可靠的是，巩固发展敌后抗日根据地，通过多种社会和政治改革，动员、武装广大群众加入战争行列。共产党在敌后对日作战的实力越增加，在抵制蒋政权积极反共中的实力也就越增加。共产党对蒋政权又联合又斗争的结果是，第一，把抗日民族统一战线的基础国共合作保住了。这里起关键作用的是人民力量的强大存在，使蒋政权分裂内战那条路完全走不通。它既然不能放下抗日旗帜，就只能与共产党维持合作来保持统治权力，舍此别无它途。国共合作继续下去，终于实现了打败日本帝国主义。第二，在敌后的中国广大土地上把民主革命的要求延续下来了。从政权性质上看，抗日根据地社会具有民主革命所要求的深刻内容。它与蒋政权统治区形成鲜明对照，地平线上正在出现一个与旧中国不同的新中国的雏形。

共产党在上述两个方面的地位、作用，与国民党是不同的。它们"道不同，不相为谋"。这是历史事实。

皖南事变过后不久，担任过蒋介石政治顾问的欧文·拉铁摩尔在一篇题为《四年之后》的文章中说：在中国，如果得到外国政府的援助和支持，右派政府就能够得以生存，如果敌国的力量大于外国援助的话，政府不与革命合作，就会寸步难行。不然，政府也许将在革命中被抛弃。"对中国人民来说，这四年的历史既是争取民族解放的历史，又是国内革命的历史"。抗日战争是"争取民族独立和国内民主革命相结合的战争"①。拉铁摩尔的评论是客观的。抗战四年如此，全部八年也如此。争取民族解放斗争的胜利，是国民党、共产党和全国人民共同取得的；保住统一战线的基础国共合作，推动民主革命进程，是共产党领导人民群众取得的。国民党、共产党在抗日战争中的地位、作用，有何相同与不同，大致说，就是如此。

三　抗日战争是中国近代历史的一个根本转折

中国近代历史上有两个基本问题：第一，民族不独立；第二，社会未能工业化、近代化。前者是外国侵略造成的，后者是封建统治造成的。它们一起把中国拖进了濒临灭亡的境地。抗日战争是中国近代历史的一个根本转折。这个根本转折，一是近百年间中国抵抗外国侵略的战争无不遭受失败，抗日战争第一次取得了反侵略战争的全面的胜利；二是八年抗战决定性地改变了中国内部政治力量的对比。抗日战争中，军事上与国内政治关系上同时并存着两个过程，两种演变。一个过程、一种演变是日本的力量由强变弱，由军事胜利推进到最后彻底失败；又一个过程、一种

① 欧文·拉铁摩尔：《四年之后》，载《太平洋事务》第14卷第2期。

演变是国内两大政治势力共产党与国民党的力量朝相反方向行走，人民力量迅速壮大起来。这两个过程、两种演变紧密相连。前一个演变关系中国亡国不亡国、民族能否独立的问题，后一个演变关系今后将是新中国还是旧中国、能否打开走向近代化前途的问题。谁在抗日战争最出力，谁就在抗战以后更有力量，更有发言权，或者左右战后的中国。

日本是东方工业军事强国，军事上由胜利推进变为彻底失败了，国民党的力量原来大于共产党，它们向相反方向行走了，是何种事物推动这种演变的？

日本的失败是军国主义统治势力坚持走变中国为殖民地的路线造成的。军国主义者认定了近代中国的分裂、软弱，而不愿正视当前中国的民族觉醒。卢沟桥事变发生后日本政论界的有识之士如尾崎秀实等反复指出："整个支那问题的解决，不仅是对付支那统一政权的国民政府，而是与整个支那民族为敌。""国民政府所拥有的武力，恐怕并不是多么了不起的问题，而与支那民族阵线的全面抗日战争相冲突，才是更为严重的问题。""四亿民众的觉醒与复兴的命运，并不是日本一国的势力所能长期压服的。""现在日本帝国真正面临着兴亡歧路的选择"。日本统治者根本不敢承认这个现实，但动员全国人力物力打了一年多，中国抗战阵营屹立未动。武汉会战一结束，日本就全面调整其"解决中国事变"的政策，由军事进攻为主，改为"谋略"即诱降为主。停止正面战场非必须的进攻；兵力部署重点转向敌后战场。这说明日本从那时起，已经陷入了严重困境，迫切要求找到某种出路。根本原因，就是它现在所面对的不单是一个政权，而是觉醒起来了的中国全民族。征服中国全民族使它由侵略者摆布，绝对不是日本军国主义力所能及的。往后日本时而策划北进，时而策划南进，中心都在要为"解决中国事变"创造条件。中国是日本志在必得的，太平洋并非日本志在必得的。没有寻找"中国事变"出路问题，就没有南进与太平洋战争。所以日本的失败，最根本的一条，是它与中国全民族为敌、阻止中国民族复兴，是它在这个严重问题上把自己摆到了"兴亡歧路"上而不能自拔的。

国民党与共产党两大政治势力朝相反方向演变，是它们站在不同阶级利益立场上产生的对待抗战的不同态度、与人民群众的不同关系所造成的。国民党前期抗日积极，对人民控制有所放松，其力量也就上升；后来消极抗日，与人民关系恶化，力量也就下降。越往后，恶化情况越突出。豫湘桂战役大批军队一触即溃，八个月时间里丢掉居住着 6000 万人口的 20 万平方公里国土。混乱中，河南民团把正规军的一个师缴械，说："不抗日的军队要它干什么！"国民党与人民的关系由此可想而知。共产党坚持抗战，坚持人民利益。共产党能够领导敌后抗日根据地，并不断发展，就是由于它扎根在人民群众中，是与人民一体的。关于这方面的具体情形，仍可以看看前面引述过的三笠宫的记载。他在回答何以"中共猖獗"问题时，列举调查材料说："共军对民众的军纪也极其严明，绝非日本军队所能企及。在日本军占领地区以及所谓的'治安地区'内，农民眼看着杂粮成熟了也不去收割，只采集些草籽、树籽等。若问这是什么原因，因为杂粮收割回来终归要被抢掠一空，结果自己的食物仍然是草籽、树籽，所以首先采集这些东西。可以说这样的事情在共产党地区是见不到的。"日本军民之间待遇悬殊，与"中共或采集草籽、树籽等充饥的中国农民相比，其差别之大，就更不啻天壤了。在这种情况下，中共若不猖獗，那将成为世界七大奇迹中的第一大奇迹了吧！在我看来，这样的日本军队，是无法与中共对阵的"。这个叙述和形象结语，把共产党力量为何兴起说对了，说到家了。与大后方区域日见缩小相反，敌后收复区渐增至一亿人口，100 万军队，200 万民兵，根据就在于此。

日本力量由强变弱，由军事胜利变为失败，国民党与共产党的力量朝相反方向行走，人民力量壮大，这两个过程，两种演变，最后集中到一点，就是抗日战争胜利准备了新中国与旧中国的决战。抗日战争结束以后，人民解放战争很快取得胜利，中华人民共和国随之诞生。不久，中国并踏上了社会主义发展前进的道路，归根到底就是由抗日这个历史的转折，这个力量准备所造成的。新中国代替旧中国，第一，中华民族巍然独立了；第二，国家近代化的前途畅通了。中国于是开始了自己的复兴。用一句话来说，中国复兴枢纽——这就是抗日战争的八年，这就是抗日战争胜利的伟大历史意义。

四　竖起中华民族的脊梁

中国抗战八年，前面四年半是单独对日作战的。那时苏美两大国都没有卷入到战争里面。苏联同情中国，但担心日本北进，苏德战前，苏联与日本订有为期五年的苏日中立条约，苏联在中日间保持中立。英美与日本有矛盾，也有与日本妥协牺牲中国的举动。1940年英国按照日本要求，一度封闭滇缅路，截断中国从外面输入物资的通道。1941年美日谈判中，美国最后同意了日本压迫中国投降的“共同防共”、承认“满洲国”的要求。美总统、国务卿共同讨论过的文件上写着：“美日互相合作，抵制中国境内的共产主义运动的进一步发展”；“满洲的独立问题将经过友好的谈判解决”。中国这四年半不仅是单独对日作战，而且是在险恶的国际环境下单独抗战的。

苏德战争、太平洋战争爆发，中国与英美结成了世界反法西斯同盟。中国由此不再单独对日作战，而是与同盟国一起对日作战了。中国抗日战争胜利的结局，于是就变成了在同盟国支持、协同下，共同对日胜利的结局。但这丝毫也没有改变中国是依靠自己的力量取得胜利的。中国抗击的日本兵力最多。太平洋战争爆发后，日本陆军主力仍分布在中国战场上。中国摧毁的日军有生力量最大。日军历年伤病战死在中国战场上的，超过太平洋战争死亡人数的两倍以上。中国先从苏联、后从美国得到共八亿美元的物资援助，中国同样支援了苏联、美国。太平洋战争前，日陆军首脑杉山元说，日本"在中国使用了很大的兵力，北进实际上办不到"。1942 年罗斯福说，"假如没有中国，你想一想有多少师团的日本兵可以因此调到其他方面来作战？他们可以毫不费力地把这些地方打下来，他们并且可以一直冲向中东……"中国为战胜日本法西斯伤亡 3500 余万人，付出了最高昂的代价。这些事实归结到一起，中国抗日战争，（一）太平洋战争以前是第二次世界大战中东方反法西斯的惟一战场；（二）太平洋战争以后是东方反法西斯的主战场；（三）中国是靠自己的力量作战到底，取得胜利的。其中前四年半单独对日抗战的特殊重要性，尤其应当引起重视。

中国抗日胜利与世界反法西斯战争获胜的关系，是同盟国对敌人共同获胜的关系。这是第二次世界大战国际形势演变的总格局、大框架规定的。它并非中国取胜的特点，而是世界反法西斯各国取胜的共同点。苏联红军是打败希特勒德国的决定性力量，仍需要有英美开辟第二战场；美国是太平洋打败日本的决定性力量，仍需要有苏联出兵中国东北。谁也不能因此认为苏联、美国并非单独取胜的，其决定性的地位就降低了。中国抗日战争的胜利同样如此。第一次世界大战实际是欧洲战争，第二次世界大战是真正的世界大战。把抗日战争摆到世界大战里去认识，会发现它多方面的意义。

抗日战争表现的民族精神是什么？要了解这个问题只需看看若干最有代表性的言论就会明白，不用旁征远引。头一个方面，是民族自尊，民族自信，在强敌面前竖起脊梁的精神。1938年3月，毛泽东在延安追悼抗敌阵亡将士的大会上说，八个月来，几百万军队与无数人民都加入了火线。其中几十万人在执行他们的神圣任务中光荣地、壮烈地牺牲。"中华民族决不是一群绵羊，而是富于民族自尊心与人类正义心的伟大的民族。为了民族自尊与人类正义，为了中国人一定要生活在自己的土地上，决不让日本法西斯不付出重大代价达到其无法无天的目的"。同年7月，武汉举行群众大会纪念抗战一周年，国民参政会最年长的参政员、老翰林张一麟致词说："七·七"是最光荣的一天，比起双十节来更加光荣。希望大家加强团结，抗战到底，"永远竖起一条脊梁"。1944年4月16日重庆《大公报》社评说，"美国就流传着我们的'起来！起来！'义勇军进行曲。据美国著名音乐家说，这次大战以来，世界歌曲尚无好过此歌的"。这当然不单是指歌曲的艺术，更重要的是指人民面对凶暴侵略者的大无畏气概。

又一个方面，是要求实现独立、民主、现代化的新中国与追求未来理想社会的精神。抗日战争第二周年，朱自清在《这一天》的文章中说，"这一天是我们新中国诞生的日子"。"我们惊奇我们也能和东亚的强敌抗战，我们也能迅速的现代化，迎头赶上去。世界也刮目相看，东亚病夫居然奋起了，睡狮果然醒了。从前只是一块沃土，一大盘散沙的死中国，现在是有血有肉的活中国了。从前中国在若有若无之间，现在确乎是有了"。"我们不但有光荣的古代，而且有光荣的现代；不但有光荣的现代，而且有光荣的将来无穷的世代。新中国在血火中成长了"。文中说的"新中国"无疑是广大知识分子、广大群众共同追求的独立、民主、现代化的新中国。但是它何以不但"有光荣的现代"而且"有光荣的将来无穷的世代"，这在大多数人不过是朦胧的向往。中国共产党这时提出中国革命要分两步走：第一步，新民主主义；第二步，社会主义。在当时，社会主义是未来的理想社会，大多数人追求实现独立、民主、现代化的中国，一部分先进分子追求先实现民主主义，然后再走向社会主义，他们走在一条路上，齐心协力。

　　总之，面对强敌，永远竖起一条脊梁，不怕牺牲，为全民族的光荣和后世的光荣理想而奋斗，这就是抗日战争所表现的伟大民族精神。

　　从思想认识和民族情感来说，抗日战争所表现的民族精神，来自中国悠久文化、爱国精神传统的熏陶、铸造；也来自新的阶级、新的党、新的人、新的思想的赋予。这个新的思想、新的人就是马克思主义，就是觉悟了的广大群众。战场上人山人海的运动是有形的洪流，民族精神、群众觉悟是无形的洪流。抗日战争战场上的有形洪流停止了，那种精神上的无形洪流将像源泉浑浑，在中华民族的血管里川流不息。

　　50年前民族的胜利，人民的胜利，重铸乾坤，光照千秋。现在，中国人民正在建设有自己特色的社会主义现代化的道路上拚搏奋进。增进对抗日战争所体现的中华民族的凝聚力、爱国精神传统的认识，增进对中国人民的强大力量、顶天立地气概的认识，也必将增进人们对现代化历程胜利前途和应当如何有所作为的认识。抗日战争胜利是中华民族的光荣，是中国人民的光荣。历史总会这样那样作用于现实，无论现在、将来，我们有充分理由珍惜这个光荣，发挥这个光荣。

抗日战争的几个问题[*]

一 民族运动的潮流不可阻挡

甲午战争中出现过一本书，叫做《普天忠愤录》。意思是全中国人愤怒反对日本的侵略，一致要求抵抗。它虽然反映了一些爱国知识分子的情绪，那时没有、也不可能形成群众性的抗日潮流。"九·一八"发生，一个历史潮流真正出现了。这就是全国兴起，统治者愈镇压愈高涨的抗日救亡运动。

抗日救亡运动是一个民族运动。从参加的阶级阶层和人群的广泛，"一二·八"抗战、福建人民政府、长城抗战、绥远抗战、冯玉祥抗日同盟军的彼落此起，东北人民抗战的坚持，全国除国民党党报军报以外政治观点不同的多家大报的救亡言论，都反映出了救亡运动的全民性，指出了历史潮流的所向。中国共产党在"九·一八"发生后马上发出抗日救亡号召。它的声音被封锁，但在国民党统治区仍受到了高声赞扬。《大公报》发表文章，反对视

　＊　在纪念抗日战争胜利 50 周年学术讨论会开幕式上的报告，原载《光明日报》1995 年 9 月 11 日。

共产党为"匪"，反对剿共，说共产党有严密组织，有共同信仰，有实行政纲，又有国际背景，怎么叫做"匪"？"中国五千年不闻共产党，而亡国数度，是足知剿共纵奏凯歌，亦未必免于亡"。担任过南京中央研究院总干事的著名学者、社会活动家丁文江公开发表题目为《假如我是蒋介石》的文章，提出立即与共产党休战，惟一条件是在抗战期间彼此互不攻击。《大公报》、丁文江等的言论，确切表明了救亡民族运动的深度和广度。共产党的功劳，不在于"创造"了民族运动，而在于站在运动之中积极斗争，提出建立抗日民族统一战线，并促其实现了。

与抗日救亡潮流相对抗，蒋介石坚持"攘外必先安内"，不许军队要求抗日，更不许人民活动抗日。他杀气腾腾，下令部队"再有贪生怕死，侈言抗日，不知廉耻者，立斩无赦"。著名政论家、中国最早的近代报纸《申报》主笔史量才著文提出"安内必先攘外"，鼓吹反日舆论，被国民党特务暗杀。上层资产阶级知识分子中胡适、蒋廷黻主持的《独立评论》和他们自己的言论，也逆潮流而行，站在抗日救亡运动的反面。他们坚持主张与日本妥协，极力宣传"妥协有理"论。1933年日军占领热河，胡适发表文章，鼓吹中国应该作1914年的比利时，或作1871年的法国，准备等候4年或48年以后再从德国、普鲁士收回失地，文章标题就叫《我们可以等候五十年》。"塘沽协定"丧权辱国，《独立评论》发表文章说，"其实屈服不一定是失策，能屈能伸却是大丈夫的本色"。他们无中生有，批评蒋政权与日本妥协得太晚了，说战事早在辽宁就应该妥协，至少也应该在锦州、在长城一线就妥协。他们毫无理性地指责反对妥协的人对东北四省的丧失"至少要负一半的责任"。天津《益世报》上指出《独立评论》的观点不过是40年前李鸿章对外投降主义的老调重弹。蒋廷黻愤愤然反驳说："如果中国近代史能够给我们一点教训的话，其最大的就是，在中国没有现代化到相当程度以前，与外人妥协固吃亏，与外人战争更加吃亏……李鸿章的大失败——甲午战争——正是由于他的不妥协。"他们把自己的"真切认识"最后归结为一句话："必须先保存这个国家，别的等到将来再说。""这个国家"当然就是蒋介石国民党政权。胡适、蒋廷黻是名气很大的教授、"权威学者"，受西方一些人看重。他们的"妥协有理"论，起着蒋介石"先安内，后攘外"论所不能起的作用。

抗日救亡民族运动潮流与蒋政权斗争的焦点是：面对外国侵略压迫，坚持抵抗还是妥协投降？历来统治阶级为了保住自己的利益，最后总是妥协投降。中国近百年就是这样衰败下来的。"九·一八"以后日本更加紧分割华北，中国是奋起抵抗，挽救危亡，获得复兴，还是继续妥协后退，陷于亡国灭种，到了最后的决定时刻。西安事变发生，蒋介石被迫转变，准备抗日。胡适一派人后来也转到赞成抗日的立场上来。这证明以抗日救亡为内容的民族独立运动是不可阻挡的。抗日救亡运动筑起了民族精神上的血肉长城，准备了与强敌抗战到底。抗日战争洗刷了甲午战争以来的民族耻辱，也开辟了改变中国上百年衰败历史、走向民族复兴的可能性。历史在这里昭示了一条基本道理：有侵略者存在，我们的事业要前进，就必须坚持民族独立精神，敢于与侵略者作斗争。后退必然屈辱失败；反之，前面就可以有新局。如果救亡运动中，中国民族运动的力量、民族独立精神的强大还没有受到最严峻的考验，那么，八年抗战的考验应该算数了。物理学上有一个作用与反作用的原理，作用力多大，反作用力也就多大。凡不了解中国民族运动、民族独立精神的人，应该了解那个物理学原理。

二　日本军国主义的失败从卢沟桥开始

日本从卢沟桥打响全面侵入中国的战争，最后签订降书则在太平洋美国军舰上。怎么看待它的失败，常常发生争论。日本不少人认为，日本被美国打败了，并没有败给中国。日本政界一些人极力否认日本侵略中国，制造混乱，也是钻这个空子。日本是怎么失败的，败在谁手下，这里确实有要回答的问题，那就是中国抗日战争与太平洋战争究竟是什么关系。

从主要方面来说，太平洋战争是中日战争的延长和扩大。先有中国抗日战争，然后才有太平洋战争。日本在这两个战场上的战争，都是一个目的：最后变中国为日本独占的殖民地。

中国的持久抗战在这里有特殊重要意义。中国八年抗战，前面四年半是单独对日作战的。它证明中国可以靠自己的力量顶住近百万近代化装备的日军野蛮进攻，并继续坚持下去。就在这个时间里，号称"欧洲最大陆军强国"的法国，在希特勒闪击下，仅仅六个星期就失败投降了。两相对照，可以看出我们的民族有多么大的潜力。日本一贯奉行普鲁士速决战的军事学说。甲午战争、日俄战争都是靠速决战取胜的。抗战开始，日本军部打算一个月或两个月、顶多三个月打败中国。战争进行一年多以后，日军攻下了武汉、广州，但已经陷入中国持久战的泥潭里，拔不出来了。武汉会战一结束，日本的战略方针大改变即由此而来。日本当权势力中有北进、南进两种主张，着眼点都在如何最后征服中国，争论未决。打一场太平洋战争不但美国没有料想到，日本当初也没有真正料想到。美国战略重点在大西洋，极力避免在东方卷入战争。1940年冬罗斯福第三次竞选总统，中心口号是和平。他反复强调"你们的孩子们不会被送去参加任何外国的战争"。日本陆军主力深陷在中国战场上，北进已无可能，于是就只剩下了南进一条路。日本、美国都没有料想到或没有打算真正实现的事终于发生了，这里只有一个力量是决定性的，这个力量就是中国前四年半的独力持久抗战。中国的持久抗战迫使日本在战争中走上一条看不到尽头的路，最终改变了亚洲和太平洋的全局。

日本发动太平洋战争，中心课题就是一个："解决中日事变"，即把美国势力赶出中国和亚洲，来迅速结束中日战争。美国、日本在亚洲各有利益，这些利益的中心在中国。抗战爆发不久，美国亚洲舰队司令就指出，中国的命运事关亚洲未来，美国如果允许日本征服中国，那就等于放弃亚洲大陆，放弃对太平洋的控制权。中国是美国在亚洲的防御堡垒，利害关系重大。美国为了牢固立足中国，一直坚持门户开放，机会均等。1938 年，日本第二次近卫内阁声明建立"东亚新秩序"，要求各国"正确认识帝国的意图，适应远东新的形势"，即承认日本独占东亚。这正与美国的机会均等针锋相对。日本报纸更露骨宣传，"东亚新秩序"就是"东方门罗主义"。列强希望恢复事变前的权益，纯属幻想，门户开放、机会均等的原则必须修改。列强面前摆着的不再是中国问题，而是"谁将是西太平洋的主人"的问题。日本驻意大利大使说得更明白：日本现在的根本任务是建立"新中国"，"所谓新中国者，实质上亦即第二满洲国"。也就是说，列强应该承认中国是日本的殖民地。1941 年 2 月起，美国、日本为寻求妥协进行谈判，单在华盛顿一地就举行了 110 余次。美国为保存自己的某些利益，准备牺牲中国。它同意所谓"劝告"蒋政权与汪政权合并，承认"满洲国"，并参与"共同防共"。如果这个协定成立，重庆对日投降，汪蒋合流，日本"解决中国事变"的希望，在它看来也就实现了。但日本军国主义的胃口太大，要求美国毫不含糊地承认日本在中国多处驻兵，说"驻兵问题为陆军之生命，绝对不能让步"。美国接受这一条，等于从中国、也从太平洋卷起铺盖，溜回老家去。日本于是用武力来实现其独占中国、独霸东亚的计划。这就是太平洋战争。

据此，我们可以看出，中国的抗日战争与太平洋战争的关系是：（一）它们是由两条线组合在一起的。一条线是从卢沟桥到太平洋，后者是前者的延长和扩大，都是日本为了把中国变为殖民地进行的战争；再一条线是日本与美国争夺以中国为中心的亚洲利益的战争。两条线不同，国际反法西斯统一战线把抗日战争与太平洋战争连结为一条战线，一个阵营了。（二）日本的失败，是败给反法西斯同盟国的，是同时败给中国、美国的，但追根溯源，是败给中国的，是中国民族的觉醒，人民力量的壮大，坚持持久抗战使它走上了全盘输却，彻底失败道路的。这就是为什么说日本的失败是从卢沟桥开始的。讨论这个问题的意义，不在于与谁比高低，争论日本到底败给谁的一类概念。认识日本是怎么失败的，也就是认识中国抗战是怎么胜利的，认识我们的民族，认识我们的人民自己。

三 两个战场是决定抗日战争的面貌和结局的关键

抗日战争是中国近代历史的转折点，这已经为越来越多的人所承认。转折的内容，一是近代中国抵抗外国的侵略无不遭受失败，抗日战争第一次取得了反侵略战争的全面胜利；二是八年抗战决定性地改变了中国内部政治势力的对比。抗日战争中，军事上与国内政治关系上同时并存着两个过程、两种演变。一个过程、一种演变是日本由军事胜利推进到最后遭到失败；又一个过程、一种演变是国内两大政治势力中国民党力量下降，共产党力量上升。两种演变实现的过程，也就是中国近代历史转折实现的过程。

那么，两个过程、两种演变的实现，最初是从哪里开始，最后又从哪里完成的呢？

抗日战争是中国和整个东方世界从未有过的大规模战争。一切战争的过程和结局，无例外地最后取决于战场上的运动和结局。离开了战场上的较量和角胜，就谈不上战争。谁也不会以为这需要列举事实或搬出军事经典来加以证明。抗日战争也是如此。抗日战争的特异之处是蒋介石政权控制的正面战场与共产党领导的敌后解放区战场两个战场并存。它们互相依托组合起来与敌人角胜，同时，彼此间又存在着激烈的矛盾斗争。中日间军事形势的演变，国共间力量对比的演变，其最后的根据就在两个战场的运动变化，在于两个战场的实力比赛上。

从两个战场看日本的军事推进到失败：

武汉会战结束以前，是两战场存在的早期。日军这时在正面战场上节节推进。在那以后，敌后战场迅速展开，日军从此在正面战场采取守势，把部分兵力转入敌后战场，并从国内再次向中国增兵。武汉会战以后，国民党军队的主力依然保持完整，正面战场这时主要是招架敌人来攻，但招架也吸引敌人的兵力，而且也有个别打得不错的反攻战役。这使日军仍必须用相当兵力对付正面战场。敌后战场上共产党领导的武装不断壮大，天天都在跟敌人打，而且还有百团大战那样相当于二十几个陆军师规模的战役。这使日军不能不用更大兵力对付敌后战场。武汉会战时，关内日军共有23个师，占其全部兵力三分之二。日本投降时，日军在华兵力共36个师，41个独立旅，共计128.3万人。日军这些新增的兵力，大部分是用来对付共产党领导的敌后战场的。正面战场的坚持，敌后战场的强大，它们组合在一起使日军陷入长期战争的泥潭而无法自拔。日军从胜利推进转向失败，就是从中国两个战场上开步走，并一步步走下去的。

两个战场来自国共合作，抗日民族统一战线。国共合作对于抗日战争的意义，侵略中国的日本当局甚至比不少中国人看得更准确。他们策划重大军事行动时，开头是把国共关系考虑在内，越往后越把两个战场考虑在内。日军占领上海以后对于是否夺取南京，参谋本部与首相近卫文麿意见分歧。问题是应否保留南京现政权，让它有能力压制共产党，共同防共，而不去"亲共"。裕仁天皇支持近卫，争端才得解决。日军进攻武汉之前，近卫智囊团昭和研究会提出《关于处理中国事变的根本办法》，强调"只要国民政府还盘踞在汉口，汉口就是主要以西北各省为其势力范围的共产军和主要控制着西南各省的国民党军之间的结合点，和两党合作的楔子"。"所以，首先为了摧毁抗日战争的最大因素——国共合作势力，攻下汉口是绝对必要的，因为占领了汉口，才能切断国共统治地区的联系，并可能产生两党的分裂。"武汉沦陷以后，日方对国共关系重新作出估量。日华中派遣军司令官畑俊六在《关于武汉、广州两战役善后处理的形势判断》中说："自中日开战以来，虽给中国军队多次打击，但遗憾的是，中国还有相当大的兵力，其主力军仍存在。国共统一战线暂时还不会破裂"。中国会继续抗战。畑俊六说的中国会继续抗战，当然包括已经展开了的敌后战场。日本正是从这时起开始往敌后战场增兵的。皖南事变发生，日首相东条英机分析国共关系，他说："蒋政权内部打架固然不能抗战，但日本决不依赖国共纠纷，而是依靠自己力量解决中国事件。""华北是日本的根据地，蒋介石要驱逐华中共产军去华北，破坏日本利益。"这等于说破坏日本利益的只有共产党领导的敌后战场，蒋军对日本并不构成威胁。日军要把极大兵力投在华北敌后战场，原因就在这里。1945年日本失败已成定局，其统治集团急于与中国谋和。4月下旬军部起草的《形势判断》指出重庆很可能在美国支持下发动反攻，"尤其延安方面，对我占领地区的活动将日益激化"，要"加强实行对重庆政治工作和对延安的谋略工作"。这里的"我占领地区"也就是敌后战场周围地区。此后不久，大本营与政府联络会议制订的《对中国作战宣传纲要》又规定："对中共本部暂称延安政权。……对反共、剿共、灭共等名称，一般情况下也避免使用。中共的名称也尽量不用"。"作为与莫洛托夫谈判的手段，就要考虑怀柔毛泽东"。日本这一系列文件、指令，是直接表述战争进程，反映战场现实的，它们从最初的打算留下南京政府"共同防共"，到最后异想天开地把毛泽东也列在所谓"怀柔"之列。两个战场的力量迫使日军由胜利走向失败，这是太清楚不过了。

从两个战场看国民党与共产党的力量朝相反方向演变：

抗战前期，蒋介石、国民党主导的正面战场是全国战局和政局的重心。共产党开辟敌后战场，武装力量由几万人发展到十几万人，发言权也随着明显增大，抗战局面生气勃勃。战争进入相持阶段，国民党态度逆转，消极抗日，积极反共。1940至1943年三次发动武装进攻共产党，皖南事变尤其引起国内外震惊。共产党采取正确的方针进行斗争，特别是敌后战场仍在扩大，人民军队已达50万人，结果阻止了国共分裂的危险。国民党几次反共没有讨到便宜，反而落得丧失人心，政治地位下降。皖南事变不久，各民主党派在重庆成立中国民主政团同盟。它意味着在中国政治舞台上从此出现一个介于国共两党之间第三种有组织的力量。其中进步力量占优势，在反对国民党独裁专制的斗争中，成了共产党有力的同盟军。

战争进到后期，两个战场的地位发生了新的变动。1944年6月，叶剑英与中外记者参观团谈话，指出这年3月以前，敌后战场抗击日军 56 万人的 64.5％，正面战场抗击 35.5％。日伪军两项加在一起，敌后战场抗击敌人总数 134 万中的 110 余万，即 80％或六分之五。就在这时，正面战场豫湘桂战役大败，后方区域更加缩小。敌后战场则正在开展攻势作战。正面、敌后两个战场地位的变化，很快反映为政治领域的新的变化。8 月中旬，共产党开始与民主党派讨论废除国民党一党专政，建立联合政府问题。9 月间，中共代表林柏渠在国民参政会第三次会议上向国民党和全国人民提议召开党派会议，成立联合政府。蒋介石当然反对，但也言不由衷表示对林参政员的态度"甚为佩慰"。毛泽东分析这个力量对比的变化说，过去我们估计不足，总是以为国共之间，蒋介石强大，天下是他的，没有看到重心正在逐渐移到我们这一边来。"现在谁都看得见，中国有了两个平等的东西，不再是一大一小了"。他又说，对蒋介石、国民党我们还是要的，而且非要不可。为什么？"日本人还在面前，这是基本原因"。意思是要坚持抗日民族统一战线。政治力量的重心是从什么地方逐渐移到共产党这一边来的？当然是从两个战场地位的变动移过来的。从此要求废除国民党一党专政，建立联合政府的斗争一直继续到抗日战争结束。两个战场的演变，最后决定着国民党力量下降，共产党力量上升的演变，这个事实同样是再清楚不过了。

归纳以上叙述，可以得出这样的认识：（一）两个战场的存在和运动、变化，是决定抗日战争面貌和结局的关键。日军由胜利推进转向失败，国民党与共产党的力量朝相反方向行走，这两个过程、两种演变的实现，是从两个战场上开始和完成的。（二）两个战场的地位和作用，客观地表现了国民党与共产党在抗日战争的地位和作用。看轻国民党的作用不行，看轻共产党的作用更不行。共产党倡导、坚持抗日民族统一战线，加上创造、主持顶半边天的敌后战场，这就是为什么应该说共产党和它领导的人民力量是抗日战争的中流砥柱。

四 马克思主义广泛传播从思想理论上
准备了旧中国走向新中国

抗日战争历史里面，马克思主义传播有重要地位。马克思主义在中国传播和研究，开始于五四运动，形成规模和广泛深入的影响则在抗日战争时期。举其大要是：

（一）摆脱教条主义束缚，真正应用马克思主义的科学思想来观察中国社会、历史，指导革命斗争实践。毛泽东说，要用马克思主义之矢射中国革命实践之的。"的"，广泛地说，也就是中国国情。毛泽东在这方面做的工作最多，但这并不容易，要顶住国际国内的各种干扰。中国共产党在抗日战争中取得的重大前进，从根本上说是克服教条主义，使马克思主义与中国抗日战争实践相结合所取得的前进。

（二）在学术文化领域宣传历史唯物主义，阐发促进民族解放的思想理论，抵制、批判妨害民族解放的思想理论。抗战时期的思想文化领域与整个抗日战争相联系，一有中国与日本帝国主义的民族矛盾，二有人民大众与国内大地主大资产阶级的阶级矛盾。国民党统治区出现和有影响的文化复古主义、战国策派的宣传、唯生论与力行哲学以及其他牌号的唯心论哲学等的著书立说，就是反映了抗日战争时期的复杂矛盾。马克思主义研究者参加讨论批判，提供系统著作，使文化思想领域里唯心主义阵地缩小了，唯物主义阵地增强了。

（三）新民主主义理论的创建，毛泽东发表《新民主主义论》。新民主主义理论的中心是中国革命必须分两步走，无产阶级领导的新民主主义革命，其前途是走向社会主义。20 世纪，中国有两个人物先后提出了关于中国革命的理论，一是孙中山，一是毛泽东。孙中山的三民主义代表了20世纪前期先进的中国人对自己环境条件与应当如何前进的认识和主张。《新民主主义论》则代表了孙中山以后的先进的中国人对自己的条件环境认识和应当如何前进的主张。它们都是中国人的伟大创造。后者是马克思主义与中国革命实践相结合的经典著作，是前者的继承与发展，与今天的生活联系在一起。

（四）抗日战争时期马克思主义著作的广泛传播，使知识分子，首先是广大青年知识分子发现了一个新天地，来追求认识、掌握马克思主义这门科学，并投身到实际的民族解放斗争行动中去。他们接受马克思主义理论，建立起革命的人生观、世界观，为民族解放事业献身，为后来的社会主义事业献身。马克思主义的一个观点在这里得了印证：理论一旦掌握群众，就会变成物质的力量。

抗日战争是中国历史上伟大变化的时代，马克思主义的传播与研究，是这个时代意识形态领域所发生的最深刻的变化。它对当时和后来的意义都不可以低估。毛泽东说，共产党的领导干部，如果有一百个至二百个系统地学会了马克思主义，就会加速我们战胜日本帝国主义的工作。对于往后，它的重要性同样明显。抗日战争中人民力量兴起强大，在实际力量上为新中国代替旧中国作了准备，这时马克思主义的进一步传播，马克思主义完成中国化，则在思想理论上为新中国代替旧中国作了准备。

理论与事实

——《中国复兴枢纽》引言*

《中国复兴枢纽——抗日战争的八年》这个书名已经指出要叙述的内容,在进入正文以前有几点先说明一下。

一、抗日战争的性质。中国前人说,"恃德者昌,恃力者亡";又说"得道多助,失道寡助"。这两句话很可以用来说明中国抗日战争的性质,以及中国所以胜利,日本所以失败的道义原因。所谓"恃德恃力","得道失道",用现在的话来说,就是正义的与非正义的,抵抗侵略的与施加侵略的。八年抗日战争,中国属于前面的一方,日本属于后面的一方。这个性质,不仅仅是用种种文字、图像记录下来的,也是用中国人流成河的血记录下来的;这个性质不仅仅记载在中日双方的文件、图像中,也记载在开罗宣言、波茨坦公告和至今世界所普遍承认的联合国宪章中,记载在遵循联合国大会批准的国际法原则的东京国际法庭材料中。"侵略"那个词可以改成别的什么,以至完全相反,侵略的历史事实却是永世也无法改变的。叙述抗日民族解放战争的历史,开头还要特别说明这个问题,人们难免感到奇怪。日本政界偏偏一直有

---

* 原载刘大年、白介夫主编《中国复兴枢纽》,北京出版社1997年6月版。

人坚持，日本不是对中国和亚洲侵略，而是反对英美对亚洲的侵略。他们如此热衷于重复军国主义宣传，自我揭露，毫不掩饰，实在难得之至。这里不用去浪费笔墨，只需点醒一下就是了。

二、抗日战争始于何时。中国全面抗战以前的1931年，日本发动"九·一八"事变，占领中国东北，炮制伪"满洲国"，实施殖民统治。蒋介石命令对日军的进犯"绝对不抵抗"，国民党政权退出东北。三省人民群众在中国共产党领导下奋起武装抗日，屡蹶屡起，英勇坚持，可歌可泣，一直发展到相当规模的东北抗日联军。日本占领东北以后，又分割内蒙古，更谋使"华北自治"，向中国步步紧逼。蒋介石坚持"攘外必先安内"，解散长城内外抗日武装，与日本订立丧权辱国的秦土协定、何梅协定，镇压人民救亡运动，最后激发成西安事变，"逼蒋抗日"。从"七·七"往前看，抗日战争既是"九·一八"以后日本侵略中国的继续，又是自那时起，中国抗日民族解放斗争的继续。所以，把抗日战争从"九·一八"算起，叫做14年战争，或者叙述八年抗战，先从"九·一八"讲起，都有道理。

但是就中国内部阶级关系、政治阵线的全局看，"七·七"以前以后是两个不同的历史阶段。以前国民党、共产党处在内战对峙中，"九·一八"没有改变那种对峙；以后国内阶级矛盾让位于民族矛盾，两党转变为合作抗日。这个转变是一个关键，标志着中华民族空前觉醒了。全民族对日抗战是这时实现的。中华民族固有的本色，它的巨大凝聚力是在这个时候最充分地显示出来的。"九·一八"使全中国人面临当亡国奴的命运是这时根本扭转的。国民党当权人物是在这时具有革命性的一面，应当恰当评价的。说来说去，就是要看清"七·七"以前和以后，中日民族矛盾与国内阶级矛盾是有实质性变化，中国革命斗争、历史发展是有不同历史阶段区别，不应混而为一的。就像黄河长江都有自己的源头一样，每个历史阶段都有它的前身。河流同河源相连，但不能相等。历史的不同阶段也是这样。历史不能割断，又不可以把部分相同的内容当做全体相同去看待，必须从事物的全体规定性认识事物的本质。基于诸如此类，本书不从"九·一八"写起，直接从"七·七"写起，希望让读者开门见山，进入这个火热的时代之中。

三、两个战场。抗日战争是全民族的政治、军事、经济文化的总体战，这谁都知道。总体战，一般是一切民族战争的共同点，并不成其为抗日战争独有的或基本的特点。抗日战争的基本特点，一是民族战争，二是人民战争。把这个基本特点集中表现出来的，是战争从开始到结束并存着两个战场，即一个正面战场，一个敌后战场。正面战场由蒋介石、国民党的军队控制着；敌后战场由共产党领导的军队控制着。两个战场又统一，又相区别。它们都是抵抗日本侵略的民族战争，这是统一的；人民战争则实现在敌后战场上，这是相区别的。两个战场的统一与区别，是二者在民族矛盾与阶级矛盾上的统一与区别。民族矛盾占主导地位，阶级矛盾没有消除，而且极大地关系着抗日战争的前途。

两个战场并存及其运动演变的意义，第一是对日作战军事上的，第二是国内政治上的。战争的头一个时期，即从"七·七"到武汉会战结束，正面战场不断扩大，遍及华北与华东、华中，敌后战场也随着在那些地区出现。国民党各派系的军队大部分进入了战争的第一线。正面战场这时是整个战局的中心和全国政局重心。蒋介石、国民党大体得人心，政治地位上升。武汉会战结束后形势一变，正面战场还有一些局部战役，但再无武汉会战那样的大战，敌后战场则迅猛展开。1940年的百团大战，兵力相当于二十几个陆军师。正面、敌后两个战场这时地位、作用逐渐相近，客观上互相依托，互相支援。1944年正面战场豫湘桂大溃败，后方区域更加缩小；敌后战场相反，展开攻势作战，解放区渐增至一亿人口。两个战场抗击、牵制的敌人，这年 3 月以前，敌后战场抗击、牵制在华日军 56 万人的 64.5%，正面战场抗击 35.5%。叶剑英向中外记者介绍敌情时，逐一列举敌后战场上的日军番号，师团长姓名，驻在地点等，说明这个数字是根据什么计算出来的。把日、伪军加在一起，敌后战场抗击敌军总数 134 万余中的 110 余万，即百分之八十，或六分之五以上。蒋介石、国民党由此人心大失，大后方民主运动兴起，一直延续到战后。

从头到尾两个战场并存，就这样：第一，军事上把抗日战争坚持下来，最终获得了胜利的结局。一切战争的过程和结局，无例外地最后取决于战场上的运动和结局。离开了战场上的较量和角胜，就谈不上战争。谁也不会认为这需要列举事实或搬弄军事经典来加以证明。抗日战争自然也是如此。抗日战争的特异之处，是两个战场并存，互相依托组合起来与敌军较量和角胜。正面、敌后两个战场，哪边抗击的敌人越增加，哪边在与敌人较量和角胜中的份量也就越增加，哪边为中国胜利提供的可能也就越增加。敌后战场抗击的敌人的比重越往后越大于正面战场的比重，这说明两个战场在与敌人较量和比赛中所占的份量、地位是不断变化的，敌后战场在决定整个战场运动和战争结局中的地位越往后越显著。有正面战场的坚持，又有敌后战场的强大存在，才有战争胜利的结局，这就是它在军事上的意义。第二，在政治上，改变了以共产党为中心的人民力量与国民党政治力量的对比，一个上升，一个下降。无疑地，战争越往后期，蒋介石国民党与共产党都在准备战后；所不同的是，蒋介石的成百万军队在敌人面前保存实力，去准备战后；共产党的军队从敌人手中收复失地，去准备战后。它们在战场上的不同行动，都直接关系着全国的政治局势。这里特别应该注意的是，两个战场并立，实际是不同性质的政权并立，不同社会秩序的矛盾对立。控制正面战场的蒋政权阶

级性质依旧，敌后战场的政权照共产党规定的"三三制"，明白地
具有人民民主政权的性质。人民战争要依靠发动人民群众，首先
是发动广大的农民群众去进行。农村秩序就必然要改变得比较适
合于农民的利益和要求，不再只适合地主的利益和要求。这是农
村很大的变动。人民民主性质的政权，新的农村秩序，给中国社
会指出了新的方向，使人感觉到了中国正在走向一个新的前景。
大部分中国人无法了解到这一点，一些外国人却看到了这一点。
例如1944年后期，美国官方在华的观察者广泛考察敌后抗日根据
地以后向他们国内的报告中就强调说："中国正处在蒋介石向共产
党交权的边缘"。"中国共产党人将在中国存在下去，中国的命运
不是蒋的，而是共产党人的"。这里没有讲敌后政权的性质怎样，
但却明确肯定了敌后抗日根据地新的社会走向。这就是敌后战场
存在的政治上的意义。把军事、政治合拢起来，对两个战场并存
及其运动，可以作出的判断是很明确的，那就是从中可以看出人
们常说的认识复杂事物要提纲挈领中的纲与领，也就是从中可以
找出历史研究者希望发现、掌握的事物客观运动的主线。抗战八
年的历史主线不在别的地方，就在两个战场及其运动上。它们，
也只有它们是决定整个抗日战争全局的事物。现在人们把抓住事
情的要点叫做牵牛鼻子。掌握抗日战争的两个战场及其运动，就
牵住全民对日总体战、牵住抗日战争一是民族战争，二是人民战
争这个牛鼻子了。

难道国际环境对抗日战争不发生影响吗？抗日战争并非孤立
进行的，不可能离开一定的国际环境条件的作用。其中太平洋战
争爆发的影响尤大。蒋介石政权这时从国际到国内得到美国的实
力支持。军队装备更新，连同屯集在后方的军队，兵力大于抗战
前期。日本忽而宣称不以蒋介石为对手，忽而又把蒋政权作为对
手，主要原因在此。然而两个战场及其演变，就发生在这个环境

条件之中，不在其外。最有影响的太平洋战争外来条件，没有改变、也没有左右这个格局。这更加突出了两个战场及其演变的全局性地位；同时也强调说明了中国抗日战争终归是靠中国人自己来取得胜利的。

历史书向来有各种编排法。适当的编排更让人容易了解事变的过程。两个战场及其演变是抗战八年历史的主线既然是可以确认的，那么按照它的演变过程来分段编排史实也就是比较可取的。两个战场的演变大体上经过了三个段落：1937—1938 年为一段，1939—1943 年为一段，1944—1945 年为一段。两个战场演变的三个段落，也就是抗日战争的前期、中期、后期三个不同的时期。本书只按照年代顺序把相关的基本事实叙述在一起，在通常书上叫做"章"的地位只标出从某年到某年，不加导语，以免分章逐段归纳，另行划线，另行分割，这是形式上的一点改变。这当然不是为了创造什么体裁，例如把编年与纪事结合起来之类，而只是要让历史的面貌和过程显得更加清楚些。现有的历史书，多半采用"编"或"章"冠以标题，来表达主导思想，合理性很明显。本书缺少"章"的标题，似乎有点不足，或者不习惯。不过现有的编排注重了内容与形式的关系。内容决定形式，形式服从内容，应该可以弥补那个不足，而成为必要。

四、文学艺术，文化思想理论。一个人的行动必有灵魂支持。抗日战争时期的文学艺术、文化思想理论所表达的民族精神，群众觉悟，就是全国几亿人前仆后继、坚持抗战的灵魂。战场上人山人海的运动是有形的洪流，民族精神、群众觉悟是无形的洪流。把它们叙述在一起，抗日战争的全貌才足以呈现出来。

文学艺术、文化传统等，范围广阔，攻习者往往有共同主题，但是很少有像抗日战争中这样与战场运动联系在一起的目标或主题。全国抗战开始，它们面对日军深入国土，河山破碎，民族倾危，人民惨遭屠戮，强调讲中国文化的悠久与高度发展，独立精神；强调讲历史上的爱国主义传统，民族自尊，民族自信；论述抗日战争是中华民族的旷世壮举，千秋伟业。历史上先进的思想家、爱国者、志士仁人，近代抵抗外国侵略的英雄人物，特别受到表彰和宣传，投降派、卖国贼遭到谴责和唾弃。呼唤民族觉醒，鼓舞抗战意志，成了它们的最大目标，共同取向。文学艺术作品的题材，集中于揭露日军凶暴，反映中国人民抵抗侵略的顽强意志，英雄气概。它们之中，许多场面令人感到惊天地泣鬼神，读起来如临其境，如闻其声。它们所写出来的东西，很多是一般历史书永远写不出的东西。要了解什么叫抗日民族解放战争，不可不了解那些作品。

文学艺术、文化思想领域的这种情况，展现了一个根本事实：民族矛盾是当前的主要矛盾。但是，与此同时，在中国传统文化、哲学、历史等问题上，又存在着一系列的争论和斗争。它们情形复杂，而对立观点又表现得极其鲜明。一种观点主张对传统文化采取分析批判态度，区别封建糟粕，民主精华，使它适合于抗战需要，反对复古主义。哲学观点上讲唯物论，批判不同牌号的唯心论、唯意志论。对于历史，主张采用阶级分析法看待统治阶级，肯定人民群众的地位和作用。这是马克思主义研究者的观点。非常清楚，它可以深入认识、发掘民族精神，启导群众觉悟，最能适合抗战的需要。另一种观点则与前者对立。这种观点强调封建文化思想体系对现实的适用性，强调统治阶级固有秩序的不可动摇性，宣传复古就是创新，前进。它们中有脱离现实的，有重视联系现实的。中国封建传统历史学里，有维护一定阶级、集团统治权力，排斥异己，压制对方的所谓"正统"论；儒家有推崇最高统治者的所谓"内圣外王"理想。它们的阶级属性显著。有的书上，用叙述中国自古迄今的历史，把蒋政权排进"正统"的位置上，有的书上，用讲程朱道学或陆王心学，讲"内圣外王"来教人承认蒋介石不只是大地主大资产阶级的而是全中国人的领袖。他们把一定阶级的思想观点，变成似乎是并无阶级属性的思想观点。倒过来说，就是要否定现实的人民政权的存在，否定"一个领袖"以外的其他领袖的存在。它们的内容不可能那么简单。从整体看，主要地不是适合抗战的利益和需要，主要地是这样那样适合统治阶级的利益和需要。中国文化思想领域的这种状况，是展现了阶级矛盾的存在和它的不可调和性，同时，也是表现了两个战场存在的影响。文学艺术作品有写大后方社会生活的，有写陕北和敌后抗日根据地社会生活的，直接反映出了两个战场的并存及其运动。总起来说，马克思主义理论是这时最锐利的思想，它与中国传统文化、现实矛盾相结合，把民族精神充分发挥出来，把群众觉悟极大提高起来，实现了文化思想领域前所未有的进步，前所未有的深刻变化。战场上人山人海运动的有形洪流停止下来，民族精神、群众觉悟的无形洪流，却沉淀在历史里，让人们不断地感到它的蠕动。

　　叙述历史要充分反映社会状况本来繁复矛盾的实质，切忌削足适履。抗战八年的文学艺术，不可能一一照年代顺序讲，只能综合概述。这很容易理解。

　　五、本书的理论与事实。历史科学是事实的科学，同时也是理论的科学。前人有所谓"史才史识"的说法，史识，当然是指对事件、事变的认识，从中提出思想理论。抗日战争史的研究者常常提到需要探讨理论体系，来推进这个领域的研究。体系是这样一种事物：它由相关的部分相互作用，相互制约组成一个矛盾统一的整体运动，如天体运动、地球生态构成、人类社会生活中经济基础与上层建筑的关系、阶级矛盾运动的关系等等。其中某一个部分实质性变动了，其他部分也就随着变动；这个部分抽掉了，另一个部分就不再原样存在。事物的外貌如何，取决于它的内部的相互关系如何。外壳的变动，来自内部相关部分的变动，而不会相反。具备这样的条件、根据与否，亦即是否成其为一个体系与否。抗日战争中两个战场的并存及其运动，具备成为一个体系的条件、根据。它把民族矛盾与阶级矛盾连结到一起，统一贯穿在抗日战争的全过程中。民族矛盾与阶级矛盾任何一方发生了实质性的改变，整个抗日战争就要发生一是民族战争，二是人民战争的改变，历史就会变成为另一个样子，就会不是如今的八年抗战了。考察敌我双方，遍搜众域，撇开两个战场及其运动这条主线，就再也找不到别的什么是把民族矛盾与阶级矛盾紧相联结在一起，构成一个统一运动贯穿于抗日战争全过程的事物。这是客观的事物，不是当初有人这样思，那样想，如何决策，算计等等主观的事物。主线所在，也就是民族矛盾与阶级矛盾，民族战争与人民战争，它们对立运动、相互关系演变的规律性所在。民族矛盾始终是在其中起决定作用的。阶级矛盾并非不尖锐，1940 年、1941 年、1943 年国共之间经历了三次大规模武装对抗，1943 年的一次没有大打起来，另外两次使用兵力各近 10 万。即使这样，两个战场仍是对外作战的。问题不在于有武装对抗，有内战，在于内战终究没有导致分裂，民族战争到底坚持下来了。这是民族矛盾决定的，表现出了中华民族极大凝聚力的特点；同时也是人民力量强大的制约作用所造成的，这是抗日战争不同于以往反侵略战争的特点。有了第一条，加上第二条，两个战场才得以保持下去。所以谈到抗日战争研究的理论体系，两个战场并存及其运动，完全有资格、有根据成为这样一个体系。所谓完全有资格，自然不是认为无需乎进一步考察了，更非认为其他思考都没有资格了。

理论必须建筑在牢固的事实基础上。理论对事实可以概括得很准确，也可以讨论。历史书贵在记载基本事实。这本书所叙述的是抗日战争的基本事实。它对读者提供的价值，可以归结为这样两点：（一）抗日战争一是民族战争，二是人民战争；抗日战争的历史是靠全民族的力量写下来的，是靠中国人民的力量写下来的。（二）八年间的基本事实力求都有记载，力求做到信而有征。如此而已，其余不足以自是。

天壤公言录[*]

一

一年以前，这部书已经出版日文本。主编者是井上清、卫藤沈吉，书名叫《日中战争与日中关系——卢沟桥事件 50 周年日中学术讨论会记录》，1988 年 9 月东京原书房发行。中文本《中日学者对谈录——卢沟桥事变 50 周年中日学术讨论会文集》的内容、编排与日文本全部一样，只是把前者的序言、跋语移作附录了。书名叫《对谈录》，是为了突出它是中日学者共同讨论的结果。学术问题，有时要夹带点咬文嚼字。"对谈"有异于时下流行的"对话"，更符合于双方共同讨论的实际情况。

关于诞生这部书的 1987 年学术讨论会，我曾写有一篇短文，予以评价，题目叫《从京都到东京——记卢沟桥事变 50 周年中日学术讨论会》，载在《中共党史研究》创刊号上。京都大学名誉教授井上清先生、亚细亚大学校长兼东京大学名誉教授卫藤沈吉先生，他们主持的京都日中学术交流恳谈会、东京日中人文社会科

---

* 《中日学者对谈录》序言。曾发表于《近代史研究》1990 年第 2 期。

学交流协会以及日本学术界的其他朋友，为主办这次讨论会，做了卓越的组织准备工作。参加讨论会的中日学者，一致认为那次讨论会开得很圆满，很成功。井上清先生在《日中战争与日中关系》跋语中，引述了我在讨论会结束后在庆应大学楼前向与会日本学者告别时说的话：

京都创始，

东京集成；

先后接力，

成此盛举。

现在我要说，那个话不止适用于讨论会本身，也适用于这部书的出版。中文本变为《对谈录》，准备工作几起几落。中国人民抗日战争纪念馆的负责同志热情支持，使之得以实现。倡议筹办和参加学术讨论会的日本朋友见到这个文本，我想也会感到欣快。

二

这部文集涉及的范围很广。有些具体问题提出来了，还应该深入研究，使现有成果得到发展。从总体看，这部书无疑是应该充分肯定的。今年 2 月，我在一个会议的发言中引述了《日中战争与日中关系》的基本论点。我说，它是一部有分量的书，强调指出了日本对中国进行的战争是日本军国主义侵略中国的战争，这个性质是谁也改变不了的。发言在《人民日报》上刊出以后[1]，引起国内外的反响，议论见诸众多新闻媒介。虽然那些议论的中心并非为了讲这本书，而我们却可以看出它与评价这部书的直接联系。

---

[1] 《人民日报》1989 年 2 月 21 日。

　　国内的反响，是一致支持反驳日本当局的无理辩解，《中国青年报》所载《访刘大年》①和《人民中国》8月号的《对谈》各有披露，不去细说。

　　国外的反响立论角度不同，但没有哪个评述是与书上的基本论点相左的。日本共同社播发记者伊藤正自北京发出的报道，标题是《〈人民日报〉在头版刊登刘的讲话。天皇的责任问题在扩大》。其中说，"中国对天皇的战争责任问题的反应是极力克制的。但对于日本国内重新兴起崇拜天皇的热潮逐步提高了警惕。可以说，刘大年的批评表明中国国内由于首相的发言而一举暴露出不信任和不满。"②时事社发出评论说："竹下首相在国会答辩说是否为侵略战争，应由后世的历史学家作出评价，对此，中国和韩国等国家提出了强烈的批评"。"原国土长官奥野在去年5月因为讲'日中战争是偶然发生的'而辞职。不难想象，这次发生问题后，首相对奥野辞职会记忆犹新"③。《读卖新闻》2月21日夕刊登载黑字大标题的消息："中国人大常委会批判首相有关战争责任问题的发言"。《朝日新闻》在报道中，根据香港发回的消息，说我在发言时手里拿着《日中战争与日中关系》这本书。法国《世界报》发表文章《北京批评竹下登的讲话》。文中说，批评是一个中国历史学家发出的，"竹下登被指责为违背了好些同意中国的说法的日本历史学家作出的结论，这种结论是：战争是以日本入侵中国为开端的。这些说法是很难反驳的"④。苏联塔斯社政治观察家阿斯科尔德·比留科夫在长篇评论里说，"轴心国发动了反对人类的侵略战争，这是一个历史事实。联合国对这个事实所作的评价已载

---

①　《中国青年报》1989年2月28日。
②　1989年2月21日共同社电讯。
③　1989年2月21日时事社《大丧礼之前，为平息事态而努力》。
④　费朗西斯·德隆：《北京批评竹下登的讲话》，《世界报》1989年2月22日。

入遵循联合国大会所批准的国际法原则的纽伦堡和东京国际法庭材料”。刘大年的发言指出，“日本国内大部分历史学者以及世界各地的历史学家，早就对那些战争（日本侵略战争）作出了一致的评价”。“日本当权人物不承认对这一历史事实的固定评价的企图使人们怀疑他们能否从过去的历史中吸取教训。他们给自己忠于和平政策的保证的诚实性投下了让人怀疑的阴影”[1]。美国纽约《中报》发表社论，批评日本当局自欺而不足以欺人。社论特地叙述："刘大年以日本新近出版的《日中战争与日中关系——卢沟桥事件50周年日中学术讨论会记录》为例，说明包括编者京都大学名誉教授井上清与东京大学名誉教授兼亚细亚大学校长卫藤沈吉在内之多位日本学者，无不以日本侵略为定论”。社论并引述了远山茂树教授在讨论会上所作的总结发言[2]。

国外舆论如此强烈而又像一个声音一样讲出来的话，与我们评价这本书有什么样的联系呢？

第一，那些言论不是学术评论，更非某种书评，但是它们讲的基本论点，也就是《中日学者对谈录》的基本论点，不带支离含糊，更没有异议相左的地方。第二，那些言论中，或者指出本书的观点，或者直接引用《日中战争与日中关系》，这是明白无误，承认本书的可信性，或者说承认它的权威性。第三，对于抗日战争这段重大历史看法如此一致，说明本书的基本论点，不是少数历史学者一家或几家之言，不是少数人的私言，乃是世界各国众人之言，是天下之公言。由此可见，国际众多舆论媒介像一个声音讲出来的话，尽管不是为了谈论这本书，却又是一致直接

---

[1] 1989年2月21日塔斯社俄文电讯。

[2] 1989年2月27日《中报》社论：《欲盖弥彰的裕仁战争罪行——再斥日本洗刷战争罪责之蠢行》。

充分肯定了这本书。这个事实是太明显不过了。天下的公言怎样才能使更多的人了解？一要有人宣讲，二要经过科学研究来宣讲。《对谈录》从科学研究来宣讲天下的公言，这正是它的价值所在。

社会科学、历史研究，常常被一些人认为缺少科学性，以至根本算不上一门科学。他们的理由是，不用说实用主义、庸俗无聊的东西了，严肃的历史著作也总要受到国别、民族限制，摆脱不了民族利己观念的纠缠。同一问题，各执一词，黑白真伪，难成定说。如果说，这种看法指出了不少历史撰述确实存在那种严重缺陷，但是因此就否定整个社会科学和历史学，显然是完全不正确的，只表现了学术上的糊涂观点或偏见。社会历史与自然现象不同，是由具有不同思想意志的人活动的产物，这并不能说明对它的研究就必然要存在非科学性。社会生活中各种现象都包含着矛盾，都需要具体分析。民族关系、民族感情就是一个包含着矛盾，特别需要分析的问题。关键在于研究者的指导思想、独立分析精神。《中日学者对谈录》给我们提供了这方面的一个样板。日本学者的论文占全书三分之二，内容从政治、军事、经济到意识形态、国际关系，作者尊重事实，独立分析，采取客观冷静态度对待民族矛盾、民族感情，使这些论文"不期然地构成了日本对中国侵略的史论体系"①。中国学者的论文，同样贯彻了客观分析，没有人可以指出其中有什么"民族狭隘性"。就因为这样，他们不约而同得出了基本的共同的结论。这对于那种以为社会科学、历史研究不科学的观点，实在是一个有力的反驳。在涉及民族关系、民族矛盾的重大历史问题上坚持科学态度，这一点，意义格外深长。

---

① 1989年，日中学术交流恳谈会《会报》，井上清：《卢沟桥事件50周年日中学术讨论会圆满成功》。

历史著作各种各样。《对谈录》不是一部讲中国抗日战争史的系统著作，但它是研究这段历史的一部名著，是一部由中日学者集体创作的名著。现在它已经受到重视，其影响今后也将要传播下去。

三

中国学术界研究抗日战争史，近年来出版了大量论著，但全面叙述那段重要历史的系统著作仍感寥寥无多。前几年我在中国人民抗日战争纪念馆举行的抗日战争学术讨论会上提过一个建议，主张集中力量写出一部比现有水平再高一些的抗日战争史的著作，同时编一部基本的资料书。著作要充分汲收中国、日本和世界各地研究这段历史的成果，在科学上具有权威性代表性；资料书则要求依据档案等原始材料，反映历史的主要过程。一部新水平的书，一部较为扼要完整的资料，可以推进科学研究工作，更可以满足现实生活中的需要。

写出一本全面的抗日战争史，是社会上不少人关心的事。今年二三月间，由于前面提到的那次讲话，我接到国内外大批热情洋溢表示赞同的来信，不少信上并提出各种建议和要求。写书便是一些来信的建议之一。一位居住巴黎、谦称"愚侨"的陈庆怡（字强先）先生的来信，详细讲述了他对抗日战争过去快半个世纪的今天人们应该做些什么的看法。关于写书，他说，"日本侵华战争性质的问题，原是不争之论。只不过日本自知罪恶深重，妄图掩耳盗铃，不肯承认而已。最好由中国邀集日本及战时遭受其侵略之害各国认识公道之历史学家，共撰一部《日本对外侵略史》，并请日本政府高明详列有关侵略之各种学说，同样邀集各国之国际法家，逐说论列，作为附录，战争半个世纪之后，足为公论。

不宜再往后世推托"①。陈先生的主张是值得重视的。题目、办法可以斟酌，而这项工作需要动手来做。尽管往后人们会多次写这样的书，而我们现在来写有现在的适当条件和必要性。"不宜再往后世推托"，这个话讲出了许多人的共同看法。

抗日战争的内容格外丰富，在中国近代历史上占有特殊重要性。我们的研究要有具体项目。而又必须从更加广阔的范围来看待这个工作，不能把眼光局限在某个具体项目上。抗日战争一周年的时候，毛泽东说，"这个战争，在东方历史上是空前的，在世界历史上也将是伟大的"。怎么空前，怎么伟大，那时只是一个概说，一种展望。50多年以后的今天，我们可以把它说得全面、实在了。第一，抗日战争是中国近代历史的一个根本转折。抗日战争的胜利准备了新中国与旧中国的决战，加速了中国走进社会主义。在那以前，每一次革命斗争、爱国运动各有功绩，却没有任何一次足以比得上抗日战争推进历史车轮的显赫功绩。第二，抗日战争是全民族的战争，它的胜利是中华民族空前觉醒下取得的。这些觉醒了的爱国力量，有今天台湾海峡两岸的中国人和他们的先辈，有海外一切关怀祖国命运的炎黄子孙。研究抗日战争的历史，就是研究他们共同斗争的历史，研究中华民族各族人民空前觉醒的、爱国主义的历史。第三，抗日战争不止在中国历史上有极大重要性，在日本历史上也有极大重要性。中日两国都在这次战争中和战后发生了极大变化。中日两个国家、两国人民都可以而且完全应该从中日战争中学到非常重要的东西。睦邻友好、共同发展前进的道路，是中日两国关系上惟一应该遵循的道路。这是那场严酷战争给予人们的根本教训。第四，抗日战争是第二次

---

① 陈氏来信上注明：John C, CHEN, 20r, de la Terrasse, 75017 Paris, France。日期是1989年3月13日。信的其他部分见1990年《近代史研究》第1期本文附注。

世界大战的重要组成部分。有了中国抗日，才有第二次世界大战和世界反法西斯在亚洲和东方的胜利。论述世界反法西斯战争，忽视以至撇开中国抗日战争，就好像闭着一只眼睛看世界，不能见其全局。这不止涉及如何看待中国在世界反法西斯战争中的地位，也涉及如何理解第二次世界大战以后全球、特别是东方发生的一系列历史巨变。抗日战争的所有这些方面，在不同程度上与当前的社会生活保持着这样那样的联系。全面深入研究它们，更多的了解这段未久的过去，对于我们将能够更好的辨认历史前进方向，正确的分析、看待现在和未来。因此，今天不是要考虑这种研究是否差不多了，而是要讨论如何真正有计划地展开这方面的工作。

确认抗日战争的性质，关系到研究讨论的每一个方面。《中日学者对谈录》从科学上解决了这个根本问题，出版中文本，对于我们要进行的具体项目和有关的广泛研究，都应该是有帮助的。一些对谈文章警醒生动，可以估计，众多的读者会同样感到饶有兴趣。

七十年与四十年[*]

　　（一）日本侵略中国的历史连续了 70 年，中国取得抗日战争的胜利到现在又过去了 40 多年。中国社会科学院近代史研究所和所外共 10 余位同志经过几年的通力合作，撰写出了这部《日本侵华七十年史》。书上环绕近代中日两国关系中日本的侵略与中国的反侵略斗争，系统叙述了日本侵华的全部过程；阐述了各次重大事件的前因后果，来龙去脉。大量史实经过考核，基本论点确然不可移易。它是近年来国内中外关系研究的一项新成果。看题目，很容易联想到 50 多年前王芸生的《六十年来中国与日本》；在内容上两书各具特点，王书不可能摆脱旧中国的环境条件，在认识和资料上打的是前面 70 年的印记；现在这部书写作于新中国，反映的是后面 40 年的情况和认识。

　　（二）前面的 70 年让我们想到的事情是很多的。世界上一些国家或民族，当遭到严重失败、处境屈辱痛苦的时期，总是一面接受现实生活的严酷考验，一面反顾历史，要求众人铭记他们祖先的业绩，思考过去，创造未来。例如 1806 年普鲁士败于拿破

　　* 《日本侵华七十年史》序言，中国社会科学出版社 1992 年 10 月版。

仑，普法订立和约，普国丧失领土二分之一，柏林被置于法国军队的控制下。大约 1808 年，普鲁士哲学家费希特写出《告德意志国民》一书，眼望遭受践踏的国土，讲述日尔曼人的历史，呼吁德意志人恢复自己的本色。过了半个世纪，普鲁士又一跃而起。19 世纪末叶至 20 世纪中，日本在亚洲像彗星横扫空际，逞霸东方。经过第二次世界大战和中国人民的顽强战斗，这个庞然大物遭受致命打击，又一下子黯然坠落下来。国土被美军占领，民族一度丧失独立，人民陷入物资匮乏，精神十分痛苦。日本国内关于这场战争的著述很快纷纷问世，1953 年出版的服部卓四郎《大东亚战争全史》是其中颇有代表性的。著者强调说，日本遭到空前惨败，国家民族的前途令人惶惑不安。如果在旧时代，大家会期待伟大的哲人、政治家、科学家出世。可是那并不足凭借。当今每一个国民都必须成为爱国忧国之士，自己来正确考虑和确定国家的方向，并为此集结一切力量。"新日本的兴亡安危，将系于此"。时间过去三四十年以后，日本又蹶而复起。德国、日本各有自己的特殊性。倘若认为它们遭受失败，很快又复兴起来，就是因为总结历史，牢记了国家民族的屈辱，那未免太片面了。但费希特著作、服部战史所体现的顽强奋发精神，其作用确实是不可轻视的。中国抗日战争胜利，中国遭受日本侵略的整个篇章翻过去 40 多年了，为什么我们对这段历史的系统研究，拖了又拖，迟之又久，到今天才作出了现有规模的清理？回顾一下，主要原因恐怕是在中国大环境的特点里头。

中国在抗日战争中是胜利者。中国又紧接着取得民主革命的伟大胜利，然后大踏步跨进了社会主义。新制度代替旧制度，整个意识形态面临着许多新的矛盾、新的问题要去研究、辩论。这一些，无疑地直接间接影响到我们及时、系统、全面地研究日本和西方列强侵略中国的那段黑压压、沉甸甸的灾难的过去。个别项目如《帝国主义侵华史》刚刚做出一些成绩也因受到阻挠而延搁下来。时间过去越久，在人们的心目中就越发觉得事过境迁，那些历史陈账简直没有多少意义了。雅乐不昌，郑声大扬；正理睡觉，歪理咆哮。前一个时期，照一些人看来，说近代中国历史的基本内容是外国侵略、封建压迫与中国人民的反帝反封建斗争，那是捕风捉影，无稽之谈；英国发动鸦片战争、打开中国大门，是做了件大好事；没有它，今天的中国不知是个什么样子；中国抗日民族解放战争不抗比抗为好，抗日多余了；今天讲帝国主义侵略了中国，不合时宜，妨害解放思想，等等。虽然这种极端的混乱颠倒只出自少数人，但对思想界学术界提出来的问题是相当突出，需要深思的。

究竟应当怎样认识、对待旧中国那段历史？事实是，中华民族抵抗日本侵略的斗争和中国整个民主革命取得了光荣胜利，外国侵略留下的民族耻辱，造成的中国社会灾难与落后，并没有也不可能自行抵消，不复存在。昨天严重压抑、损害中国的外部势力，有的今天又想卷土重来，像幽灵一样在中国的某些地方晃荡踯躅，伺机而动。我们健忘或者重视与否，将决定它们存在时间的短长。因为凡过去了的事情就不必问闻了，那不是人类进入文明以来的规则，人们并非靠记住过去的种种来生活的，而必须靠克服现实矛盾来走进新的境界。但这只说明现在不会事事重复过去，而不表明现在事事都可以简单取消过去。历史研究者极力追求掌握各种记录细节，其中有职业的需要，有古董家的癖好。大多数人要知道的自己国家民族的历史，主要是大纲节目，特别是其中的光荣业绩与耻辱记录。中国革命创造的光荣伟大业绩，没有人能够不予正视。一个日益壮大的社会主义中国屹立在世界上，谁也无法改变这个事实。但是，知道光荣伟大业绩了，是否就有理由有资格忘记近代历史的屈辱记录了，当然不是。有些人认为早就应当遗忘了，那他们遗忘的就不止是历史。前人说，"知耻近乎勇"。这个道理对个人，对群体都适合。忘记了与现实生活密切相连的近代历史上的民族耻辱，实际上是忘记了我们民族固有的坚忍本色、勇敢精神。历史的惩罚难免要落到他们头上。《日本侵华七十年史》部分地弥补了这个缺欠。历史研究的职责是要讲清楚以往发生的事实，绝对不需要也不可能加进或减少什么。讲清楚了这一些，就是把事情的本来面目还给了历史。中国人民的英勇气概、奋发图强有各种体现，牢记我们民族近代走过的艰难道路正是一种体现。日本政治家中曾根讲的一句话非常警醒，照录于此，便于作个对照。其言曰："在太平洋战争中受到伤害的国民的记忆，一百年也不会消失"①。

（三）后面的 40 年里，旧的中日关系已经结束。日本的情况有显著变化了的，也有变化甚微的。军国主义、霸权主义的梦魇继续盘踞在少数人的头脑中，没有变化。多次发生的历史教科书等问题是这样，近来某些人公开鼓吹日本重新称霸世界更是这样。1990 年 1 月，日本一家月刊上登载的一篇题目叫做《90 年代日本生存之路》的文章说：90 年代将决定日本今后的生存道路，对日本来说是一个不亚于明治维新或战败那样的重要年代。"日本摆脱困境、谋求霸权的出路在于，确立输出日本文化。以往的历史证明，一个国家要谋求世界霸权，必须拥有军事、经济、金融和文化四个方面的优势。如今，日本已基本拥有经济、金融方面的优势，而且，只要日本愿意，谋求军事优势也不困难。因此，在上述四个要素中，对日本来说，关键是'文化'。换言之即价值观念或生活方式。一旦某种价值观或生活方式在世界普及，成为世人所羡慕的文化，那它就具有不可估量的力量。总之，必须用某种

---

① 　中曾根与基辛格对谈。《读卖新闻》1990 年 1 月 1 日至 12 日连载文。

方式在世界范围内树立起令人羡慕的'日本哲学'。这是 90 年代日本的重要课题"①。照这位称为日本国际政治家的作者看来，日本现在不是要不要谋求世界霸权的问题，而是如何来实现称霸世界的问题。经济、军事等实力接近一应俱全或者不难俱全，剩下的就是输出日本文化，输出日本的价值观念或生活方式了。事情是如此严重，不解决，就要威胁日本今后生存之路。时间又是如此紧迫，解决的期限要确定在今年开始的 20 世纪最后 10 年间。话说得再明白再直截了当不过了。是的，发表这篇文章的刊物在日本报刊里面层次不高，文章作者也够不上某种权威，因此，这种言论好像没有多少代表性。然而事情不可以孤立地看待，"大东亚战争肯定论"、"侵略免责论"、"时效说"② 等洋洋乎不绝于耳。鼓吹日本重新称霸世界，不过是把前面的偏重于替历史辩护，改变成为今天的从现实地位出发提出主张了。它们喊出的是少数人的同一心声，人们没有理由漠视那少数人的能量。面对这种舆论鼓吹，《日本侵华七十年史》的现实意义是很明显的。它叙述过去的事，却提醒人们不要以为过去的事就不会以某种形式重演了。历史运动有自己的规律：它总要迈步向前，又从来不是笔直地向前。一切不以人的意志为转移，无论你高兴还是不高兴。

关于输出日本文化，自然不能从"文化"这个词的表面价值去理解。世界文明史上，各个国家内部照例存在着阶级对立，从来不是统一的。各个民族的文化也照例存在着人民性的与只适合统治者需要的、先进的与落后的差异，从来也不是统一的。日本

---

① 舛添要一：《90 年代日本生存之路》。《宝石》月刊 1990 年 1 月号。

② 长谷川庆太郎：《再见了亚洲》。1986 年《文艺春秋》发售。书中指责说，现代社会是承认犯罪"时效"的。"时效"同样也适用于侵略战争。中国至今还在批判日本侵略，是没有"时效"观念，中国尚处在"根本不懂国际常识和现代社会原则的'前现代社会'"云云。

民族是一个优秀的民族，日本文化中有丰富优秀的文化。论者把日本文化看做与军事、经济同等重要的称霸手段，并同明治维新时代直接联系起来，那究竟会是怎样的一种文化、怎样的价值观呢？看来这种文化、价值观的主要内容是明白的：天皇制与皇国主义国家观念；明治"宸翰"宣布的"开拓万里波涛，布国威于四方"的对外扩张思想；哲学上的资产阶级国粹主义"日本主义"；再加上武士道精神的遗留或第二次世界大战中统治者制造的"神风"特攻队精神。这种要输出的文化，尽管涂饰了"最现代化"的藻彩，其实质，无非是明治时代以后日本统治者不断向外扩张侵略与军国主义结为一体的文化、价值观念。过去深受日本侵略之害的中国和亚洲人民对此记忆犹新。他们理所当然地坚决反对日本再次推行霸权主义、军国主义，也坚决拒绝种种推行霸权主义、侵略扩张的思想文化。日本文化、日本哲学是很大的题目。日本学者和西方学者写过不少书，讨论什么是日本文化或哲学的问题。他们之中有论述精当的，如永田广志等人的著作；有一般被认为接触到了日本文化若干特点的，如班内迪克特的《菊花与刀》、克里斯托弗的《日本心魂》①等。对于日本文化中确实

①　永田广志是日本马克思主义哲学家，著有《日本唯物论史》、《日本封建意识形态》、《日本哲学思想史》等书。《日本哲学思想史》初版于1938年，叙述到明治三十年为止，从中可以了解日本往后的思想、哲学是从何处演变来的。1967、1972年再出新版，著名哲学家松村一人在新版解说中有充分评价。露丝·班内迪克特是美国人类学家，《菊花与刀——日本文化的诸模式》1946年出版，中文本见浙江人民出版社《世界文化丛书》。书中许多分析引人入胜，西方至今称之为研究日本文化的经典著作。日本学者川岛武宜写的书评《评价与批判》深刻精彩，认识更高出于原书。罗伯特·C.克里斯托弗系美国记者、编辑，《日本心魂》1984年在英国出版，1985年中国对外翻译公司出中文本。其水平不足以与班书并论，在谈到日本知识分子、中国对日政策等时表现出强烈偏见，但资料较新，分析解说也有一些独到的地方。例如论及群体与个体的关系时说，"日本人对他们所从属的各个群体——国家、公司等，责任感远比大多数集体社会的公民来得强烈。这说明他们动力和效率的由来"。18世纪英国海军上将尼尔逊在一次海战关键时刻下达的命令是"英国希望人人克尽其责"。东乡平八郎在日俄战争对马海峡一役下的命令则是"民族与帝国的前途取决于每一个人的行动"。这两者之间是有明显区别的。东乡命令的要求显然高得多。它表示出，在日本，每人对集体的义务没有止境。"在美国人看来，集体主义是一个消极因素，压制主动性，妨碍进步，但日本却活生生地证实了事情并非一定如此"，等等。

足以"令人羡慕"的带有普遍意义的价值观念、学术思想，抱着科学态度的人应该像对待每个民族的优秀文化一样，仔细加以辨认，充分珍惜。但是决不能就因此掉转过去，以为日本输出文化与输出武化、军队"进入"别国不一样，就算太平无事了。霸权主义鼓吹者的看法与此正好相反。在这里，我们必须分清楚。是什么样的日本价值观念，什么样的"日本哲学"。

讨论中日关系历史与现实的联系，要看到中国、看到日本，也看到周围的世界。历史这条长河在浩浩荡荡前进中，到处充满着变幻不定。第二次世界大战结束以来，世界正在发生又一次剧变。我们要明辨、掌握历史长河行进的方向，也要注视今天的剧变。

照唯物论思考*

一

评价学术研究某种现状，历来为整个研究工作的一部分。其意义在于肯定成绩，指陈不足，明确前进方向。抗日战争研究近些年出版了大批专著，也出版了大批资料书。纪念抗战胜利50周年之际，多处交流、讨论，各有创获。倘若有人下工夫加以批评，就一些问题进行讨论，对于推进往后的研究，定有助益。我看的东西很少，不足以切实参加这项工作，但也觉得有些话可说。一家之言，当否实未可必。

逐一开列成绩账单，繁琐且难准确。概略言之，头一项，学术界在抗日战争性质的研究上打开了新的局面。日本侵略中国，中华民族抵抗日本侵略的民族解放战争，这个性质在全中国人中间从来没有什么不明确、不一致的看法。中国人看法一致，不见得外国人也就看法一致。经过大家的研究与国际交流，中日两国学者首先在这个问题上取得了一致的认识。《中日学者对谈录》一

---

* 原载《抗日战争研究》1996年第2期。

书，记载了双方讨论这个问题取得的共同成果。它在认识抗日战争的性质上是有代表性的。中日学者的共同认识足以充分反映国际学术界的认识。抗日战争在世界反法西斯战争中的地位、作用的研究上也有进展。以前中国学术界本身对这方面的研究重视不足，西方关于第二次世界大战的论著，对中国的抗日或者只字不提，或一笔带过，着意贬低。中国抗战是世界反法西斯东方的主战场。有这个战场才有东方反法西斯战争的胜利。现在的研究有了改变。国共关系、两个战场，是大家研究的重中之重。中共中央党校、中共中央文献研究室等单位编辑出版的共产党的文献，毛泽东、周恩来、朱德等人的年谱、传记等，对这方面的研究有特别重要的意义。台湾出版的抗日战史、有关传记、日记等有同样意义。国共关系、两个战场，以前隐而不彰或只呈大体轮廓的地方，现在明朗多了，确切多了，以前只看见局部的，现在比较能够看到全局了。抗战时的国际关系研究也使人增加了这方面的了解，中国抗战靠自己掌握前途命运，也与国际大格局联系在一起。经济、文化等领域的研究，由以前的分散变为比较集中有系统了。所有这些成绩、进步，对于我们今天认识那段历史特有的重要地位，所起的作用是显而易见的。

抗日战争特有的重要历史地位在什么地方？我们多次说过，那就是抗日战争是近代中国历史一个伟大的转折点。中华人民共和国诞生，中国经过百年衰败以后走上了复兴的道路，转折点就来自抗日战争。新中国最初若干年，国家生活处在各种社会改造中。然后又有"文化大革命"十年动乱。中共十一届三中全会以后，中国开始进入了有特色的社会主义建设的崭新历史阶段。社会经济快速发展，综合国力日益提高，表现出中国是在复兴的道路上大踏步前进。研究抗日战争，很容易看出这个复兴的历史转折并非来自别的地方，正是来自抗日战争。研究那段历史最突出的意义，就在这里。

历史事实并不处处都是黑白分明的，人们的认识要有一个过程。抗日战争研究取得了很大的成绩，但前进道路上的困难仍不可低估。某些基本数字至今尚付阙如，直接影响叙述的准确性，某些史料真伪杂陈，虚实同在，研究者据以撰文发议论，往往有之。有的人物评论中，看重人物的自我表白，胜过看重客观事实。有的史实评述中，看重局部多，看重全局少。顾虑把共产党的地位、作用降低了的，有之；顾虑把国民党的地位、作用降低了的，同样有之。政治思想认识和对历史的认识，这里显然还夹杂在一起。问题争论、讨论中不乏停留在表层上的，没有解决的远远多于解决了的问题。1991年抗日战争研究会成立时，胡乔木说，大家的研究很有成绩，但"对这段历史的认识还有许多不深刻的地方"。乔木的话语重心长，今天仍然适合。

抗日战争的历史和整部中国历史一样必须成为科学的客观研究的对象。我们必须把抗日战争的研究建立在坚实的科学基础上，提高它的科学性。何谓科学性，不知有谁下过定义。对于叙述历史，我们主张客观的历史是怎么样，写出来的历史也必须是怎么样。话虽如此，甲认为的"怎么样"和乙认为的"怎么样"往往大相径庭，以至针锋相对。在看待社会历史的许多重大问题上，不同阶级、人群常有各自的"客观公正"，然而这丝毫也不意味历史客观事实可以依照人们的主观愿望随时改变，更不意味着抗日战争的研究就无法建立在科学基础上了。世界一切事物、连同动辄以光年计算的遥远天体，没有不可以通过科学研究去了解的。现在还不了解的事物，不能排除将来可以了解。抗日战争的基本性质、面貌，事实昭然。如何增强这个领域研究的科学性，此无它，和研究历史的其他领域一样，照唯物论思考问题。

二

抗日战争研究中摆在面前的问题都是实实在在的。我们应当就事论事，去寻求对那些问题、事件的认识。照唯物论思考讲的是一种思想方法论。历史研究中有不同的思想方法论，持不同方法论的研究者，也完全可以在一些方面，在各种具体问题上得出客观实在的认识。照唯物论思考，对待前人和别人的一切科学性成果，是要充分汲收，从而增进自己的认识。历史科学的研究，归根到底，一要坚持以事实为根据，二要具体问题具体分析。这样的要求是客观的，原则上带有共性的。不管你主张唯物论或别的方法论，都要遵循而不能排斥这样的要求。划地为牢，拒人于千里之外，首先就违反照唯物论思考。抗日战争中的矛盾太复杂了，比想象的远为复杂。以事实为根据，具体分析，嘴说容易动手难。而且"异化"那种东西确实存在。人制造出偶像、精神力量，反过来又让它们来统治自己。照唯物论思考，从社会物质生活矛盾出发，减少精神束缚，人对事物的认识可以易于接近实际。试举几个事例，稍加讨论。

蒋介石何以转变抗日的问题

蒋介石从坚决拒绝抗日转到抗日立场上来，原因是什么？一种论点认为，蒋的转变不在"外因"，即不在全国抗日救亡运动的潮流、共产党和人民群众的斗争、推动，而在"内因"，即在蒋所受中国传统文化熏陶、民族主义思想、个性和权力欲望等。也就是说，蒋由坚决反对抗日转变到抗日，他的思想意志是最后起作用的。而且这被认为是一种新的更深刻的观点。

人们对此必定要问：蒋介石的这个思想意志，何以在"九·一八"事变时没有起作用，在全国群众性的抗日救亡运动中没有起作用，在丧权辱国、妥协屈服的何梅协定、秦土协定时没有起作用，而要等到"西安事变"后才终于起作用了呢？蒋去西安，不是为了转变态度，准备抗日，而是为的破坏、镇压张学良、杨虎城与共产党联合起来实行抗日。西安事变前，他对张学良坚决主张停止剿共、实行抗日的答复是："你现在就是拿枪把我打死了，我的剿共政策也不能变。"① 何以经过华清池逃跑又被捉拿以后，便一百八十度转弯，接受对方的抗日要求了呢？谁也不会相信，这一连串事实能够用个人意志、感情、性格等作出解说。这一连串事实指出，它必须从个人的思想意志以外去寻求解说。

　　历史是人自己创造的，是有思想意志的人创造的。个人，特别是掌握极大权力的个人，他们的文化因素、思想倾向、权力欲望等，必定要对事物产生重大影响。谈论历史的人没有哪个看不到这一点。但是个人，不管掌握多大权力的个人，他们的思想、意志、愿望，并不能最终支配历史。如果个人意志最终能够决定历史走向，决定历史的重大事变，数不清的王朝就不会被推翻，古今中外许多居于权力顶峰的人物如梁武帝、袁世凯以下的北洋军阀首领、拿破仑、希特勒、墨索里尼、日本军国主义魁首等，就不会"自我得之，自我失之"，纷纷垮下去，因为那是根本违反他们的意志愿望的。蒋介石在西安事变中发生的转变，第一，是他的思想意志的违反，而不是他的思想意志的实现。从后来张杨的遭遇下场可以知道，那种违反一直被他视为大恶大恨，终生难忘。要说明蒋的抗日取决于他的个人意志"内因"，就要证明他的转变与西安事变无关，以及那场事变不是他的意志的违反。倘若能够作出这样的证明，那早就应该有人提供出来，被视为一个不

---

① 　申伯纯：《西安事变纪实》，人民出版社1979年版，第105页。

小的发现了。第二，那种违反和转变也决非简单地是他个人态度的转变。一切主要人物都是一定的阶级的代表。他们的态度最终必须适合于自己阶级的基本利益。蒋在西安事变中发生的转变与他所属阶级的利害息息相关。1935 年 11 月，蒋介石在国民党五全大会上提出："和平未到完全绝望时期，决不放弃和平；牺牲未到最后关头，亦决不轻言牺牲"。所谓"最后关头"，意味着蒋介石承认对日屈服妥协，要有一个"度"。这个"度"当然就是蒋政权能够生存下去。不过这时他仍坚持剿共不变。形势进一步演变，大地主大资产阶级当权势力，在面临民族灭亡大风暴、抗日救亡运动猛力冲击下，何去何从，并不最后取决于蒋个人的态度、意志。他和所有人一样，身不由己。不转变，他所代表的阶级利益、统治权力就有被冲垮、被变换的现实危险。西安事变就表现了这种现实危险。从这里也可以知道，蒋那样痛恨张杨，那样坚决反对共产党，但事后西安事变的成果仍大体保存下来了，没有被推翻，这决非由于蒋有过所谓"人格担保"，而是由于日本侵略所造成的紧张形势，到了他的政权不能生存下去的"度"。什么是蒋转变的内因？适应民族运动兴起大势，保住大地主大资产阶级掌握的统治权力，这就是蒋的内因，这个内因就是蒋的行为与民族利益和全国人民的爱国行为一致起来的内在根据，内在的实质。在涉及整个民族行程的大关节上，把统治阶级的决定性步骤最后归结为某个个人的思想意志、性格等，事情就完全失去了物质的基础，失去了客观的依据。那确实像前人所说的阿拉伯图案，纤细的藤子上开着大花朵，图案很美，花朵非真。从当权人物的思想意志去寻求对矛盾复杂的重大历史事件的解说，这种认识同文明史一样古老。唯物论科学理论教会人应当如何告别那种古老的认识方法。

传统文化、民族主义思想当然很重要，不可忽视。这里不需要一般地说它们的地位与作用。传统文化要分析，民族思想也不是一个脱离一定阶级、人群利益的独立的因素。统治阶级的主要代表人物，肯定没有谁不受传统文化熏陶的；也很难说，他们之中谁压根儿就不曾有过民族主义思想或近似观念的。但近代中国历史却证明，大地主、大资产阶级当权者对外国侵略进行抵抗或屈服的态度，非常大的程度上取决于他们与人民群众的关系、他们对人民群众的态度，而不取决于他们与传统文化的关系以及自我表达过多少民族主义思想、观念。在外国侵略压迫的面前，统治阶级中常常发生抵抗与投降、主战与主和的矛盾分歧。我们可以从人物不同的实权地位、不同的处境和要求去了解那些分歧，根本无法从他们与传统文化的关系去了解那些分歧。民族主义思想、观念既然并非个别当权人物所特有，那么能够作为评价人物重大政治行动根据的，就不是他们这样那样关于民族主义思想的自我表白，而只是他们在帝国主义侵略压迫面前采取的实际行动。此非推论，乃为实事。试看与蒋介石多年打交道的汪精卫：他的传统文化涵养为蒋介石所望尘莫及。他从《民报》时代起，几次扮演革命角色。他发表的民族主义言论不知凡几。抗日战争中他叛国投敌，在逃往上海的轮船上写的诗，忧国忧民之情可掬。前几年报纸上有文章讲过，如果抽去汪某的大名，有谁不会认为诗的作者是一位可敬的爱国人物、热血沸腾的民族主义者！半殖民地半封建社会当权人物的文化传统，他们自己的某些民族主义表白有另外的意义，但是拿它们作为评定当权人物政治上重大行动的所谓深刻"内因"，则了无实在性，就像海市蜃楼可以看见，了无实在性一样。

共产党斗争对蒋转变的作用问题

共产党的斗争对蒋介石、国民党转向抗日起了怎样的作用？

这个问题与上一个问题有相同的地方，有不同的地方。一种看法认为，抗日战争以前，蒋在与国民党其他派系的斗争中屡屡获胜，最后平息两广事变，实力更为增加。共产党那时执行"左"倾路线，力量由发展转为衰落。苏区党丧失百分之九十，白区党丧失百分之百。国共两党实力迥殊，不成比例。以为共产党在推动蒋介石抗日中居于重要地位这种看法，与实际情况不合。事情到底怎么样，应该分别地讲。

推动蒋介石、国民党终于抗日的力量，来自全国抗日救亡民族运动洪流。这个洪流汇集着包括国民党某些派系的各种力量，并非只有共产党一个力量。但共产党与国民党在抗日战争前的十年间一直处在国内政治斗争漩涡的中心；再往前，它与国民党合作掀起过大革命，其政治影响、潜在能量，与民族运动中的其他力量显著不同。共产党最严重的困难发生在丧失江西苏区和红军长征时期。武装力量锐减，白区组织同时遭到大破坏。现在有的文章不叫白区丧失百分之百，叫"左"倾路线"把白区的共产党搞光了"。革命形势岌岌可危。但到1935年冬天，共产党已经走出困难的低谷，并很快恢复活力。这表现在红军长征到达陕北，重新建立起革命根据地和立即展开的军事、政治斗争。当时毛泽东曾说，没有这个地方，"我们下不了地"。长征抵达陕北以后，共产党从悬空"下地"了。1936年上半年，红军与张杨部队实际休战，抗日民族统一战线在西北一角初步形成。如果共产党没有现实的力量和巨大潜力，西北局部抗日统一战线就不会实现，转捩全局的西安事变也无从发生。与此同时，白区党的领导系统破坏了，北平、江苏又都建立有党的"工委"、"临委"等临时领导机构和外围组织。1935、1936年相继发生的重新掀起全国抗日救亡运动高潮的两大事件，即"一二·九"运动和救国会成立，它们或者是共产党员直接领导的，或者是经过党的临时机构幕后推动产生的。这显示出共产党在白区的大事件中仍然起着火种的作用。推动蒋介石终于抗战的是全国多种力量汇合在一起的全国抗日救亡民族运动，共产党的斗争是这个运动的一部分。这个运动几落几起，共产党的力量也有起落，但它始终是处于漩涡中心和卷起洪流的一部分。力量可以从反面来度量。两广抗日反蒋的事变一经平息，蒋介石便亲率嫡系大军 30 万赴陕西剿共，这是从反面对事实的说明。西安事变、白区抗日救亡运动掀起新高潮，这是从正面对事情的说明。把它们合拢在一起，我们可以看出共产党力量的状况和它在推动蒋转变抗日处在怎样的地位。

蒋坚持"攘外必先安内"的目的问题

蒋介石坚持"攘外必先安内"的目的是什么？一种观点，认为先安内，后攘外，也有不满意日本侵略，"愿意"抵抗的一面，安内的目的是"立足于最后的打"，或者说，那是争取"国内统一"的战略部署。蒋介石确实是这么说的：剿共是为了抗日，抗日必先剿共。肯定安内是立足于打，其潜台词也就是蒋介石坚持反共内战，乃属理所应然。

中国要抗日，内部必须先团结起来，不可能一面内战，一面对日抗战。共产党提出抗日民族统一战线，就是要求国共两党和全国各派势力停止敌对，团结一致抗日。共产党提出抗日民族统一战线，并为其实现进行了斗争。内战停止，抗日战争实现，说明共产党的主张反映历史走向的需要。在这个意义上，"先安内，后攘外"，在原则上不但不错，而且必须如此。

蒋介石"攘外必先安内"的政策则是另外一回事。蒋介石讲得很明白：外指"倭寇"，内指"赤匪"。这与新军阀混战中，他要求国民党其他派系"服从中央，维护统一"根本不同。他坚持先安内，是坚持消灭共产党这个坚决主张抗日但威胁到自己统治的势力。后攘外则是对是否抗日所规定的条件，抗日首先要满足这个条件。抗日与否取决于共产党被消灭与否。共产党无被消灭之日，中国也就无抗战实现之时。事情尚不止于此，即使共产党被消灭了，中国肯定也不能就抗日。蒋一则说，要用退让牺牲中国利益，使日本去消化侵略果实，"这至少也得要二十年、十年的功夫"。再则说，"就是从现在起大家同心一致，专在这方面来努力，三十年还是不够。到那时候，说我们想靠物质的力量可以战胜日本，那还是等于做梦"。①照这些说法，中国 10 年、20 年、30 年也不能实现抗日。那以后会怎样，无需去推论。由此可见，蒋所说的"先安内、后攘外"有特定的含义，不能按字面另作解释。蒋介石与共产党的主张实质根本相反。实质就在于认定谁是敌人，谁是朋友。蒋介石的方针是继续内战，把共产党这个抗日力量作为要消灭的头号敌人，共产党的方针是要停止内战，把日本侵略者作为要共同抵抗的民族敌人。

"攘外必先安内"是蒋介石鲜明的阶级政策。近代中国统治阶级多次碰到严重的"内忧外患"交加危机。每当此时，当权人物为了渡过危机，保住统治权力，很自然地要提出自己的阶级政策。对于统治阶级，外国侵略者、革命的人民都损害和威胁它的统治地位，或者可能是、或者现在就是它的敌人。没有哪个当权势力甘心屈服于外国侵略压迫的，也没有哪个当权人物不希望避免在外国人面前卑躬屈膝，以免暴露自己的虚弱，和被指责为投降卖国的。但在同时受到国内国外两种威胁或两个敌人打击的情况下，

---

① 蒋介石：《抵御外侮与复兴民族》，秦孝仪编：《中华民国重要史料初编——抗日战争时期》绪编（三）。

它必须确定跟谁可以妥协，对谁要去抗拒镇压。当统治者与革命人民的矛盾无法调和、出现一定危险，不敢和不能依靠人民去抵抗外国侵略时，就只有对前者镇压，进行内战，对后者妥协，屈服投降。鸦片战争以后的一系列丧权辱国条约、制度等即由此而来。蒋介石的"攘外必先安内"，是近代历史上统治阶级在"内忧外患"交加中传统政策的继续运用，是那种传统格局的又一次表演。蒋介石说："外寇不足虑，内匪实为心腹之患。"这连语言也是从他的先辈袭取来的。蒋政权带有自己不同于前代环境条件的特色。其国内战争对手由以前单纯的起义农民变成了共产党领导的红军。它与日本达成的妥协也不叫某某条约，而叫做某某协定了。但整个政策的基础却是与前代反动政权一脉相承的。对日屈服，对共产党和革命人民动员最大力量——第四次剿共内战蒋自任总司令，调集兵力63万，第五次动员军队100万，飞机200架——三番五次进攻，维护大地主、大资产阶级专政，就是那个政权阶级政策的实质。

蒋介石讲过一些要抗日的话，也有建筑长江要塞等个别措施。这说明日本的侵略也威胁他所代表的统治权力，是那个统治权力的潜在敌人，他有不甘屈服于敌人的一面。但这并没有改变蒋政权对日妥协，坚持反共内战的实质。他公开发表过"敌乎？友乎？"的对日政策声明，希望日本不要逼得太紧了使他再也无法后退，基调仍是对日妥协。他所说的"敌"与"友"，确切地说，是他那个政权的敌与友，而非中国人民的敌与友。一面集中对内，一面练兵和准备对外防守，以往统治者也是这么做的。蒋政权并非例外。这是因为一般说来，一个国家政权根本无力对外时，也就根本无力对内，不足以维持其存在了。日本的研究者说，安内攘外论，"在本质上带有浓厚的反共反人民色彩"，是"国民政府对日妥协的理论基础"。其目的在于维护国民党一党专政，建立法西斯的"兵营国家"。① 这个看法指出了事情的本质。蒋介石"攘外必先安内"政策到底立足于什么？与"立足于打"相反，立足于"和"，立足于对日妥协，保住自己的存在严重"内忧外患"、有倾覆危险的政权。

蒋介石国民党与共产党这个敌人本来不能妥协，与日本那个敌人一直在妥协中。最后这种颠倒的关系终于改变过来了。国民党事实上接受共产党的主张，结成抗日民族统一战线，共同抗日了。大地主大资产阶级在"内忧外患"交加中执行的传统政策这一次没有坚持到底。这个扭转航舵的力量来自哪里？——而且这种扭转，不只改变国共关系，也改变了支配中国近代一百年历史的一条定律：外国发动侵略，民族矛盾激化时，统治阶级当权势力多半要站出来进行抵抗；在抵抗遭受失败，而国内矛盾也同时激化时，统治者便很快对外屈服，与外国侵略者相结合来保住政权，人民的反抗斗争则以失败告终。破除那条定律的力量，归根到底来自以共产党为中心的人民力量的发展，来自中国面临被日本灭亡的严重民族危机下，民族运动的蓬勃兴起。不承认发生了这种变革，或承认发生了这种变革而不分清变动走向，就看不出历史的转折前进；承认变革，不首先把目光投在人民力量一边，而只盯住统治阶级的力量、作用，只从当权人物的意志、愿望、告白、宣言去诠释、说明事件，就不能认识转折、前进的力量来自何方。长江大河波涛起伏，激流总在底层。历史运动同样有自己的底层，那就是与统治阶级矛盾冲突的人民力量的存在，它的兴起衰落，动静进退运动。历史矛盾运动的状况，最后取决于人民力量的状况。认识历史就像认识河流，随时要探测出它底层激流的状况一样，要了解人民力量的状况。

---

① （日）池田诚等著：《抗日战争与中国民众》，中译本，第8页。

正面、敌后两个战场的地位问题

正面战场与敌后战场处在怎样的地位，关系抗日战争的全局，应该深入研究，根据事实作出回答。目前这方面的一些争论令人感到莫名所以。一种观点认为，正面战场始终是抗日战争的主战场。如果把正面战场视为次要战场，就必然要强调蒋介石消极抗日，这对于提高中国抗日战争在世界反法西斯战争中的地位不利。与此相反，一种观点认为，国民党留在敌后的部队没有起多大的作用，敌后战场应该是专指共产党军队的抗战。如果认为国民党也有个敌后战场，就降低了中国共产党在抗战中的地位。这两种观点表面相对立，它们的共同点，是顾虑到"如果"不这样看或"如果"不那样看，将产生严重的后果。也就是说，研究者不是把着眼点放在客观事实上，去弄清事实真相，而是撇开事实考虑到"如果"后面会发生的问题上。前面那种考虑还先设定了一个前提：只有正面战场才能提高中国抗日战争在世界反法西斯战争中的地位，敌后战场没有这个资格。因此，蒋介石即使后来确实消极抗日，也不宜实话实说。这种"如果"式议论与学术研究了不相干，通常说的实用主义，即系此类。

又如八路军平型关战斗究竟歼敌多少，争论的双方，重点也都不在于事实本身，而别有看重。平型关一役，当时报道歼敌3000人，以后说1000余人。据近来发现的档案，朱德给蒋介石的电报、毛泽东给朱德的电报，均载明歼敌实数为500余人。毛给朱的电报特别指出，对蒋介石应如实报告，不要夸张。至今一些论著、回忆仍照抄旧的数字，明显带有"如果"一类的顾虑。也就在最近，台湾有的论者则宣称此役歼敌不过200人，并杜撰说那是林彪在某处讲的。几种说法不同，它们的共同点是想通过不同的数字，来表示各自的政治观点：张大共产党军队的战绩或贬损其点战绩。抗日初期，国共双方正齐心对日抗战。平型关战斗后，毛泽东、蒋介石的电报都表明了这一点。中国遭受日本多年的民族压迫，积压在中国人心头的抗敌雪耻怒火，这时正喷礴升起，要求举国共同御敌，快打胜仗。平型关的报道宣传，和淞沪战争中八百壮士等的报告宣传一样，就是反映了全民族的这种共同愿望和炽热激情。卢沟桥事变后，日军在华北横冲直闯，气焰异常嚣张。平型关一仗，灭侵略者的威风，长中国人的志气，这就是它的意义。把歼敌多几百人或少几百人看作似乎足以评定国民党与共产党在抗日战争中的地位、作用，完全没有反映出它的意义，反而掩盖了它的意义。

抗日战争中值得讨论的问题远不止这些。就从这些讨论和争论来看，说来说去，科学研究要讲唯物论，要讲辩证法。唯物论要求严格根据事实讲话，实用主义只能破坏科学。辩证法的核心是承认事物矛盾的普遍性。事物只存在于一定的矛盾运动中。否定矛盾的存在等于否定事物的存在。一定形式的矛盾运动规定一定事物的本质。阶级社会不同时期的矛盾运动规定不同时期历史的本质。以前我们一些讲抗日战争的论著，多半强调共产党的地位和作用。近来有些论著又一下子把两者的位置颠倒过去，像电影制作上的剪裁，用小镜头放映前者，用大镜头放映后者，从一个片面走到另一个片面。症结都在于看不见事物固有的矛盾，缺少辩证法。从经济基础、环境条件来说明历史事变，不等于否认人的思想意志、文化传统在大小不同的程度上影响历史事变，正视人民群众的地位和作用，绝不意味着忽视统治阶级、当权人物的重要地位和作用。如此等等。一切事物都有本质的和非本质的，有大局、小局，主流、支流。凡事都有个界限。唯物论辩证法的功能，就是引导人们去认识事物的本质，而又分辨出它的界限在哪里。

三

　　哲学家朱熹说，谈论历史，最无意思，只是看人相打。朱熹从唯心观点出发，把整个客观世界的运动看作主观世界的运动，使他对历史的认识非常肤浅。他只看到历史的表面现象，而不知道那些现象是由什么样的客观矛盾、社会底层结构造成的。抗日战争的来历、背景，加上现实的环境条件，造成了中国抗日营垒特有的格局。这个格局在中国近代历史上独一无二，在第二次世界大战反法西斯各国中也独一无二。这个格局就是民族矛盾与阶级矛盾并存、民族解放战争与民主革命两个任务并存，国民党与共产党两个领导中心并存，各自带着双重结构或复合板块的特点。它们不是形式，而是历史的基本内容、关键环节。抗日战争的复杂矛盾，它的面貌和最终结局，就来自这些结构上和表现在这些结构或板块的运动上。因此，它们是研究者必须集中注意的问题。不集中探讨这些问题，那就有可能像朱熹说的只看到人们相打，不过是史无前例的大规模人群相打。

关于民族矛盾与阶级矛盾
　　抗日战争是全国各阶级、各派政治势力团结起来共同抵抗日本侵略的民族战争，抗日阵营内部又屡次出现国民党与共产党分裂内战危机。抗日战争中同时存在民族矛盾与阶级矛盾，这用不着论证。但是，这两个矛盾的作用是单向的还是双向的，它们是结合为一个整体发生作用的，还是各不相谋、各自为政的，一句话，它们的演变与抗日战争的结局是什么关系？对此，有的以前的论著反复讲过，有的至今尚缺少讨论。
　　民族矛盾与阶级矛盾两个矛盾并存，并非两者地位并重。民族矛盾始终占据主导地位，阶级矛盾始终居于次要地位。前者支配后者，后者服从前者。把握这一条，是认识抗日战争的出发点。

国民党与共产党由十年内战转变为合作抗日，抗战过程中，双方冲突碰撞不断，屡次发生合作破裂的危险。而那种危险又屡次被克服，把合作坚持下来了。根本原因就在一条：日本军队占领着中国，日本将要灭亡中国。国民党人、共产党人代表的阶级利益不同，矛盾对立。他们又都生活在中国这块大地上，是中华民族的组成分子。他们要求保住民族生存的权利，因而也保住自己生存的权利。他们除了团结起来抵抗日本的侵略，别无出路。在国民党那方面，蒋介石从来没有改变过要消灭共产党的方针。他多次把抗日与反共并提，以至认为反共重于抗日。他对共产党的代表说，中共存在是我的生死问题，不去掉中共组织，"我死了也不安，抗战胜利了也没有什么意义"。1940 年 7 月，他对别人明确地说："如欲抗战胜利，须先消灭共党。"① 他这么讲，实际上也是这么行动的。皖南事变时，他准备"彻底制共"，即准备分裂内战。当共产党为向国民党抗议，共产党参政员拒绝出席二届一次国民参政会时，蒋介石公开说，"决定不出席，唯有根本决裂"。但在受到国内外压力时，他又对参加秘密集会的国民党参政员说："国共最终总要分裂的，对此用不着惧怕。单从军事上两个月就可以消灭共产党。目前政治上还是防御。"② 1943 年夏，蒋又下令闪击陕甘宁边区，但计划受到阻止未能实现以后，也没有采取新的严重步骤加剧紧张局势。在共产党这方面，对国民党反共的反击

---

① 刘绍唐：《民国大事日志》，第 620 页。
② 孟广涵主编：《国民参政会纪实》（下），重庆出版社 1985 年版，第 834 页，又孟编：《国民参政会纪实续编》，重庆出版社 1987 年版，第 281—284 页。

是走一步看一步。皖南事变发生，共产党看到了又一次"四·一二"的危险。但它很快改变一度打算从军事上去对抗的主意，转而从政治上展开反击，避免了分裂。1941年5月，日军向中条山发动进攻，卫立煌集团损失惨重，共产党应蒋介石要求出兵支援，表示共挽民族危亡。1944年12月，共产党一度设想成立"解放区联合委员会"，但后来放弃了那个设想，因为考虑委员会虽然不叫政府，实际也会造成全国两个政权并立的态势，不利于团结抗战。共产党"七大"期间，毛泽东反复讲，共产党对蒋介石要执行"洗脸政策"，即要求他修改错误的政策。"我们对蒋介石的方针是又团结又斗争。讲到斗争，我们是有理、有利、有节的。我们是在自卫的立场上和它斗——自卫的、局部的、暂时的斗争，要有利于团结。国民党天天想打我们，但也不敢和我们作大的决裂。我们的斗争也是有节制的。"① 总之，国共双方斗争不断，谁也不愿从自己这方面跨出合作破裂的门槛。日本军队占领中国领土没有改变，中国遭受日本的民族压迫没有改变，阶级矛盾服从民族矛盾，国共合作抗日的大局就不会改变。这是两个矛盾并存中的一种关系，一个走向，但不是全部关系和惟一的走向。

阶级矛盾居于民族矛盾的从属地位，并非阶级矛盾居于消极被动、任凭支配、无所作为的地位，阶级矛盾的演变，反过去也制约民族敌人的进攻，并支配战争的结局。受制约者同时成为制约者，受支配者最后成为支配者。把握这一条，是认识抗日战争的落脚点。

民族矛盾制约阶级矛盾，并没有消除阶级矛盾。统治阶级与人民群众在反对民族敌人的斗争中，有相同的和利害一致的一面，又有不同的和利害不一致的一面。两种矛盾相加、相交织的结果，

---

① 《毛泽东在七大的报告和讲话集》，中央文献出版社，第114、118页。

造成了中国抗日战争一是民族战争，二是人民战争。人民战争也
是民族战争，但它从根本上加强了民族战争。摩天大厦要靠牢固
的地基，人民战争正是民族战争这座巍峨大厦的坚实地基。阶级
矛盾的演变、战争造成的特有环境条件来自人民的斗争，转过来
又把人民的作用带上新的位置。人民战争成长，加强了民族战争
的地位，也就是加强了制约民族敌人的进攻，支配战争结局的地
位，中国所以最后胜利，是靠民族战争胜利的，日本所以最后失
败，是由于与中国全民族为敌失败的。战争过程中，日本当局忽
而宣布不以蒋政权为对手，忽而又宣布仍以蒋政权为对手，翻来
覆去。目的就是一个：诱降蒋政权，分裂、瓦解中国的民族战争。
日本制造汪精卫傀儡政权，就同出于这一目的，不过很快发现它
没有实力，作用甚微。日皇族成员三笠宫当时就坦率评论说，汪
政权不过是"日本为掩饰其备受诸外国责难的侵略主义，而灵机
一动施展出来的一种小伎俩而已"①。日本对蒋政权的"和平工作"
多途并进，极力从这方面施展阴谋。从军部、几届内阁首相直至
天皇裕仁，都参与或与闻其事，说明民族敌人只可能从中国的统
治阶级方面来分裂、瓦解民族战争，而不可能从共产党、人民群
众、人民战争方面来实现那样的目的。中国在民族战争中制约敌
人进攻，并最后支配战争结局，国民党、蒋介石的坚持无疑是关
系全局的，共产党、人民战争的坚持同样是关系全局的。民族战
争坚持的过程，也就是中国抗战走向胜利，获得民族解放，日本
走向失败的过程。越往后，这个过程越发加快。这是民族矛盾与
阶级矛盾并存及其演变的又一种关系，又一个走向。它与前面的
那种关系、那个走向，具有同等地位，需要同样看待。两种关系、
两个走向是一个整体。撇开了其中的无论哪一面，就没有了事物

① （日）三笠宫·崇仁：《作为日本人对中国事变的内心反省》。

的整体运动，没有了抗日战争的历史。

民族矛盾与阶级矛盾并存及其演变，表现出了历史的、也是一切事物发展的秘密和基本规律：一分为二，向反面转化。大与小，强与弱，先进与落后，支配者与被支配者，压迫者与被压迫者都转向它的反面。日本发动侵华战争，认定将在最短时间一举灭亡中国，不想最后倾全国之师，血战八年，反过来败到了中国手下。1961年毛泽东说："日本的南乡三郎见我时，一见面就说，日本侵略了中国，对不住你们。我对他说，我们不这样看，是日本军阀占领了大半个中国，因此教育了中国人民，不然不会觉悟，不会团结，那么我们现在还在山上，不能到北京来看京戏。就是因为日本皇军占领了大半个中国，中国人别无出路，才觉悟起来进行斗争，建立了许多革命根据地，为解放战争的胜利创造了条件。所以，日本军阀、垄断资本干了件好事。如果要'感谢'的话，我宁愿'感谢'日本军阀。"① 抗日战争把民族灭亡的危机变换成民族复兴的转机，它们相反相成，间不容发。毛泽东在这里对民族矛盾与阶级矛盾并存及演变的内在关系作了一次通俗的解说。

抗日战争研究的各种争论中，有一种主张，认为抗日战争的历史阶段起始于"九·一八"，不起始于"七·七"事变。理由是，"九·一八"以后中日间民族矛盾严重激化，东北开始了共产党领导的人民抗日战争和全国抗日救亡民族运动兴起，"七·七"抗日即由此而来。拿"七·七"以前和以后划分历史阶段，就人为地斩断了事物发展脉络，降低了民族矛盾的决定性。在这个问题上要改变传统观念，遵循新的观点等等。照这样说，如果这个主张确实能够成立，那么，上面关于抗日战争矛盾的特殊性和它的转化

---

① 《毛泽东外交文选》，中央文献出版社、世界知识出版社，第460—461页。

与结局的论述就根本不对了，应该抛弃掉，因为它的重点是放在"七·七"以后两个矛盾并存特别是两个矛盾的相互关系演变、转化上的。从"七·七"往前看，抗日战争是"九·一八"日本侵略中国的继续，又是自那时起，中国抗日民族解放斗争的继续。"九·一八"空前突出了中日民族矛盾。但是又显然不能把"七·七"以前和以后等同起来，看作同一个历史阶段。"七·七"以前和以后，中国社会主要矛盾，阶级斗争形势、阶级关系全面的状况，不能离开国共两党关系的状况。"九·一八"以后中日间的民族矛盾激化，救亡运动兴起，但这种激化直到西安事变爆发，并没有全面改变国内阶级矛盾的尖锐形势。"九·一八"以后，蒋介石不但没有放松，而且更坚决推行"攘外必先安内"的方针，国共内战规模越来越大。与此同时，蒋政权也没有放松对人民抗日救亡运动的镇压，反过去，对日本从东北打到关内则步步妥协后退，直到华北特殊化的部分实现。不论从哪方面看，都无法认为中国这时是在全民抗战中，或者全民族在抵抗日本的侵略。国共关系何时转变的，中国的阶级矛盾与民族矛盾的全局也就是何时转变的。抗日战争是民族战争，"七·七"以前中国有没有民族战争？讨论抗日战争，不能回避简单明了回答这个问题。抗日战争是在以国共合作为基础的抗日民族统一战线下进行的。西安事变以前，中国有没有以国共合作为基础的抗日民族统一战线？讨论抗日战争，同样不能回避简单明了回答这个问题。"九·一八"以后，"七·七"以前，民族矛盾严重激化。东北有共产党领导的人民战争。众多的群众与英雄人物，为反抗侵略者英勇牺牲，可歌可泣。但是毫无疑问，民族矛盾不能与民族战争同一定位，局部的人民战争也不能与后来的民族战争同一定性。国共内战结束，抗日民族统一战线形成，不能离开西安事变。毛泽东说："西安事变成为国民党转变的关键。没有西安事变，转变时期也许会延长。""十年的内战，什么来结束内战，就是西安事变。"① 他又说，国共合作"这在中国革命史上开辟了一个新纪元。这将给予中国革命以广大的深刻的影响，将对于打倒日本帝国主义发生决定的作用。……历史的车轮将经过这一统一战线，把中国革命带到一个崭新的阶段上去"②。没有"七·七"事变，就没有后来中国抗战胜利的结局，这无可讨论。抗日战争的历史意义是使中国近代历史实现的根本转折，准备了新中国代替旧中国。而这个转折只发生在"七·七"之后，不在以前。

历史的上一个阶段与下一个阶段的关系，是因与果的关系。研究历史目的在知道果，也要了解因。二者不可相分，却不能相混。日本学者有主张中日战争十五年说的，或者从日本侵入山东算起，二十四年战争说的，它们考察的都重在抗日战争的因，而非重在果。把历史的因与果平列起来观察，就使人不能认识一定阶段历史的本质特征和相应的地位。这就是我们一些研究者为什么要重视讨论历史分期有何意义，以及分期该应以什么为标志的问题。

事物转化要有一定的条件，中国在抗日战争中以弱胜强有一个天生的重要条件：中国广土众民，历史悠久，文化高度发展，熔铸就了中华民族独特的坚韧稳定的性格，使它具有极大的潜在能量。任何外来侵略势力决不能最后战胜它，而只会适得其反。《红楼梦》上探春姑娘说："可知这样大族人家，若从外头杀来，一时是杀不死的。这可是古人说的'百足之虫，死而不僵'，必须先从家里自杀自灭起来，才能一败涂地呢！"中华民族就是这样的一个"大族人家"。一切自恃强大、以为不可一世的外来侵略势

---

① 毛泽东1936年12月27日在中共中央政治局会议上的发言。
② 《毛泽东选集》第2卷，第364页。

力，在它的团结面前注定是要失败的。如果《红楼梦》里讲的是中世纪人们的朦胧感受，那么中国近代历史、抗日战争的历史，则证明那个感受根据确凿。

关于民族解放与民主革命两个任务

抗日战争的两个任务是以前的革命斗争留传下来的。中国半殖民地半封建的社会矛盾，规定了中国革命必须（一）赶走帝国主义，取得民族独立；（二）推倒封建统治，争取人民民主，来实现中国近代化。中国人民的这种斗争，至少可以上溯到孙中山领导的革命运动。1905 年，孙中山列举民族、民权、民生三大主义，可以看作是对中国革命两个任务的早期概括。民权、民生可以分开讲，也可以合起来讲，实质上要解决的是民主与国家近代化问题。共产党走上历史舞台，把这个革命称作民主革命，并简要地叫作反帝反封建。大革命时期，土地革命时期，都是两个任务并提的。抗日战争时期民族矛盾与阶级矛盾并存，也就是民族解放与民主革命或民主改革两个任务并存，尽管二者不是同等并重的。

抗日战争中，民主革命或民主改革与民族解放并存的重要地位，在以前的研究中有所论述，但未见充分讨论。现在可以看得很清楚：第一，共产党在陕北和敌后抗日根据地推行的民主改革不只是关系局部，而是关系抗日战争全局的。封建统治制度的存在，根基在农村。抗日根据地能够实行民主改革，当然大后方农村也可以实行。蒋政权为了维护自己统治在农村的社会基础，反对实行民主改革。毛泽东在《论联合政府》中总结当时的情况说："在抗日期间，出现了所谓民族革命阶段和民主民生革命阶段的两阶段论，这是错误的。"国共"两党的争论，就其社会性质说来，实质上是在农村关系的问题上。我们究竟在哪一点上触怒了国民党反人民集团呢？难道不正是在这个问题上面吗？"①　共产党在农村的民主改革，从经济上限制封建剥削到政治上建立"三三制"人民民主政权，极大地改变了旧的农村关系、农村秩序，确立起了新的农村关系、农村秩序。广大农村以农民为主体的人民群众，就是这样充分发动起来，成为坚持敌后战场支柱的，人民战争就是以这个秩序为基础展开，在全民族战争中顶住了半边天的。新的农村秩序同时也给中国社会指出了新的方向，指出了抗日战争正在打开的前景。这一些，正是关系抗日战争全局的。不能只从地域的局部性去看待它的意义。

　　第二，大后方民主党派活动展开和民主运动兴起，表明推进民主改革的动力不止来自农民群众，也来自其他民主阶级。1943年民主政团同盟主席张澜致书蒋介石，强调国内政治形势恶劣，"察其症结，皆在政治之未能实现民主"。一切只有党意官意，没有民意。国家前途，大可忧危。那是大后方民主运动兴起的重要信号。1944年，共产党提出建立"联合政府"，废除代表大地主大资产阶级利益的国民党一党专政，把民主改革的政治目标明确起来了，也使各民主党派的力量集中起来了。从抗日根据地开始的民主改革运动，到这时发展成了一个带全国性的运动，只是斗争的环境条件和侧重点不同。

　　第三，蒋政权在民主改革问题上与民主势力站在根本对立的位置上。它反对共产党在抗日根据地的民主改革，当然更反对"联合政府"那样对它性命攸关的民主改革，因为一切实质的民主改革，都必然要改变大地主大资产阶级统治现有的政治、经济权益，改变以至危及其政权地位。抗战初期设立国民参政会等，带有改革意义，不过那并不损害当权者的地位。蒋政权反对共产党、

① 《毛泽东选集》第3卷，人民出版社1991年6月版，第1076—1077页。

反对民主改革是一回事，它不能与共产党公然决裂，对抗日根据地的民主改革，对大后方的民主运动，有无力量制止住，反对掉，又是一回事。皖南事变后不久，前此担任蒋介石政治顾问的欧文·拉铁摩尔在《太平洋事务》上发表的一篇题为《四年之后》的报告中说：在中国，如果得到外国政府的援助和支持，右派政府就能够得以生存下去，但是，如果敌国的进攻力量大于外国援助的话，政府不与革命合作，就会寸步难行。不然，政府也许将在革命中被抛弃。"对中国人民来说，这四年的历史，既是争取民族独立的历史，又是国内革命的历史"①。中国抗日战争是"争取民族独立和国内民主革命相结合的战争"。整个抗日战争充满激烈复杂的斗争，内容极丰富。拉铁摩尔关于中国抗日战争是"争取民族独立和国内民主革命相结合的战争"这个说法，符合历史。他所说的"右派政府"不与革命合作就寸步难行，是指蒋政权不能与共产党分裂，把对日抗战变为内战，而不是认为它在民主改革问题上与革命有什么"合作"。如果与革命合作来进行民主改革，那至少要算中间政府，不成其为"也许将在革命中被抛弃"的"右派政府"了。不用说，蒋政权完全没有力量完成和最后阻止抗日根据地的民主改革，也没有力量阻止大后方的民主运动。它采取各种手段打击压制民主力量，坚持一党专政，再加上军事上抗战消极，其结果原来跟着走的人由多变少了，原来抱有幻想的人变得幻想破灭了。为什么蒋政权在抗战中力量由上升变为下降了，就因为民族解放需要民主改革，而它与民主改革相对立，这就是民族解放与民主革命两个任务在抗日战争中并存而不同步且矛盾冲突不已的情况。抗日战争就是在这种矛盾斗争中进行的。中国社会各阶级在民族解放与民主改革上，在这里充分表现了它们谁

---

① 拉铁摩尔：《四年之后》，《太平洋事务》第14卷，1941年6月号，第151页。

个怎样，谁个不怎样，谁是什么，谁不是什么。

民族解放与民主革命两个任务并存，各个时期矛盾焦点不同，两个任务的主次也不同。民主革命的最终目标，一般说，是要废除封建土地所有制，扫清资本主义发展、国家工业化的道路。孙中山提出"平均地权"、"耕者有其田"，共产党领导土地革命，理论即由此而来。抗日战争中的民主改革没有提及封建土地制度问题。这是由于废除封建土地制度是更深刻的社会变革。抗日战争必须团结包括地主阶级在内的各个阶级去进行争取民族解放的斗争，而不可能两个任务同等并重，同时并举，不能一次性地把帝国主义、封建阶级两座大山通通掀掉。以敌后抗日根据地为基轴的民主改革，保证和推进了争取民族解放斗争的胜利，而这个胜利反过来又把整个民主革命推进到了更加接近全部行程的终点，其中正有废除封建土地制度这个更深刻的社会变革。所以中国民主革命的两个任务始终是联结在一起的。

关于国民党、共产党两个领导中心并存

抗日战争的领导权问题，争论最多，也最激烈。现在知道的有国民党领导说，共产党领导说，国共共同领导说，国共分别领导说，领导权由国民党向共产党转移说，等等。众说纷陈，没有哪种主张被认为基本上可以确立。有的研究者由此发出慨叹：这样一场伟大战争，总不能没有一个领导吧！对于这个问题，我的看法是这样：

第一，国民党与共产党的领导权，是由抗日战争前它们是两个敌对政治实体的关系嬗变而来的。抗日战争开始，双方各自作出妥协让步，实现了合作抗日。国民党发挥了领导作用，共产党也发挥了领导作用。双方各自让步的根本内容，是共产党放弃武装推翻国民党、取消苏维埃政权，国民党则实际上承认共产党合

法存在。以前彼此敌对的关系，现在改变成了相互合作，共同抗日的关系。但这并没有改变各自的阶级立场，也没有改变它们原有力量、组织的领导指挥系统。国民党实际上照旧运作没有改变，共产党在新的情况下依然独立运作，也没有改变。共产党控制的陕甘宁边区政权，改为国民党全国政权下的地方政权了，但它与通常意义上的地方政权截然不同，仍然是共产党领导的政权；红军改为全国统一序列的八路军、新四军了，依然是共产党领导的军队。它们的发展、壮大，就是遍布华北、华中敌后的抗日民主政权，和由几万人成长为上百万人坚持敌后战场、进行人民战争的人民军队。说国民党发挥了领导作用，是因为它掌握着民族战争所必需的、国际国内承认的统一政权，它指挥二百万军队，担负着正面战场的作战。它积极反共，但没有放弃抗日。说共产党发挥了领导作用，是因为它坚持抗日民族统一战线，使民族战争所必需的国内团结能够维持下来，指挥八路军、新四军担负着敌后战场的作战。就像正面战场是全国抗战不可缺少的基本部分，敌后战场同样是全国抗战不可缺少的基本部分。只要这些众所周知的事实是可以确认，无法否定的，国民党、共产党在抗战中各自的领导地位、作用，就是可以确认，无法否定的。它们就像地球有二极，并非只有一极。

第二，抗日战争是一个整体，局势瞬息万变。国民党、共产党都起了领导作用，但国民党坚决排斥共产党参加领导，共产党坚持独立自主。它们又不可能离开战争的整体运动去采取大的行动，又没有某种力量协调于其中。它们是依照什么规则，或遵循什么轨道运转，来实现对抗日战争的领导的？如果存在某种规则或体系的话，那又是怎样的一种规则、体系？

实际的情况，看来是这样：国民党、共产党所处的地位不同，能够起作用的范围不一样。它们在相关的行动上，有统一的，一

致的；有又统一、又矛盾斗争的；有彼此相反，始终对立的。双
方一致的地方，是认定一个政权对外。共产党尽管不赞成这个对
外的是一党专政的国民党政权，批评它的对外方针，但也只限于
此。这不是共产党有无发言权的问题，而是抗日战争是民族战争。
只要这个政权是对外抗日、对内承认国共合作与抗日民族统一战
线的，它的对外地位就是应当得到承认的。双方又统一，又矛盾
斗争的地方，是在两个战场的关系上。国民党领导指挥正面战场
作战，共产党领导、指挥敌后战场作战，它们起着互相配合的作
用，客观上它们的行动是统一的，一致的。1943 年 7 月，共产党
发表的《为纪念抗战六周年宣言》说："整个中国战场上，六年来
的作战，实际上是被划分为正面与敌后两大战场，这两个战场的
作用，是互相援助的，缺少一个，在目前就不能制止法西斯野兽
的奔窜，在将来就不能驱逐这个野兽出中国。因此，必须增强这
两个战场互相支援的作用。"① 这对国民党、共产党在两个战场行
动上的统一性说得很明白，事实确切。也就在这里，双方又存在
着无法解决的矛盾。共产党在敌后发展抗日力量，国民党反对共
产党在任何地方发展力量。两个战场的存在、演变，关系着抗日
战争的全局，是最足以说明双方在领导上的地位和关系实质的地
方。双方立场相反，始终对立的，是共产党要求实行民主改革，
国民党反对民主改革。要说明国民党、共产党领导作用是怎样实
现的，从这种种情况，看不到它们有某种形式的共同领导或与之
相反的分开领导。从这种种情况，明显地可以看到，它们的领导
作用是从又统一、又矛盾斗争中来实现的。对于这种状况，如果
给它安上一个系统或法则，那就可以叫做对立统一运动系统或法
则。很可能这个说法把复杂的事情简单化了。但简单的表述往往

---

① 《中共中央文献选编》第二册，中央党校出版社，第 240 页。

更能说明事情的实质。国民党、共产党如何领导抗日战争的问题解决了，它们谁领导了和谁没有领导的问题当然也就解决了。道理很明白：名者实之宾，行与事相连。事实在先，说明在后。没有国民党与共产党各自起了领导作用的事实，又从哪里找出它们运动的规则、体系呢！

民族矛盾与阶级矛盾并存，支配着国民党与共产党要遵循一定的规则行事。这绝不表示它们在每个方面的作用处于同等地位，也无法证明它们的作用各占百分之多少，或者恰好一对一拉平。国民党掌握中央政权，力量明显占有优势。在正面阻挡敌人进攻和保持住后方基地，缺少一项，抗战就难以持久撑持下去。但它本身的消极因素把优势大半抵消了。共产党的武装力量最初远少于国民党，但它始终坚持统一战线的一条基本方针：独立自主。这个方针决不只是关系保持共产党的独立性与涉及国共关系的，而是在根本上关系抗日战争全局的。关于这个方针的全局意义，许久没有被人们所重视。共产党的这个方针制定于1937年8月的洛川会议。毛泽东说明必须坚持独立自主的原则时，强调要尖锐地提出谁领导谁的问题，指出在全国必须反对投降主义，在党内要反对已经出现的右倾危险，坚持独立自主原则是把抗日民族革命战争引向胜利前途的中心一环。王明从苏联回国，反对独立自主原则，认为统一战线的核心在于国共两党的一致，不要提什么领导权的问题。他主张用"一切服从统一战线"、"一切经过统一战线"代替独立自主原则。按照这种主张，不用说，最后就是一切服从、经过蒋介石、国民党，服从蒋介石、国民党的统一领导，统一指挥。王明这一套理论打着"共产国际"旗号，从中不难窥见苏联对华政策的影响。苏联希望中国在东方牵制日本，使它无力北进，自己可以在西线对付德国进攻，避免两面作战。中国共产党坚持独立自主，蒋介石可能增加顾虑，抗日消极。这与苏联政策利益不符。不过王明的话缺少透明度。1940 年斯大林对来华军事使团负责人崔可夫的秘密谈话却彻底讲透了。他说，苏联的目的，是援助蒋介石，来紧紧捆住日本的手脚。"照理，中国共产党人要比蒋介石对我们来说更亲近些。照理，主要援助应该给予他们。……但是这种援助看起来像是对一个我们与之保持外交关系的国家输出革命。中国共产党和中国工人阶级要成为反侵略斗争的领导者，还显得太屡弱。要把群众争取过来需要时间，到底需多长时间，很难说。此外帝国主义大国未必容忍中国共产党取代蒋介石。""中国共产党在国内的地位还不巩固。蒋介石可以轻而易举联合日本人来对付共产党。共产党同日本人是不可能联合的。蒋介石有美国和英国的援助，毛泽东是永远得不到这些大国的支持的。""蒋介石一旦感到有丧失政权的危险或者我国和西方大国拒绝援助他时，那他立刻就会效法汪精卫，寻找同日本军国主义妥协的途径。"① 斯大林这一大段话的错误，是对共产党的力量，对共产党在抗日战争中的地位、作用估计严重不足。它对于蒋政权与英美的关系、与日本的关系等等的分析又是丝丝入扣的。但是蒋政权到底没有与日本妥协，为什么？共产党独立自主的斗争，是参与形成抗日战争的全局，也制约着抗日战争的全局的。蒋政权不能脱离这个全局去运转和选择前面的道路。共产党如果不是坚持独立自主的原则，一切要与国民党一致，一切服从蒋介石、国民党统一领导，统一指挥，那么敌后抗日根据地、抗击敌军半数和几乎全部伪军的人民军队、人民战争———一句话，整个敌后战场就不会出现，不会存在，因为：那一切是违反蒋介石、国民党的强烈愿望的，是在它始终坚持反对，采取诸如发动皖南事变，用上十万军队包围陕甘宁边区、在后方实行特务统治的情

---

① 崔可夫：《在华使命———一个军事顾问的笔记》，新华出版社，第35、36页。

况下出现和存在的。如果没有共产党根据独立自主原则进行斗争参与形成的抗日战争全局、与对全局有力的制约，或者再加上没有苏美的一定援助，蒋政权为保住自己的统治，就必然走上与日本妥协一途。那时整个抗日战争的面貌和结局，就根本不会是我们现在所知道的样子。共产党坚持独立自主原则，是怎样关系抗战全局，成为把抗日战争引向胜利的中心一环的，现在我们应该看得很清楚，给它以客观的估价了。我们可以作出这样的判断：说国民党、共产党各自起了领导抗日战争的全局性作用，而它们所起作用的方面、重点不同，合乎事实。

第三，双方争取领导权的斗争，贯串在抗日战争的全过程里。它们各自作用的大小高低，要从抗战的全过程观察，不能孤立地论一时一事。从抗战的全过程中可以看出：（一）它们的领导地位、作用是不断改变的。抗战前期、中期和后期，双方各自发表的纲领、政策文献如《抗日救国十大纲领》与《抗战建国纲领》、《新民主主义论》与《中国之命运》、《论联合政府》与国民党六大文献等，反映了全国开始抗战御侮到临近战争胜利的过程，也反映了国共关系的变化。共产党提出废除国民党一党专政，建立联合政府，突出表明了国民党领导地位的下降，共产党地位的上升。（二）双方地位的变化，根源在于战场上的变化。前期、中期、后期双方在战场上的力量大小不同，发言地位也就不一样。国民党后期明显消极抗战，导致豫湘桂大败。1945 年赫尔利对蒋介石说："等到对日战争结束，你那些装备优良的师团就可以轻而易举战胜共军了。"① 这是看穿了蒋介石消极抗日的危险用心和赞同那些用心。国民党领导地位削弱，后方人心大变，就是由于它在战

---

① （美）迈克尔·沙勒：《美国十字军在中国》，郭济祖译，商务印书馆 1982 年版，第 208 页。

场上的地位削弱。共产党与之相反。（三）前期苏联援华置身于国共斗争之外，后期美国援华介入国共斗争之中。美国的介入说明共产党在抗战中的领导地位、作用为举世所公认，也使共产党遇到了新的对手。从抗战的全过程看，双方地位、作用的大小、高低，不均衡，不稳定，不断改变。总的趋势是人民力量增强，历史性地改变了国内政治力量的对比。它是对国民党与共产党在抗日战争中的领导地位、作用最终的说明。

第四，国共两党在抗日战争领导权上这种双头并存的、在不断的矛盾斗争中统一运转的状况，屡次掀起惊涛骇浪，民族战争险遭夭折。人们据此或者要说，那是不合理的，不适合民族利益需要的。中国在抗战中遭受重重磨难，内部矛盾对立，不能与这种领导状况无关。但是我们知道，历史事件是具体的。历史事件以某种形式存在、运转，达到某种结局，都取决于一定的环境条件，取决于前段历史的准备。历史学只讨论已经发生的事情，认识那些事情要分析，也只能分析。人们只能从历史分析中，认识什么是必要的，什么是不可避免的，而无法说出它应该怎么样，不应该怎么样。人们可以不顾客观环境条件、凭着自己的好恶感情，提出这样那样自以为正确的、合理的设想，须知那与历史实在、与人们对历史的客观认识毫不相干，毫无意义。由于抗日战争时期，蒋介石、国民党基本上掌握着全国政权，抗日战争不能没有国民党、蒋介石参加，也就是不能没有它参加领导。蒋政权参加抗战，实现了民族的团结，带来了它在民族战争中的领导作用，也带来了大地主大资产阶级统治利益不许改变的要求，反对共产党，反对民主改革。而且它在民族战争中并非没有动摇性。日本几次诱降的"和平运动"，蒋介石、张群、孔祥熙等都曾秘密参与其事。那些活动有的为人所知，以致1940年冬重庆政府不得不发布一个此地无银三百两的公告：凡是谈论中日和平的中国人一律以汉奸看待。但蒋政权到底站在民族立场上把抗日战争坚持到胜利了。排除了蒋介石、国民党的领导地位，全民抗战也就不存在了。共产党在抗日战争中是人民力量的组织者、鼓舞者、坚定的政治代言人。抗日战争不能没有共产党参加，也就是不能没有它参加领导。中国能够坚持抗日战争并取得最后胜利，其力量的深厚根基不在别的地方，就在全国广大人民中间。排除共产党的领导地位，抗日战争力量的深厚根基也就不存在了。普鲁士历史编纂家利·冯·兰克说，历史是国王的科学。我们不好反过来简单地说，历史是人民的科学。但是我们必须说，离开了人民这个主体就没有抗日战争的历史，是人民的实践创造了抗日战争的历史。抗日战争在中国历史上实在太重要了。它真正关系中华民族的生死存亡、前途命运。敌强我弱，困难矛盾诸多。中国当时的社会现实中，没有哪个阶级、哪个政治力量能够独力担负起领导这场伟大战争的任务。国民党独力担负不起来，共产党独力担负不起来，其他社会力量也担负不起来。国民党、共产党又没有形成共同领导的结构，又没有某种形式的谁先领导谁后领导的过渡，于是不平衡、不稳定的对立统一中运转的领导状况，就成为必要的，不可避免的了，成为惟一可行的、无可代替的了。抗日战争中，并非人民的一切牺牲都是注定不可减少的，也并非人民的一切痛苦、憎恨、愤怒都是注定要发生的。而它们终于没有减少，终于发生了。但是在付出那种种巨大的代价之后，实现了一个全民族的衷心愿望：伟大的民族解放战争最后胜利了。这说明国民党、共产党的领导都是需要的，不可缺少的。它们都在民族解放战争中作出了载诸史册的贡献。尽管它们的作用不均衡，不符合各自的主观愿望，也并非在每个地方都一样。

否认共产党在抗日战争中发挥了领导作用，更不用说发挥了全局性领导作用的论点著作，过去有，现在也不鲜见。例如最近台湾出版的《中华民国抗日战争图录》所载国民党党史会主持人所写的序言，就很有代表性。序言说："大陆上的出版品几乎千篇一律的把战功据为己有，对真正领导抗战的军事委员会委员长蒋中正，则又诽谤辱骂，无所不用其极。最近情形改变了不少，但距抗战的真实面还有不短的距离。……坦诚言之，抗战时的中国政府是中华民国政府，被认为是抗战时期最高统帅的人是蒋中正委员长，国军（中共贬称为'国民党军'）担当了正面主战场作战任务，蒙受重大的牺牲，这都是无法更易的事实，怎可视而不见？"① 这些颇带感情的叙述，说到底，就是一句话：抗日战争是蒋介石、国民党"真正领导"的，凡与此相异者，一概为隐讳欺世谬说。

如此说来，抗日战争的领导权简直没有什么可研究的，因为今天大陆上的出版物，大概没有不认为此时中国政府是国民党政府，蒋介石是国民政府军事委员会委员长和"国军"担任着正面战场作战任务的。但是，实在地说，不论如何强调和重复战时是哪个政府，最高军事领导人是谁，都没有接触到抗日战争的根本问题，都不能使人对这段历史得出基本的认识。抗日战争是民族战争，人民则是民族的主体。研究这段历史，不去强调对它们深入分析，得出认识，那就像指挥打仗没有进入情况，或者像演戏没有进入角色。国民党、共产党都在抗日战争中发挥了领导作用，研究这段历史不能离开对它们的分析和评价。而且这种分析和评价必须客观对待，不管贬低哪一方、拔高哪一方，都不能实现科学研究任务。拿国民党和蒋介石掌握最高指挥权，来论证国民党的真正领导地位，当然是认为"法统"、"政统"、"合法地位"等

----

① 李云汉主编：《中华民国抗日战争图录·序》，台湾近代中国出版社 1995 年 8 月版。

是最有权威的。这些权威在国民党一边，也就证明了领导权在国民党一边。但是人们知道，历史只能根据事实去了解，而不能根据一个政权自己或别人给它贴上怎样的"法统"、"政统"、"合法地位"等标签去了解。封建时代的历史学照例采用"书法"、"正统"等去界定是非，但那些界定从没有告诉过人们历史真相如何。也就是说，"法统"、"法定地位"等在谁手里，根本不足以证明实际领导权在谁手里。商品的价值取决于它所包含的社会劳动量，而不取决于所贴的商标。抗日战争中的领导权与"法统"、"政统"的关系，正与此类似。

抗日战争是中日间的战争，日本进行侵略战争的种种自然都在研究、了解之列；抗日战争是在复杂的国际关系中进行的，国际风云中有关的种种自然也都在研究、了解之列。但是抗日战争的面貌和结局，最终是由中国社会结构底层的矛盾、当代历史运动形成的社会阶级力量的配置所决定的，即由前面所讲的民族矛盾与阶级矛盾并存、民族解放与民主革命两个任务并存、国民党与共产党两个领导中心并存和它们的运动、相互作用所决定的。对它们的存在与运动的研究，集中起来，就是如何认识我们这个民族，如何认识中国人民。《文心雕龙》有云："摛文必在纬军国，负重必在任栋梁。"抗日战争研究如果也应该在认识领域发挥某种"纬军国"、"任栋梁"的功能，我以为，那就是在这样两个主题上：认识我们伟大的民族自己，认识我们伟大的人民自己。

四

唯物论有自己的思想体系。照唯物论思考提出的认识，当然不像在法院打官司，可以凭律师辩护取得胜利，或者最终由法官宣判了结。但是根据这个思想方法论去进行研究，肯定足以有助于提高科学水平，使人们更接近认识历史的本质。

有人会说，历史研究重在如实记述事实。中国古人不闻唯物唯心之名，照样写出名著，何必一定强调唯物主义呢？

古人，不论中国外国的古人，与我们今天的环境条件各异。凡长久流传的历史书，如《史记》、塔西陀《编年史》、普鲁塔克《传记集》等，皆因其史料珍贵，叙事生动引人入胜。但是它们终究限于搜集片断事实，写出历史过程的某些方面，而无法对社会历史各个领域，即无法对经济基础、阶级斗争和整个上层建筑领域统一起来去认识。在中世纪以前狭窄的社会生产状况下，只能如此。近代工业生产出现，环境条件改变，打开了人们的眼界。历史是什么？不唯书，不唯上，现在我们可以指出，它是人类社会以生产力与生产关系的矛盾统一运动为基础的、由人的思想意识活动作用于其中所驱动的整体运动的过去，是当前整个社会体系的昨天和前天，它的由来。苏联人波克罗福斯基曾经下定义说："历史是过去的政治。"波克罗福斯基被认为混淆历史与现实，大受批判。实际上，那个说法的错误，不在于讲了"过去"的政治，而在于只讲政治，撇开了社会经济基础、整个社会体系。以前有人称马克思为社会学家，完全正确。马克思主义的历史唯物主义，就是建筑在对社会整体运动的认识上的。它从社会整体或整个体系的主体部分、即生产力与生产关系的矛盾统一运动出发，去认识、解释社会历史的种种现象，而不同于用思想的意识的活动，用虚幻的超自然的精神力量的活动，最后解释自然和社会的种种现象。它们两者，就像一个是脚踩地、头顶天顺着看世界，一个是头顶地、脚朝天，倒立着看世界。早期西方先进思想家里有人说，人类理性最重大的任务在于认识自然规律。那时人们因为受上帝创造人的神学思想支配，还不敢提出认识人类社会历史运动的规律。历史唯物主义不同，它是迄今为止可以引导人们去寻求对社会历史得出规律性认识的思想理论体系。如果说，理论必须符合事物的本性，历史唯物主义就是符合社会历史客观运动本性的理论体系。倘若系统论可以看作最现代的科学，那么，历史唯物主义就是人类社会历史学说的系统论。

世界太复杂了，人类认识史是一部又曲折又艰难的斗争史。人们认识每跨进一步，都要经过严重的斗争。先进思想大凡最初出现，必定遭到重重歪曲，遭到无情的反对；历尽艰难崎岖，而最后它的成果又总会被接受下来，不管要经过多少反复，以及漫长的时间。围绕天体运行理论上日心说地心说的斗争、生物学上进化论传播的斗争，都是这方面人所共知的事例。由于发展日心说，布鲁诺遭火刑焚死，伽利略在囹圄中度过终生。伽利略的案子过去四百余年以后，梵蒂冈法庭前几年重新审理，"落实政策"。结论是：日心说是对的，伽利略跟着哥白尼去宣传是错误的。不怕你啼笑皆非，这确是近在眼前的事实。但是尽管如此，美国无人驾驶飞船"伽利略号"已经飞近木星，对太阳系内行星外层大气进行实地探测。毕竟现在也没有人愚蠢到指责这是触犯上帝禁脔了。关于社会的思想理论方面的斗争，更加复杂尖锐。马丁·路德把《圣经》从拉丁文译成德文，写下大量评注。他被皇帝宣布为"不受法律保护者"，人人都可以打死他。据说还有个魔鬼站在他的写字台边，横加威胁。但是，马丁·路德仍然成功地掀起了宗教改革运动。他翻译的《圣经》，以其特有的充满力量的语句，明确的表达方式，最后成为德语基础了。历史唯物主义触犯世人的利益与灵魂偏见，比马丁·路德翻译的《圣经》不知要严重多少，尖锐多少。普列汉诺夫说，马克思主义问世以后，反对它的人像海底的沙一样多。今天反对历史唯物主义的人未必比海底的沙少些。对它嘲骂以为时髦的，表示不屑一顾的，目为老牛常谈的，冷眼旁观的，各种各样。众多人的思想认识，在很大程度上仍受当今世界资本主义生产关系的严重锢蔽，现实的利害关系使人不能从锢蔽解放出来。这说明历史唯物主义今天仍在经历着一切先进思想理论所走过的道路，它也必将与一切先进的思想理论一样，最终广泛地为人的理智所接受下来，更深刻地去认识现实、解释历史。

作为一个科学思想体系，唯物论并没有把历史长河、社会生活中的种种问题说完，也没有人试图去说完，而且永远不会说完。一部世界历史，无处不是检验、充实、阐发历史唯物论和辩证法的场所。哪里社会矛盾尖锐复杂，人民力量兴起，斗争规模宏大，历史运动剧烈，哪里就是检验、充实、阐发历史唯物论和辩证法的大好场所。中国抗日战争特有的格局，它的复杂性，无论从哪方面来看，都是发挥历史唯物论的思想力量最好的和令人最饶科学兴味的场所。善于探索者尽可以去开发，去掘进。

照唯物论思考，不用解释，是说要讲唯物主义历史观。这是讨论学术问题，而非其他。抗战前夕，日本军国主义分子小矶国昭、石原莞尔等狂妄宣称：历史和地势说明中国不能统一，必须分成几个地区由日本治理；中国不具备成为现代国家的能力，要由日本为之主宰，等等。现在日本政界某些人把日本进行侵略战争说成不但无罪，而且有大功，是"正义"的。与之相唱和，某些自封的"中国问题专家"，也特地搬出小矶、石原等当年吞并中国、殖民地化中国的军国主义的理论、逻辑，大事宣扬挥舞。他们在《产经新闻》专栏《正论》、《经济学人》等报刊上发表文章，指责中国维护国家领土主权、统一台湾是"得陇望蜀"；说从日本来看，"中国必须分裂"。对于他们，历史学研究者应该说的，是提醒他们赶紧去治疗军国主义复活狂热症，或者军国主义失败健忘症，根本不存在什么讨论历史观的问题。这是不言而喻的。

顺便也提到一下，我国新闻媒介刊载的对外发言，常常指出日本政界某些人抱有错误的历史观，不可不注意。这是完全必要的。但说那些人的言论是错误历史观的问题，则不正确。日本成百万军队侵入中国，占领大半个中国领土，血腥屠杀中国人民，对中国进行殖民统治，战败投降。时间距今不过 50 年，某些政界人士、"中国问题专家"，又起来给军国主义翻案，宣传当年日本准备吞并中国、要求对中国分而治之的理论与强盗逻辑，意欲何为？他们自己明白，中国人也明白。如果一定要说那是什么观点，请恕直言，那是地道的军国主义观，超级强盗观，法西斯观，而非历史观。

四　思想文化（上）

马克思主义与中国传统文化[*]

　　中国传统文化与西方文化是什么关系？在中国文化的发展中，马克思主义起过什么作用，处于怎样的位置，算不算中国近代文化的组成部分？这是讨论中西文化及其关系时经常遇到而又意见分歧的问题。从历史学的角度看，郭沫若等中国最早一代马克思主义历史研究者，所要处理并且得到了正确处理的也正是这些问题。历史学是基础科学，一个国家民族文化的历史，是那个国家、民族文化的基础部分。从中西文化及其关系的层面上系统地总结、了解中国第一代马克思主义历史学及其他领域研究者们的经验，对于我们正确地处理中西文化及其关系问题，是有意义的。

　　中国传统文化，当然是指中国的民族文化。马克思主义与传统文化的结合，意味着前者的民族化。马克思主义崛起于西方。产生它的社会背景、思想源流也只在西方。中国传统文化无论内容和形式，都与马克思主义很少相像的地方。因此，人们很自然地想到，在中国传统文化面前，马克思主义是地道的"外来异物"。中国"国情特殊"论者主要就是强调这一点。在历史学领域

・　原载《求是》1989 年第 7 期。

里，马克思主义研究者第一次科学地解答了这个问题。从郭沫若的《中国古代社会研究》起，他们给我国历史学划分出了一个崭新的时代。马克思主义古典文献上论述的社会形态、社会历史发展阶段，不仅仅存在于欧洲、美洲，也基本上存在于中国历史发展的过程里。他们的研究切实证明了这个重大事实。中国社会历史从何处来，将要走向何处去，在人们面前显得一下子豁然开朗了。

马克思主义之所以能够应用于研究中国历史，根据在哪里？根据不在中国历史之外，只在中国历史运动之中。甲骨钟鼎文字和先秦以下浩如烟海的文献记录表现的中国社会制度、历史演变，有什么样子，马克思主义才能够讲出什么样子。马克思主义的应用，改变了的是主体对客体的认识，而不是改变了客体的存在。反对者指责说，马克思主义的研究是"削足适履"，"移史就观"，这显然是不正确的。尽管如此，它还是不能否认这样的应用并非脱离了中国历史的基本事实，而只是依据科学观点来重新认识那些事实。巧妇难为无米之炊，科学不能靠杜撰虚构成立。马克思主义产生于西方，它一旦与中国内在根据相结合以后，就成了中国文化的重要组成部分。在中国历史学里面，它再也不是"外来异物"，而是与中国文化熔铸为一体了。恩格斯说，每个国家运用马克思主义，必须穿起本民族的服装。这里借用服装来形容民族化，中国马克思主义历史学所做的工作，就是穿起中国民族服装，把一个本来陌生的科学思想认识体系民族化，来发展、创造我们民族新文化的工作。

在历史学领域——事情当然早已远远超过历史学领域，我们说，马克思主义这个西方先进思想与中国传统文化相结合，实现了民族化了，不以为然的，大有人在。关键在于他们不去从发展变化的观点看待中国文化。和一切社会现象一样，传统文化绝非是离开整个历史运动而傲然独立的怪影，它必然要跟着历史的新陈代谢而代谢，跟着历史的发展演变而演变。照永久固定的观点看待中国文化，事情就会变成完全不可理解的。例如最近台湾有的知名人士提出用"中国文化统一中国"，乍一看显得相当有理，并且人们也可以相信，这是从中国民族立场提出问题的。但是矛盾和疑问也是非常明显的。"中国文化"这个提法，不把中国的马克思主义思想学说包括在里面，意思明白，不止于弦外之音。在古代，如果说，中国文化的主要部分指两千年来汉文化中的孔子教义、儒家学说，这大概没有好反驳的。中国文化不能只有古代，没有近代。近代中国文化的主要部分是什么？不管人们赞成与否，这样一个事实却无法否认：三民主义、与中国传统文化相结合的马克思主义占着近代中国文化主导的位置。孙中山在《民报》发刊词上第一次提出"三民主义"，开宗明义说："余维欧美之进化，凡以三大主义，曰民族，曰民权，曰民生"。在同盟会革命方略上又说："虽经纬万端，要其一贯之精神则为自由平等博爱"。欧美进化的三大主义和作为法国大革命旗子的"自由平等博爱"，都是西方文化，后来又都成了中国文化的一部分。40年代的重庆，一些人试图照儒家文化形象摹写三民主义，抹煞孙中山的学说取自西方，孙科有力地反驳了那种臆说。孙中山采择西方"三大主义"建立自己的学说，和中国另外一些先进分子接受马克思主义建立自己的学说，先后只差十年多一点。从它们的酝酿过程来看，几乎是同时的。固定地看待中国文化，把三民主义，中国的马克思主义思想学说，统统排除在中国文化外面，试问这如何讲得通？

事实上，即使在古代中国，统治整个封建社会的孔子教义、儒家思想，从来就不单纯。它一直是处在不断演变的过程中。且不说汉代以后儒学里面怎样渗加进去了佛、道的内容，我们只需看看从孔子讲"六艺"，到董仲舒调合阴阳家言，讲天人合一，再到朱熹专讲"四书",宣扬性理,就知道后来的儒家学说与最初的孔学有多大的不同,可以说是面目全非了。一定的思想文化产生于一定的社会经济基础。孔学是小农经济的产物。两千年封建社会里小农经济多少有些缓慢的移动。儒学为了适应不同的时代生活,表面一直保持着它的框架,实际上不得不缓慢而又显著地改变自己的内容和形式。中国到了近代,资本主义产生,封建的经济生活发生动摇,反儒学运动也就一个接连一个兴起。五四运动高喊"打倒孔家店",最后宣告了儒学统治的结束。把思想文化作为整个历史的一部分,承认历史发展、丰富了,民族文化也必然跟着前进、丰富,那么,依照中国文化来解决中国问题一类的提法,就会变得顺理成章,对立、争论也就可以找到解决的途径。马克思主义原理已经融合到中国民族文化里面,并且为我们的民族文化增添了新的巨大活力。毛泽东说,从孔夫子到孙中山都要总结。这是从历史发展看中国文化的,是正确的。只要不割断历史,我们就会承认孔子、孙中山、与中国传统相结合了的马克思主义,是中国不同历史时代的文化主流。

中国自从进入近代,与西方政治、经济、文化全面接触起,怎样看待中国传统文化与西方文化以及它们两者的关系,长时间里争论不息。旧的回答刚刚过去,新的问题又被提出来,或者旧话重提。目前这种争论正在进入新的一轮。它是在中国社会主义时代条件下出现的,而且不止在一个阵地上展开。关于《河殇》的争论是其中的一个例子。新一轮争论反映了中国和西方社会生活、社会矛盾的新形势,传递了大量新的信息。中西文化的强烈差异存在一天,中西文化如何结合的争论和讨论就不会停止。郭沫若以下最早一代马克思主义历史研究者,他们在中西文化及其关系上提出供我们思考的,说到最后,不外乎两条:第一条,.批判地继承传统文化。第二条,批判地对待西方文化,汲取其中一切先进的东西。在今天，我以为，第一条我们应该坚持，第二条同样应该坚持。所以这么讲，并非无的放矢。崇儒尊孔、新儒学和儒学第三次复兴的声浪，在国外和国内可以感到洋洋乎盈耳。五四运动因为响起了"打倒孔家店"，而被批判为丢掉了中国文化，以至与义和团、红卫兵共举。倒转过来，主张全盘西化者正不乏其人，一些陈旧学说在西方老家早被遗忘，无人问津了，在中国又翻腾出来作为最新思想推荐给读者。这两种情况都存在于当前的思想文化论说中。我们有理由正视它们，没有理由回避它们。那两种看法截然相反，所指出的事情又正相同，即拒绝或部分拒绝马克思主义历史学在中西文化上所表现出的原则观点，是明白无误的。

对于传统文化，没有人想一笔抹煞孔子和孔学。如果孔学只有不合理的一面，那就必须认为以往绝大部分的历史都是不合理的存在。人们的智力不会相信如此。就历史学来说，西汉今文经学中所包含的"大一统"、三世进化观和《礼运》大同理想等很有气魄、视野开阔的思想，至今尚没有得到充分的研究。但这不等于我们认为可以搬用孔学体系来认识和处理现实生活。不去用批判态度对待孔学为代表的古代文化，除了表示倒转历史车轮，难以表示别的什么。孔学保守、封闭带来的危害，近代的中国人、外国人不知讲过多少。严复大声疾呼：中国严重落后，根源在于教化学术乖戾，"六经五子亦皆责有难辞"。日本人远藤隆吉说，孔子是"支那祸本"。他们的严厉批评，在今天仍然值得引起注意。重新认识和批判对待传统的文化，才能产生新的文化。

对于西方文化，要和对待任何事物一样，实事求是。马克思主义诞生于距今一个多世纪以前。世界发生了翻天覆地的变化。社会主义矗立在地球上，资本主义仍然表现出顽强的生命力。马克思主义古典文献上的一些论点过时了，那丝毫也不足为怪。我们是从事科学探讨，决不能变成儒家经生的抱残守缺。马克思主义产生于资本主义生产关系出现以后，这种关系在世界范围以内还没有成为过去。西方世界的社会历史学说不断翻新，如果讲覆盖、讲超越，从个别认识上看应该这样说，从总的观点看就不能这样说。在世界范围内，现在没有任何一种社会历史学说，足以取代马克思主义的科学体系。它过去是、现在仍然是最先进的科学社会历史学说。马克思主义历史学只有凭借这个学说，并随时汲取世界一切先进的认识成果，来使自己不断获得前进。汲取"一切先进"的成果，是说我们的认识道途是永远敞开的，永远不会有"封顶"的日子。

马克思主义与传统文化，涉及广泛的领域。郭沫若等最早一代马克思主义历史研究者所取得的创造性成就，只属于其中的一个方面。但它所指出的事情是带普遍性的。有的研究者问道：中国传统文化是否能够在一定条件下转化或者孕育出新的社会主义文化？如前面所述，与中国传统相结合了的马克思主义对此已作出了回答。如果一定要列举出孔子教义、儒家学说里面，哪些东西对我们今天仍然有益和应当汲取，那必定是仁者见仁，智者见智，言人人殊。照我的看法，孔学是讲治术、面对现实，而不是脱离现实的；是理性的，而非神学的；是有条件地主张变革，承认"穷则变，变则通"的，是追求对"道"即社会历史规律性认识的，"君子忧道不忧贫"，"朝闻道，夕死可也"。而这一些，都符合我们对中国传统文化自我更新、自我开放，积极接纳时代精神的需要。马克思主义与传统文化相结合，中国文化就会像以往在东方文化中保有高度繁荣和显耀地位一样，今后也将继续保有它的高度繁荣和显耀地位。这样说，当然并没有忽视作为意识形态的文化同社会物质生产、经济生活这样那样的联系。它们的动作是双向的，它们大体上要荣枯与共，休戚相关。

学习郭沫若[*]

郭沫若同志是我国杰出的无产阶级文化战士，是社会主义时期我国科学、文化战线上卓越的领导人。我们纪念他的诞辰 90 周年，心情是激动的。由于他是我国马克思主义历史科学的创始人、引导者，过去我们总是学习他。现在纪念他，表达我们的追怀和崇敬，最重要的也还是学习他。

郭沫若的一生，是革命的不断前进的一生。学术上的贡献和成就，包括哲学、文学、历史学等许多方面。古代史、考古学、金文、甲骨文的知识，仿佛这个领域的一部百科全书。我们要向他学习的东西是很多的。那么在今天，学习郭老，最主要的内容应当是哪些呢？我想举出两点，与各位一同研究讨论。

第一，我们要学习郭沫若坚持以马克思主义为指导，充满创造精神地研究中国历史。中国最先提出应用马克思主义研究历史的有李大钊同志。他写的《史学要论》和其他论著，至今看来仍然是很可贵的。那些论著主要是介绍历史唯物主义观点，而不是应用历史唯物主义研究中国历史的专门著作。郭老《中国古代社

• 原载《近代史研究》1983 年第 1 期。

会研究》是这种著作的第一部。《青铜时代》、《十批判书》、《奴隶制时代》等，都属于同类著述，而且在科学性上后来居上。我们特别应该看到，郭老坚持和提倡用马克思主义研究历史，决不止于写出了大家知道的一系列作品。他的历史、考古研究工作，是与致力于介绍、宣传马克思主义经典著作同时进行的。1924 年 4 月，他开始翻译河上肇的《社会组织与社会革命》。这部书是日本早期马克思主义经济学名著。其中有些地方并不符合马克思的本来意旨，郭沫若有所了解。但是他强调，翻译这部书，是他一生中的一个转换期。也就是说，从这时起，他成了一个马克思主义的坚定信仰者。1925 年，郭沫若决定过翻译《资本论》，因出版商不肯接受，未能实现。1927 年冬天以后，以他为首的后期创造社，集中宣传、阐发马克思主义，掀起很大的回响。郭老叙述当时的情形说："辩证唯物论的阐发与高扬，使它成为中国思想界的主流，后期创造社的几位朋友的努力，是有不能抹煞的业绩的"。创造社贡献了光荣业绩的"朋友"，是指成仿吾、李初梨、彭康、朱镜我、冯乃超、李铁生这些革命思想理论战线上披荆斩棘的老战士。其中成仿吾同志实际主持这时创造社的活动，艰苦奋斗。他们在自己的刊物《文化批判》上发表的阐发辩证唯物论和历史唯物论的文章，令人耳目一新。鲁迅这样说过："有一件事是要感谢创造社的，是他们'挤'我看了几种科学的文艺论，明白了先前的文学史家们说了一大堆，还是纠缠不清的疑问，……以拯救我——还因为我而及于别人——的只信进化论的偏颇"[①]。鲁迅的评论，也可以看出创造社宣传马克思主义的功绩。他所说的"科学的文艺论"，自然是指马克思主义著作。1928 年，郭沫若又从头攻读《资本论》，有人反对说，"文学家何必搞这个"。他坚持钻

---

① 鲁迅：《三闲集》。

研下去。不久以后，翻译出版了《政治经济学批判》和《德意志意识形态》。

中国悠久的历史学传统，产生过一些卓越的历史家。其中司马迁在封建时代的历史学上是最有创造性的。在创造性这一点上，不妨把郭沫若同司马迁相比；或者说郭沫若是无产阶级的司马迁，社会主义的司马迁。当然类比总是容易引起争论的，不会什么都一样。且不说他们历史观点的差别如何，司马迁受到汉武帝的迫害，大约只活了42岁，非自然地死去，郭老就享有遐龄。司马迁因为敢于直言，到三国时还受到统治者的切齿愤恨，郭老生荣死哀，众人景仰。郭沫若后半辈子生活在社会主义制度下面，这有关系，更主要的，是他一辈子不忽不怠，奋力坚持马克思主义，给人民做了好事，同时也使自己流传竹帛。

第二，我们要学习郭沫若研究历史十分重视联系革命实际，合理地回答现实生活中提出的问题。马克思的名言：哲学家们只是用不同的方式解释世界，而问题在于改变世界。马克思主义是为改造现实世界而存在的。失去了与现实的联系，就失去了它的灵魂，徒存躯壳。至于马克思主义的历史研究怎样联系现实，恩格斯再三讲过：马克思有两个重大发现，一是历史运动、发展的规律；一是剩余价值学说。现代科学社会主义就是建立在这两个重要根据之上的。恩格斯的话告诉我们，以马克思主义为指导研究历史，阐发历史运动、前进的客观规律，是与说明资本主义必然灭亡，社会主义必然出现这个无产阶级革命的最大现实内在地、天然地联系在一起的。封建的、资产阶级的唯心主义历史观点，或者牵强附会把历史硬拉到现实生活中来，或者按照现实生活的某种剪影，倒转过去摹写历史，都只能极大地破坏历史研究。马克思主义历史科学要坚决反对历史唯心主义。

郭沫若的一些主要著作，在联系实际方面是成功的。大革命失败，共产党领导武装斗争深入农村，中国向何处去？一些知识分子急切寻求答案。《中国古代社会研究》在这个时候出现了。那是一部纯学术的古代史研究著作，没有片言只字涉及现实。但著者明白地说过，他写这部著作、从事这方面研究，是为着寻求中国历史发展规律，回答现实斗争中人们的疑问。中国守旧势力总是用"国情不同"，来反对马克思主义历史唯物论。"要使这种新思想真正得到广泛的接受，必须熟练地善于使用这种方法，而使它中国化。使得一般的、尤其是有成见的中国人，要感觉着这并不是外来的异物，而是泛应曲当的真理，在中国的传统思想中已经有着它的根蒂，中国历史的发展也正是循着那样的规律而来。因而我的工作便主要地倾向到历史唯物论这一部门来了。我主要是想用辩证唯物论来研究中国思想的发展，中国社会的发展，自然也就是中国历史的发展。反过来说，我也正是想就中国的思想，中国的社会，中国的历史，来考验辩证唯物论的适应度"①。"考验"的结果，中国确凿无疑地存在过奴隶制时代。由此也就可以推及中国历史与马克思发现的人类历史的规律是共同的。它从原始共产社会、奴隶制度而来，最后要进入社会主义、共产主义。虽然后面这种制度怎样具体实现，当时无法预见，但是方向明确。研究的是古代史，却正是对中国往何处去的一个回答；而且这个答案又是同国内正在进行的中国社会史论战中的正确主张相联系的。这部论著出来后，思想界一时为之风靡，原因就在这里。《甲申三百年祭》的情形也是这样。抗日战争后期，全国注意的中心问题，一是如何取得抗战胜利；二是胜利以后中国会是个什么样子。它运用阶级分析观点，论述明王朝所以灭亡，是由于它的反人民和极端腐朽的统治；李自成领导的农民战争一举推翻了那个

---

① 《革命春秋》，第311—312页。

腐朽政权，但是胜利冲昏头脑，又使自己彻底失败了。作者研究的是三百年前中国封建时代一场大规模的阶级斗争，但却成了现实生活一面晶亮的镜子。国民党报纸加以诋毁攻击，毛泽东同志把这部论著规定为整风文件。这最好不过地说明它与现实联系的广度。郭沫若早年驰名的诗篇《凤凰涅槃》，被认为是对旧世界、旧中国的灭亡和新世界、新中国诞生的壮丽宣告。这个看法，也可以用来评价《甲申三百年祭》。不过前者是表现为诗人的浪漫和灵感，后者是表现为历史家敏锐的科学预见、历史眼光。应用马克思主义研究历史，从不同角度联系现实，与郭老差不多同时的一些老一辈马克思主义历史家，都是这样做的。他们因此取得了不同程度的成就，也形成了共同的时代特色。

郭沫若发表研究中国古代史的著作，是半个世纪以前的往事。中国跨进社会主义，一转眼已经30年以上。共产党领导全国人民取得的成就辉煌伟大，也有过相当的曲折。我们是处在一个新的历史时期。党的第十二次代表大会提出，当前时代的任务，是全面开创社会主义现代化建设的新局面。这无疑需要加强祖国历史、特别是近代历史的教育，这些教育要联系当前实际。现在摆在我们面前的，是要以马克思主义为指导，全面深入研究中国和世界的历史、特别是中国和世界近、现代的历史，直接间接地、科学合理地回答一些与现实生活有关的、带普遍性的问题。这是建设我国社会主义的需要，也是发展我国马克思主义历史科学的需要。如果郭沫若和老一辈马克思主义历史学家所联系的实际，主要是争取中国民主革命胜利的问题，那么，今天我们所要联系的实际，就主要是加强社会主义前途教育，建设有中国特色的社会主义的问题。我们应当立足于这个实际，满足它的需要，从而开创出中国马克思主义历史学的新局面，表现出新的时代特色。有没有别的路子可以选择呢？回头走史料学代替历史学的老路，是在科学面前倒退，不会有什么作为。看不见现实世界的发展变化，教条式地对待马克思主义，只会把它变成僵死的、人们不需要的东西。中国古人也懂得"惟陈言之务去"，"六经责我开生面"。说这些话的人是很有抱负、有思想的。但是他们因为跳不出封建主义的圈子，无法客观地对待现实斗争，也就不能从本质上去陈言，开生面。马克思主义把人变聪明了。郭沫若的榜样是极富教育意义的。

当我们讲学习郭老，肯定他对中国马克思主义史学的重大贡献的时候，并没有认为他的论著里绝无率尔随意的地方，也没有认为他的所有论点都准确表现了马克思主义，或者每一项研究工作都达到了不再需要前进的顶点。科学上也不可能有那种顶点。老一辈的马克思主义历史学家，很多时间并不生活在书斋里，实际上他们缺少必要的环境、条件去更系统地研究马克思主义理论。中国历史资料浩如烟海，任何人也难于说自己网罗无遗，毫厘无误，因此后来的研究者，对他提出的某些论点、事件、人物、资料等商榷、改正，不但是有益的，而且是必不可缺少的。问题是要仔细加以区别，何者为主流，哪是占首位的。只有这样，才能去粗取精，去伪存真，接受郭老留下的丰富遗产。

郭沫若对中国历史的研究重点在古代史，但中国封建制、半殖民地半封建制的历史，都在他的视野之内。他没有出版过近代史研究的专门著作，叙述这段历史的有《少年时代》以下的四卷自传。它们情文并茂，声光灿然。因此人们说那是传记文学的杰作，其实不如说那是中国近代一段重要历史秉笔直书的实录。其中有风云激荡的伟大场面，有各样历史人物小说式的细节描写，有对个人、事件识见宏远的评论。某些关键的事变、事件，《革命春秋》、《洪波曲》上的记载是独一无二的。马克思主义的阶级分析观点，在一些叙述和评论中，表现得非常鲜明。例如《请看今日之蒋介石》，不但把反革命的政变内幕活灵活现地揭发、暴露在世人面前，在讲到蒋介石政变的阶级基础的地方，使人不禁联想到马克思《路易·波拿巴的雾月十八日》里，关于拿破仑第三政变的社会基础的阶级分析。又如抗日战争一周年时，郭老在武汉发起爱国献金运动，他叙述那种"献金狂潮"的情形说：献金总人数，多至一百万以上。献金的什么人都有，擦皮鞋的小孩、黄包车夫、码头工人、家庭女佣人、洗澡塘擦背工人、茶楼酒馆的堂倌等等，是主要人物，甚至于连叫花子也有。他们不仅献一次两次，甚至献十次二十次，时时都在献，天天都在献。那一百多万元的数目，主要是靠着这些贫穷的爱国者，一角两角，一分两分地凑积起来的。有钱的人自然也有献金的，为数断不会有贫穷人多，所捐献的总和恐怕也赶不上贫苦群众。"总之这是一次出于自发性的极其盛大的民意表现。我敢于这样说：那几座献金台，作为民意机关的价值，实在是远远超出乎那个二百名参政员所构成的所谓国民参政会之上！"关于献金账目的报告，出有专书。"谁有这本书的，我希望不要轻视了它，不要以为只是一些市井小民的零散账目而任意把它扔掉。我希望把它当成一部大有神圣意味的圣经贤传看待——不，这样还说得太菲薄了。认真说，假如今天谁还保存着这本书，我倒要奉劝他，把它当成国宝，子子孙孙永保用"①。请看，这把广大劳动群众反对日本帝国主义侵略，热爱祖国的感人肺腑的伟大精神，和人民群众创造历史的科学真理，叙述得何等真切动人，何等形象而有说服力！郭老关于近代史的叙述议论，散见于各处，远不止自传上讲的那些。学术界正在大力整理研究郭沫若全部著作，将要拿出各自的成果。但对他那样浩繁的著述，作出系统的研究、科学评价，时间太仓猝了恐怕是办不到的。《郭沫若全集》不久将陆续出版。这是一个推动力。应

---

① 《洪波曲》，第93—94页。

设想，我们的研究者，从现在就开始有计划地工作，到郭老诞辰一百周年的时候，出版一部或几部比较全面的、与郭老学术水平相称的专集、专著，那对于学习郭沫若，对于历史研究工作，都将是很好的贡献。我热烈地希望，那时候，我们能够这样来纪念中国马克思主义历史学的开创者、我国的这位文化伟人。

范文澜与历史研究工作[*]

一

范文澜同志去世 10 年了。他的著作《中国通史简编》、《中国近代史》一直广为流传，大家很熟悉。全国解放以前和以后，他发表在报刊上的论述历史问题的文章不少，过去没有集中过。《范文澜历史论文选集》汇集了这些文章，它是范老历史著作的一个组成部分。

就历史学领域讲，郭沫若、范文澜可以并称为我们的开国一代的两位大师。他们都比较早地应用马克思主义研究历史，都精通中国丰富的文化遗产。毛泽东制定的指导中国革命的一系列马克思列宁主义理论给研究中国历史打开了宽广的道路。郭沫若、范文澜的许多工作都是在毛泽东的直接关怀、指示下进行的，毛泽东对他们的贡献都有重要评论。当然，郭老学术活动的领域要广泛得多，因而影响也更大。

《中国通史简编》是第一部运用马克思主义观点系统地叙述中

---

　　* 《范文澜历史论文选集》序言，中国社会科学出版社 1979 年 4 月版。

国历史的著作。中国封建时代编纂的《正史》汗牛充栋，绝大部分记载帝王将相的活动。资产阶级文人如夏曾佑、刘师培最早采用"新"体裁写的通史形式上前进了，也远说不上科学著作。晚近的如钱穆的《国史大纲》一类除了浓厚的封建臭味，还加进了许多资产阶级反人民的货色。《中国通史简编》与一切旧史书有何不同，后来著者自己介绍说：第一，书中肯定历史的主人是劳动人民，旧类型史书以帝王将相作为主人的观点被否定了。第二，按照一般社会发展规律，划分中国历史的段落。旧史书写尧舜禹汤文武所处的时代都是一个样，是完全静止的。有的"颂古非今"，什么都是古的好，思想更是反动。试用一般的社会发展原则到具体的中国历史，这和旧史书当然不一样。第三，中国封建社会长期延续，但三千年来决不是没有发展，本书把封建社会分为三个时期，说明它的发展过程。第四，书上写阶级斗争，着重讲腐化残暴的统治阶级如何压迫农民，和农民如何被迫起义。对于外来的民族侵入，也着重写了民族英雄和人民群众的英勇抵抗。农民起义和反抗外族侵略，说明中国人民确有反对压迫、反对侵略、敢于斗争的伟大传统。第五，注意收集生产斗争的材料，古代的科学发明以及有关农业、手工业的知识写得不少。著者的叙述完全合乎实际情况。对于中国通史的写作，无疑地这是一个革命性的前进。《中国通史简编》一问世，在国民党统治区就遭受严禁。国民党发出通令：范书宣传阶级斗争，混淆视听，可恨可恶，务必取缔。当禁止不住以后，少数反动文人又跳出来滥施攻击、谩骂。反动派显然估计到了它的作用。1949 年进入北京，范文澜重新修订旧作。《绪言》中除了检查以前的缺点、错误，列举出"劳动人民是历史的主人"、"阶级斗争论是研究历史的基本线索"等九个问题，加以论述。这可以看做范老对中国历史的进一步的系统见解。《中国通史简编》累计印数达好几百万册，在将近 40

年的时间里，成了我们一部主要的历史读物，决定性的因素，就在于它本身的成就。可惜修订本只出到五代为止，宋以后的部分没有来得及亲自完成。

《中国近代史》（只出了上册）是一部研究这段历史的开创性著作。如果我们说，范文澜试图用科学观点对中国古代史作了一番概述，又用科学观点对系统地研究中国近代史开了一个头，大概不为过分。在范文澜的著作以前，讲述近代中国历史的出版物，有非常反动的，也有起了革命作用的。大地主大资产阶级从事反动文化宣传的如蒋廷黻等人的作品，极力赞美帝国主义的侵略，赞美封建阶级的统治，咒骂人民革命斗争，咒骂中国共产党。那些作品自封为"部定大学用书"、"大学丛书"，霸占着高等学校的讲坛。一些与"官方"出版物相对立的近代史，如中国现代史研究会编的《中国现代革命运动史》（上册）、李平心等人的著作，对历史有比较客观的叙述，受到读者的重视。但它们或者内容单薄，或者方面局限，都不足以构成一部有分量的近代通史。范著《中国近代史》除了发端宏大，资料新颖，在思想内容上具有显著的特色。从卷首和目录中，我们可以看到这样一系列的标题，例如"旧民主主义革命时代——鸦片战争至五四运动"；"半殖民地半封建社会的形成及中国人民旧式的反抗运动"；"统治阶级对鸦片战争的态度——妥协、投降、抵抗三大派"；"中国人民与统治阶级所走的不同路线"；"中国人民的英勇反抗斗争"；"参加维新运动的派系"；"各阶级对义和团的态度"；"人民的继续反抗"；"帝国主义者认识了中国人民"等等。那些标题所体现的具体内容，第一次非常鲜明地向读者强调指出了近代中国半殖民地半封建的时代特征，指出了人民与统治阶级所走的不同道路，以及人民群众创造历史的伟大力量这样一些根本事实。因此，它不但给读者提供了正确的历史知识，而且也显著影响到后来的近代史研究工作。不少同志认为自己曾受到它的启发，得益匪浅。书上的缺点自然可以举出一些。阶级分析中，次要的情节讲得多，对中国社会各阶级相互关系演变的过程、关键讲得不突出。由于写作条件限制造成的若干史实错误，后来才陆续有所修订。大部分篇幅纪述重大的政治事件，缺少社会生活、经济文化的内容。但这些都只占次要的地位，小疵大醇，缺点并不掩盖它的大辂椎轮，前驱先路的重大功绩。

现在编进《范文澜历史论文选集》里的文章，有三个重点。一，讲近代史。二，论述中国历史研究中的理论问题。如汉民族的形成，中国奴隶制与封建制的划分，中国近代史分期等。三，以经学为中心的关于中国文化、思想史的述评。这些文章，有对《中国通史简编》和《中国近代史》的资料、论点的补充，也有著者以往研究成果的总结。讲经学问题的几篇，勾玄提要，自成一说。要用马克思主义观点总结中国文化遗产，有效地批判和总结孔学，这是必定要受到注意的问题。

二

马克思主义的历史科学，要求研究者忠诚于无产阶级革命事业，满腔热情和敢于坚持真理。这里有立场、观点问题，也有态度、学风问题。范老对党的事业满怀责任感，在研究工作中既重视革命性，也重视科学性，坚守革命的学风。这和他的取得成就是不能分离的。

历史研究的革命性，首先在于深刻揭露旧社会、旧事物的必然灭亡，说明新社会、新事物必然胜利，服务于无产阶级的革命斗争。《中国通史简编》、《中国近代史》高度表现了这种批判性、战斗性，文集中的许多论文也同样表现了这种批判性、战斗性。

它们的主题，包括颂扬解放区正在开展的农民土地运动，批判《武训传》，批判胡适，宣传党关于学术工作的"百家争鸣"政策，反对厚古薄今的资产阶级学风等等。当时政治斗争、思想理论斗争中的重大问题，生动地呈现在作者的笔下。不少文章，如《研究中国三千年历史的钥匙》、《历史研究必须厚今薄古》等，论点精锐，发挥透辟。讲研究历史要厚今薄古的文章中说：厚今薄古是中国历史学的传统。我国封建时代三部最大的历史书《春秋》、《史记》、《资治通鉴》都厚今，都着重讲政治。孔子作《春秋》，从鲁隐公元年写到哀公十四年。隔了一年，哀公十六年，孔子就死了。按公羊家的说法，春秋分三世，所见世相当于孔子和他父亲的年代，可以说是当时的现代史。孔子作《春秋》，"乱臣贼子惧"，就是因为怕它在政治上的诛伐。司马迁的《史记》从五帝一直写到汉武帝。《史记》的"今上本纪"早已失传，但在平准书、封禅书中对汉武帝提出批评，这不就是谈政治吗？司马光的《资治通鉴》比《春秋》、《史记》差一点，没有写宋朝的历史，但也写到五代。看书名就知道他写书的目的是为朝廷讲封建的政治学。封建阶级是这样，资产阶级也是这样。明显地反映出当时政治生活的历史著作，毕竟是史学的正常形态，是史学的主流。毛泽东指示，这篇文章讲的道理很重要，研究历史的人应该注意。脱离当前的政治斗争，避开实际生活，为研究而研究，是范文澜所坚决反对的。

历史研究的科学性，就是坚持以马克思主义理论为指导，坚持阶级斗争、阶级分析的观点。这在《中国通史简编》等著作里是首尾贯彻的。除此以外，范文澜对科学性的重视，还表现为客观地对待材料，实事求是和高度的自我批评精神。旧本《中国通史简编》本属草创。读者越多，他越觉得必须迅速改正书上存在的缺点错误。1950 年起，从头改写全书，并发表自我检讨的文章，希望引起大家的批评。检讨文章中指出：对于整个封建时代的历史和个别历史人物，都应该采取马克思主义的历史分析的态度。无分析的一律抹煞和一律颂扬，都是主观主义的非历史主义的表现。旧本《中国通史简编》就有这种非历史主义的缺点。例如秦始皇、刘邦、李世民、赵匡胤、朱元璋都是封建统治者，残酷剥削、压迫人民，但他们在历史上都有过贡献。只讲前一面，对后一面缺少说明，就不合乎历史。有些地方因为"借古说今"，也损坏了实事求是的历史观点。借吴蜀联合拒魏来类比抗日民族统一战线，借孙权来类比国民党反动派破坏统一战线，把孙权描写成了几乎是全部黑暗的人物。借武则天来斥责特务统治，着重写了特务的残暴，甚至把宫廷私事也写了出来，意在使读者增加对特务统治的鄙视。这都是由于片面的"反封建"和"借古说今"的非历史主义观点的错误。《中国通史简编》修订本第一册在1954年出版，《历史研究》等刊物发表的评论中，肯定了修订本的前进，又指出不少新的缺点和存在的问题。对所有那些批评，范文澜始终抱着严肃认真的态度对待，也不轻率改变自己的观点。勇于自我批评，又勇于接受别人的批评，实事求是，表现了一个马克思主义者纠正错误，坚持真理，不疲倦地推进科学研究的态度。

旧本《中国通史简编》借古说今，是从革命的愿望出发，斥责国民党、蒋介石，以激发人民的爱国、革命义愤。即使这样，作为科学研究，也是极不足取的。站在无产阶级的立场上看待剥削阶级的行为，应当有革命义愤。科学的历史著作可以鼓舞人民的革命斗志，振奋人心。但是义愤不能推进科学。真正鼓舞人心只能依靠马克思主义，即依靠科学真理。舍此别无捷径。马克思主义要求我们分析社会历史，不能离开时间、地点、条件。借古人古事说今人今事，任意作历史类比，就违反了科学地观察社会历史的根本要求。马克思的《路易·波拿巴的雾月十八日》是一部讲现代史的讽刺作品，其中有巧妙的暗示，却没有任何历史类比。波拿巴恢复帝制，建立起独裁统治，当时一些人把他比做古罗马的独裁者恺撒。马克思极力反对这种肤浅的历史比拟，指出古代阶级斗争同现代阶级斗争在物质经济条件方面有根本的区别，由这些斗争产生的政治人物也就有根本的区别，不能拿他们相比，应该扫除那种恺撒主义的童蒙词句。事实上历史类比并不能使人得到启发。吴蜀魏军阀混战与抗日民族统一战线风马牛不相及。无论怎么描写孙权，读者也难以想到蒋介石消极抗日，积极反共。《中国近代史》上讲鸦片战争时道光的"求降难"，参加过抗日战争的人知道那是骂蒋介石，现在青年人就干脆读不懂。任意类比不能起好的作用，反而对历史研究造成破坏性影响。它使人辨别不清楚历史唯物主义与唯心主义的界线，怀疑马克思主义历史学的科学性。因为它不是把唯物主义应用于历史，与我们要求通过具体事实阐明马克思发现的伟大的历史运动规律毫不相干。同时，用类比来表示革命性，必然让人觉得历史科学是一种太廉价的商品。事实却相反。恩格斯说："即使只是在一个单独的历史实例上发展唯物主义的观点，也是一项要求多年冷静钻研的科学工作，因为很明显，在这里只说空话是无济于事的，只有靠大量的、批判地审查过的、充分地掌握了历史资料，才能解决这样的任务。"①所以范文澜检讨中特地指出非历史主义的危害，这是十分重要的。他通过生动的事实给我们上了一堂历史唯物主义的课程。崇高的革命热情和严格的科学要求相结合，极有教育意义。至于不久以前猖獗一时、造成了历史学大倒退的"四人帮"影射史学，那完全是另一种性质的问题，是不能仅仅用非历史主义去说明的。他

---

① 《马克思恩格斯全集》第15卷，第527页。

们借称颂秦始皇严重丑化无产阶级的领袖，借鼓吹吕后、武则天替江青作女皇开路，借批孔攻击、打倒无产阶级革命家。黑白颠倒，荒谬绝伦。他们的问题，是利用历史制造反革命舆论，篡党夺权的问题。对于"四人帮"的影射史学，我们主要应当从政治上去批判揭露，把他们的阴谋诡计暴露在光天化日下面，与全国人民共诛之，共讨之。

社会科学是阶级斗争的科学。坚守马克思主义的学风，总难免遭到别有用心的人反对、攻击。范文澜就因此曾被人扣上一顶顶大帽子，而每一顶帽子都大得吓人。一顶帽子："亲美派"。全国解放不久，苏联要介绍、翻译些中国历史著作。《中国近代史》自然最有资格入选。但主持翻译的苏联历史学者打开一看，书上不但大书特书英法美日等国对中国的疯狂侵略，也振笔直书沙皇俄国对中国的疯狂侵略，大吃一惊。照他们一些人的奇怪逻辑，揭露沙俄就等于反对苏联。反对苏联，当然就是亲美派了。于是，不由分说，断定《中国近代史》是亲美派写的。书上叙述道：第二次鸦片战争时，沙俄夺取黑龙江以北、外兴安岭以南六十多万平方公里的中国领土，划乌苏里江以东约四十万平方公里的中国领土为两国"共管"，还装做公正保护者，充当北京条约的中间人，勒索满清的酬谢。"英国发明的对待满清的方法是'华人难与说理，惟临之以威，可以惟我所欲为'。沙俄利用英国采取这个强盗式的袭击方法，自己表示中立态度，使满清政府不能不向沙俄实行那些它本来不愿实行的让步。英俄是侵略中国的两大主角，外交上沙俄却常占优势。"[①] 写出这个客观事实，使他们感到恼火。后来实在由于抓不到范文澜是"亲美派"的证据，《中国近代史》出版了俄译

---

① 范文澜：《中国近代史》，人民出版社1952年版，第184页。

本，但上面那些沙俄凶恶侵略中国的重要段落被任意抹掉了。再一顶帽子："保皇党"。50 年代末，历史研究者在讨论中，有"打倒帝王将相，打倒王朝体系"的说法。范文澜坚决赞成批判旧思想、旧观点；同时，也指出笼统地讲"打倒"，像他以前检讨过的把秦始皇、刘邦、李世民、赵匡胤、朱元璋等封建统治者一概否定，做法太简单了，应当作具体分析。在一个场合讲了要"保"一些帝王将相的问题。"文化大革命"一开始，假马克思主义者陈伯达，立即抓住这个把柄，一口断定范文澜是"保皇党"，必欲置之死地而后快。在一次重要的会议上，陈伯达逼迫范老作检讨，并且当众连声叫嚷："保皇党！保皇党"。一不做，二不休。林彪、陈伯达、"四人帮"很快又把"保皇党"推而广之，用它来压制一切反对他们的群众。那顶臭帽子一时满天飞。这里也保皇派，那里也保皇派！不久毛泽东同志亲自出来干预，对范文澜同志说："有人要打倒你，我不打倒你。"陈伯达、"四人帮"整垮范老的恶毒阴谋才没有得逞。

反对者篡改历史，强安罪名，从反面说明了一个事实：范老的研究工作是重视革命性、科学性以及二者的统一的。马克思说，在科学的入口处，正像在地狱的入口处一样，必须根绝一切犹豫；任何怯懦都无济于事。范老在地狱的入口处没有表示出怯懦，相当勇敢。

三

回顾一下，我们知道，范文澜早就讲授历史，但并非一开始就用马克思主义讲授历史。1931 年，他出版一本论述中国历史书的著作，绪言中引许慎、江永、吴大澂、王国维等人关于"史"字的解说，论证史书的由来；广泛评述《春秋》、《史记》以下的史书及其作者，而没有一句话讲到社会历史的阶级内容①。足见直到这时，他对马克思主义理论还不熟悉，治学没有脱离汉学家的道路。但在政治上，范文澜的进步是比较早的。1926年起，他就受到党组织的帮助。他同情无产阶级革命事业，拥护党的领导，反对国民党、蒋介石的卖国独裁统治。1935至1936年间，他写出一本书名《大丈夫》的通俗读物，宣传爱国思想。序言全部抄录古书上的文字，暗中对国民党、蒋介石痛加斥责、鞭挞。抗日战争爆发，年龄40多岁了的范文澜，毅然脱下大学教授的长褂，穿起军装，成了一名游击队战士。政治思想的不断前进，使他的学术思想终于大踏步地迈上了马克思主义的康庄大道。

长期研究、讲授中国传统文化，对于形成范文澜后来著作的民族风格，有决定的意义。

周恩来同志在《学习毛泽东》那篇重要文章中，讲到读旧书的问题举范文澜为例说："'五四'运动时，他就专门研究汉学，学习旧的。但是范文澜同志一旦脑子通了，对编写中国历史就有帮助，就可以运用自如"②。事情确实如此。抗日战争以前，范老相继出版《正史考略》、《群经概论》、《文心雕龙注》、《水经注写景文抄》等书。从历史、经学到文学评论，都在钻研、整理之列。那些著作的内容，不外乎清代朴学家们反复搜求、讨论的内容。清代朴学家的工作，据梁启超的分类，有儒家典籍笺释、史料搜补鉴别、辨伪书、辑佚书、校勘、文字训诂、方志类书编纂、丛书校刊等十多项③。范围包括经学、史学、文学思想史的资料。所有这些工作，归结起来，就是一项工作：搜集、鉴别、解释、整

---

① 范文澜：《正史考略》，绪言。
② 《人民日报》1978年10月9日。
③ 梁启超：《中国近三百年学术史》，第176页以下。

理历史资料。范文澜先在这方面下了很深的工夫，一旦接受马克思主义指导，那些史料知识就充分发挥出了它的作用。从《中国通史简编》等著作上我们可以看出：第一，资料丰富，方面广泛。毛泽东同志很重视这一点，指出《中国通史简编》资料多，让人愿意看下去。"文化大革命"中，他特地派人告诉范老，说中国需要一部通史，要他照自己的观点、体系，把《中国通史简编》写完。一直写到中华人民共和国成立以前。第二，训诂依照故传，解说严谨，没有那种望文生义的东西。学术思想的斗争，文学作品评价、文学流派变迁等，或博采旧闻、或结合中国的传统理论如刘勰《文心雕龙》、锺嵘《诗品》等加以评述，都比较深入。第三，文字锻炼纯熟，有着中国古代卓越史家"文史兼通"的优点。在《中国通史简编》里化古代汉语为现代汉语，驱遣自如。"庾信文章老更成"，后期有些文字写得更为出色。毛泽东说：我们这个民族有数千年的历史，有它的特点，有它的许多珍贵品。我们不应当割断历史。"马克思主义必须和我国的具体特点相结合并通过一定的民族形式才能实现"①。范文澜就因为熟谙传统文化，比较好地把马克思主义和我国的民族特点结合起来，造就了自己著作的个性，具有独特的风格。

但同样显著的是，长期在中国封建文化中兜圈子，使范文澜的学术研究没有能够完全摆脱旧的、封建传统思想的束缚。

史料解释因为强调要有依据，只相信汉儒，不采取后人的研究。范老声明："《诗》多采毛亨、郑玄说"。毛诗包括毛序、毛传。毛序历来是一个引起争论的问题。其源流兴废，《四库全书总目》上有扼要评述。范老相信毛序对《诗》篇主旨的说明，早见

---

①　《毛泽东选集》第2卷，人民出版社1991年版，第534页。

于《群经概论》上面，列有种种证据①。到了写《中国通史简编》，这个见解也没有改变。

　　比史料上尊信汉儒更重要的，还有历史观点上受浙东学派的束缚。范文澜生长于浙江绍兴，早年向往章炳麟等人的学问，又长期走着清代朴学家的治学路径，这都可以与浙东学派接上渊源。浙东学派，包括黄宗羲（余姚）、万斯同（宁波）、全祖望（宁波）、章学诚（绍兴）等著名的思想家、历史家。清末的章炳麟也被列入这个学派里面②。熟知"夷夏之防"，抱着不同程度的反满观念，大概要算这个学派的思想特征。黄宗羲多次参加抗清斗争，著《宋元学案》、《明儒学案》，开中国学术思想史研究的先河（又著《明史案》二百四十卷，已亡失）。万斯同师事黄宗羲，不接受清廷史馆职位，独力撰成《明史稿》。全祖望治文献学，讲述明末节烈遗事，尝说"史臣不立节烈传，所当立传者何人？"据说晚清改革家受他暗示的不少。章学诚著《文史通义》，其中讲到浙东学术，认为浙东贵专家，浙西尚博雅。"浙东之学，言性命者必究于史，此其所以卓也"③。章炳麟受全祖望、章学诚影响很深，究心明清间的掌故，鼓吹排满，提倡种族革命论，这是大家都知道的。除了浙东学派的思想熏陶，也还有讲学的师承关系。范文澜受业于自称只信奉"毛爷爷"（指毛亨）的讲学家黄侃和经学名师刘师培；黄侃则受业于章炳麟。刘师培不算浙东学派，但他在一段时间里反满思想同章炳麟一样激烈。他们参与创办《国粹学报》，进

---

　　①　范文澜：《群经概论》，第146—147页。

　　②　梁启超《清代学术概论》说："炳麟少受学于俞樾，然，固浙东人也。"又，章太炎指导、支伟成编辑的《清代朴学大师列传》也说：章太炎"惟生居浙东，颇究心明清掌故"。按：章太炎余杭人。余杭属浙西，把他归入浙东，只能认为从学术流派上说是如此。章太炎自己讲到清代学术流派的时候说："代嬗之际，知明代日事者，自以浙人为多"。不分浙东浙西。

　　③　章学诚：《文史通义》第5卷，第5篇。

行排满复汉宣传。浙东学派的历史观点对范文澜的影响，明显地反映在《中国近代史》等作品上。《中国近代史》没有着重叙述社会各阶级相互关系演变的过程、关键，一个主要原因，是把批判、揭露满族统治者摆到了首要的地位上。

　　整个清代，抱有反满观念的不限于浙东学派那些人。但他们结合儒家传统思想，通过学术、理论的形式发表议论，更加深入人心。中国是一个多民族的伟大国家。中国的历史是在阶级矛盾、国内民族矛盾的不断激烈冲突和斗争中发展、前进的。封建阶级、资产阶级站在它们的地位来认识那些矛盾和斗争，看不出一点光明、前进，以为只有黑暗、倒退，带有极大的表面性。对那些思想需要认真的清理。其中不止有如何看待清朝统治的问题，也有如何看待以前若干朝代（如西夏、辽、金、元）统治的问题。实际上，封建阶级的历史家，面对现实有时也要改变一点古老的传统。例如关于所谓"正统"，元朝史家处理辽、宋、金历史，决定"各为一史"，各予正统，至少形式上不同于只承认汉族政权为"正统"的观点。我们处在社会主义革命时代，讲述中华人民共和国各族人民自古迄今的全部历史，毫无疑问，必须彻底抛弃封建主义的观点，彻底抛弃资产阶级的观点。我们不是在孔子的时代，或脱脱、阿鲁图的时代，或黄宗羲、万斯同的时代，或章炳麟等人的时代写历史，是在今天讲我们社会主义祖国的全部历史，试问，在我国各族人民的历史关系上，如果只是一味地重复前人讲的那一些，又从哪里体现出我们的无产阶级立场、马克思主义观点呢？不少问题应当重新认识，不少习以为常的观念应当在科学面前重新加以检验。这就全凭马克思主义，这就需要辩证法。我们没有理由要求前人对所有那些问题都制出现成的答案。范文澜已经在历史研究中作出了自己的重大贡献。指出他没有完全摆脱封建传统思想的束缚，只是对事情作客观的说明。科学事业没有可以由一人一时去完成的。问题在于后来者善于承袭前人的遗产，加以发扬光大。这是只有采取科学态度才能做到的。

四

革命的历史家，必然是革命理论的积极宣传家，无产阶级科学文化事业的推进者。范文澜怀着深厚的革命感情，学习、宣传毛泽东思想，执行毛泽东的指示，做了不少工作。他特别注意阐述毛泽东关于马克思列宁主义的普遍原理必须和中国革命的具体实践相结合的思想，阐述、执行毛泽东关于历史研究要联系革命实际、要采取百家争鸣方针等问题的指示。

理论必须结合实际的问题，范文澜用自己的语言讲：学习马克思主义理论要求"神似"，最要不得的是"貌似"。学习马克思主义处理问题的立场、观点、方法，使变化无穷的实际问题获得正确解决，这才是活生生的马克思主义，才是学习马克思主义得其神似。貌似是不管具体实际，把书本上的马克思主义词句当做灵丹圣药，把某些抽象的公式不问时间、地点、条件，千篇一律地加以套用。那是伪马克思主义，是教条主义。他结合历史研究者的情形，批评教条主义说：我们知识界有些人，你说他是教条主义，实在有点冤枉，你说他不是教条主义，他也确实像个教条主义。我们教历史课，明明自己有心得，有见解，却不敢讲出来，宁愿拿一本心以为非的书，按照它那种说法去讲，只有所谓"权威"，没有"我"了。这样的"谦虚谨慎"是有害的。我们应该把"我"大大恢复起来，对经典著作也好，对所谓"权威"的说法也好，用"我"来批判它们。以客观存在为准绳，合理的接受，不合理的放弃。尽管批判错了，毫无关系，错误是可以改正的。上述那些话是在1958年发表的《历史研究中的几个问题》一文里面讲的。那些话把毛泽东《改造我们的学习》、《整顿党的作风》等著作中的思想从某一点来加以发挥，表现出了一个革命著作家的严格的科学态度和战斗精神。

研究历史，毛泽东多次讲要重视近代史研究。范文澜努力执行了这个指示。1940年秋天，毛泽东在写给范文澜的一封信上说：目前大地主大资产阶级的文化反动十分猖獗，思想斗争的第一个任务就是反对这种反动。讲经学史，要对近代一些代表人物进行批判。对廖平、康有为、梁启超、叶德辉、章炳麟、吴虞等人，要分别分析、批判他们错误的反动的东西。越对这些"近人"有所批判，越能在学术界发生影响。范老讲，他以前主要搞古董，毛主席的指示使他下决心研究近代史。1958年写的《历史研究必须厚今薄古》，是进一步从学术观点上论述这个问题，批判资产阶级思想。

今天摆在学术界面前的，仍然是要加强近代、现代史研究工作，提高马克思主义水平，写出本门科学的基本著作。范著《中国近代史》刊行以来，我们取得了不少新的成就，有目共睹。但是从客观需要和展望前景来说，已有的工作显然太落后了。不少题目还没有人认真动手去做。30多年前，毛泽东就号召我们对中国近百年的经济史、政治史、军事史、文化史进行分门别类的研究，然后做综合的研究；至今学术界还没有写出分析研究的专著，欠着一笔账。我自己能力十分薄弱，在专业研究部门工作，首先就没有把工作做好。"四人帮"横行，中国近代史研究遭到空前大破坏，发生大倒退。一方面，"四人帮"迫使近代史的科学研究长期停顿；另一方面，他们篡改毛泽东关于中国近代社会、近代历史的根本理论，鼓吹所谓"儒法斗争继续到现在，影响到将来"，使一部中国近代史布满乌烟瘴气。有的同志议论，新近出版的近代史读物，重复劳动多，新增加的东西少，说来说去，总是一个简单公式："两个过程，三个高潮，八大事件"，陈陈相因，了无新制，缺少专题研究的艰苦工夫。所有这些，集中说明一个问题：近代史研究工作，要打开新的局面，要进行新的长征，要产生新的成果，博大精深，琳琅满目。这是革命斗争前进的需要。

科学上的不同学派应当自由辩论，范文澜向来是坚决拥护的。1953 年秋天，史学界筹办《历史研究》杂志，毛泽东指示，要采取百家争鸣的方针。范文澜在《〈百家争鸣〉和史学》一文中，表示深信实行双百方针，将使我国文艺和科学绚烂多彩地发展起来。尽人皆知，范文澜与郭沫若关于中国封建制度始于何时，主张不同。全国解放不久，他们在刊物上进行过讨论。往后两人的著作都分别为自己的观点辩护，谁也没有在基本上改变。但他们共同领导史学界的活动，彼此推重，并没有因为学术见解不同，而丝毫存在宗派之争，门户之见。范老在毛泽东思想指引下开拓了中国近代史的研究，长期担任中国科学院近代史研究所的所长，对于鸦片战争到"五四"运动以前中国阶级斗争的阶段如何划分，几次发表文章，主张分为四个时期。当我们一些人准备写一部近代史，并提出按照太平天国、义和团运动、辛亥革命三次高潮分期的时候，他完全赞同我们照自己的看法去写，认为没有必要统一于一种说法。坚持自己的学术观点同时又严格执行党的百家争鸣方针，在这方面，范老和郭老一样，足称模范。

学术研究怎样才能有效的争鸣，范文澜有很好的见解。他认为凡以学有专长而"争鸣"就好，以长于教条而"争鸣"就坏。照教条写出的文章，无非是马曰列云，东抄抄，西扯扯，终日言，如不言。那种情形，鸣则鸣矣，争则争矣，不过只能叫做"潦岁蛙鸣"，和"百家争鸣"不可同日而语。学有专长的争鸣并非易事。研究者必须学习马克思主义理论，掌握丰富资料，深入钻研。谁能对大小问题不疲倦地下苦功夫，谁就有可能经过数年而一鸣，或毕一生而一鸣，或师徒相传而一鸣，或集体合力而一鸣。一个研究工作者，竭毕生精力不一定能鸣出几次好声，可是整个史学界积累起许多人切实的鸣声，也就赫赫有生气了。范文澜这些看法极见精彩，使人受到鼓舞，精益求精地去治学。打倒"四人帮"，"百家争鸣"的方针和其他政策又一起回来了。学术界一片活跃。出版《范文澜历史论文选集》，将有助于推动我们鸣出更多更大的好声。

郭沫若、范文澜分别以他们的优异成就，在中国马克思主义历史学的发展史上树立起了自己的纪念碑，尽管它们的形式和内容各有不同。忠实地贯彻毛泽东关于马克思主义的普遍真理必须和中国具体革命实践相结合的思想，以客观存在为准绳，不以个别词句为依归，鲜明地表现在范老的科学研究和革命行动之中。范文澜的科学成就的获得，有其他条件，归根到底，这是最根本的一条。何谓马克思主义的历史学家，何谓坚持马克思列宁主义，范老的科学成就和执行党的政策的具体实践，对于我们具有榜样的意义。

杨秀峰《历史动力学说之检讨》重印记[*]

　　《历史动力学说之检讨》是杨秀峰（字秀林）同志早年的一篇学术著作。1935年发表在《师大月刊》第二十六期上。即使很注意搜集近现代历史、哲学论著的人，多半也没有见过这篇著作。时间虽然过去相当久了，它的学术意义仍然值得提起。特此重印出来，介绍给读者。

　　30年代中期，中国学术界、理论界中，马克思主义与反马克思主义、历史唯物论与唯心论，正在进行激烈的斗争。形形色色的资产阶级唯心主义历史说教，凭借传统的和政治上的势力，在大学的讲坛上喋喋不休。马克思主义的历史研究已经写出成功的著作，但是还没有人对资产阶级唯心论作系统的分析批判。杨秀峰同志的《历史动力学说之检讨》，就是在这种情况下问世的。

　　《检讨》共分五个部分：一，为什么研究历史动力；二，关于历史动力学说的分类；三，神学史观，精神或心理史观，以及唯物史观；四，各派历史动力学说的总批判；五，结论。文章高瞻远瞩，论及的代表性人物、著作、流派众多，包罗古今中外。资

　　＊　原载《近代史研究》1984年第3期。

料准确，论断明快有力。

关于史观的分类，文章中指出：《历史学是什么》一书的作者贝恩海姆和美国"新"史学家巴恩斯的分类法，是代表许多学者的意见的。贝恩海姆分为五类，巴恩斯分为八类，其实都不足取。从各种历史观点的实质加以区分，它们可以概括地分做三类。那就是神学史观、精神或心理史观和唯物史观。16 世纪以前欧洲的历史论述，基本上处在基督教神学史观的支配下面。按照那种观点，一切人都只是上帝的奴仆。整个世界分为天堂和地狱两界，善和恶两类。历史便是这种人类善恶相战、登天入地的说明书。在美国，直到 20 世纪 30 年代，还有些大学不许讲"进化论"，不许说人是猴子变来的。中国历史书上，古代的"天命"、"玄鸟生商"之类不消说，后来长时间里，也统统是政治的流水账掺杂些"神"的显现。16 世纪起，西方自然科学趋向发达。宗教的权威逐渐衰退，人文主义、精神或心理史观兴起。从 18 世纪到 20 世纪二三十年代、从合理主义、法国唯物论到现代综合史观，一种学说接着一种学说出现。它们的基本特点，是拿精神或心理要素来解释历史。所用的词句，不管叫理性或人性；知识或思想；智能或精神；人格或时代精神；社会心理或集团心理等等，只是用语不同，本质上并没有多少差别。在中国，梁启超、何炳松的主张，都明显地属于心理史观一类，而且表现出不少矛盾。

文章着重论述的，是"唯物论史观"里面的"经济史观"。所谓"经济史观"，说法并不准确。文章里面解释说，这里是指"辩证法的唯物史观"。其要点是："第一，'社会的真实决定因子是物质动力——生产力，生产关系，生产方法。生产力的发展，必产生与之相适应的生产关系，那是社会经济构造——社会的基础决定力。'第二，'一定的生产关系，产生一定的社会制度。即一定的上部构造，依存于一定的社会经济——生产关系。由于生产力与生产关系之相适应或相冲突，就决定了全部社会之发展与变革.'第三，政治是经济的集中表现，政治斗争，必须由经济矛盾中去求解释。第四，（唯物史观）并不把经济看成惟一的动力，否认其他的一切作用，认为政治和思想，也有反作用于社会经济，推进它或是阻碍它的进展。并且政治和思想也是相互的作用着。只是经济史观不把政治和思想看成和经济有同等作用，而看成经济是第一要义的。……第五，……人是社会进展中一个能动的因子。把客观可能性转成现实性的媒介的契机，是由人所给予的。人不是完全被动的，而是能动的。但是人非万能。其动的功效，是要被客观条件限制了的，没有绝对的自由"。简短的五条，讲出了马克思主义唯物论历史观点的一个大概。文字出于五十年以前，某些用语带有时间、环境的痕迹，那是自然的。全文最后的结论是："解释历史，欲求得其规律性，唯心论是不能胜任的，它只能引导我们走到玄虚的境地。"唯物主义历史观比较后起，本身还存在不少需要充分阐明之点。"根据现在科学知识程度看来，它是比较最客观而容易使我们找得历史科学法则的历史解释"。

五十年以后的今天，马克思主义历史学理论研究，在国内国外都有了长足的进展。与此同时，资产阶级历史哲学的牌号也日益翻新，如相对主义、存在主义、结构主义、"新马克思主义"等等，层出不穷。在世界范围内，历史学领域里，马克思主义与反马克思主义，历史唯物论与唯心论的斗争，和半个世纪以前一样激烈。这使许多同志痛感有加强历史学理论研究的必要。正是在这一点上，杨秀峰同志的《历史动力学说之检讨》，是值得我们注意，并加以效法的。不过我们是要从新的实际情况出发，站在新的水平上去效法。

现在大家知道的杨秀峰，是无产阶级的革命活动家、实践家，不以理论撰述、学术研究著称。这当然是由于他后来长时间里，主要不从事学术研究工作了。杨秀峰同志的生平，照我所知道的，有两个特点是最见光彩的。第一，共产主义道德品质高尚，在革命队伍里为人所公认。强烈关怀国家民族命运，全心全意为人民，贯穿于杨秀峰同志所有的活动中。不论是拿起笔在文化宣传战线上，还是拿起枪在缺衣少食、血火翻飞的战场，他总是不顾个人得失安危，一往直前。对人民利益精打细算，对自己一辈子最彻底地廉洁自守。就像一位领导同志所评论的："'文臣不爱钱，武臣不惜死'，他兼而有之"。当年事渐高的时候，党中央决定废除干部终身制，他率先奉行，毅然决然不作人大常委会副委员长候选人，不作中央顾问委员候选人，辞去全国政协副主席职务。中国政法学会名誉会长是他保留的惟—头衔。萦迴于他胸臆中的，只有国家、人民的利害，而没有个人的上下荣枯。杨秀峰同志一向光明磊落，大公无私。处事对人，讲原则，不讲面子。在第三届全国人民代表大会上，他被选为最高人民法院院长，很重要的一条，是大家同声称赞他直方不阿，坚守正义。最高法院在封建时代也叫大理寺。宋朝的文学家、政治家王禹偁先作大理评事，后作大理判官。他写过一篇有名的《待漏院记》，批评盗弄权柄，私心滔滔的大官僚和那些"无毁无誉，旅进旅退，窃位而苟禄，备员而全身者"流，表示出自己忧国忧民的远大抱负。王禹偁后来被君主黜退，《宋史》说他"以直躬行道为己任"。杨秀峰就是一位抱负高尚宏远、"以直躬行道为己任"的最高法院领导者，人民的执法人。与旧时代所有"直道而行"的人物根本不同的是，他直的是无产阶级、人民之躬，行的是社会主义、共产主义之道。第二，始终以极高的革命热情、鞠躬尽瘁。对待人民的各项事业，功绩卓著。在革命战争年代和在社会主义建设中，杨秀峰每到一处，总是倾注全部心血，打开新的局面。从组织游击队，领导冀南行署、边区政府，到多年主管全国教育工作，都是这样。长期离开了学术研究，而一生又有更重要的成就，于是，大家今天看到的是一位众望所归的革命实行家，而忘记了 50 年前青年们称誉的"红色教授"。如果一直在学术战线上工作下去，以他的博雅学识、明净如镜的头脑，肯定是一名精通多门科学的卓越的革命大学者。实际创造历史比写历史远为重要。革命给他带来的不是损失，而是更多的光荣。

一个全面成熟的革命者，作为思想家和作为实践家，两者是什么关系，以及哪个更重要，梅林的《马克思传》上，有一段话讲得非常透辟。那上面说，"无疑的，马克思之所以无比伟大，主要是因为思想的人和实践的人在他身上是密切地结合着的，而且是相辅相成的。同样无疑的是，在他身上，作为战士的一面是永远胜过作为思想家的一面的。在这方面，我们事业的所有伟大先驱者们，都有一致的看法"。拉萨尔论及马克思的时候说，只要实际行动的时机一到，他就会心甘情愿地搁下笔来，不再写他所知道的事了。这个看法多么正确！"在我们的时代，我们有着触目惊心的体会；那些用了 30 年整至 40 年的时间，来专心考究马克思著作中的每一个逗点的一本正经的研究者们，本来到了可以而且必须像马克思那样行动的历史时机，都只是像风信标那样，吱吱哑哑地绕轴自转"①。本来是从事马克思主义理论研究的杨秀峰，却不是那种花几十年的精力，去专门考究马克思主义著作中每一个逗点的人。他一旦"来到可以而且必须像马克思那样行动的历史时机"，就甘心情愿搁下笔，走上枪林弹雨的战场了。他之所以成为一位无产阶级革命家，这一点无疑是很重要的。他的态度，是坚定、鲜明的马克思主义的态度：真正的革命者，首先必须是

---

① 　梅林：《马克思传》，第 4 页。

战士、实践家。

1939 至 1940 年，我在杨老领导下工作。那时他是抗日政权冀南行署主任。冀南平原上日军经常疯狂"扫荡"，碉堡星罗棋布，打仗行军频繁，工作极其紧张。在那种环境下，杨老仍然以身作则，学时事，学理论。我没有听他谈过历史，但听他谈过哲学、辩证法，内容好像就是《联共党史》第四章第二节。1973 年1974 年，不少老干部算是"解放"了，我去看他，一见面就谈学习，并嘱代购关于世界史的书籍。其好学深思，老而弥笃，于此可见。几十年来，在我的思想里，杨老如秋水之澄清，如岳石之峥嵘，他不只是通常说的领导人，而是一位从各方面以榜样教人的良师。

中国旧时代，统治者总是把有某种业绩的人，宣付史馆立传。一部廿四史中心是人物传记。其中相当部分有史料价值或文学价值，也有不少是糟粕，什么价值也谈不上的。目前我们正在开展党史和革命史人物传记的研究、编写工作，这与旧史书的目的当然不同。我们要写的是革命先烈，英雄典范，国家、民族真正的先进分子。他们来自人民，来自被剥削阶级，怀抱浩然之气。献身于人民解放事业。他们像毛泽东同志所说的，不是为做官，而是要革命。他们把阶级，党的利益看得最高，把个人利益看得很小。他们告诉后辈人，社会主义新中国是怎么诞生的，它应该而且必定前进到何处去。但是他们谁也不是天生如此的，他们是在反抗阶级压迫，挽救民族危亡的反复搏斗中，千辛万苦磨炼出来的。革命陶冶了他们，人民哺育了他们。这一切，足以使他们被称做国之梁栋、民族精英而无愧。列宁说，俄国革命史是一部长长的烈士传、英雄传。中国革命史更是这样。杨秀峰同志毫无疑问，是中国无产阶级革命人物传中的一员。我主张将来写传记的同志，如实地叙述他投笔从戎以前的学术研究成就。对杨秀峰同志说来，文章只居末节。但传记里写上他的著作还是有益的。就作品观作者，读其文，可以想见其为人。何况他起初是用笔杆子进行战斗，而且始终同学术界、教育界保持着广泛联系。

吕振羽与中国古代史研究[*]

吕振羽同志是中国马克思主义历史学最早的开拓者之一。中国人应用马克思主义研究历史，写出专门著作的，按时间顺序排列，郭沫若最早，吕振羽居其次。郭著《中国古代社会研究》出版于 1930 年，吕著《史前期中国古代社会研究》出版于 1934 年，《殷周时代的中国社会》出版于 1936 年。早在 20 年代，李大钊就著《史学要论》介绍宣传马克思主义的历史唯物主义。李著可以看做从原理介绍、发挥到具体应用的一个中间环节，有它独特的地位，要单独评价。

和郭沫若一样，吕振羽最初也是集中于用马克思主义观点解说中国古代社会。乍看起来，古代跟现实斗争遥远，而这些著者并非遁身书斋的好古家，为什么都把视线贯注在那样很少受人重视的题目上？历史进入 20 世纪 20 年代，中国工人运动与马克思主义相结合所诞生的中国共产党，已经参与和独立地领导人民群众为推翻帝国主义、封建主义、买办资产阶级三座大山的统治，在第一线浴血奋战。马克思主义在中国生根长叶了。但这种根叶，

---

* 原载《光明日报》1986 年 11 月 5 日。

还主要生长在政治思想理论、现实斗争里面。在学术思想、尤其在历史学领域中，它谈不上扎根，更没有生长出枝叶。"五四"运动中坚持资产阶级改良主义的胡适，提出"多研究些问题，少谈些主义"，和号召"整理国故，再造文明"。在那以后，他和他的同道，把研究戴震、章学诚等，作为研究中国哲学、历史的样板。他们教人从"国故"中去寻找中国学术文化、实际也是寻找整个中国的出路。中国"国情不同"，成为他们反对科学历史理论的口头禅。他们著书立说，表面上讲的是"国故"、学术学理、象牙之塔，而实际要人们接受的，却是取消革命斗争的活生生的现实。马克思主义的学术工作，必须回答这样一个根本性问题：马克思主义创始人论述的人类社会历史发展的不同形态、前进阶段等，到底是否或在多大的程度上适用于观察中国历史？郭沫若《中国古代社会研究》序言上说："谈'国故'的夫子们哟！你们除饱读戴东原、王念孙、章学诚之外，也应该知道还有马克思、恩格斯的著作，没有辩证唯物论的观念，连'国故'都不好让你们轻谈"。吕振羽说：他想根据中国史料，按照恩格斯、摩尔根所揭示的古代社会发展的规律，作一次"冒险的尝试"。郭沫若、吕振羽都是想要回答马克思主义理论是否适用于认识中国社会历史这个问题、来研究中国古代社会历史的，目的极其明确。在中国漫长封建时代的文献上，古代历史笼罩在神话传说迷雾中。盘古开天辟地，女娲补天，燧人氏钻木取火，有巢氏筑巢而居，"无怀氏之民，葛天氏之民"，它们究竟表示什么，前人无从索解，惟有付之不议不论。郭沫若、吕振羽最先应用历史唯物主义观点，对先秦以前的文献、近代发现的甲骨钟鼎等文字记录和有关实物加以研究，在人们面前忽然呈现出一个崭新天地：中国古代社会，最早是生产力极其低下的无阶级剥削压迫的原始共产主义世界。商代或殷周之际已经产生阶级、国家，进至奴隶与奴隶主对立的时代。

过去长期不被理解的东西，现在可以理解了，一向视为无稽的记载，现在得到解释了。马克思、恩格斯的著作、尤其《家庭、私有制和国家的起源》上论述的社会形态、历史发展阶段，绝非仅仅存在于美洲、欧洲，也存在于世界文明发祥地之一的古代中国。某些以爱好文化自诩的人表示叹服。如日本西园寺公望就称赞郭沫若甲骨文研究的发现。反对的人，尽管声嘶力竭攻击，《中国古代社会研究》、《殷周时代的中国社会》等，仍不胫而走。古代历史仅仅是中国历史的一部分，但它是居于原始和文明起源的部分。认识中国原始和文明起源的本质特征了，对于认识后来的历史就像高屋建瓴，不难顺流而下。古希腊神话中的狮身女怪斯芬克司，叫过路行人猜谜语。猜不着的人要被杀掉，谁猜着了可以得到一个王国。中国古代社会从文明以来一直隐秘着的谜底，现在由早期马克思主义历史学开拓者们，首先是郭沫若和吕振羽揭开了，再加上其他先辈们的努力，他们得了一个王国：马克思主义完全适合于解释中国社会历史形态及其发展的王国。起先看起来，不为人所重视的中国古代社会历史研究，表面上并没有和中国人民推翻三座大山的实际斗争直接地联系在一起，但它向人们有力地指出，中国社会历史从何处来，将要奔向何处去，昭然若揭。尽管数不清的具体问题还有待于研究，在认识上，现在就像《桃花源记》上所说的："初极狭，才通人。复行数十步，豁然开朗"。

与郭沫若、吕振羽等大致同时，还有另一派学者，也以研究中国古代历史受人注意。那就是顾颉刚代表的"古史辨"学派（《古史辨》1925年出第1册起，至1941年出第7册止。胡适在《古史辨》上发表过文章，他并非这个学派的代表者）。那一派人一反"尊经信古"传统，以"疑古"相矜尚。他们怀疑古代种种记载的可信性。他们从自己的研究中得出一种带理论性的概括，叫做"层累地造成的中国古史"。他们不是保守者，在史料研究和看问题的方法上，各有先进的地方。顾颉刚几度经营，写成的《秦汉的方士与儒生》，至今仍足以称作一部历史名著。然而，他们的理论和方法，并不足以识破中国古代社会历史的庐山真面，更不能在认识中国全部历史上豁然贯通。原因不在其他，就在他们运用的所谓"历史演进的方法"，"西洋的科学的治史方法"，是庸俗进化论加上归纳法，而非马克思主义的理论与方法。他们之中，如顾颉刚剀切表示，"他人我不知，我自己决不反对唯物史观"。可惜他并不真正了解历史唯物主义，认为研究古史人物事迹等，"需用于唯物史观的甚少"。他与马克思主义打了一个照面，又失之交臂。顾颉刚等人的成就，于是也就一般限于"古书辨"，而没有成为名副其实的"古史辨"。我们评价吕振羽在中国古代社会历史研究上的贡献，注意一下与"古史辨"派的比较研究，再进而比较一下当时其他有关撰述的种种主张，就会更加深刻地了解到，科学理论思想指导，对于历史研究具有何等重要性。以前有人拿串钱的绳子与一堆散钱的关系，比喻理论与资料、经验的关系。中国传统的历史学，科学成分积累丰厚，但仍是一堆散钱。现在用历史唯物主义这根绳子把那些资料、科学成分贯串起来，不从形式上，而从内在关系上去观察，它们就呈现出客观的、一定的条理系统。人们对于中国历史，以前那种零散、表面的，或者"分久必合，合久必分"的认识，从此就结束了。

评价、讨论吕振羽的学术思想，科学成就，和研究一切历史人物的思想、活动一样，是一个严肃的学术问题。我们要不溢美，不用后来的认识高度去要求前人。历史学方面，关于近、现代人物的讨论评价，常常见于书刊版面。它们中间自然不乏深入中肯的，但也有停留于片面颂扬，缺少分析批评的。出现后面这种情况有各种原因，一个重要原因是没有严格从学术研究上来对待人物，夹杂上了种种不相干的因素。所谓学术，并非不食人间烟火的东西，丝毫没有玄妙莫测的地方。但有一点，要坚持科学态度，实事求是。先进的中国人用马克思主义观察中国的命运，是时代潮流提出的要求。一旦时代潮流出现了，就不能从少数人的个人动机、智慧等去解释，而要从新的阶级力量，社会现实矛盾去解释。但没有先驱者、先进分子的活动，时代潮流又无从表现出来。唯物主义不把历史归结为个别人物的作用，又绝不低估个别或少数人物的作用。实践先于理论，革命实践问题的研究先于历史问题的研究，完全合乎逻辑。郭沫若、吕振羽关于中国古代社会历史的研究，就产生于那个时代背景下，又给那个时代的意识形态增添了鲜明色彩。联系整个时代潮流，研究分析他们个人的思想、活动，他们的创造、贡献将可以得到更适当的评价。后来者也只有从对他们的客观分析中才能得到更多的教益。

吕老的书我是30年代末期读到的。1951年以后的三十年间，我同他有不少工作联系。我们一起参加科学院哲学社会科学部工作，一起到民主德国出席国际东方学会议，一起由国家民委组织到内蒙访问，一起在中央党校讲历史课，等等。这使我有许多机会向这位革命前辈学者请教。1954年，他编辑的《史学研究论文》（？）把我访问苏联后写的几篇介绍文章收在里面，反映了当时我们对情况的了解和一些共同看法。他的著作涉及面广，相当部分我粗略展阅过。实在地说，我真正印象深刻的，是《史前期中国社会研究》和《殷周时代的中国社会》那两部书。为什么？它们材料新奇，论述完美无缺，文字警醒动人吗？都不是。想来想去，主要是一条：开拓者的启示。它们和郭著《中国古代社会研究》以及其他先辈的有关著作一样，为应用马克思主义研究中国历史开辟了道路，间接指出了中国历史发展的社会主义前途。

翦伯赞——革新派先贤祠中的一员

——纪念翦伯赞诞辰 100 周年

　　一、法国年鉴学派名家马可·布洛赫说，"如果有一天，革新派的历史学家们决定为自己建立先贤祠的话，那么，那位来自莱茵河畔的先哲的银髯飘然的半身塑像一定会端然坐在殿堂之首列。"马可·布洛赫的话表明马克思的明晰的科学思想是一切追求历史真理的人所能理解的，它有理由被人们奉为圭臬。中国马克思主义历史学派是中国悠久而丰富的历史学上最富于革命性、开创性的革新派。他们的先贤是五六十年代人们所说的以郭沫若为首的"五老"。翦伯赞与郭沫若、范文澜、吕振羽、侯外庐并为"五老"之一。以前我曾说过，外庐去世，宣告了中国最早一代马克思主义历史研究者活动的终结。他们的活动终结了，毫无疑问，他们的科学成就，给予后人的启迪，现在灼然犹新，其中一些精确的东西，未来也将不朽。

　　马克思主义崛起于西方。产生它的社会背景、思想源流也只在西方。郭沫若、翦伯赞等老一辈历史学家，一开始就认定了它并非西方某个自称的"新"学说流派，而是一个区别于一切旧的

　　＊　原载《近代史研究》1997 年第 4 期。

社会历史学说的科学思想体系。他们一开始就抓住了这个思想体系的核心部分。郭沫若在《中国古代社会研究》上说，马克思恩格斯著作告诉了他"辩证唯物论的观念"，恩格斯《家庭、私有制和国家的起源》是他研究的向导。翦伯赞的早期著作《历史哲学教程》，实际是介绍马克思主义的历史唯物主义。郭、吕的著作出现在先，翦的《教程》时间虽然稍晚，但它是结合中国历史来讲唯物论基本观点的，所以另有意义，尽管有些地方并不成熟。

二、中国人对于马克思主义科学思想体系到 20 年代末 30 年代初，已经有了比较深入的认识。郭沫若 1928 年 11 月把马克思《〈政治经济学批判〉序言》上关于生产力与生产关系、基础与上层建筑及其相互关系那段经典式的叙述译成中文写在自己的日记上，叫做"读唯物史观公式"。《资本论》第一卷、《反杜林论》、《政治经济学批判》、《唯物论与经验批判论》等的中译本相继于 30 年代前期出版流行。郭、翦都可以阅读外文，对于马克思主义的著作，思想理论自然不限于从中译本去了解。马克思主义所以成为一个科学思想体系，是它以人类任何共同生活的基本事实、即生活资料的谋得方式为出发点，找到了人类社会存在、历史运动的物质存在、物质基础。人们依赖一定的生产力和结成相应关系进行解决衣食住行需要的物质资料生产来开始自己对历史的创造。其他一切创造都起源于和最终依赖于这个创造的存在和继续。人们按照自己的意志创造历史，但人们不能脱离一定的生产力与相应的社会关系、环境条件，而必须受生产力与生产关系、环境条件的制约来从事创造。不同历史阶段的社会生产，形成不同的生产关系。在私有制社会人们被划分为不同利益的人群，即不同的社会阶级。他们的相互关系，同时表现为经济、政治和意识形态的关系。它是一个统一的社会关系体系。其中某个部分发生变动，必定影响到另外部分迟早也要发生变动。生产力与生产关系又相适应又不相适应的矛盾运动，推动社会历史发展，在阶级社会直接表现为阶级关系缓和与阶级矛盾、阶级斗争推动历史前进。每一个处在一定发展阶段上的社会，都具有独特的社会关系体系。那种体系的基本变革，标志着社会发展的一个新的阶段。奴隶制社会、封建社会、资本主义社会，都是社会关系体系变革的一个独特阶段。社会生产力不间断的革新是不可避免的，人类社会发展突破私有制，进到社会主义、共产主义的最新阶段也就是不可避免的，尽管它需要有一个复杂的过渡阶段。以前人们对历史的认识除了宗教神学观点，就是处于"历史是由个人创造的"那种空洞观点支配之下。至于社会历史的存在和运动，它的根基到底建立在什么上面；个人创造历史，个人的活动是由什么社会条件决定的，怎样决定的；社会历史过程，能不能认定或者如何认定也是自然历史过程，历史发展的动力来自哪里，人类社会历史最终将要走向何方等等，都是以前或者根本没有提出，或者提出了，但从来没有真正解决的问题。人们要把对历史的认识建立在科学基础上，它们是一些必须解决的关键性问题。马克思主义思想理论，第一次对这些问题以明确、清晰的语言极其深刻地作出了回答，而且所有的说明就像一整块钢铁一样熔成一体，不可分割。非常明显，它是一个不同于以往种种历史学说的严密的科学思想体系。遵循这个体系，我们就有了可能对历史这个十分复杂并且充满矛盾但毕竟是有客观规律可寻的统一过程来进行研究，也就是把它作为一门科学来研究。郭沫若、翦伯赞等人开创的中国马克思主义历史学就是以这个理论体系为指导的。

中国"正史"与私家撰述资料涉及社会生活的广阔领域，加上近代出土器物，完全可以从中窥见中国历史的某些特点，与延绵不绝的过程。"正史"中"玄鸟生商"、"天命有自"之类的神秘观念不突出，只起陪衬作用，主要是讲"人事"。但所有种种"人事"又是怎么构成历史运动的，人们对于它的认识，长期停留在王朝兴衰、"治与乱"、"分与合"、"英雄与时势"等的过程与相互关系的讨论上，或者再加上《礼运》关于原始社会大同之世的想象。各种记载中普遍存在的似乎隐而不彰的事物，人们就无法知其所以然了。马克思说：在人类历史上存在着和古生物学一样的情形。由于某种判断的盲目，甚至最杰出的人物也会根本看不到眼前的事物。后来，到了一定的时候，人们就惊奇地发现，从前没有看到的东西现在到处都露出自己的痕迹。于是他们在最旧的东西中惊奇地发现了最新的东西，甚至令有的人感到害怕。中国人最初应用马克思主义研究中国历史，就是从以前人们根本看不到的眼前事物中，现在发现到处都露出自己的痕迹，从最旧的事物中发现了最新的东西。它们是实实在在的。有人对此不敢正视，由于感到害怕而极力反对，那就丝毫不足为怪了。马克思主义的历史唯物主义与辩证法结合在一起。历史唯物主义建筑在人类社会生产、生产力与生产关系矛盾运动的基础上。只要历史存在，历史运动的这个基础没有封顶的日子，按照辩证法，马克思主义的科学思想体系也就没有封顶的日子。现代科学技术层出不穷，社会生产日新月异，人认识世界的知识不断更新。中国马克思主义历史学开创者做了他们所能做的事。根据新的认识，不断丰富与推进中国马克思主义历史学的前进是后来者的任务。

三、翦伯赞著作涉及的范围很广，密切联系现实。他在50年代末、60年代前期为坚持马克思主义历史学的科学性所进行的斗争尤其突出，现在更容易看出它的意义。当时"左"的政治路线直接影响学术界。历史研究、教学中教条主义、主观主义、简单化、公式化流行，马克思主义理论遭到严重破坏。陈伯达十年以前就谈到过毛泽东主张的"百家争鸣"，这时讳莫如深；"文化大革命"一开始，他提出打倒所谓"保皇派"，不是偶然的。康生担任中央理论组组长，一段时间里要求各地"写书"——写哲学、社会主义政治经济学等，主观、浮夸，"以论带史"一类的口号由他推广传播。翦伯赞《关于打破王朝体系问题》、《目前历史教学中的几个问题》、《谈谈历史研究和教学的结合问题》、《对处理若干历史问题的初步意见》、《文与道》、《史与论》等一系列文章、讲话，就是在那个背景下陆续发表的。它们联系实际，与非马克思主义、假马克思主义辩论，尖锐批评错误观点，旗帜鲜明。个别的话引起争议，也不难解释清楚。其中讲到马克思主义历史学要坚持阶级观点，也要有历史主义。有人攻击说，翦伯赞用资产阶级历史主义对抗马克思主义阶级观点，那是制造政治诬陷。翦著反复强调的是在分析任何社会问题时，马克思主义理论的绝对要求，是要把问题提到一定历史范围来看待。不同社会制度、不同环境条件下，一定社会阶级的地位、作用是不同的。不要简单化、公式化，要从历史发展的观点认识历史。翦伯赞这个论述与同时的其他论述，出于同一个思想：坚持马克思主义历史学的科学性。这是明白无误的。如果说翦伯赞对抗了什么，那就是他对抗了陈伯达、康生等鼓吹宣传的破坏马克思主义科学理论的假马克思主义。那种假马克思主义与"左"的政治路线是分不开的，对抗它，实际上也就是抵抗它背后的"左"的政治路线。如果当时还看不出这方面的意义、现在或往后研究那段历史的人，对于翦伯赞从事的斗争完全有理由给予一定的评价。

翦的论著中把阶级分析与历史主义连在一起提出以后，掀起了针锋相对的讨论和争论。我以为，从马克思主义出发，阶级分析与历史主义既相一致又相区别。相一致是阶级观点与历史主义可以肯定是内在地统一在一起的，没有超越历史的社会阶级。相区别是它们是两概念。概念不同，含义也就不同。阶级观点与历史主义又不总是关联在一起相提并论的，不是缺少一个另一个就不存在了。后来有的评论说，翦文两个观点的并列，表现了马克思主义历史学在阶级观点与历史主义上的进退两难处境，需要用后者对前者补偏救弊。那不是对马克思主义理论固有内容的解释。关于这个问题延绵甚久的讨论和争论，事实上提出的远不止是阶级观点与历史主义的关系这个具体问题。即使并不明确，它是向我们指出：科学研究，一要坚持真理，二要追求真理。坚持与追求，两者有区别而又息息相联。社会历史在不断的运动演变中，人们对事物的认识处在不断丰富、提高过程里。阶级、阶级斗争、历史主义这样的概念，同一切科学概念一样，与现实、现象可以、而且经常存在着差异，不相符合。我们要看到事物的矛盾运动，要看到事物有异中之同，也有同中之异。只有这样我们才能坚持真理，又追求真理而不至于在认识达到某个阶段以后，就再也止步不前。

四、1952 年，我在北京东厂胡同一号范文澜同志寓所与翦老相识，最后一次见面是 1966 年大约 5 月底去北京医院看病，在走廊里相遇。那时他早已在北京大学受到猛烈围攻，我则处在陈伯达定调子的《人民日报》六·三社论打倒所谓史学界"东霸天、西霸天"的前夕。他脸色灰黯，彼此心情都了解，互相点了点头，未交一言。在那十多年时间里，我有机会同翦老频繁共事和向他请教。他是 1953 年党中央设立的"历史问题研究委员会"成员，有些具体事项由我同他联系。《历史研究》创办之初，我们常在一起讨论稿件。科学院成立学部和不久以后制订全国十二年科学工作远景规划，我是社会科学方面具体工作负责者。凡与历史学有关的，无不请他参加讨论，或去个别征询意见。1958 年，他主持的北大历史学讲座，邀我讲过评尚钺同志中国资本主义萌芽研究的问题。题目不用说是我自己定的，事后也没有问过主持人的看法。尚著论点如何，自然可以讨论。但我的评论带有教条成分，

1981 年我在上海举行的中国史学会理事会上作过自我批评。我与
翦老一起参加的外事活动次数很多，大半是接待苏联、东欧、日
本的学者，也有西方学者。他善于在谈笑风生之中回答问题，阐
述自己的观点。1960 年 9 月苏联主办国际汉学家会议，同时召开
苏联东方学会议，邀请中国派代表团与会。主管单位最初主张谢
绝。外交部长陈毅元帅知道以后，认为我们不参加国际会议，苏
联单方的会议仍然应该去。这是由于苏联撤退在华专家未久，中
苏分歧尚未公开。中国是否参加那次会议，涉及对外表态问题。
中国学术代表团很快组成，翦老为团长，包括历史、语言、文学
等方面的学者，通报了对方。会前不久，苏方突然通知，苏联东
方学会议与国际汉学家会议合并，不单独举行，建议中国参加国
际会议。我们没有接受。这成了莫斯科汉学家会议中一个引人注
意的话题：中苏分裂了。组织中国学术代表团时，考虑到会上可
能出现矛盾和斗争，团长不但要在学术上，也要在政治经验上能
够适应。翦老被认为是最适合的人选。这表明他德望宿孚，为众
人所推服。1961 年，中央民委邀请历史学家若干人，赴内蒙访
古，我随翦、范、吕几老同行。1960 至 1962 年间，翦老和其他
一些同志很有几次聚餐座谈，时间不定，范、吕、吴晗、齐燕铭、
黎澍、金灿然和我多半在场。"文化大革命"初这被揭发为所谓
"裴多菲俱乐部"。谈话没有预定题目，历史教学、研究中的情况
和问题当然是中心。翦老每次总要讲些看法。他的《对处理若干
历史问题的初步意见》、《文与道》、《论与史》就是这时写的。座
谈中虽然事先事后都没有讨论过他的文章，彼此发言，角度有别，
思想相通。长时间的交往，加深了我对翦老的认识。他热情忠厚，
而又刚直不阿，是一位真正的马克思主义历史学老一辈学者。侯
外庐在《韧的追求·翦伯赞的风格》一节中说，翦老是严谨的学
者，也是勇敢的革命斗士。他兼备精深的史识和高尚的史德，最

后在反革命集团逼供时宁死不作谤书，铸下了他的史德的最后一笔记录。翦老这位挚友出于肺腑的对他的评价，公允精当，不可移易。中国古人董狐、南史，道德高尚，坚持直笔，以死殉职，在中国传统历史学上一直引为美谈。翦老坚持马克思主义科学，遵守中国传统史学美德，并以自己的生命为代价，把两者结合起来，这是中国历史学上一种新的典范。

当初听说翦老的死，是有人说他与蒋介石有关系。大家觉得奇怪，不过我听翦老亲口讲，他见过蒋介石。那是他在重庆时一度由冯玉祥聘为历史教师。教室即冯住处会客室，听讲的有冯和他的副官等人。头年冬讲到第二年春天，春节初二上午就开讲。当他正与冯隔席相对，侃侃而谈时，传达人员匆匆进来报告："蒋委员长到！"显然是来拜年的。他收拾书本，准备回避一下。冯连忙摇手制止说，不要动，继续讲。稍顷，蒋入室。冯起相迎，并指着翦向蒋介绍：这是我的历史老师某某先生。蒋点一下头，他也照办，然后离去。我说，这很像是冯在表演《三国演义》上的刘备种菜园。翦老说，但是更加巧合，也表现出了冯的沉稳和机敏。要问翦伯赞与蒋介石有何关系，翦老除了作为革命家，作为中国马克思主义历史学的先驱者与蒋介石的统治处在相对抗的地位，十分偶然地参与了当权人物活动的一个小小场面，这就是他们的"关系"。

侯外庐与马克思主义历史学[*]

  侯外庐同志自 1934 年刊行《中国古代社会与老子》一书起，发轫了他的历史研究工作。无论从着手的时间和往后所取得的重要成就来看，他都应当排列在中国马克思主义历史学先驱者的行列里面，而且是这个行列里特色显著的一员。

  我最先读到的侯老著作是《中国近世思想学说史》。其时抗日战争结束不久，我正准备研究近代史。解放初期，和外庐同志在北京开始认识，但无个人间交往。1953 年秋冬，中国科学院决定增设两个历史研究所，我参加筹备的具体工作。到 1954 年 2 月，历史第二所的副所长人选还没有确定下来。胡乔木同志负责中宣部常务，一个晚上我去中南海来福堂他的住处汇报情况，恰逢黎澍同志也在那里。乔木当即口授、由黎澍笔录给西北局一个电报，调西北大学校长侯外庐担任历史第二所副所长。大约十来天以后，我接到外庐一封长信，说他欣然奉命来京，询问两个历史所筹备情况，并提出自己的建议。从那以后我们就在一起工作，至今三十四五年了。侯老的学术研究范围很广，我所知有限，试说一点

---

  * 原载《历史研究》1988 年第 1 期。

认识，同各位研究者一道讨论。

同中国所有最早的马克思主义历史学者一样，侯外庐首先注重于根据中国实际材料，检验和探讨马克思主义著作上关于人类社会历史发展阶段的叙述，确认中国古代存在奴隶社会，和奴隶制向封建制及其以后阶段的演变。他和同时代的研究者们得出一个共同结论：中国历史和世界历史都是遵循同样的客观规律向前变化发展的。他们研究古代，又都一致地着眼于认识当前"中国社会已经走到了什么阶段？"解决中国向何处去的问题。至于奴隶社会起止的时间，中国奴隶制、封建制历史与欧洲或其他地区的历史，哪些接近，哪些迥殊，他们觉得这些问题虽然需要解决，但与世界历史共同规律相比，则次要得多。看法不同，就无妨各人讲各人的。

侯外庐的主要研究方向，一为中国古代社会史，一为中国思想史，著作宏富。古代史的论述集结在《中国古代社会史论》、《中国封建社会史论》两部书里面；中国思想史的论述，与杜国庠、赵纪彬、邱汉生等合作，最后编辑整理成《中国思想通史》，凡五卷六册；又与邱汉生、张岂之主编《宋明理学史》，共合四百数十万言。再把和这几部著作内容相近、书名不同的《中国古代社会史》、《中国近世思想学说史》和即将与读者见面的《侯外庐史学论文选集》等加在一起，全部当在五百万言以上。那些论著，30 年代末和 40 年代初以后陆续问世。在此以前，郭沫若、吕振羽、杜国庠等人，已经在中国古代社会史、思想史这两大领域建筑起了马克思主义研究的阵地。外庐那些数量可观的著作，则用富有特色或特点的成果使这个阵地得到了继续加强和扩大。这些特点，是把研究内容与方法结合在一起的。

侯外庐历史研究的头一个特点，是突出基本理论，重视理论探讨。早在 1939 年发表于《中苏文化》上的《社会史导论》，和

40 年代前期相继发表的《中国古典社会史论》、《苏联历史学界诸论争解答》中，这个特点就鲜明地呈现出来了。它们的内容为关于社会发展史指导规律的问题；关于亚细亚古代社会法则的问题和关于亚细亚生产方法适用于古代中国的问题。《解答》自序中说，这本书是关于历史发展规律的研究，和哲学、经济学的范畴有密切关系，试图结合具体材料来说明中国历史发展的法则。书中所说的"历史发展规律"，是指马克思主义历史唯物主义基本原理中的生产方式、生产力和生产关系学说。《社会史导论》和《解答》中，不同意《联共党史》上斯大林关于生产方式是体现着生产力与生产关系"两者在物质资料生产过程中的统一"那个提法，认为它不符合《资本论》第二卷《生产资本的职能》一节里关于"不论生产的社会形式如何、劳动者和生产资料始终是生产的因素"的界说。"特殊的（历史上一定的）生产资料和特殊的（历史上一定的）劳动者（力）二者的特殊结合方式"，才是生产方式的准确定义。在基本理论问题的研究阐述中，有两个理论观点贯串于外庐大部分著作里面，那就是亚细亚生产方式和封建土地国有说。1946 年写的《中国古代社会史》自序中说，"我个人在这一门科学的探究之中，有十五年的经验。一则是步着王国维、郭沫若二先生的后尘，二则是继亚细亚生产方法论战的统绪，更在这两方面要求一个统一的说明。"在另一个地方又说，郭沫若曾把他的《中国古代社会研究》看作恩格斯《家庭、私有制和国家的起源》的续编，"而我在古史研究中，则比较注重做马克思关于亚细亚生产方式的'理论延长工作'"。其结论是：马克思所说的"古典的古代"与"亚细亚的古代"都是奴隶社会。它们不存在顺序的先后，但各自走着特异道路。"古典的古代"是革命路径，"亚细亚的古代"则是改良的路径。前者即所谓"正常发育的文明小孩"，后者为"早熟的文明小孩"。封建土地国有说，是根据马克思讲到过土地私有权的缺乏，"可以作为了解'全东方'世界的关键"的论述提出来的。中国自秦以来，皇权垄断土地，是封建的中央集权主义的经济基础。地主阶级对土地只有"占有权"，农民对土地只有"使用权"，封建帝王的土地所有权，即封建土地国家所有制形式。他近年写《韧的追求》，总结自己一生学术研究，亚细亚生产方式探讨和封建土地国有说，仍摆在突出的位置上。

论述马克思主义基本理论，必然要广泛涉及马克思主义文献。侯外庐的著作上应用马克思主义论点来具体分析历史问题的地方很多，时发精到可喜之论。这与他早年从事《资本论》翻译分不开，更主要的是表现了他重视历史研究的思想性和理论性。不少创见与直接引用马克思主义的论点联系在一起。

侯外庐研究历史的再一个特点，是经济基础与社会思想的"完整平行"研究。《中国古代社会与老子》那本最初的历史小书，就注意到了社会史与思想史的彼此联结。30年代末至40年代中期，著者连续发表社会史研究的著作；40年代初，又开始致力于研究中国思想史。1944至1946年，《中国古代学说思想史》、《中国近世学说思想史》相继刊行。1946年又出版《中国古代社会史》。50年代至70年代，仍交替印行中国古代社会史与思想史这两方面的著作。社会经济基础与社会思想在著者的研究中，确实是有计划"完整平行"地进行的。

历史囊括人类社会生活的一切。为什么要把社会史与思想史放在同等的地位上研究，外庐在《中国古代学术思想史自序》上说，此书为《中国古典社会史论》姊妹篇。历史与思想相互一贯自成体系，研究中国思想史当以中国社会史为基础。后来又多次讲这个问题，强调他自从事历史研究以来，"一向等量齐观重视社会史与思想史的地位，夙志完成的中国思想通史，便包括着完整的、平行的社会史研究计划。……各历史时期主要思潮的研究，都有该时期社会研究相互印证"。《思想通史》各卷都有社会史研究作为基础，惟独第四卷叙述宋明理学与反理学思潮，缺少这个部分，未能弥补，铸成了遗憾的一环。他认为把社会史与思想史如此紧密地结合起来进行论述，在自己是第一次，"在并世学者的同类著作中或者也是较早的实践"。所谓"各历史时期主要思潮的研究，都有该时期社会史研究相互印证"，这就是说，坚持把社会思潮的研究建筑在历史唯物主义基础上。政治理论、社会学说、逻辑思想和哲学思想，都是思想史研究的范围。它们与基础的关系远近不同。一概简单地去相互印证，或主观随意加以解释，可能成为机械唯物论。那当然应该抛弃。但思想史和整个历史的研究一样，离开了对社会经济基础的认识、了解，那就意味着离开了科学基础，只能在旧的轨道上兜圈子。重视社会史或社会经济的研究，在历史研究中具有加强唯物论的普遍意义。郭沫若先写《中国古代社会研究》，然后写《十批判书》，社会史与思想史研究并重。但他主要限于古代。《社会史论》与《思想通史》则把两者延续下来，思想史一直延续到了近代。

侯外庐历史研究的又一个特点，是创新与"决疑"。中国奴隶制与封建制从何处划分界线，《封建社会史论》不同意西周封建说或春秋战国之交说，也不赞成魏晋封建论，而自创新解。他认为中国封建制的出现和形成，应在战国中期至秦汉之际。自商鞅变法，至秦始皇废除分封诸侯制度、实行土地私有和买卖、叔孙通制礼、萧何订法律等，表示封建制度完成了法典化。《思想通史》上对孔子以下的不少人物及其思想，每有不同于其他研究家的评论。郭沫若认为"仁"是孔子思想体系的核心。《十批判书》解释"仁"是"牺牲自己以为大众服务的精神"，是"一种平等的观念，把天子与庶人都扯平了起来"。侯书则认为"立于礼"是孔子思想的核心。"礼"在孔子的时代，具体指西周遗制，即一种过时了的古旧宗教仪式。孔子的"礼""仁"观，都交织着主观上对旧制度的相对"正义感"，与客观上对新陈代谢的悲剧感的矛盾，交织着主观历史理想和客观历史动向认识的矛盾。郭说、侯说两相比较，侯说显得于义为长。董仲舒改造儒术，在政治和思想史上占据何种地位，汉代人就评论不一。司马迁只说他"名为明于春秋"，传公羊学。稍后，刘向、刘歆、刘龚父子祖孙四世自相争鸣。董仲舒认为"天人相与"，天人合一。章太炎站在古文经学立场上，说董仲舒是"神人大巫"。以前我们高等学校的教材评价董为"伟大政治家"。"天人相与"，天人合一，在近来的美学研究中，又有看做最高优美境界的。侯著上说，董仲舒的《公羊春秋》学，把儒家以道德情操为基础的正名主义加以庸俗化，把阴阳家的五行说加以唯理化，把秦汉王朝更替归结为奉天承运的天道之必然等等。董仲舒的思想是为适应封建专制主义而创立的颇具中世纪神学色彩的儒学。他的学说与汉武帝为实现大一统相呼应，但我们不能因为肯定汉武帝的历史功绩，就以简单的推理来肯定董仲舒的思想。这是应当坚持的。柳宗元与韩愈一同为"古文"运动创导者。韩愈坚决反佛，柳宗元深信天台宗佛学。他说"儒者韩退之责予不斥浮图"，其实浮图往往与《易》、《论语》符合，不违异孔子的道理。前人研究柳宗元，没有对他作为唯物论思想家去评价的。范文澜《中国通史》说韩愈、柳宗元都是思想分成两截，半截唯物，半截唯心。侯书特别强调中唐参加政治改革的人，在哲学思想上表现出以无神论对抗汉以来神学天命论的，只有柳宗元、刘禹锡两人的无神论观，获得了唯物主义的理论基础。柳宗元在中国唯物主义和无神论发展史上占据着重要地位。这一点，千载未被人识。朱熹理学的解说评判，前人写的书汗牛充栋。《思想通史》上力破陈说，新解迭出，要点是：朱熹的理学采取了佛学华严宗的思辨形式，它的自然观和社会观相对称。这种对称用思辨魔术先把自然秩序伦理化，然后以那种神化了的自然秩序，来证实现实社会秩序的合理性。朱熹的人性论借天命为媒介，把无人身的"理"化为"性"，演出"道心"主宰"人心"，天理克服人欲，精神控制肉体的僧侣主义命题，最后演出现实社会的"圣"即"理"的结论。他的"格物致知"，形式上是为了"穷理"，而内容则是三纲五常的伦理实践。朱熹思想体系中的"理"就像马克思批判蒲鲁东的唯心史观所揭露的那样，历史的运动只存在于"纯粹理性"的运动中，它也可以叫做"无人身的理性"。宋元以来一切反动统治者都要供奉"朱子"，依赖"理学"来巩固政权，这就容易说明了。《宋明理学史》上关于朱熹的论述，不像原先那样偏重理论性，而是偏重知识性了。序言上仍指出，宋明理学，"从政治上看，它是思想史上的浊流"，从孔子起，凡非儒家学说，一概视为"异端"。"攻乎异端，斯害也已"。《中国思想史》第二卷以下，打破传统研究对象，论述了一批异端思想家、无神论者、唯物论者。这些论述着重于异端思想与正宗儒学的斗争，无神论和有神论的斗争，唯物主义和唯心主义的斗争，表彰中国思想史上的唯物论的光辉传统。这使从王充直到明代泰州学派、"异端之尤"的李贽、生活于明末清初近三百年不为世所知的唯物主义哲学家方以智等人，都在思想史上获得了他们一定的地位。中国思想史因之境界一宽，长涛滚动，异峰突起。

求新与决疑，对每个学问家的要求都是一样的，而每个人提供的东西又是不一样的。科学研究的惟一任务，在于给人们认识世界增添新的知识，疑难解决了，新知识也就增加了。外庐的著作在这方面究竟提供了哪些重要东西，有待于大家去研究。我这里只是随手捡出一些事例，而且也没有能够细说。

侯外庐研究工作的又一个特点，是以马克思主义理论为基础，自成一个学派。外庐的生平我粗有所知，最初见到《韧的追求》，

只当做一般回忆录，未甚措意。近来再读，觉得它的价值主要是
著者对自己在学术研究中逐渐形成的一个学派所作的客观而系统
的叙述。所谓学派，通常指学术观点基本相近、一同讲学、研究、
编纂，有的还加上师生传授从事学术活动的人们和流派。各人对
马克思主义创始人的著作和历史材料的认识、解释不一样，表现
出来的学术见解，必然有同有异。《思想通史》相当部分是集体著
作，研究撰稿者的学术观点，在一定范围内，或者相近，或者相
同。他们之中，有老一辈马克思主义学者杜国庠，有核心人物赵
纪彬、邱汉生，有用"诸青"为笔名的若干位青年同志。《追求》
上叙述那个学派的观点是：（一）按照中国社会发展史的阶段，叙
述各个社会的思想发展；（二）根据亚细亚生产方式的理论，分析
中国古代的"早熟"文明；（三）从封建土地国有制，认识中国封
建思想定于一尊的经济基础；（四）从地主阶级不同的矛盾利害，
寻求说明不同阶级对立思想的矛盾斗争原因；（五）发掘中国思想
史上唯物主义和反正宗儒学的"异端"思想的优良传统；（六）强
调以法典作为论证奴隶制与封建制分界的标志。书上列举所有这
些之后总结说："以上几点，是我们经过几十年长期研究得到的。
如果说，上述观点和方法足以构成作为一个学派的体系，那么，
我们就应该把这个体系比较完整地叙述出来。"侯外庐的研究工
作，以马克思主义理论为基础，自成一个学派，他已经这样明确
地指出来了。《思想通史》撰述和参与讨论的人，当然不可能在所
有的问题上划然一律。在思想史研究上基本一致的，在社会史研
究上就未必一致。例如杨向奎、白寿彝、杨荣国诸位，或者不持
秦汉封建论，或者拒认封建土地国有说，其他参加者在主张上也
会这样那样各有出入。他们无非就某些方面贡献自己研究之所长。
《思想通史》能够显示出它的特色，也正在于"众家之长得以荟
萃"。

马克思主义的学派绝不同于宗派主义之类。《思想通史》编写者间，最初文字不分你我，谁也没有一丝分切成绩的想法。他们抱着一个宏愿：力求合璧和光，在一切旧学问家们最以为"固若金汤"的城池面前，一展马克思主义科学方法论的雄风。他们的"知识产权"观念十分不发达。侯外庐在与郭沫若、范文澜、翦伯赞、吕振羽这些见解有所出入的马克思主义历史学者论学、交往中，始终推重和敬佩对方，而辩论学术问题又坚持己见。《追求》上的《翦伯赞的风格》一节，披沥肺腑，热忱扑人脑际，与我所知道的翦老为人治学，没有一句话不实在，把它独立出来，是一篇纪念翦老的出色文字。其中叙述说："我和伯赞在中国古代史分期、古代生产方式、封建社会土地制度等一系列问题上分歧很大，这是众所周知的。""范文澜《中国通史简编》出版前的几年间，关于古史分期问题，我心目中辩难的主要实力目标是翦伯赞。……每每论及此题，我心中的叙述对象，不由自主地会假想为翦伯赞，当然，也有与翦伯赞引为同调的吕振羽。"由此看来，我们说，这个学派的学风，在知识权益问题上——共产主义的风格；在学术讨论中——百家争鸣的模范，大概不算溢美。

《韧的追求》一书写于 80 年代初期，表现了一个无产阶级著作家的特征：坚信自己追求的事业的正义性、先进性，他不像某些人轻易地改变自己的思想信仰，而去趋附于看上去似乎更有前途的思潮，从而博得读者的喝彩。这是侯外庐创首一个学派、治学活动的立脚点，也是他一生奋斗，取得成就的立脚点。

侯外庐五六十年里对中国古代社会史、中国思想史两个领域研究、裁纂的几百万字著作，不可能一一在上述几个特点中指陈出来。扼要列举这些特点，使我们易于了解这位著作家怎样用自己的工作继续加强和扩大了中国马克思主义历史学阵地，并成为中国这门学问中一位先进者。当然，这些特点中的若干问题，学术界争论分歧，看法相去甚远。我们接收哪些，不能囫囵吞枣，需要分析。

突出理论研究、探讨，和探讨所得出的结论成熟与否，是不同的两回事。前者无可怀疑，后者对与不对就有两种可能性。《古代社会史论》以下那些著作，很大部分最初撰稿于40年代国民党统治区域里，以后陆续改订，主要是扩充研究范围、增加篇章。虽然《追求》上说，那些著作的理论体系是"经过几十年长期研究得到的"。实际它们的基本内容在40年代已经确立下来了。在国民党统治区域，到了那个时候，旧的历史学依然高踞于大学讲台上面，马克思主义史学的著作、讲授，处在受排斥、压制的"非法"地位，研究阐述历史唯物主义学说原理，应用它来进一步说明中国历史上的奴隶制状况等等，成为马克思主义历史学扩展阵地，对抗、削弱封建的和资产阶级的历史学之所必需。从确立指导思想来看，马克思主义基本原理的研究，就在今天也没有减少它的重要意义，何况在四五十年前的旧中国！所以外庐历史研究工作中突出基本理论的特点，是应当受到格外重视的。但是这并不等于说，我们就一定要根据亚细亚生产方式和马克思讲的东方土地问题的话，来研究、认识中国的奴隶社会和封建土地制度。人类历史发展既有共同规律，但各个国家民族的历史文化面貌各殊，多姿多态。古代东方不同于西方，就像今天东方的中国不同于东方的日本、印度一样。中国古代思想中的"人唯求旧，器唯求新"、儒家学说成为统治思想、封建阶级中的豪族地主与庶族地主区分等等，我们不去考究马克思主义文献中的个别论点、词句，依照历史唯物主义基本原理，也一样能够深入说明。那些个别论点、词句，与中国的实际很难说有多少真正的联系。所谓亚细亚生产方式，国际范围的争论混战，几起几落。东方没有土地私有的问题，所指何时何地，人异其词。这个事实说明，那些观点、概念，从历史研究来看，在理论上和在实际应用上，究竟有何种意义，这本身就应当认真思考。恩格斯说他的战斗是在书斋里进行的。书斋里的战斗与书斋气，有时候难以区分，但又需要加以区分。

决疑与创新中的某些问题，也值得说到一下。科学研究工作不能像五柳先生那样，"好读书，不求甚解"。决疑与"甚解"意思相当。但"甚"过了头，难免流于凿空。这里举《思想通史》第二卷上《老子》一段话的诠释为例。《老子》十一章："三十辐共一毂，当其无，有车之用。埏埴以为器，当其无，有器之用。凿户牖以为室，当其无，有室之用。故有之以为利，无之以为用"。前人的解释，"有"指实物，"无"指空虚。解说仅止于此，谁也不知道说的什么。外庐说，他翻译《资本论》以后，豁然开朗读懂了这段文字。据他诠解：车、器、室都是劳动生产物，都具有使用价值。那么，何以"当其无"才能表现它们有用呢？"有"和"无"在此不能从生产物的物理属性去说明，而应该理解为时间概念。所谓"无"，指生产力低下，车、器、室一切产品不属于个人的历史阶段，也就是"非私有"时代。其时人们共同生产，共同占有，那些器物，用政治经济学术语说，只有使用价值，故曰"无之以为用"。所谓"有"，是"无"的历史阶段的对立物，是生产品属于个人，也就是"私有"的时代。车、器、室那些劳动生产物，这时可以变成商品，具有交换价值，表现出交换利益的关系，故曰"有之以为利"。照这个解释。再又作出一个判断：老子是中国古代发现商品价值概念的第一人，就像西方古代亚里士多德是发现商品价值的第一人一样。李约瑟博士很早接受这个"决疑"。写进了他的《中国科学技术史》第二卷。几年以前，李约瑟说，他为接受那样解释老子的话，曾受到不少批评。"但我仍然认为侯外庐是对的"。我初读《思想通史》关于《老子》这段论述，感到新颖。但又觉得把"无"释为"非私有"，凭空加进一个"历史阶段"，未免过多"增字解经"之嫌。再说《老子》全文讲"有""无"的地方不少，都很难同社会制度联系起来。何以一讲到车、器、室就发生了私有与"非私有"的历史阶段的变化呢？我自己"甚解"不了，最后找出高亨《老子注译》参阅对勘。《注译》先注释"当其无，有车之用"说，"无，指车的空处，有，指车的实体"。这与前人注解无异。然后他把那一整段话翻译成现代语言："三十根辐条凑集为一个毂，还需要很多零件才凑集成车，可是，在那车箱的空处才有车的功用。人用泥土制成陶器，在那器的空处，才有器的功用。人凿窑洞，开门窗，制成房屋。在那房屋的空处，才有屋的功用。所以器物有实体，就成为它的条件，器物的空处，才成为它的功用"。读过这段译文，意思已经完全明白了。《注译》最后分析其内容说："这一章是老子朴素的辩证观点，老子认为器物的实体和空处是矛盾对立，相反相成的。两面备俱，才成为有用的器物。举出车、器、室三个例子。一般人的观念，总以为器物的功用在于它的实体，忽视了器物的空处，这便流于片面。老子于本章既提出了有，又强调了无，这就比较全面了。"如何看待《老子》，侯说与高说分歧，属于不同学派的分歧。这里不掺进去比长量短。"三十辐为一毂……"这个千古难题，确实被今人参破了。我以为参破的是高说而非侯说，外庐深于哲学，晓谙辩证法。《老子》上那个难题，他本来是能够解决的。可惜他选择使用的武器不对路，没有选择哲学，而选择了政治经济学。

侯外庐同志晚年总结一生学术工作，除了讲成绩和心得体会，也作自我批评，讲了若干欠缺和不足。它们详见于《韧的追求》，不必重复。他特别引用王夫之的话，强调不愿意"强天下必从其独见"。学术公器，唯百家争鸣，乃能有进。在面对案头外庐同志的著作讲个人认识的时候，这也正是我所要说的话。

　　50 年代末、60 年代初，历史教学研究者中，有把郭沫若、范文澜、吕振羽、翦伯赞或侯外庐叫做"四大家族"的；有称郭、范、侯、翦、吕为"五老"的，如今五老都不在世了。我想可以说，这大概宣告了中国最早一代马克思主义历史研究者活动的终结。他们那一代人为推动时代前进，付出了辛勤劳动。他们做完了时代交给的答卷。他们是应当受到我们尊敬的。世界历史潮流不断发展前进。马克思主义历史学必须跟上时代步伐，不断发展前进。这要求我们做好许多工作。了解先驱者们的成就，吸收他们留下的遗产，是那些工作中的一个部分。只要以往事实证明马克思主义历史学与中国革命实践相结合，是表现出了巨大生命力的，那么，现在和今后，按照新的条件，坚持这种结合，马克思主义历史学就是长青的。先驱者们的工作不会一旦遭到白眼而速朽。

　　我与外庐同志同时担任过两个历史所的行政职务和科学院哲学社会科学部的工作。近来几次碰到有同志谈起"五老"中某老的时候说，在那一辈人中你是最年轻的；或说，你们那一辈人如何如何。我必须郑重说明：我同侯老或其他诸老，根本不是一辈人，在工作的任何一点上，绝对不应当把我同他们放在一起谈论。侯老和其他诸老，是我的长辈、领导者和指引者，我是他们的后辈、被领导者和小学生。若非时代造化，使我受到诸老教育、启迪，对于世界和历史的了解，我不知道能否有一天终于凿开混茫。后来学得了一点东西，那是受赐于伟大的革命时代，也是受赐于外庐同志在内的马克思主义历史学的诸位先驱。

历史要分析[*]

——谈《胡乔木文集》第二卷
阐述的历史方法论

胡乔木同志是卓越的马克思主义理论家，熟谙多门科学的社会科学家。中国社会科学院成立时，他担任第一任院长。我和乔木的接触，开始于1949年夏天。几十年来，我一直在他的间接或直接领导下工作。

1949年，我写的一本谫陋的小册子《美国侵华简史》由华北大学印出。乔木当时正主持《人民日报》的工作，他从一位编辑的手中看到那个本子后，决定全文在报纸上连载。《美国侵华简史》撰写于解放区，资料单薄，报纸的刊载，对我是一个无声督促；它要求我把这个题目再写下去，并有计划地研究中国近代史。自那以后，我或者参加乔木主持的会议，或者请他审阅文稿，或者听他谈论学问，教诲启发，每有提高。大约十年前，我写的涉及自己学习过程的一篇文章中有这样几句话："开国的一代，学术界和其他各界一样，众星闪耀，俊彦辈出。北京又是人文荟萃的地方。他们或者领导一个部门、单位的工作，或者在思想文化的某些领域影响显著。我作为晚辈后学，在郭沫若、范文澜等同志

• 原载《回忆胡乔木》，当代中国出版社1994年版。

领导下工作，向学术界其他前辈和同志求教的机会也很多。他们的快言高论可得而闻。与战争时期相比，自己多少有了一点进步，和这个环境条件是分不开的。"这里讲的开国的一代学术界众星闪耀，在我的心目中，胡乔木是那些闪耀光芒的群星之一，而且是一颗在许多时间里始终保持着自己亮度的星。

胡乔木同志长期主管思想理论工作，对于如何加强祖国历史的研究，他倾注的心血是不少的。近些年里，他多次强调要重视抗日战争史的研究，就是一例。为避免枝蔓，我想不去罗列那些事实，而只着重讲《胡乔木文集》第二卷上阐述的历史方法论问题。

胡乔木在《文集》第二卷里反复讲，"历史要分析"。他说，看待历史不能简单化。把历史简单化，就会不合事实。历史唯物主义要求非常仔细地、具体地分析具体情况，不是像贴标签那样。随便贴标签不是历史唯物主义，是把历史唯物主义简单化、庸俗化。《文集》第二卷论述"文化大革命"、毛泽东思想、中国二十年"左"倾、对社会主义新认识等问题的文章占着不少篇幅。它们中间，有作者参与起草中共中央《关于建国以来党的若干历史问题的决议》的前后讲的，也有很晚撰写的。作者在那些文章中对历史进行的具体分析堪称典范。

关于"文化大革命"：作者说无论从哪个意义上讲，它都不能叫作革命，而是中国的内乱，是特殊局面下的、跟历史上一些内乱不相同的内乱。毛泽东对此应负主要责任。他对阶级斗争的认识和估计犯了错误，把经济生活中的一些正常活动，看成是阶级斗争，是走资本主义道路。他发动了这场所谓革命，究竟谁是革命对象，谁是革命动力，这样一些根本的问题，他自己也不清楚。他说这个革命与过去革命战争不同，过去南征北战，敌人很明显，所以仗好打。现在谁是敌人，谁不是敌人；是敌我矛盾，还是人民内部矛盾，弄不清楚。自己连敌人都没有弄明白，就来发动了一个革命！他创造了很多名词，什么走资派、死不悔改的、三反分子、反革命修正主义分子等等，其实那些作用都不大。真正起作用的是他把"走资派"改为"犯走资派错误的干部"。这句话挽救了他，可以下台。不然的话，毛泽东也没法下台。依靠什么力量来革命，他也不知道。毛泽东有一个谈话，说我开始曾把希望寄托在青年学生（红卫兵）身上，后来，感觉到这些人也不行。那么，依靠谁呢？他没有答复，也就是没有找到一个社会力量来进行这么一个革命。结果造成了一个职业的造反派，结成帮派体系，专门对无产阶级专政进行破坏活动。那时他受到了很多刺激。其中苏共二十大批判斯大林是一次刺激，《海瑞罢官》问题又引起刺激。还有别的刺激。毛泽东那个时候的思想是不正常的，根本说不上一种理性的思维、逻辑的思维。所以发动"文化大革命"实在是毛泽东的冲动。

这些叙述，当然完全合乎事实。然而作者绝对没有因此认为，"文化大革命"那样引起整个民族震撼的事件，可以简单地从毛泽东个人的原因，从他的性格、品质等去作出解释。作者强调讲，说来说去，还是《历史决议》上讲得对。看待这样重大的问题需要着重分析历史背景，而不能从个人的性格、品质去寻求说明。"文化大革命"的发生有国内历史原因，也有国际原因，包括马列的一些不明确的被误解的论点和国际共产主义运动传统的影响，指出这些原因才是客观的、信实的、公允的、全面的。否则无法解释，何以一个伟大的马克思主义者忽然会犯如此严重的错误。个人性格、品质也并非不是问题，但着重讲这些方面，不能教育群众，不能提高人们对历史的认识。每个人都有他的品格，他的品格里面都有好的方面，不好的方面。毛泽东也是这样。中国几十年的历史，光用一个人的品格怎么能够作出解释呢？作者在此，自然没有也不需要展开历史唯物主义与历史唯心主义的学术讨论，他的论述是对历史所作的鲜明的唯物主义的分析。

这里解释一下，上面叙述的作者认为毛泽东受到了很多刺激的一段话，原文是这样的："《海瑞罢官》引起来的问题的刺激大概比较大，还有一些别的刺激。林彪讲，毛主席最近就是考虑政变问题，那个话毛主席看过的，可见得是真的。"在"一些别的刺激"下面，忽然紧接"林彪讲，毛主席最近就是考虑政变问题"，上下两句话中间，明显存有空档。为什么？其实"别的刺激"就是讲有人提出了搞政变的问题。1964年11月，周恩来赴莫斯科参加十月革命节庆典。在一次酒会上，苏联某元帅借祝酒向中共中央政治局委员贺龙说，毛与赫鲁晓夫冲突，我们已把赫鲁晓夫搞掉了，你们也把毛搞掉。贺龙当场反驳了苏方的谰言，并在酒会后报告了周恩来。周恩来当即向对方提出抗议，回来后报告了政治局。后来在党内一定范围里说过这件事。苏联高层有人公然提出要中国党搞政变，这对毛泽东当然是很深的刺激。作者当时为了避免点明林彪讲话的来历，所以从文字表面上看去缺了点什么。我想还可以说一句，毛泽东的权力、威望这时正居于顶点，无法想象什么人可能发动政变去推翻他。具有讽刺意味的是，他依靠林彪去防止政变，后来真正想要发动政变的恰恰就是林彪。毛泽东万没有料到会有这样的事。

关于毛泽东思想：这个题目在《文集》第二卷里讲得很多，中心意思是一定要讲毛泽东思想，而且毛泽东思想不包括毛主席的错误。那些论述有不少深入的分析和概括。分别来说是两点：头一点，毛泽东在社会主义时期提出"以阶级斗争为纲"和"文化大革命"的理论，违反马克思主义，违反科学。"以阶级斗争为纲"的口号只有在剥削制度社会或由剥削制度转变到社会主义制度的过渡时期才是正确的，在社会主义制度下提出这个口号就是错误的。毛泽东长期坚持社会主义时期的主要任务是阶级斗争，而不是发展生产力，使他走上了空想的道路。在他的思想上，社会主义的主要目标由发展生产力，一变而为纯洁生产关系，再变而为纯洁国家权力和意识形态。空想的原则取代了比较切合实际的原则。他把列宁在俄国十月革命后不久讲过的一些话，例如小生产每日每时都在产生资产阶级这一类话当作法宝。说整个社会主义时期始终都存在着阶级、阶级矛盾和阶级斗争，而且"文化大革命"搞一次是不行的，一定要搞多次。照这么一种理论，这个社会主义简直是不如资本主义，这个社会主义根本不能安定，生产也不能发展，因为它不断地产生阶级、阶级斗争，而且这种阶级斗争只能够用打倒一切、全面内战来解决。人类社会要发展到这样一个阶段，必然要经过这么一个阶段，这把马克思主义不知丢到什么地方去了，是根本违反马克思主义科学理论的。

再一点，一定要讲毛泽东思想。不讲毛泽东思想，单讲马克思主义行不行？那也不行。在中国革命的历史上，至少从1927年到1957年这三十年胜利的历史，跟毛泽东思想是不可分的，现在没有理由丢掉把我们带到胜利的道路上的这样一个精神武器。如果单讲马克思主义，中国革命就胜利不了。看看这段时间里毛泽东的著作——当然还有一些与他同时代的革命前辈的著作，这些东西不能用马克思的著作来代替。同样地，用列宁的著作、斯大林的著作、什么共产国际的文件来代替，都是不可能的。马克思这个人无论怎么好，他没有到过中国，列宁也是一样，尽管他们关于中国说过许多好话。毛泽东这三十年的著作，确实灌溉、培育了中国共产党，确实把我们党广大的干部带到了马克思列宁主义的道路上去。中国革命从极其困难然后达到社会主义的胜利，虽然也有其他领导人的贡献，但是把他们的著作跟毛泽东的著作摆在一起，例如说，把刘少奇、周恩来的著作跟毛泽东的著作摆在一起一比，就可以看出，刘、周的著作中缺少很多东西。它们很难相提并论。胡乔木的结论是：我们要的毛泽东思想，就是把中国革命带上了胜利道路的这个毛泽东思想。

中国革命的历史曲折复杂。毛泽东的活动中出现丢掉了马克思主义科学思想的错误，从一个侧面表现了这种曲折过程。胡乔木从革命历史过程来很好地说明了我们为什么只讲马克思主义不行，一定要讲毛泽东思想，道理确然不可移易。

现在我们知道，乔木讲毛泽东思想的地方，不止于《文集》第二卷那一些。在《文集》以外，他还有对这个问题的最新分析。1993年10月15日《人民日报》刊载的《关于写作〈回忆毛泽东〉一书的设想》（与郑惠的谈话）里，他着重讲了这个问题的国内、国际的背景。他说，提出毛泽东思想有国内的、也有国际的需要。在国内，那时不提毛泽东思想，共产党很难在全党形成思想的统一。提出这个思想，通过延安整风运动，毛泽东思想在全党的指导地位确立了，思想统一了。这是一面，即对国内的一面。同时，还有更重要的一面，即对国外的一面。苏共一直在把它的影响加给中国共产党，提出毛泽东思想，这就是对着苏共的。共产国际尽管很快解散了，但是共产国际的影子，它对中国党的影响始终没有断。中共八大没有提毛泽东思想，也是因为苏联的关系。苏联始终拒绝承认毛泽东思想，在苏联报刊上绝口不提毛泽东思想这个词。凡是中共文件中提到的，他们利用的时候都给删掉。这成了一个禁区。所以毛泽东思想是中国人自己的、中国共产党自己的革命道路的象征。乔木的这个最新说明使我们可以从新的高度来认识这个问题。他说毛泽东思想在苏联成了一个禁区，我手边有罗森塔尔、尤金编的《简明哲学辞典》，可以举来作个例子。《辞典》中的"毛泽东"条说："毛泽东：中国共产党的伟大领袖，马克思主义的大理论家，中国人民胜利的组织者。"再往下，就是讲历史了。毛泽东思想的提法冲破了那个禁区。中华民族这样一个历史文化悠久的民族，这样一个伟大的民族，要革命，要掌握自己的命运，只有依靠中国人民自己，历史证明他们也能够依靠自己。这是中国立国的根基，也是认识中国一切问题的立脚点。毛泽东思想是中华民族、中国人民自己的思想，这就是它最深远的意义。胡乔木的最新论述，把这一点说到底了，讲透彻了。

关于二十年"左"倾错误：这是指 1958 年到 1978 年，中国政治乍晴乍雨，以至急风暴雨的动荡，经济发展减缓或停滞不前的那段历史。产生"左"倾错误的原因是什么？人们首先想到的仍然是把它归之于毛泽东的个人作用。但是我们知道，个人，即使很伟大、处于权力顶峰的个人，也不可能脱离一定的历史和某种社会趋势去产生作用，而要这样那样受环境和某种趋势的驱遣。如果对中国为什么二十年犯"左"倾的错误只简单地回答是由于毛泽东犯了错误，那并不能使我们增加认识，也不知道教训在什么地方。

胡乔木是从历史遗留、广阔的社会生活面来谈这个问题的。他举出了五项原因：第一，中国第一个五年计划中，经济高速度增长，领导人认为社会主义制度加上群众运动，以更高的速度来推进中国经济发展是可能的。第二，阶级斗争的思维惯性和行为惯性的影响，也使人相信经济建设不能离开阶级斗争。第三，追求某种空想的社会主义目标。这种空想的社会主义目标，其实就是平均主义，自给自足，不断发动群众运动和不断革命。第四，国际环境的恶化反应到了国内生活和经济建设里面。第五，中国经济文化落后，缺乏国家民主和党内民主的强有力制度，而建立这种制度又是一个复杂的历史过程。作者的这些叙述都是客观的，实在的。他不是简单地把一切归之于个人的作用，他也没有否认或者减少毛泽东在二十年的"左"倾错误中的作用。这些论述指出，要把个人放在历史所形成的一定社会动向和趋势中去考察，而不要把个人孤立起来，撇开某种趋势去考查。"左"倾本身就表现了一种社会趋势。没有某种趋势为背景的个人活动，不会成为卷起群众运动的个人活动。从这里人们就不仅知道历史的已然，而且也可以知道历史的所以然。他在讲述这个问题中作的总的论断是：新中国所选择的社会主义道路，并不是跟"左"倾错误相联系，而是跟经济、文化、社会进步相联系的。尽管"左"的倾向仍然需要警惕，改革、开放已经不可逆转，就如同一个成熟的人不可能返回到少年时期的荒唐一样。这是一个从历史和逻辑上得出的对人们的认识很有帮助的论断。

中国二十年的"左"倾错误，难道就没有受到过党和人民的抵制吗？显然不是，胡绳主编的《中国共产党的七十年》第七章、第八章一再讲纠正"左"倾错误的努力，经济上的调整等，那就是"左"倾路线遭到抵制的反应。党内有两条路线斗争，周恩来、邓小平是抵制"左"倾路线的主要代表人物，这一点不但中国人知道，外国人也知道。不久以前，美国首屈一指的"中国通"学者费正清写的《观察中国》一书里，就讲到了这个问题。他说，"首先，毛泽东和周恩来一方面是中国共产主义革命的主要领导人，但同时他们还起着两种典型的历史作用。""当毛泽东和周恩来处于鼎盛时期时，毛泽东有能力支配为现实社会变革而开展的周期性政治运动，而周恩来则能够使政府工作正常进行。他们多年配合默契，相得益彰，一旦这种合作不复存在，毛与他身边的人之间便再也无人从中协调了。先前，这位伟大的领袖的地位可以操纵两条路线并周期性地推行某一种路线，现在变得只能招架并且被宗派斗争所左右，中国形势迅速变化，动荡不安。然而，政策上的分歧代表着两条不同的政治路线。两条路线的产生是由中国革命的双重性质引起的：一是经济上要努力实现现代化以使国家巩固；与此同时，为了人民的利益还要通过社会变革改变中国人的生活面貌。事实上，革命的兴衰曲折并没有使中国人放弃他们的目的。"他说，"不过对于我们（美国人）来说，稳健派比极左派及其教条主义言论可取，也比较易于使人理解。总的来说，尽管主张发展技术的那些人也反对私营企业的自由竞争，我们仍能理解他们。邓小平是一位明快而易于让人理解的人物。而那些狂热派则言辞激烈，一心只想揽权，使经济崩溃。"费正清的叙述，除了没有把林彪、"四人帮"那些"狂热派"、"只想揽权"的阴谋家从"左"倾路线中区别开来，其他都接近事实。胡乔木指出，邓小平与毛泽东，邓小平与"四人帮"、毛泽东与"四人帮"的性质是完全不同的。毛泽东是革命加空想，邓小平是革命加科学或实际，"四人帮"则是假革命加阴谋破坏。不用说，革命加科学或实际，也就是对革命加空想的"左"倾路线的抵制。

关于重新认识社会主义的问题：中国在社会主义道路上走过了四十多年，我们对社会主义制度当然有自己的认识。先且不说中国在这个时期里民族独立了，废除了弱肉强食的资本主义剥削制度等等，就看生产力的发展、经济的增长，也表现出了由历史选择的这个制度的合理性，四十多年间的经济发展尽管有曲折，但大部分时间里，它的增长速度在过去的中国历史上没有，在世界历史上也属罕见。现在这个世界上既有社会主义，也有资本主义，它们在同一个时间、空间里生存、运转，变化多端。社会主义究竟是什么样的，这又需要我们随着历史的前进去不断探索，不断更新自己的认识。

胡乔木在《文集》第二卷中，反复讲了这个问题，越往后越有新见解。1981年，他在解释《历史决议》的时候说，社会主义是我们自己建立起来的一种社会制度，一种新的社会，但是不等于我们对它有充分的了解。这很不容易。以前我们对社会主义社会都认识不足，以为它是一个比较短的时期，虽然不会很快，但也不是很遥远，社会主义就可以过渡到共产主义，就可以战胜世界上的资本主义。那种看法是脱离实际的等等。他在不到十年以后，即1990年在《对社会主义的新认识》一文里再讲这个问题就长足进展了。他说，"关于社会主义本身的概念在一百多年时间特别是近十多年间已经发生了重大的变化，科学社会主义理论，或者说社会主义基本原理决不是也不可能是一次完成的，现在也没有完成，只是已有很大进步。这里主要是关于共产主义的目标由近变远，作为共产主义第一阶段（后来被列宁称为社会主义）不仅由短变长，认识到社会主义时期是一个很长的历史时期，其成熟阶段现在还不能预见，而且由高变低，即由不承认商品经济到只在狭小范围内承认商品经济，到承认整个社会主义经济是有计划的商品经济。……在斯大林、毛泽东、赫鲁晓夫及其后很长一段时间内都认为，向共产主义过渡是当前必须解决至少必须和可能立即准备解决的任务。对世界形势则多着重资本主义总危机和资本主义国家的革命斗争，而没有或很少想到相反的情况。革命（包括亚非拉的民族解放运动）由高潮转入长时期的低潮，而资本主义则转入强大的攻势，这些是马克思主义历史上所始料不及的，现在必须面对现实。所以改革开放对于社会主义国家来说确是从理论到实践上的一场深刻的革命。……这从形式上说可以看成后退，因为过去的想法离不了共产主义的初级阶段，而实质上都是真正的前进，使经济活力和人民生活大大前进了。"他主张全党对此要有清醒认识，面对现实。

《对社会主义的新认识》在《文集》第二卷里排在倒数第二篇，我以为它不止应该看作本书的压卷之作，而且在作者全部马克思主义的理论研究中，也应该是最有分量的著作。文章视野辽阔，思想深刻，现实性极强。关键是指出了不要把对社会主义的认识停留在共产主义初级阶段的概念上。人们从这里可以切实地了解到为什么改革开放是社会主义国家从理论到实践的一次深刻的革命。

"文化大革命"、毛泽东思想、中国二十年"左"倾、重新认识社会主义等几个问题的性质各异，看法多有分歧、对立。胡乔木对这些重要复杂、难度很大的问题，一一提到历史上加以分析，不少地方精辟独到，发往昔之所未发，言他人之所难言。实事求是，大道在前，人们很难指以为非。这从上面的引述中可以一目了然，我们不需要再作多余的诠释了。

社会主义运动、社会主义制度出现了一些马克思主义历史上始料所不及的情况，这使以反对马克思主义为职志的论客，异口同声叫嚷：马克思主义已经死亡了，社会主义已经死亡了。他们提出的一个最新、也最得意的论点，是说苏联、东欧社会主义政权的瓦解，也就是马克思主义的完结，那几个政权塌台了，也就是马克思主义最终塌台了。对于这种反对马克思主义的得意理论，我在这里想顺便稍加讨论，回答几句。

马克思主义存在、发展的历史，明显地表现为两种状况：一种是世界科学历史发展上的马克思主义，另一种是社会主义国家与政权相结合，成了官方哲学的马克思主义。这两种状况，不是指马克思主义与非马克思主义的界线，而是指它所处的社会环境、在思想领域里以怎样的面貌出现。前者靠科学思想掌握群众，是客观存在的。我们讲，马克思主义理论一旦被群众掌握，就变成物质的力量，就属于那种状况。后者不同，它与社会主义国家政权同时并存，从外面加进来了一层它原来所没有的权威成分，那就是政权的权威成分。政权的权威，一方面可以推进马克思主义的研究、传播，另一方面，由于各种现实矛盾，又往往把自己的意志加诸科学理论之上，而以马克思主义的名义出现，鱼龙混杂。

这不能不给科学思想体系的阐发、运用带来困难。马克思主义发展过程中的两种状况，俄国十月革命以前和以后存在，中国革命胜利以前和以后也存在。我们知道，外来权威把自己的意志加进到科学里面，世界历史上屡见不鲜。物理学家、天文学家伽利略维护、发展哥白尼体系，发表《关于托勒密和哥白尼的两大世界体系的对话》等著作，受到宗教裁判所的迫害。那个案子过去快四百年了，据说最近梵蒂冈的结论仍然是：虽然伽利略跟着哥白尼反对地球中心说是对的，但他确定太阳中心说是错的。马克思主义科学思想体系的核心是指出了人类社会历史运动的前进方向。在社会主义政权下，社会生活中的全部事情，从社会生产到上层建筑的广泛领域，凡涉及思想认识，都试图以马克思主义理论作出解说，事情如此多样，其中要加进政权的权威成分，丝毫不足为怪。

今天，反对马克思主义的人们津津乐道的所谓苏联、东欧社会主义政权的瓦解，也就是马克思主义的完结这个论点，其前提，是不承认马克思主义存在、发展过程中有两种不同状况，不承认马克思主义在世界科学发展史上的独立地位，而把它同政权视为一体，一而二，二而一。他们的目的是要人们相信，政权的生存能力，等于马克思主义的生存能力，某个政权的命运就是马克思主义科学学说的命运。我们指出马克思主义发展历史上有两种情况，即有世界科学历史发展上占着特定地位的马克思主义，有在社会主义国家成了官方哲学的马克思主义，就可以知道那种把马克思主义同政权等同起来的论点是何其虚伪。马克思主义诞生在前，社会主义政权出现在后，而不是相反，先有政权，后有马克思主义学说。马克思主义在原来成为官方哲学的地方地位改变了，不等于它作为世界科学发展史上一门独立科学的地位改变了。马克思主义是世界资本主义社会制度的产物。世界资本主义一天存在，马克思主义解剖资本主义的那个部分的生命力就会一天继续下去（世界资本主义为新的社会制度取而代之以后，马克思主义中作为认识世界的历史唯物主义，仍将在发展、更新中继续下去。宇宙的一切都在运动变化中。资本主义不是，也不可能是人类历史的顶点。西方关于"后资本主义"的议论，说明人们已经意识到了这一点）。政权的权威是一回事，人类社会历史运动的科学学说又是一回事。政权就像我们翻开任何一本历史书所看到的那样，往往变幻无定，而科学学说则要在人类的生活中长久显示它的功能。以反对马克思主义为职志的论者把它们搅拌在一起，抛了出来，以为是掷出一颗重磅炸弹，其实那种论据是建筑在沙滩上的，炸弹最终只能炸到他们自己的头上。如何看待马克思主义存在、发展的过程，我想还是本文题目上讲的那句话：历史要分析，要用历史唯物主义去分析。

　　（本文中转述的胡乔木同志的话，见《胡乔木文集》第二卷。——笔者注）

毛泽东评《二十四史》*

　　毛泽东评点《二十四史》涉及中国传统文化、历史的广泛内容。我想它的中心是两个。一，唯物主义历史观；二，现实性。

　　关于唯物主义历史观。

　　毛泽东的历史观，写在他的著作的很多篇章里，不过有些是直接讲，有些是间接讲的。毛泽东读《二十四史》的评语，尽管分散，他的历史观的基本内容又是表现得很鲜明的。那些评语直接讲到历史观的内容，主要有两个方面：一个方面，是讲从客观形势出发来认识历史的演变和走向。再一个方面是讲个人，特别是重要人物在历史上的地位和作用。关于前面的那个方面，可以举出读《旧唐书》、《新唐书》评语。这些评语，极力称赞贾谊的《过秦论》、《治安策》。《过秦论》的关键是一句话："仁义不施，而攻守之势异也。"就是说秦朝的灭亡是由于六国统一以前和统一以后整个形势、格局变了，而当权者的认识、政策不变所造成的。《治安策》的关键也是一句话："欲天下之治安，莫若众建诸侯而少其力。"也就是说客观形势紧迫需要削减各霸一方的诸王国实

---

　　* 原载《人民日报》1997 年 12 月 20 日。

力，来适应全国走向进一步统一的要求。这都是从客观形势出发提出的对历史大变动和走向的看法。唯物史观与唯心史观的分野，关键在于是否把社会历史运动看做客观的过程。评语在这里正是照唯物史观来肯定贾谊的观点的。另外在读《续通鉴纪事本末》时也写有同样的话。宋理宗说，"纪纲万化，实出于心"。评语说"否，实出于物。社会存在决定社会意识"。评语直截了当讲唯物论，反驳唯心论，不需要解释。

对于讲重要人物在历史上的地位和作用的这个方面，可以举《读三国志集解》对曹操的评语。《集解》上指责曹操自我宣传，奸雄欺人。评语认为那是欲加之罪，何患无词。李白的诗说"魏武营八极，蚁观一弥衡"，即认为曹操削平群雄，很了不起，比较合乎实际。这是指出认识历史要看到个人、特别是重要人物的作用，否则不全面，违反历史。我们知道，按照历史唯物主义，人自己创造历史，但人是在一定的生活资料谋得方式下，在一定的环境条件下来进行创造的。讲环境条件，是指出历史运动本质上是独立于人的意志的客观过程的根据，讲人自己创造历史，是指出历史规律不同于自然界事物的规律，人的思想活动在其中起着直接的作用。两者结合在一起，就是历史唯物主义的原则和要求。毛泽东读《二十四史》的评语，正是把这两个方面结合在一起的，所以他的历史观是鲜明的唯物主义历史观。西方有些人说唯物论是所谓"人的空场"，见物不见人，那是不符合事实的。国内也有论者说，唯物论的物就是衣食住行，那是掩盖事情的实质。唯物论凡是讲物的地方，都是讲与物密不可分的人，讲与一定的物处于相同或不同地位、受一定思想支配进行活动的人。唯物论讲物与物的关系都是讲人与人的关系，或者是为了讲人与人的关系。见人不见物，或者见物不见人，都与马克思主义的唯物论渺不相干。

关于现实性。

毛评《二十四史》中，对于许多事件的分析，对各种人物行为、言论的评价，使我们很容易看出，他是怀着让人们从中汲取经验教训的目的，是密切联系社会实际的。《史记·陈涉世家》叙述陈胜起义以后脱离群众等情况，评语接连写着"一误"、"再误"。《后汉书·陈实传》讲梁上君子一段，评语说，"人在一定条件下是可以改造的"。《晋书·郭象传》讲，郭剽窃向秀的《庄子》注，评语说，"郭象无行"。《南史·韦睿传》，叙述韦作战亲临前线调查，爱护人民，每治理一个地方必有政绩。评语两处讲"躬自调查研究"，又讲"我党干部要学韦睿作风"。《新唐书·徐有功传》徐向武则天请求不担任执法御史，说这个职务很危险，就像"鹿走山林，而命系庖厨"。评语说，"命系庖厨何足惜哉，此言不当。岳飞、文天祥、曾静、戴名世、瞿秋白、方志敏、邓演达、杨虎城、闻一多诸辈，以身殉职，不亦伟乎"。《新唐书·姚崇传》，玄宗打算以姚崇为宰相，姚先提出十个问题，要求玄宗表态。这些问题中包括执法从亲近中开始，不许宦官干政，禁止官吏在租赋以外向人民需索，允许臣下讲实话，"批逆鳞，犯忌讳"等。评语说"姚崇大政治家，唯物论者"，"如此简单明了的十条政治纲领，古今少见"。《新五代史·王彦章传》，王战败被俘，为晋所杀，评语说，"杀降不可，杀俘尤不可"。评点中有多处对战争情况、战略战术得失、指挥人员优劣等的评说。它们实际上是毛泽东讲自己长期指挥战争的深刻认识，讲他的军事思想学说。凡此种种，用他自己的话来说，就是要引起"我党干部"的注意，从中获得教益。

中国最根本的现实，自然是社会主义道路和如何建设社会主义。《二十四史》上，不用说，没有社会主义的内容。但是毛泽东还是找到了一个地方来谈论这个问题。那就是他读《魏书·张鲁传》时写的长达一千三百余字的评语。从注明的时间上，知道那是写在共产党中央北戴河会议作出《关于在农村建立人民公社问题的决议》以后，又在武昌举行会议，考虑对人民公社作一些调整的期间。评语讲了张道陵"五斗米道"以下历次农民起义中的平均主义思想，指出"其性质当然与现在马克思主义革命运动根本不相同"，而又拿它与人民公社做某些比较。人民公社等一类"左"的主观空想性的办法，根本不是什么社会主义，已经为历史所否定。我们这里要说的是，从评语中可以看出毛泽东在读书的时候是如何时时都在考虑联系实际，联系社会主义道路这个中国最大的现实。历史观属于思想认识或理论的范围，联系现实或参与实践则属于行动的范围。马克思主义理论的重要意义是它能够指导行动，要求把认识变为行动。毛泽东跟所有人一样在读书，又跟别人不一样，他是作为一个大思想家、政治家、实行家在读书。他跟所有人一样，读《二十四史》是想要了解历史，又跟别人不一样，是想着如何从对历史的了解来在行动上变革现实。他在评《张鲁传》时说，自己对历史没有研究。其实他关于《二十四史》和其他历史古籍的大量评语和考订，就是对历史的研究。但他跟通常的历史研究者对待历史不一样，就像马克思在《关于费尔巴哈的提纲》上所说的：哲学家们只是用不同的方式解释世界，而问题在于改变世界。

人对事物的理性认识与实践可以基本一致，也可以存在差异和矛盾。中国近代、现代历史运动的客观过程和走向，是要求民族独立，要求社会生产、社会物质文化生活现代化。它是不可阻挡不可改变的。重要人物的主观能动性，与这个客观运动的走向相一致，就推动历史、大踏步前进；认识相矛盾、有偏差，就带来曲折；然后再一致，就再前进。毛泽东领导中国革命取得伟大胜利，20年"左"的指导思想、特别是"文化大革命"又带来严重曲折。邓小平以毛泽东的思想理论为基础，审视国际国内环境条件，提出对社会主义本质的论述和中国社会主义初级阶段的理论，重新端正方向，中国又充满活力再前进。这是一部生动的历史唯物主义教材。毛泽东评点《二十四史》的思想观点是这部教材的一个侧面，是这部教材生动、形象、具体，在别的地方看不到的一个组成部分。依我看，这应该就是它主要的价值所在。当然，它在思想文化和对历史的了解上，还包罗着比这更多的东西。

五　思想文化（下）

评近代经学[*]

引　言

　　王国维在告别他心爱的哲学研究时说："余疲于哲学有日矣"。近代经学这个题目，我捡起来，又搁下，反反复复，耗费了不少精力和时间。现在要作个了结。不过没有可能像王国维那样从此开个新的头。

　　当前中国正处在现代化建设中，阐释孔子学说的经学与人们关心的现代化建设中的种种问题，相隔何止像隔山！如今为什么还要提出来评论呢？任何一种思想学说都有一定的范围。要求对历史上思想理论的评述，如全要直接和现代生活联系起来，将会最终取消学术研究，肯定行不通。孔子思想理论是中国包罗最广的文化资源。评论近代经学虽然不是讲的眼前的事，但它涉及对孔学的看法和认识问题。事物不是要从运动中去认识吗？中国近代社会历史剧烈变动，近代经学的状况、地位与作用迅速演变。在这个过程中，经学反映出的孔学思想理论的地位与作用是从其

---

　　* 原载朱诚如、王天有主编《明清论丛》第一辑，紫禁城出版社 1999 年 12 月。

他地方看不清楚的。

中国近代社会历史的基本问题、主要矛盾斗争，一是民族丧失独立，要求从帝国主义侵略压迫下解放出来；二是社会生产落后，要求实现工业化、现代化。近代经学从传统文化深层解读出了近代社会历史的这种症结。今文、古文两派讨论和激烈争论如何评价孔子学说和某些孔学典籍，根本事实是争论人们是否应当照旧遵循或怎样应用孔学来看待、处理当前社会最尖锐的矛盾斗争问题。他们在维新运动与辛亥革命的舆论准备中，或者自信在领导时代潮流，或者希望追赶潮流。民族思想是他们的共同思想。但当那些重大事件像昙花一现，成为过去，反映新的社会势力、寻求中国出路的新思想文化运动兴起的时候，他们又一齐向后转。改造孔学不提了，批判孔丘悔不当初。代替的主张是尊孔读经。与五四运动提出的民主与科学为背道驰。复古主义现在是他们的共同思想。近代经学用大字书写在人们面前的两个词是："民族思想"、"复古主义"。非常明白，这两个词是把孔子思想理论固有的内涵突出起来了，而非近代经学外加进去的。前一条与认识中华民族悠久绵延的历史、反对外来侵略相关联；后一条不认为中国社会是发展前进的，肯定小农生产、血缘关系、封闭社会的准则是永久适用不变的准则。你说它前后矛盾，不合逻辑，但事实就是那个样子。一般地说，每个民族走向现代化，都不能摆脱传统文化的根基。同样地，不彻底清理与批判古老的、主要是反映停滞社会生活的传统，便无所谓发展创新，更谈不到近代化。今天中国的现代化不是在脱离传统文化与周边环境条件绝缘的状态中进行的，它必定要碰到辨认传统文化的根基与彻底清理、批判其中阻碍发展更新的废弃物的问题。近代经学这个话题虽然已老掉牙齿了，我想，加以分析批判，我们从中还可以找到一些与今天相关的有价值的认识，只要不拿它当时事手册答问一类。

　　据熟悉孔学的研究者说，经学研究正在成为孔子学说研究的热点之一。缺少西方汉学家的参与，大概也不能成为某种热点。我见到的西方学者研究经学的著作不多，最近江苏人民出版社翻译出版的美国加州大学洛杉矶分校艾尔曼教授的《经学、政治和宗族——中华帝国晚期常州今文学派研究》可能是同类著作较新的一种①。著者的出发点是把他认为一向被断裂为两截的"思想史"与"社会史"研究连接起来，给人一种思想与社会结构有机地联系地了解。用大家习以为常的词，这是一个接近唯物论的出发点。书上的大意是：沉沦了一千五百年的西汉今文经学在乾隆年间忽然兴起，那是一场政治斗争的产物。担任礼部侍郎的庄存与反对乾隆宠臣和珅擅权枉法，双方矛盾不和。庄年迈失势，回到常州家乡讲今文经学，借以批评和珅。庄氏家族广有势力，与本地另一大家族刘氏联姻，那就是刘逢禄出生的家族。庄的今文经学传给外孙刘逢禄，刘终于成了清代今文经学的领导者。思想史与社会史断裂就这样打通了，连接起来了，形成为"经学、宗族与政治的三向互动"。著者的关键性断语是："常州的思想史反映出儒学一旦解决国家或地方性难题，必须依赖自身没有自觉意识到的社会结构"，"由于过度强调'现代中国'和康有为的思想，中国和日本史学家竟误解了清代今文经学的性质"。"我们应该以开端代替终结。这并非轻视今文经学在1898年改革维新里的重要性，而是要将开端当作开端去发掘。……庄存与和刘逢禄站在帝国晚期政治世界的舞台中心。相较之下，魏源和龚自珍乃是边缘角色……。我们必须从研究'康梁'转为研究'庄刘'。"全书确实是做了对清代今文学"将开端当作开端去发掘"的工作，给人

---

　　① ［美］艾尔曼（Benjamin A.Elman）著，赵刚译：《经学、政治和宗族——中华帝国晚期常州今文学派研究》，江苏人民出版社1998年版。

们提供了新的知识，对此应当充分肯定。其中的一些重要论点，间接或直接与我对近代经学的评述相关，这里顺便说明一下自己的看法。

一、清代的今文经学起因于庄存与同和珅的政治斗争说，虽然不能排除，但现在只是假说。庄与孔广森同时，都讲今文经学，谁先谁后，还不清楚。孔任翰林院编修，著《春秋公羊经传通义》，1786年盛年早逝。庄所著《春秋正辞》，当完成于1786年辞官回常州以后。此点如果属实，则孔书在前，庄书在后。庄年长，据说孔一度向庄问学。但两人均非专讲今文学，各有不少古文学著作。孔向庄问的是今文学还是古文学，不得而知。撇开对孔广森的政治态度和庄孔今文学完成的时间的考察，今文学起因于政治斗争便不能落实。公羊学有所谓"春秋讥世卿"、"春秋为贤者讳"等说法。又有三科九旨"诛贬绝"的说法。至于对何人何事或褒或贬，那是圣人孔子的特权，别人不能染指。别人所要做的是准确地了解那些"褒贬"一两个字或一半句之差，或含糊其辞的"书法"，准确地了解孔子表达了什么样的微言大义，而不能加进著者的私货、假货。庄存与身为朝廷大臣，在位时，对和珅的贪渎弄权缄默旁观，而在事后则利用私人著述暗中攻击。堂而皇之的经学著作被变成了含沙射影的伎俩。这不像个以道德文章育人的有道之士的行为。何况讥刺和珅，间接也就是指责乾隆。在当时的文字狱高压下，艾著也认为这是非常危险的。凡此数端都说明，今文经学起源于庄、和矛盾斗争，存在极大的疑问。

二、从常州庄、刘两大家族与今文经学兴起，来考察思想史与社会史的关系，就个案研究而言，艾著引人入胜。个案研究与综合研究不可分割。比如研究康有为家族和他早期的经历，对他在上清帝书中讲的"陈胜辍耕于垄上，石勒倚啸于东门"，即主张改良也含有防止农民起义的意思，我们对他思想的了解，就会多了一层社会内容。但也只限于此。因此，仅仅凭对某些特殊的大家族的研究，显然不可能达到解决思想史与社会史"断裂"的目的。家族纽带并不等于儒学"自身没有意识到的社会结构"。家族内部是分裂的，它不是社会起决定作用的基础结构。儒学依赖的自身没有意识到的社会结构，只能是与当时社会生产力与生产关系相联系的普遍存在的社会基础结构。社会基础结构变动，人们的思想认识、学术观点相变动。学术传播通常是"师傅教什么，徒弟学什么"。其中有与地区相关的，多数无关。龚自珍、魏源、凌曙、陈立、戴望、王闿运、廖平、康有为、梁启超、皮锡瑞、谭嗣同都讲今文，谁也找不出他们与家族、地域纽带有什么关系。他们的思想在很大程度上是自觉地与时代重大的矛盾斗争相联系的。而那种矛盾斗争最终又和社会基础结构息息相关；对于后一点，则不是他们自觉地意识到的。这说明要解决思想史与社会史的"断裂"，必须对社会基础结构进行研究。某些特殊家族与思想文化联系密切，多半是一种例外。

　　三、庄刘与康梁今文经学的时代背景完全不同，艾著在这个问题上看法混乱。庄1788年去世，在鸦片战争以前半个世纪，在康梁讲今文经学以前一百年。刘1829年去世，到鸦片战争还有十年，到康梁讲今文经学还有五六十年。艾著认为"庄存与和刘逢禄站在帝国晚期政治世界舞台的中心"，"我们必须从研究'康梁'转为研究'庄刘'"。照这么讲，只要把庄刘研究清楚了，康梁也就清楚了。也就是说，鸦片战争以前和以后，中国社会的基本矛盾、社会结构没有两样。社会基本状况依旧，占支配地位的政治思想学说当然也就依旧，于是，无凭无据的所谓庄、刘是站在帝国晚期政治舞台的中心人物，就这样从地底下冒出来了。但是我们知道，这都是经不起历史事实反驳的。著者并非不了解中国历史，也并非对西方侵略中国胸存庇护。西方一些论者编造所谓

"亚洲儒学资本主义"或"太平洋边缘地区研究"新领域，艾著批评说，这种东西作为一种意识形态的结构提出来，让人想起日本发明的"大东亚共荣圈"。但由于他对庄刘过于偏爱，不自觉地走到了极端，难以自圆其说。其实庄存与今文经学著作讨论的问题，对近代经学毫无影响。刘逢禄闻名，是因为所著《左氏春秋考证》否定古文经学，成为近代今文、古文经学斗争的焦点之一。龚自珍、魏源向刘学到的东西是今文学文献知识。龚、魏学问的重点则在于社会现实问题，而这正是刘逢禄极力回避、不敢接触的。康有为、梁启超的今文学又非龚、魏所能梦见，更不用说刘逢禄了。乾嘉今文古文两派的共同点多于相异点，即都是在书本子上做文章，远离社会现实。近代今文学则不同。它是近代社会结构变动、社会现实剧烈矛盾斗争的反映。艾著评论庄存与的今文学观点说："他的追求实质上只是维护经学遗产。他倾向视古典理想为治理现代混乱的药方，这种保守的政治观点……成为他阐述保守的学术观点的媒介"。"当然保守主义在庄存与的后继者——今文经学家龚自珍、魏源那里消失了。"这个评论再中肯不过了。就像改造原始孔学然后才有西汉今文学一样，改造保守的乾嘉今文学——当然是在更大程度改造孔学，然后才有康梁为顶点的近代今文学。他们尽管都讲孔学，而所讲的精义都只是各自时代的产物。艾氏博览，不知何以见不及此。

　　四、艾著说，中国和日本史学家都误解了清代今文学的性质。所谓误解性质，看来还是说不应该把乾嘉与近代分开。对于近代今文学性质的了解究竟是正与误，只须翻阅一下近代今文、古文两派斗争的关键是什么，就可以一目了然。在此无须一一论列。

　　《经学、政治和宗族》是一部严肃的著作。其中讲到孔子思想研究在中国近代化进程中到底起什么作用，认为不能用投票方式解决，要分析研究，这是很有见地的。但作者书上涉及中国近代经学的论点，如上所述，不能认同。

章太炎一向自居学问文章中国第一。前期一度说文章王闿运第一，自己第二，后来对王也不恭维了。晚年他认为，"学问之道当以愚自处，不可自以为智。偶有所得，似为智矣。尤须自视若愚"。"愚三次，智三次，学乃有成"。这应当是他对自己一生治学经验的深刻总结。所谓三智三愚并不是说的次数，而是说人的认识是有反复的。智与愚都是前进的过程。做学问要经过不断多次反复和检验才达到可信的程度。我对近代经学要点自以为有一点体会，但事实上肯定是智少愚多。恐怕难以避免像孔子批评某人说的那样：其智可及也，其愚不可及也。

一　今文经学传播，思想解放萌芽
（鸦片战争前夕）

历史上长期沉沦的两汉经学，在清代乾嘉年间又勃然兴起，造就出一群学术界明星。它是一种特定的社会政治环境的产物，同时也反映了学术思想变化自身的某种规律。乾嘉年间兴起的经学同时有两派，一派是世称戴（震）、段（玉裁）、二王（王念孙、王引之父子），号为考据学"正统派"的古文经学派；一派是庄存与、孔广森、刘逢禄代表的今文学派。两派宗旨互异，分道扬镳。近代经学中，今文、古文并存。今文学的传播引起思想界的变动。

（一）主要学者及其著作

龚自珍（1792—1841），号定盦，浙江仁和人。道光年间进士，历任宗人府主事，礼部主事，晚年到江苏丹阳书院讲学。著作有《定盦文集》等。魏源（1794—1867），字默深，湖南邵阳人。进士出身，历任知县、知州。著有《圣武记》、《古微堂内外集》、《海国图志》等。《海国图志》是在林则徐《四洲志》及林则徐在广东收集的材料的基础上编纂而成的。但其中确有新的思想。宋翔凤（1777—1860），字于庭，江苏长洲人。嘉庆年间举人，历任县训导、知县。著作有《过庭录》、《论语说义》等。凌曙（1775—1829）、陈立（1809—1869）也都是鸦片战争后知名的公羊学家。

魏源 1814 年至京师，刘逢禄（1776—1829）这时任礼部主事，著书讲学。刘的代表性著作《左氏春秋考证》，认定《春秋左传》为刘歆所伪造。又著《箴膏肓评》发挥同一观点。魏源向刘问今文学，年二十四。龚自珍 1819 年再到北京，参加礼部会试，落选。自这一年起，从刘逢禄受《春秋》公羊学。龚、魏两人治今文经学，魏源在前，龚自珍在后。他们都是直接向刘逢禄学习的。魏源研究经学的著作，完成于 1830 年以前，龚自珍的经学撰述，大部分写于 1828 至 1838 年之间，都接近或者就在鸦片战争前夕。封建统治制度、社会生产长期停滞的固有矛盾，与英国日益加紧输入鸦片，对中国社会生活造成严重破坏的矛盾，纠结在一起。一场不同于以往的社会危机的爆发，正在酝酿中，若干关怀世事的知识分子敏锐地感觉到了这一点。龚、魏与前期的今文学派在知识上有传授关系，但思想上并非一脉相联。他们是积极地对待自己的时代的新的一派。

（二）经学研究的思想主张

龚自珍的经学撰著主要有《五经大义终始答问》、《六经正名》、《六经正名答问》、《大誓答问》、《说中古文》、《春秋决事比答问》等篇，总计约两万字。《五经大义终始答问》着重说明《公羊传》里讲的"大一统"、"三世"说。他认为公羊学上的所谓据乱、治平、太平"三世"有各种各样。有属于《洪范》八政里面某部分代表某世的，又有一个部分内部分工再分为代表某世的；有上古、中古、近世分为三世的；又有同一个时期如"春秋"二百四十二年分为三世的。语意简短，只有论断，没有讲出什么道理。《六经正名》批评关于《十三经》的说法，指出孔子没有出生以前，天下早有六经。孔子说他述而不作，足为明证。后世喋喋纷扰，由六经增至十三、十四经，"舆台之鬼与昊天上帝"并列，不伦不类。《大誓答问》对于何谓今文、古文持独特见解。他说，伏生所传书，实即古文，欧阳生、夏侯胜、夏侯建之徒，依着今文读法传给博士，后世因此称伏生做今文家鼻祖，名与实发生错乱。孔壁的藏书自然也是古文，孔安国用今文去读，与博士传习的书并无异样。而人们因此称孔安国为古文家鼻祖，名与实又一次发生错乱。今文、古文同出于孔子所删订。前者为伏生及其门徒所读，后者为孔安国所读。他们未读以前皆为古文，既读以后皆为今文。读者不同，解说也就不同，源一流二。譬如后世的翻译，同一语言，有两种以至多种译法。译者不同，译法各异，原来的语言并无差别。这就是今文家、古文家的来历和区分大概。照这些叙述，《十三经》一半以上为奴隶鬼卒，它们的神圣性被戳穿了。今文、古文不过来自翻译出入，围绕它们无休止的争论，岂非徒然多事！其中正好也包括他自己讲求的公羊学。

龚自珍的所有经学著作中，《六经正名》、《大誓答问》等较为平实、新颖。《六经正名答问》中，相信刘歆篡改过《左传》。《春秋决事比答问》对董仲舒的"公羊治狱"没有任何批评，只增加了一些解说，个别地方提到"公羊氏受春秋改制大义"，并无申说。某些考辩，例如引庄子《天运篇》证明孔子不作六经，也不足以驳倒对方。大抵那些撰述今文宗旨突出，也表现了那个学派长于议论的本色。

魏源的经学著作，主要有《诗古微》、《书古微》、《董子春秋发微》、《两汉今古文家法考》等。在这以前，清代今文经学有专门研究《尚书》、三家《诗》的，但限于讲家法异同，没有提出真伪问题。《诗古微》力辩《毛传》为晚出伪作，力主齐（申培）、鲁（辕固生）、韩（韩婴）三家说。《书古微》给西汉《今文尚书》补亡，正误，认为不止阎若璩《古文尚书疏证》所辨驳的《古文尚书》《孔传》为王肃所伪造，东汉马融、郑玄的《古文尚书》也并非孔安国的旧说。魏源认为讲今文经学的意义，在于这个学问可以联系现实。他在替他的老师刘逢禄遗书所作的序言里说，今天讲复古，不要停滞不变。古文经学讲文字声音训诂，只停留在东汉的典章制度上，应该再往前追溯，去探寻西汉的微言大义，然后"贯经术、政事、文章于一"①。《董子春秋发微》阐述董仲舒关于公羊学的变易思想。董仲舒面对西汉社会的现实矛盾，主张为政之道在善于"更化"。他指出，琴瑟发生严重不调，必须改弦更张，然后可以操鼓；为政遇到窒碍难通，必须"更化"改革，然后局势才可以理顺。琴瑟当改弦而不改，虽有良工巧匠，也不能调整；政治当改革更化而不更化，虽有大贤大智，也不能很好治理。《董子春秋发微》对这方面的思想作了一些改易和论述。关于公羊家的"三世"说，魏源所著《默觚》和《老子本义》讲得更多。他有时把"三世"和"三代"混合在一起，引述它来考察历史。他说，汉文帝废肉刑，三代酷而后世仁；柳宗元批判封建，表明三代私而后代公；古昔权力世袭，后来改为贡举，其意义相当于废封建，设郡县。他由此得出"三代私而后世公"②、后代胜于三代的进化观点。这种对社会历史的看法，在言必称三代的儒学理想中，要算一个进步。不过魏源严格限于讲古代历史，避免

---

① 魏源：《刘礼部遗书序》，《魏源集》上册，中华书局1976年版，第242页。
② 魏源：《默觚下·治篇》九，《魏源集》上册，中华书局1976年版，第60页。

和自己的时代发生接触。他用太古、中古、末世的概念划分历史时代，说它们由于某种不可知的"气运"或"气化递嬗"，周而复始，循环往复。西汉经学里面，本来就有阴阳家的阴阳五行历史循环论。"三世"说从这方面去解释，除了复古陈腐气味，又别无内容。董仲舒讲天人合一、天人相通。魏源极力发挥那种思想。他描绘古代文献中的尧、傅说、文王等人物，通于幽明之理，升降出入于人的世界和神的世界。《书古微》中说：人类初期，天与人相通，天通于下，人通于上，天与人早晨讲话，晚上讲话。古代职官或以龙相称，或以鸟相称，或以云相称，龙、鸟、云就是天与人相通的媒介①。他认为纯以天治和纯以人治都不对，要"天人合治"，神道设教并行。魏源经学著作涉及面较广，但并非如有的评论者所认为的，他是清代今文经学的奠基者。他鼓吹的"气运嬗化"、天人合治等，根本不存在什么孔学古义，纯属今文学的糟粕。他的"天人合治"主张，表现的不是起码的智慧，而是神学愚妄。

今文经学的一个重要取向是"经世致用"，联系现实需要，解决实际问题。

从以上可以看出，汉代公羊学直到刘逢禄《左氏春秋考证》提出的今文经学上的一些最主要的问题，龚自珍、魏源的著作都涉及到了。它们是：

"大一统"说，即以一统为大，以一统为尊。"大一统"何以就为大、为尊？《公羊传》引据史实，并作出解释，"一统"的意思，是政治上的统一，也是民族的融合。照这种解释，"大一统"的思想是进步的，符合历史运动大趋向的。不管这种思想来自《春秋》或来自汉人都是一样。"大一统"是贯穿《公羊传》的基

---

① 魏源：《顾命篇发微》，《书古微》第11卷，光绪四年淮南书局，第16页。

本思想，讲公羊学，首先就是主张这个基本思想的。汉武帝采纳董仲舒建议，罢黜百家，独尊儒术，在很大程度上是尊《公羊传》，采纳大一统思想。这是对于历史走向的认识和要求。

以《左传》为中心的古文经出于刘歆伪造说。今文经学的主要经典是《公羊传》。它以前全凭口传，汉初人公羊高开始著于竹帛。西汉出现的完全属于神学预言的纬书《春秋纬》上，有一条神学上叫做谶的预言，说孔丘作《春秋》是"为汉制法"。公羊家吸取这个说法，认为孔丘受命为王，为汉制法，即给中国封建社会制订社会政治制度。但孔丘并没有真正的王位，他只有把自己的主张隐含在《春秋》的"微言大义"里面。《公羊传》就是阐述那些微言大义的经典。《左传》是由汉以前的古文书写流传下来的，被认为不传《春秋》。要推尊今文，就要打倒《左传》。刘逢禄明白系统提出《左传》出自刘歆的伪造。龚自珍没有注重古文辨伪，魏源的《诗古微》、《书古微》都是辨伪之作。与此相关的还有六经为谁所作的问题。龚自珍认为孔子述而不作，六经只经过孔丘的删订。这与古文学派的观点相同，为后来的今文学派所反对。

关于孔丘学说的"托古改制"宗旨问题。董仲舒《春秋繁露》、何休《公羊解诂》，都讲孔子学说的宗旨在于"托古改制"[①]。所谓孔丘为汉立法，也就是为汉改制。"改制"说由此成了公羊学的灵魂。龚自珍点到一下，但马上撇开了。其原因很明显：今文经学与古文经学争论的焦点，一在古文伪不伪，二在孔丘学说的宗旨在不在改制。古文经学伪不伪属于学术问题，改制不改制则

---

① 董仲舒《春秋繁露》多处讲"春秋改制"。《玉杯第二》"孔子立新王之道"，"春秋托新王，受命于鲁"。何休《公羊解诂》"春秋何以始乎隐"条下说："托记高祖以来事可及闻知者。"犹曰："我乃记先人所闻，避制作之害。"他们都是讲"托古改制"，不过都没有把这几个字直接连缀在一起。

直接触及政治现实。所以从刘逢禄到魏源，尽管大讲古文经学为
伪造，并没有引起社会上的反对。不但没有反对，而且古文、今
文两派，在政治上完全协调一致。"改制"说与此不同，它涉及批
评现行的社会政治制度。鸦片战争前夕的环境条件，还不可能展
开这方面的议论。半个世纪以后，情况才完全改变了。

（三）如何看待《春秋》"三世"说？

《春秋》分鲁隐公至哀公为三世：昭、定、哀三公为孔丘所
见世，文、宣、成、襄四公为孔丘所闻世，隐、桓、庄、闵、僖
五公为孔丘所传闻世。《公羊传》上说，三世之中，"所见异词，
所闻异词，所传闻异词"。照何休的讲解："于所传闻之世，见治
起于衰乱之中，用心尚粗略，故内其国而外诸夏"。"于所闻之
世，见治平，内诸夏而外夷狄"。"至所见之世，著治太平，夷狄
进至于爵，天下远近小大若一"①。照这么说，历史由远至近有三
个阶段，时间越靠近，社会越进步。也就是孔丘认为所见世是历
史上最好的时代。一方面认为历史有不同阶段的发展，一方面又
认定当前为历史发展的最高点。表现"三世"说的自相矛盾。其
实孔丘并没有认为他处在历史上最好的时代，他明确地讲，那是
"天下无道"的乱世。"三世"说又有一个特别的要点：同一类事
件，在三个不同的"世"里面存在不同的"书法"，即所谓"异
词"。《春秋》上的微言大义，孔丘为汉制法，就是通过这些"异
词"表现出来的。《公羊传》、《谷梁传》对那些"异词"作出种
种解说，胡乱猜测，异义可怪，难以究诘，公羊学者都以为它们
是传达了孔丘高深的历史思想，立言准则。"三世"说在今文经
学与古文经学的斗争中不占重要地位。但在今文经学本身则占有

---

① 何休：《春秋公羊解诂》隐公元年，《四部丛刊经部》，上海涵芬楼版。

极大的重要性。

一个"大一统"说，一个尊周王和辨别华夏与夷狄的关系即尊王攘夷说，一个"托古改制"说，一个"三世"说，是《公羊传》和西汉公羊学的几个主要部分。它们有的分立，有的相互联系。它们中去掉某个部分，《公羊传》与公羊学就残缺不全了。它们合起来，构成了《公羊传》与西汉公羊学的核心。思想深邃，景象开阔。但它是充满矛盾的。不可究诘的臆说，方士般的神学呓语，极大地冲淡或湮没了自身的思想价值。

改制说，《传》无明文，要凭人们去推论，"三世"说，则贯穿于全《传》过程中，显得尤其重要。龚自珍、魏源讲今文经学，就必定要讲这个问题。总起来看，在今文经学的几个最主要的问题上，龚自珍、魏源的论述，有非纯粹今文经学的，有意思含糊不清的，随意性很大。它们本质上仍旧是宗经说经，维护孔丘学说，并非怀疑和批评孔丘学说，去另觅蹊径。仅仅看这种状况，很难找出那些著作的时代特色。说它们之中存在思想解放的萌芽，简直毫无着落。但是，第一，龚、魏把前人对今文经学的研究继承下来，在一些主要问题上议论发挥，显出新奇可喜。这就告诉人们，孔学中尚另有天地，可供驰骋。对于在学术上有志追逐的封建知识分子，这是有吸引力的。第二，更重要的是，他们在讲今文经学的同时，注意讨论现实世界的问题，有些话大胆尖锐，骇人听闻。人们对他们讨论现实问题的注目，也就增加了对那些经学议论的注目。他们的经学研究也就由此突出起来了。

龚自珍、魏源各有相当多的作品，是讲求所谓"实学"或"经世致用"之学的。近人的论说因此把他们列为"实学派"的学者。经学在他们的著作中只占较小的部分。魏源评论龚自珍的著作说：龚自珍通公羊春秋、西北地理、六书小学，文章摘取周秦诸子吉金乐石为词藻，"以朝章国故、世情民隐为质干"①。关键在于"以世情民隐为质干"。龚自珍表达"世情民隐"看法的著作，有的干脆拿时间作标题，如《乙丙之际箸议》、《壬癸之际胎观》等，反应其中思考讨论的问题，来自当时社会生活的矛盾。另外一些政论如《古史钩沉论》、《尊隐》，明眼人容易看出它们的寓言性质。龚自珍用日近黄昏，暮气充塞，凄风骤起，人畜悲痛，来形容封建社会的现状。他用自己的语言说明农民与地主两个阶级的尖锐对立和农民阶级具有的巨大威力。那就是"山中之民"与"京师"的对立②，"京师"受到了"山中之民"的极大威胁。他说，"京师贫，则四山实矣。""京师贱；贱，则山中之民有自公侯者矣。如是则豪杰轻量京师；轻量京师，则山中之势重矣。如是则京师如鼠壤；如鼠壤，则山中之壁垒坚矣。""朝士寡助失亲，则山中之民，一啸百吟，一呻百问疾矣。""夜之漫漫，鹎旦不鸣，则山中之民，有大音声起，天地为之钟鼓，神人为之波涛矣。"③冯友兰评论说：龚自珍所说的"山中之民"，"主要的还是指有才而不被用的'隐士'，并不是指乡村农民。不过他的话预示当时的社会即将有重大的变革。"④龚自珍当然没有阶级的概念，也没有用农民这个词，更不会愿意农民的力量压倒地主阶级。但这里所讲的"山中之民"，首先是与地主统治地位对立的，而封建社会的"隐士"多半就是乡村的地主，他们的利益并不与地主统治势力对立，只有基本一致。同时，这个"山中之民"的力量又是伟大的。在当时，社会上只有农民阶级有这种伟大力量，以至天地替他们作钟鼓，神人替他们作波涛，使京师受到威胁。不当权的地主

---

① 魏源：《定盦文录序》，《魏源集》上册，中华书局1979年版，第239页。
② 龚自珍：《尊隐》，《龚自珍全集》上册，中华书局1959年版，第87页。
③ 同上书，第88页。
④ 冯友兰：《中国哲学史新编》第六册，人民出版社1989年版，第57页。

"隐士"随时会去反对农民，却不可能形成威胁朝廷的巨大力量。没有农民阶级这个客观存在，就无法凭空构成那种描写。龚自珍强调"一祖之法无不弊，千夫之议无不靡，与其赠来者以劲改革，孰若自改革"[①]；主张冲破封建等级网罗，重视个人的个性，推崇自我，说天地，人所造，众人自造，非圣人所造。"众人之宰，非道非极，自名曰我。"[②] 议论如此大胆，可谓直接向神灵皇帝圣人挑战。

魏源也善为文词，撰述同样涉及的方面很广。他在《默觚》一书里抒发哲学观点，指出天下没有数百年不弊的法，"变古愈尽，便民愈甚"[③]。"更法"革新为势所必行。《圣武记》、《海国图志》，回顾清代历史，讨论时事。《海国图志》尤其表现编者思想开放，敢于打开眼睛看世界。其中《筹海篇》分析鸦片战争失败的教训，提出一些强国御侮的办法，中心思想是主张学习西方长技，"师夷之长技以制夷"。又介绍西方国家社会政治状况，说美国以部落代君长，其章程可以垂诸久远，称瑞士为"西土之桃花源"[④]。

一是经学研究，一是经世论议，两者在龚魏的撰著里都占有重要地位。不论龚自珍、魏源，他们除个别例外，很少在自己的政论、文学作品里引据今文经学的言词，或者相反地在公羊学的著作中直接谈论时事。尽管如此，绝不能认为龚魏的学术思想与关于时务的思想，两者可以截然分开。他们的经学撰述与政论、时务讨论，是交叉进行或同时并进的。龚自珍的头一篇《箸议》写在开始治今文学以前。《古史钩沉》先有初稿，定稿于从事经学

---

① 龚自珍：《乙丙之际箸议第七》，《龚自珍全集》上册，第6页。
② 龚自珍：《壬癸之际胎观第一》，《龚自珍全集》上册，第12页。
③ 魏源：《默觚下·治篇五》，《魏源集》上册，第48页。
④ 魏源：《海国图志》第47卷，巴蜀普成堂1887年刻本。

研究以后，"具稿七年，未写定"①。五经大义《答问》与著名的
《胎观》一同写于1822年。《六经正名》各篇撰成最晚，显然经过
了长时间的酝酿。魏源先著《诗》、《书》古微，往后便注重时务
讨论。照同时代人姚莹叙述，"默深始治经，已更悉心时务"②。不
管他们怎样对待经学研究和观察社会现实的关系，公羊学的理论
和思想方法，不可避免地要与后者发生某些联系。这不是今文经
学有什么秘密。18世纪末、19世纪初，清王朝统治衰落和中国封
建制度的危机，在白莲教农民大起义和英国输入鸦片日益严重的
冲击下，一并暴露出来。龚自珍、魏源思想敏锐，感受深切，在
这个特定背景下撰写出了他们的政论和讨论现实问题的著作。公
羊学长于议论，思想不那么受到束缚。这很有利于他们深入观察
现实。他们一只脚伸向传统学问，一只脚踩在社会现实矛盾上面，
两者发生某种联系，"改革""变法"的呼声，就这样喊出来了。
正像那种经学研究没有滑离尊孔崇经的轨道一样，他们的"改革"
"变法"要求也没有滑离封建制度的轨道。但他们毕竟从两千年前
的是非争论，跨进到了社会现实生活争论之中。社会生活中的矛
盾越发展，他们提出的问题，也就越发招引人们的注意。

张之洞在1903年回顾说，二十年来，京中经学讲公羊，文章
讲龚定盦，经济讲王安石，学术风气大坏，最后闹到知识分子群
起造反的地步。理乱寻源，龚自珍的学术文章，难逃罪魁祸首③。
张说的"二十年"前，也就是康有为等的维新运动开始酝酿的时
候。章炳麟在《訄书》和稍后的《说林》里说，魏源夸张荒诞，

---

① 吴昌俊：《定盦先生年谱》，《龚自珍全集》下册，第610页。
② 姚莹：《汤海秋传》，《东溟文后集》卷11，《传状一》，页十一下，《中复堂全集》安福县署1867年刻本。
③ 张之洞：《学术》，王树枬编《张文襄公全集》第227卷，北平文华斋1928年刊本，第12—13页。

晚年宦途不得意，以治经学求名于世。但不懂得师法略例，又不通小学，杂乱无条理。龚自珍也讲公羊学，与魏源互相称誉。龚的文章巧猾淫丽，后生少年受他炫耀欺诳，尊之为大文豪，争相仿效。那种文风不仅使学术价值扫地无余，而且还会成为导致民族灭亡的妖孽。梁启超说，龚自珍思想复杂，对于《春秋》自有心得。其集中政论若干篇，颇能发明民权主义。考察近世思想自由的向导，必数龚定盦[①]。又说，龚氏喜好玄妙深邃思考。"往往引《公羊》义讥切时政，诋排专制"。晚清思想的解放，龚自珍确实著有功绩。光绪间的所谓新学家，大概人人皆经过了一个崇拜龚氏的阶段。"初读《定盦文集》，若受电然。"[②] 张之洞从反面道出了学术风气变化的最初情节。章炳麟认为魏源晚年才治公羊学，违背事实，对龚、魏一味贬责，门户之见支配了是非判断。梁启超把龚、魏的经学研究和政论混为一谈，说龚氏往往引公羊义讥切时政，这造成了后来长期的误解。他叙述晚清先进士子深受龚自珍思想的刺激，"若受电然"，则摹写出了当年的直接观感；亲切逼真，言人所不能言，留下了第一手思想史记录。张之洞等人的说法各异，它们又有一个基本共同点，即认为龚、魏经学思想与政论以至文学作品，对后来社会生活的变动，产生了相当影响，无可怀疑。

一种学术能够产生出那样的客观效果，必有一些新的特点，新的现象。事物的矛盾性使那些现象也要存在矛盾。它们有丰富自己的一面，也包含否定自己的一面。

龚、魏学术研究，首先重新体现出了原始孔学现实地和积极

---

① 梁启超：《论中国学术思想变迁之大势》，《饮冰室合集》文集之7，中华书局 1989 年重印本，第96—97页。

② 梁启超：《清代学术概论》，朱维铮校注：《梁启超论清学史二种》，复旦大学出版社1985年版，第61页。

地对待社会生活的特点。孔子学说把现实的人和人际关系，作为论述、说教的主体。这是它一个大的长处。孔学，包括《公羊传》的大一统说，在西汉定于一尊，也正来自地主阶级国家要求统一的现实需要。清代两汉经学兴起，今文、古文相对峙，在畸形偏枯、远离现实这一点上又完全契合。它们不但离开了原始孔学，也与西汉经学主旨乖异。刘逢禄作为清代公羊学的主要代表者之一，并没有与经学研究相联系的讨论时务的专门著作。龚、魏来了一个新的开端。他们研究经学，同时讨论时务，批评专制，按照一定方式，表现出了原始孔学的现实精神。这是当时为程朱道学、繁琐主义所笼罩的经学考证思想界吹起的一股新风。龚、魏学术就这样与庄存与、刘逢禄等区别开来了。他们吹起的新风把清代经学研究划分出了一个新阶段。

孔子敬鬼神而远之，不积极肯定神鬼，注重理性，这是孔子学说又一个长处。西汉儒生与方士相结合，对孔学作了一番神学性的大改造。其时阴阳家的"五德终始说"盛行。按照那种说法，凡作君主的是受命于天的。从传说中的黄帝到西汉，每个朝代按照天，即上帝的安排，分别体现为木、火、土、金、水五种"德"相克相胜，循环运行。董仲舒因袭和改造五德说（现在见到的《春秋繁露》本，存目八十二篇。其中用"阴阳"、"五行"标题的十三篇），提出"三统"说。他在《繁露》上叙述说：每个朝代都要从一年的子、丑、寅三个月中挑出一个为岁首，实行所谓"改正朔"。建子的朝代色尚赤，称为"赤统"，建丑的朝代色尚白，称为"白统"，建寅的朝代色尚黑，称为"黑统"①。"统"是"新王受命"的一种标志。它是"天意"决定的，是不能改变的。它们自成规律，周而复始。君主于是和上帝紧密联结在一起。君主

---

① 董仲舒：《三代改制质文》，《春秋繁露》第二十三。

强烈的神性，证明他们地位的尊贵和统治人民的天然合法性。这是孔学本来所没有的东西。顾颉刚评论说：两汉经学的骨干是"统治集团的宗教"创造。统治者创造这种宗教来装饰自己的身份。无论最高主宰是上帝还是五行，每个皇帝都可以用它来证明自己是"真命天子"；儒生和官吏也就是帮助皇帝代天行道的孔子的徒孙[①]。事实就是如此。

一些论者常常引用董仲舒天人合一，天人相通的话。有的认为他讲的天就是自然，天人合一就是人与自然的统一，人与自然的和谐一致。有的认为这是东方文化与西方文化最大的区别所在。有的则认为这似乎是哲学思想上最美妙的境界。他们各有所见。然而董仲舒说的天不是自然，而是神或神的化身。他认定封建统治秩序的三纲五伦是出自天象种种的规定性，或者是天象种种的反映。与天象一致的社会秩序，当然是不能反对，也不会动摇的。董仲舒说的天人合一，不是自然的天与自然的人的统一，而是神性的天与社会生活中封建统治阶级、统治者的合一，明白无误。章炳麟称董仲舒为神人大巫，董仲舒为主的西汉《公羊》学硬把孔子学说认定为是所谓孔子为汉制法的神学预言及相关的无稽之谈。章的批评教人不要盲目崇拜、鼓吹。

龚、魏今文经学反对阴阳五行那一套神学喧嚷。龚自珍特地写了一篇《非五行传》，他认为刘向有大功，有大罪；功在《七略》，罪在《五行传》。又说，京房的《易》学，刘向的《五行传》，他最为厌恶。班固《汉书》不作《五行志》就好了。与经学相对待的纬学，进一步借孔子鼓吹神学。龚自珍称赞《春秋》纬，说它在纬书中最合古义。公羊家所谓的"张三世，存三统，新周故宋；以《春秋》当兴王，而托王于鲁"的说法，在那里都能找

---

① 顾颉刚：《秦汉的方士与儒生》，上海古籍出版社1978年版，第9页。

到。然而其中好讲五行灾异，那是汉代儒生的通病。两说的性质大不一样，不去批判也可以理解①。原始的"三世"不好简单地认为就符合于历史进化观点，却都立足于人的世界。"三统"说则把历史推定为上帝安排的规律性运动。龚、魏讲三世，不强调讲三统。他们贬神学，重理性，很大程度返到了原始孔学的理性主义上。缺少这一条，就不能使后人受到启发。当然，他们仍不免拖着一条神学尾巴。其中魏源尤为明显。截去那种尾巴，也就不成为今文经学了。

龚、魏经学保持着孔学封建意识形态的基本内容，他们与经学并行的论著又同西方资本主义社会思想多少有点接触，这是一种前所未有的现象。关于西方的知识，龚自珍只是在《西域置行省议》等处，偶尔有所流露；魏源则由于编纂《海国图志》，有了较广泛的涉猎。封建意识形态的突出特点是自我封闭，保守主义。它一旦接触到近代西方思想，并展开较量，其腐朽性和落后性就充分暴露出来。这种接触表明孔学的统治地位受到威胁，发生动摇，终至于没落的日子快要到来了。

意识形态可以作用于社会经济基础，到头来又要以社会存在为前提。梁启超评论龚自珍的作用，把他比作法国启蒙思想家卢骚。表面上看也许有点近似，实际他们所处的社会地位完全不一样。卢骚提出"主权在民"，扮演了资产阶级民主先驱的角色。鸦片战争前后，中国是一个封建国家，根本谈不上存在资本主义、存在资产阶级民主要求。龚、魏学术与法国启蒙运动，在时间上相去不过半个世纪，而中国与欧洲在历史发展上却落后一个社会发展阶段。龚、魏与法国启蒙学派完全不能相比，就在于中国历史进程与西欧社会进程不能相比。龚、魏表现了他们是地主阶级

---

① 龚自珍：《最录春秋元命苞遗文》，《龚自珍全集》上册，第250—251页。

的怀疑派或革新派。他们集今文经学研究和时务讨论于一身，一方面在尊崇、宣传孔学，一方面又间接批评孔学，近代思想解放因之出现萌芽。这是他们的功劳。但也仅仅到此为止。

宋翔凤的学术最初和刘逢禄一起，出自清代今文经学开辟者庄存与和庄述祖的直接传授。刘逢禄《左氏春秋考证》中，几次提到他与宋翔凤讨论刘歆是如何伪造《左传》传经的。"宋乃大服"，说刘发现了何休、许慎以下没有人发现的大疑问。宋在龚自珍、魏源面前足称前辈。但他学问很杂，没有特色。号称通晓公羊微言大义，迷信谶纬①。凌曙、陈立的学术，照《清儒学案》的评论，说陈立撰《公羊义疏》集《公羊》学之大成。皮锡瑞也说，陈立的书可以使今文学者奉为瑰宝。凌曙是现在见到的《春秋繁露》的注释者。这说明凌、陈做了不少搜集材料的工作。然而整理资料不过是学术研究的开始。学术研究的价值，在于推进人对人类历史发展和社会生活的认识。学术研究提供的知识对于推进那种认识可以有直接的，可以有间接的，它们都要推陈出新，不能靠反复重演旧文去实现。宋翔凤、凌曙等人的今文经学，名之曰讲微言大义，通经致用，其实仍没有脱离书本的旧套，内容狭隘。像龚自珍、魏源那样参加到时务论说里去，讨论"世情民隐"，是他们难以想像的。他们的今文经学与同一个时间的古文经学一样，著书满家，思想像个空壳。人们从那里得不到认识历史发展和了解社会生活的启示。这就是为什么近代思想解放的最早萌芽只可以从龚、魏讲起，而不是要排列上同时的其他一连串公羊学家。

---

① 刘师培：《南北学派不同论》，《刘申叔遗书》，江苏古籍出版社1997年版，第558页。

二　今文经学古文经学同时衰落，认识停滞
（太平天国农民战争及其以后）

1851 年，太平天国农民战争爆发，掀起了连绵十多年的全国性的农民与地主两个阶级的大搏斗。这时喊得最响的两个声音，一是"杀妖"，一是"讨贼"。侵入中国的西方资本主义势力在内的各种社会势力都卷进到了这个斗争里面。地主阶级知识分子中的许多人直接投身到军事等实际活动中去，对抗太平军，并从这条道路上去求取功名利禄。他们根本顾不上研究学问。清代经学发源和兴盛的地区，本来在东南数省。太平军与清军的战场恰恰长时间在东南地区。太平天国失败以后，那个地区并没有、也不可能马上形成有利于经学研究的环境和条件。再有，经学经过以前的繁荣，如果没有新的思想，可做的文章已经不多了。今文经学与古文经学就这样同时衰落下来，思想停滞。当然经学并非就没有人研究了，那些研究，对于后来者也有相当关系。

（一）主要学者及其著作

邵懿辰（1810—1861）字位西，浙江仁和人。道光举人，做过刑部员外郎。在杭州协助清军抵抗太平军，城破自杀。讲今文经学，著有《尚书通议》、《孝经通论》、《礼经通论》等。俞樾（1820—1907）字荫甫，号曲园，浙江德清人。道光年间进士，历任翰林院编修、河南学政。在河南学政任上，以乡试出题割裂，被劾罢官。后来先后主讲江苏紫阳书院、上海求志书院，最后担任杭州诂经精舍院长，长达三十年。著作汇编为《春在堂全书》（俞殿试所作诗有"花落春犹在"句，受到阅卷官曾国藩赏识，平生得意，故以《春在堂》名集）。戴望（1837—1873）字子高，浙

江德清人。自幼家境贫寒，在颠沛流离中读书不辍。戴望只有秀才功名。他尝从老今文学家宋翔凤学习今文，又曾向俞樾问学。晚年在曾国藩所办金陵书院任校勘。著《论语注》二十卷，为世所知。王闿运（1832—1916）字壬秋，湖南湘潭人，只有举人功名。早年以文学出名，游幕讲学，先后作过肃顺、曾国藩门客，民国初年任袁世凯国史馆馆长。他不是今文学家，但受戴望的影响，讲今文经学，又作过四川尊经书院院长，后来的今文学家廖平是他的学生。这使他在近代经学史上留下了名字。王闿运说自己遍注群经，最精的惟有《尔雅》①。

（二）经学研究中的思想、主张

邵懿辰认为古文《逸书》、《逸礼》是刘歆伪造的。后人对他的著作评价很高。廖平称赞《礼经通论》内容石破天惊，为二千年来未有之奇②。梁启超说，邵书出来以后，《逸礼》的真伪成了问题。

俞樾治学以乾嘉正统为依皈，自称对于清代汉学大师王念孙、王引之最为心折③。所著《群经平议》（1860 年）、《诸子平议》、《古书疑义举例》等，皆遵二王宗旨。俞治学严谨，在当时的古文学者中最被推诩；但也有说他轻于更易传注，有时以臆见改本经，说多凿空的。他第一部著作《群经平议》完成时年已四十。到了晚年，他的学生章炳麟在民族危机刺激下，由赞成改良转向主张革命，宣传反满。俞责备章不忠不孝，不再承认他们的师生关系。他表现了自己是个纯粹的守旧的经学家。章太炎写《谢本师》一

---

① 王闿运：《致王祭酒》，《湘绮楼文集·笺启》第 1 卷，第 28 页。
② 廖平：《知圣篇提要》，《家学树坊》，第 12 页。
③ 俞樾：《群经平议·序》，又《上曾涤生爵相》，《春在堂尺牍》第 2 卷，第 3 页。

文，宣布与老师决裂。文中说，俞学问笃实，一辈子想作官，终未如愿。所说都合乎实际。

戴望引《公羊》义例解释《论语》。梁启超说，《论语注》虽多新解，恐非真义。章炳麟在《哀后戴》中说，戴望的学问流传于湖南、岭广间，康有为采取他的理论，写成了《新学伪经考》。后来流传一个说法：戴望的学问传给王闿运，王闿运传给廖平，经过廖平又传到了康有为。这个说法大概就是由章炳麟的著作而来。叶德辉也讲，康有为的学问来自廖平，廖平则是王闿运的"下楼弟子"。刘师培说，王闿运治公羊学，弟子以廖平为最著。"其学输入岭南，而今文学派大昌"①。章炳麟等人这里似乎讲出了廖平、康有为的学术渊源，其实似是而非。清代今文经学庄存与以下就一直流传，刘逢禄、宋翔凤、龚自珍、魏源等人，学者家喻户晓。廖、康的学术，何必来自后起，又非影响太广的戴望。章、叶、刘等人的说法，用意都在贬低康有为。廖、康确有关系，但他们的学术绝非戴、王等所能想像。

王闿运的经学论述，很像文学上的浪漫主义。章炳麟说王闿运以文学语言讲经，其学盖非为己，是为了装饰穿戴，向别人炫耀。王闿运在两卷《论语训》中，提出《论语》本文有十大问题，人们没有注重。那些问题是：有的悖谬，有的话妄诞，有的话鄙陋，有的话猥亵，有的说法分歧，有的说法拙劣，有的话重复，有的说法固执不通，有的话近于儿戏，有的话愚蠢②。这等于说《论语》根本不成其为什么圣人经典，而是一叠浅薄矛盾的零散记录。但是王闿运说《论语》本身并没有过错，问题在于要有正确的训释。《论语训》就是对这个问题所作的解释。他极尽牵强附会

---

① 刘师培：《南北学派不同论》，《刘申叔遗书》，第558页。
② 王闿运：《论语训·序》，《湘绮楼文集》第3卷，第8页。

之能事，表现了今文学派惯用的手脚。邓实在《国学今论》中评论说，王闿运"以公羊并注五经，而今文之学愈光大"。今文学"盛于龚魏，而集其大成者王氏"[1]。邓实只看到了王闿运"并注五经"的数量，与王氏自己认为的唯有《尔雅》最精的评说也不相符合。其说皮相。

邵懿辰等人的个人经历与经学研究有两个特点：第一，他们都与反对太平天国的支柱人物、讲求程朱道学、以封建文化的代表者自居的曾国藩有直接联系。邵懿辰在北京刑部任职时与曾国藩过从甚密，两人屡次在一起讲论，长谈不舍。邵当面说曾国藩虚伪，对人能作几副面孔，又见曾升官迅速，赋诗嘉勉。曾国藩在南康、祁门军中，邵远道去访问，谈论军事。邵懿辰死后曾国藩为邵作墓志铭，追述他们相交二十余年，极力褒扬[2]。铭文中提到邵的著作，但没有一句话加以评价，反而说邵文之精者不复存，存者又未必能传世，不赞许今文经学，意思显然。俞樾对于深受曾国藩赏识，表示"每饭不敢忘"。他在南京参与曾国藩的游宴，说自己受到曾的优礼，远过于任两江总督时的尹继善对待袁枚[3]。曾国藩称赞俞樾奋力著书，俞的《群经平议》、《诸子平议》行刊，他题词赞扬，评价那些著作足以使清代江戴段钱二王等古文学大家首肯心折；题词把俞比作汉代的扬雄，宦途不达，学问反而得到成就[4]。戴望经过俞樾荐举，由曾国藩安排在金陵书局任职。戴望劝曾国藩功名成就，急流勇退。王闿运以湖南同乡资格，出入曾国藩幕府，受到优礼。1856年，太平军正在全盛时期，王闿运致书曾国藩，论述清政府军事政治种种腐败情形，他要曾国藩出

---

① 邓实：《国学今论》，《国粹学报》第一年，第1册。
② 曾国藩：《邵位西墓志铭》，又见邵懿辰《半岩庐遗集》，第1页。
③ 俞樾：《上曾涤生爵相》，《春在堂尺牍》第2卷，第5页。
④ 曾国藩：《题俞荫甫所著〈群经平议〉、〈诸子平议〉后》。

来说话，建非常之功。他以为只要照自己设想的那样去做，太平军就会成为釜底游鱼，很快覆亡①。邵懿辰等与曾国藩的关系，有学术上的交往，但主要是政治观点、立场相同。他们有的人对曾国藩多少有依附的关系。

第二，他们的讲论严格限于书本，思想停滞。他们或讲今文，或讲古文，各讲各的，从来没有争论。不但没有争论，而且能够密切合作。俞樾与戴望在这方面表现得特别明显。俞樾称赞戴望《论语注》成一家之言，说戴好学深思，治经有家法，希望他能够使已经衰落的经学振兴起来。戴望则自称为俞樾"亲炙弟子"，给俞樾倡议的续刻《皇清经解》提供详细目录，准备促成其事。他们那些人的共同点是不谈世事。邵懿辰、戴望所做的是守今文学家法，与古文派争孔学真传。俞樾对人表白"生平不谈世务"，写过一篇《磬圃罪言》，那是惟一的例外②。从他们的著作、言论中找不出新的思想踪影。但是太平天国在进行军事、政治、经济斗争的同时，向以孔学为中心的封建文化发动猛烈进攻，以及相继而来的群众起义的事实，在他们的思想上的反应当然是激动、痛苦的。俞樾说，清代乾隆时期，文治武功都达到极盛。那时士大夫皆研究朴学，实事求是。现在国家有事，造反的人多如牛毛。后生小子厌恶实学，喜好空谈。学术的盛衰关乎世运。有权位的大人君子应该如何来重视这个问题③。俞樾的话是有道理的，农民起义，经学的衰落，表明了封建统治的衰落。

太平天国与地主阶级在封建文化、首先在孔学问题上的尖锐对立，最终连及到经学的功能应当如何解说。太平天国领袖洪秀

---

① 王闿运：《与曾侍郎言兵事书》，《湘绮楼文集》第 2 卷，第 29 页。
② 俞樾：《与曾劼刚袭侯》，《春在堂尺牍》第 6 卷，第 7 页。
③ 俞樾：《与吴和甫前辈》，《春在堂尺牍》第 1 卷，第 21 页。

全原是教读四书五经的私塾教师。他在发动起义以前，受基督教影响，即有反孔思想。太平天国定都天京不久，宣布凡一切孔孟诸子百家妖书邪说，尽行焚除，一律不许买卖收藏，违者治罪。这种反孔有宗教信仰的关系，但它只有同农民群众自发的反封建意识结合起来，才能造成深刻的影响。反对封建文化、反对孔丘教义，成了农民与封建统治阶级斗争的一部分。农民不懂得批判继承古代文化遗产的道理，他们按照自己的理解去破除封建文化。地主阶级对太平天国农民的进攻迅速反击。曾国藩在《讨粤匪檄》上大讲保卫孔孟之道，痛骂太平天国使士不能诵孔子之经，举数千年礼义人伦、诗书典则，一旦扫地以尽，他号召地主阶级知识分子起来反抗太平军，保卫"圣道"。革命的农民与地主统治势力在物质利益上的对立，现在表现为在如何对待孔学问题上两个立场、两种观点的对立。这时不管今文学派、古文学派，在对待农民造反、保卫孔学上，他们是一个统一的派。他们谁也没有越过统一界线的表示。

　　一种持久、普及的意识形态理论，总有核心部分，有边沿或其他部分。孔学经典"六经"尤其是这样。"六经"是中国古代历史、传统文化的基本部分。它综合前代文献，又加进后人的伪托增益，内容极其多样。它的不少记载，是独一无二的。没有那些记载，中国的古老文明就会变得无从了解，漆黑一团。因此，孔学经典虽是封建意识形态的载体，却绝对不等于其中所有思想、文化资料惟有封建阶级能够利用，农民和其他阶级则只能一概排斥之。事实上那是不可能的。洪秀全的著述强调说明了这一点。

　　《礼记·礼运》上记载着据说是孔丘回答子游的话："大道之行也，天下为公。选贤与能，讲信修睦。故人不独亲其亲，不独子其子，使老有所终，壮有所用，幼有所长，矜寡孤独废疾者，皆有所养；男有分，女有归。货恶其弃于地也，不必藏于己，力恶其不出于身也，不必为己。是故谋闭而不兴，盗窃乱贼而不作，故外户而不闭。是谓大同。今大道既隐，天下为家……禹、汤、文、武、成王、周公，由此其选也。此六君子者，未有不谨于礼者也。以著其义，以考其信，著有过，刑仁讲让，示民有常。如有不由此者，在势者去，众以为殃。是谓小康"。洪秀全在他写的《原道醒世训》①中一字不漏地引用了"大道之行也，天下为公……是谓大同"那段话。据考证，《原道醒世训》作于1847、1848年间。1852年，太平天国刊行自己的正式文献《太平诏书》，《醒世训》作为经典之一，排列其中。这篇著作在表达洪秀全改造社会的理想上十分重要。他"遐想唐虞三代之世，天下有无相恤，患难相救，门不闭户，道不拾遗，男女别涂，举选尚德。""天下多男人，尽是兄弟之辈，天下多女子，尽是姊妹之群。何得存此疆彼界之私，何得起尔吞我并之念?"《礼运》正是洪秀全著作的理论根据和思想来源。很明显，先有《醒世训》，然后才有更具体、周密的《天朝天亩制度》。1853年，太平天国删改孔学典籍，《礼运》的"大道之行也"一段被删掉，但事实上什么也没有改变，因为《天朝田亩制度》规定的乌托邦已经使太平天国的整个面貌确定下来了。《礼运》描写的是原始共产主义社会，儒家认为那是人类社会的最高境界，称为"大同"；往后禹汤文武周公成王等"圣人"治理下的封建社会，也不过是"大道既隐"的"小康"之世，人类社会向后退步了。其所以如此，是由于儒家为要设想出一个人类的理想社会，但不懂得历史是由低级阶段往高级阶段发展的，不懂得原始共产主义将经过不

---

① 向达等编：《太平天国》第1册，第92页。《中国近代史资料丛刊》，神州国光社1952年版。

同阶段发展走向科学共产主义。他们为了使设想能够成立，必须从历史上找出根据，提供榜样。历史上不曾有那种榜样，只有原始共产主义那个榜样。洪秀全引用《礼运》并没有曲解或误解儒家经典，他不过拿它作了一次空前规模的空想社会主义的实验。于此也可以确切知道，太平天国改造社会的方案、理论完全来自中国传统文化，即来自《礼运》，加上《周礼》、《孟子》等等。西方基督教没有在这方面加进任何东西。以往人们的研究似乎没有足够重视这一点。

《礼运》大同、小康说，作为一种看待社会历史变迁的认识，"大同"作为人们羡慕向往的理想世界，出现以后似乎就长期沉沦，二千年间不为人所注意。不论汉学、宋学，今文、古文，都对它保持沉默。如今由洪秀全郑重其事提出来，并特别把"大同"倒过来，由原来是指原始社会的变为是指未来理想世界的。要说"突破"，洪秀全在这里确实是实现了一个突破。在中国近代史上，洪秀全以后《礼运》屡次受到人们的推崇、评论。资产阶级改良主义运动领导人康有为、梁启超讲《礼运》，改良运动思想家谭嗣同讲《礼运》，资产阶级革命运动领导人孙中山也讲《礼运》，而且他们都实际上接受洪秀全的办法，也不认为要作什么解释，就是把本来想像的原始共产主义"大同"倒过来，改变成了未来理想的共产主义——尽管他们只叫"大同"不叫共产主义。

"大同"说出自《礼运》，但近人也有指为"西俗"加以贬斥的。钱穆批评康有为时说，康认为中国二千年所行皆孔门之小康，而非"大同"。"实则大同即西俗，小康则中国之故有而已"[1]。《礼运》上的"大同"忽然变成了"西俗"，不知其根据是什么？莫非大同是可以令人联想到"西俗"的共产主义思想的！孙中山多处

---

[1] 钱穆：《中国近三百年学术史》，商务印书馆1997年版，第780页。

题字，写"天下为公"，反驳了所谓大同"西俗"说。

今文学、古文学同时衰落，但并不是从此中断。如果注入新的思想，改换一种角度，今文学还有充分发挥的余地，古文学在思想观点上更需要研究讨论。关键在于如何认识、对待社会现实。对传统文化，包含多种资料的孔学典籍，要区分精华、糟粕，具体问题具体分析。形而上学的办法不能增进认识。

三　今文经学与古文经学并起，学术斗争与政治斗争相结合

（维新运动到资产阶级革命运动兴起）

19世纪八九十年代，中国连续在中法战争、中日甲午战争中遭受失败。从鸦片战争以来，中国社会生活中两大主要矛盾或两个基本问题，越来越突出：一是民族丧失独立，中国面临被世界列强瓜分的危险；二是社会生产落后，缺少工业化、近代化。如何去争取民族独立，如何去实现近代化；从输入西学、兴办实业、改良政体到推翻清政权统治等各种主张、办法，先后或同时问世。经学作为传统文化中的主流部分，首先受到强烈的冲击，而被卷进到现实的矛盾斗争中来，充当一定的角色。这是不可避免的。它反映出社会矛盾的尖锐性，也表示它支持和反对哪样的主张、办法。在这里，经学显示出自己有暂时存在的价值。因为它和社会生活现实、民族命运、国家社会前途联系到了一起。

自19世纪末维新运动酝酿开始，至20世纪初，今文学与古文学突然打破沉寂，同时活跃起来。它们彼此对立，围绕着社会基本矛盾，连续展开了两场斗争，学派与政派相联系。两派学者也有不参与政治争论的，那是些抱残守缺的经生老儒。

（一）第一场斗争，今文学挑战，古文学反攻

1. 今文学、古文学双方出场学者及其著作

康有为（1858—1927），号长素，广东南海人，维新运动的发起者和思想家。1895 年中进士，授工部主事。"百日维新"失败，流亡海外。他的《新学伪经考》（1891 年刻成）、《孔子改制考》（1892 年开始编纂，1896 年出版）是引起思想界震动的两部书。另一部受人注意的著作《大同书》，成书时间较晚，性质是超今文学的。其他如《春秋董氏学》、《春秋笔削大义微言考》、《礼运注》等等，都不占重要地位。

梁启超（1873—1929），字卓如，广东新会人。在维新运动中的影响仅次于康有为。1889 年考中举人，第二年到北京会试落第。回程路过上海，见到上海制造局翻译的西书若干种，心中喜好，开始接触西学。回广东后，慕康有为名，拜康为师，学习今文经学，协助康撰写《新学伪经考》、《孔子改制考》。他说自己曾经是今文学的"猛烈宣传者"。梁启超的著作有《饮冰室合集》。晚年写的《清代学术概论》、《中国近三百年学术史》一直是学术界重视的著作。

皮锡瑞（1850—1908），字鹿门，湖南善化人。光绪年间举人。担任过湖南高等师范馆、中路师范、长沙府中学堂教员。维新运动期间，参加发起南学会，任学长，宣传变法。维新运动失败，革去举人，由地方官管束。皮毕生治今文经学，自名所居曰"师伏堂"，即师法西汉《尚书》今文学大师伏生。晚年所撰《经学历史》、《经学通论》自成系统。范文澜说，《经学历史》是一部比较好的书。他偏重于今文学，但对各家的评价基本上是公允的[①]。

---

① 中国社会科学院近代史研究所编：《范文澜历史论文选集》，中国社会科学出版社 1979 年版，第 335—336 页。

廖平(1852—1932)字季平,自号四译,又号六译。四川井研人。光绪年间当过县学教谕(一说曾中进士),晚年任成都高等师范学校教授。他长期讲经学,著作有《群经凡例》、《今古学考》、《公羊补注》等多种(1899年刻《四译馆经学丛书百种目录解题》,大部分是些短篇论文和札记)。全部著作中以《知圣篇》、《辟刘篇》最为有名。廖在政治上与维新运动无关,但康有为的震撼思想界的著作,确实是来自他的启发。反对今文学的人,也就反对他的论说。

谭嗣同(1866—1898),字复生,湖南浏阳人。激进思想家,维新运动的殉道者。他不专讲今文经学,主要著作《仁学》中利用今文学发议论。

徐仁铸,维新运动时担任湖南学政,著《𬞟轩今语》,宣讲今文学观点。

樊锥,湖南邵阳县拔贡,维新派支持的邵阳南学分会会长。著《开诚》、《发锢》等篇,主张用孔子纪年,与今文学持同一论点。

古文经学出场人物及其著作:

张之洞(1837—1909),号香山,直隶(今河北)南皮人,这时任湖广总督。他不屑于以经学家自诩,但对维新运动与经学的态度,极大地影响着两湖以至全国的动向。他先是插足维新运动,极力拉拢康梁(1896年他给梁写的一封亲笔信,称二十几岁的梁启超为"卓老",阿谀奉承),很快又掉过头来极力反对维新运动。他实际上是古文学派反对今文学派的挂帅人物。1898年4月所著《劝学篇》刊行,强调"旧学为体,新学为用",遵守封建纲常伦理。

王先谦(1842—1917),字益吾,号葵园,湖南长沙人。先后任翰林院编修、国子监祭酒、江苏学政。回湖南后任城南书院、岳麓书院院长。著作和纂集的书有《尚书孔传疏证》等，讲古文。① 他的《汉书补注》被称为"荟萃群言"的著作②。与王关系密切的叶德辉则很瞧不起他，说王"乃抄书，非著书"。王国维评论《尚书孔传疏证》也说，"网罗众说，无所折衷"。

叫德辉（1864—1927），字焕彬，号郋园，湖南长沙人（祖籍江苏吴县）。光绪十八年进士，授吏部主事。长期在籍，参与地方的政治活动。1910 年长沙饥民反对米贵，发生暴动，统治者内部追查肇祸原由，叶以屯积米谷，为富不仁，革去吏部主事。辛亥革命中长沙群众改黄兴居住过的坡子街为"黄兴街"，叶德辉命人撤去街牌，恢复原名，并著文嘲骂。惹怒群众，逃往上海。袁世凯设筹安会期间，叶主张由清室复辟，恢复帝制。湖南人驱逐皖系军阀张敬尧，他与张相接纳，人称"安福党"。大革命期间，他恶毒攻击农民运动，北伐军设立以革命人士郭亮为庭长的特别法庭，审判处死。50 年代，张治中致函郭沫若，认为郭的抗日战争回忆录关于长沙遭大火焚毁的记载，引用的资料有问题。信上说："您还记得湖南有叶德辉其人吗？他不是对中共领导的湖南农民运动写过极恶毒的对联吗？"那类出自地主豪绅的文字是不能作为根据的。③ 叶的经学著作有《经学通诰》和与经学相联系的《说文解字故训》等。讲版本目录学的《书林清话》一直称为名著。晚年印有《郋园先生全书》。

朱一新（1846—1894），字蓉生，浙江义乌人。金华学派理学家（金华学派又称婺派，主张以南宋吕祖谦为代表的对朱熹、陆九渊争论采取调和态度的学派）。光绪二年进士，翰林院编修，后

---

① 王先谦又著《诗三家又集疏》，三家《诗》属今文，因此也有称王为今文家的。

② 徐世昌：《葵园学案》，《清儒学案》，第 190 卷。

③ 张治中：《张治中回忆录》，中国文史出版社 1985 年版，第 275 页。

任御史。1886 年上疏弹劾宦官李莲英，遭那拉氏怒责，降为候补主事。张之洞任两广总督，聘为肇庆端溪书院院长。著作有《无邪堂答问》、《拙庵丛稿》、《佩弦斋文存杂存》等。《无邪堂》是广雅书院中张之洞题的一个堂名。《无邪堂答问》五卷汇集回答学生提问的记录，内容很杂。讲经学的见于他的学生 1897 年编刻的《义乌朱先生文钞》所载《复康长孺孝廉》、《与康长孺孝廉论性》等五篇文字，也就是《翼教丛编》所收的《朱侍御答康有为五书》。

苏舆（1874—1914），字嘉瑞，湖南平江人。王先谦主讲岳麓书院时的学生。1904 年中进士，入翰林院。以后不久游日本，考察邮电，补授邮传部郎中。攻击维新运动，反对今文经学。据记载，著作有《春秋繁露义证》①。

梁鼎芬，江苏吴县人，两湖书院院长，是张之洞的策士（人称"小之洞"）。他在今文、古文两派的斗争中所持的态度和观点，也正是反映的张之洞的态度和观点。

2．今文、古文两派经学研究中的思想主张

今文学派的思想主张：

康有为早年研究古古经学，著《何氏纠谬》、批判今文学；研究《周礼》，写成《政学通议》，讲古文学。受廖平影响，改攻今文学，思想主张上一百八十度大转弯。康有为这种经学思想主张上的转变，只从书本上的外来影响去看待，撇开社会现实矛盾、时事剧变，引起他的思想矛盾、变化，是片面与表层的，说不通的。这在《孔子改制考》表现得尤其明显。如果《新学伪经考》

---

①　［美］艾尔曼著，赵刚译：《经学、政治和宗族》，江苏人民出版社 1998 年版，第 250、280 页。《繁露》是今文，苏与乃师王先谦一样，似乎治经没有严格区分家法，对今文、古文都抄录编纂。

主要还只是发挥了刘逢禄等人的说法,《孔子改制考》则是又隐又显指如何对待当前的政治现实,并力图改变这种现实而言的。倘若不如此,他就根本不成其为一个思想家和维新运动的发起者。梁启超把这一点说得很明白:近代人祖述何休治公羊学的如刘逢禄、龚自珍、陈立等都讲改制,但康有为与他们不同。"有为所谓改制者,则一种政治革命,社会改造的意味也"①。

《新学伪经考》全面否定古文经学。康有为所说的"伪经",指西汉刘歆提出立于博士的《周礼》、《逸礼》、《左传》及《诗》的毛传。清代正统考据学派把他们奉行的包括《周礼》等书在内的许、郑古文学叫做汉学。"新学"是对汉学名称的更改。《新学伪经考》认为西汉经学并无所谓古文,凡古文皆刘歆伪作。刘歆为了掩盖他的作伪,在秘阁校书时,对一切古书多所窜乱。刘歆所以要造作古文,是为了佐王莽篡汉,湮没孔子的微言大义。康有为就这样把长期统治中国,被当作天经地义的圣经大法,宣布为乱臣贼子所窜乱的假古董,甚至成了一千多年来中国社会一切罪恶活动的靠山,是必须彻底抛弃的。比《新学伪经考》更进一步,《孔子改制考》认定《春秋》是孔丘为了改制而作的书。不但《春秋》一书,六经也都是孔丘为托古改制论述自己的义理制度的巨著。经典中的尧舜盛德大业,皆由孔子的理想所构成。《公羊传》留下了孔丘的"通三世"、"张三统"、"受命改制"的微言大义。"三统"意味着夏、商、周三代不同,当随时因革;"三世"指明了据乱世、升平世、太平世,愈改愈进步。康有为所说的托古改制,字面上讲的是孔丘和孔丘学说,事实上讲的是中国社会的现实,是说清政权要在政治、经济、思想文化上进行改革,才能统治下去;清政权统治下的中国,需要由封建主义的衰乱世,

---

① 朱维铮校注:《梁启超论清学史二种》,复旦大学出版社 1985 年版,第 65 页。

改为他所设想的资本主义的升平世。《孔子改制考》表面上是一部讲今文经学的书，实际上是一部宣传资产阶级变法维新的动员书。资产阶级的民主、议院以及男女平等都一一出现在书上。它穿起古人的服装，是为了演出现代的戏剧。康有为说，孔丘主张改制，而又托诸古圣人的行事，那有两个原因：一是"无征不信，不信民不从，故一切制度托之三代先王以行之"，即要打着古代圣王的招牌才易于使人们接受。二是"布衣改制，事大骇人，故不如与之先王，既不惊人，自可避祸"，即要披上合法外衣以免遭受政治迫害①。康有为这种对孔丘托古改制的解释，正是他自己心理和实际活动的写照。《孔子改制考》1896 年出版，立刻掀起轩然大波，几次遭到禁止毁板。这正说明了它的现实政治意义所在。

现在的研究者评论说：康有为著《伪经考》、《改制考》是打着尊孔的招牌，举亡灵的旗帜，抒发自己的政治主张。严复的《天演论》则是借洋人之书来表达自己的情感。这是中国民族资产阶级还十分弱小的时候，进行反封建斗争的一种"迂回"战术②。事情就是这样。而且也就是凭的这种迂回战术，头一次在上层知识分子思想上和社会现实斗争中掀起了汹涌的波澜。梁启超 1898 年以前，除了在《时务报》等处发表《变法通议》一类政论文章，宣传资产阶级改良主义变法理论，又连续发表《春秋公法学》、《春秋界说》、《孟子界说》、《读西学书法》等，大力展开今文学的宣传运动。在主讲长沙"时务学堂"时，他应用今文学观点讲授《公羊》、《孟子》，批答学生札记。学堂中空气大变。顽固派仇视他和仇视康有为一样，百般攻击。戊戌变法失败，梁启超流亡日

---

① 康有为：《孔子改制考》第 11 卷，《康有为全集》第 3 集，上海古籍出版社 1992 年版，第 314 页。

② 郑永福、田海林：《〈天演论〉探微》，《近代史研究》1985 年第 3 期。

本，创办《新民丛报》等杂志，继续从事宣传，海内文风很受他的影响。

梁启超的今文经学出自康有为，但并不一味附和师说。康有为撰《新学伪经考》时时流露出武断，又好纬书，以神秘性解说孔子，梁启超均不以为然。他自己说，三十岁以后"绝口不谈'伪经'，亦不甚谈'改制'"[①]。康有为流亡海外，倡议设立孔教会，定孔教为国教，国内有人赞成。梁启超著文反驳说：自汉以来，孔教行于中国二千多年，学者各自以为孔教，而排斥他人以为非孔教。如群猿得一果，跳掷相攫，如群妪得一钱，诟骂相夺，情状可怜。这是两千年来保教党所产生的结果。他在这里表示了与康有为截然不同的态度。

皮锡瑞在甲午战争后，主张变法不可缓，赞扬康有为的《上清帝第四书》。维新运动期间，在南学会多次演说，讲经学义例，阐述春秋素王改制，鼓吹变法。在顽固派激烈攻击下一度避往江西。他崇尚今文学，但认为康有为武断太过，说康指《周礼》等书皆刘歆所伪造，恐怕刘歆无此本领；康既相信《史记》，又以《史记》也遭刘歆所私窜，更不可据[②]。但今文经学所特有的神学迷信说教，也照样保持在他的著作上。

廖平的经学主张变了六次。第一次讲"今古"（1883），主张古文为周公所作，今文为孔子所作；第二次讲"尊今抑古"（1884），认为今文是孔子的真学，古文为刘歆的伪品；第三变讲"小大"（1898），说今文主旨在《王制》，为小一统，古文主旨在《周礼》，为皇帝大一统；第四变讲"天人"（1902），第五变讲

①　朱维铮校注：《梁启超论清学史二种》，第70页。
②　皮名振：《皮锡瑞年谱》，翦伯赞编：《戊戌变法》第4册，第191页。《中国近代史资料丛刊》，神州国光社1953年版。

"天学"（1918），越说越离奇。后来著《孔子哲学发微》，认为全世界最后要归孔学所统一。附会荒唐，不知所云。

廖平讲经学名声很大。这除了他与大官僚潘祖荫等有交往，学术观点散播很广而外，也与康有为曾受他的影响有关。前面说过，西汉今文经学的核心在于认定孔丘学说，是为汉制法，托古改制。廖平《知圣篇》照董仲舒的说法，讲孔子学问的宗旨在于托古改制。这正是全部近代今文经学的核心内容。龚自珍、魏源讲今文学，讲变法，也没有注重到这个核心问题。《知圣篇》反复讲孔子托古改制、刘歆伪造古文。例如说，"先师改制之说，正谓是矣。""其与改制之说，不能异也。""若改制则事理平常。""六艺本孔子新义，特自托之于述。""以六艺推之旧文，此欲掩改制之迹。"清代经学家惠栋、戴震等人，"名衍汉学，实则宗法莽、歆，与西汉天涯地角，不可同日而语。"① 康有为受廖书启发，从治古文经学转而改治今文学。康有为掩盖这件事，廖平则在自己的著作里反复讲这件事。他说，《知圣篇》初成于1888年，不久游广州，打算刊印，因有所顾虑而延搁下来。结果"乃有用其义著书立说，至形之奏牍"的。"外间所流传之《改制考》，即祖述《知圣篇》；《伪经考》即祖述《辟刘篇》而多失其旨"等等。廖也亲自致书康有为，讲其原委②。康有为的《新学伪经考》刊于1891年，在他与廖平于广州见面以后。梁启超指出：公羊学的研究，是康有为从廖平一转手而归于醇正的。康有为早年酷好《周礼》，见廖平所著书，乃尽弃其旧说。廖其人不足道，康有为的思想确实受他的影响，不可诬罔。梁启超又指

---

① 廖平：《知圣篇》上卷，第5、6、21、22、38页。
② 廖平：《知圣篇读法》，《家学树坊》上卷，第3页；又，摘刻本《四变记》第2卷。

出，廖受张之洞贿逼，著书自驳①。据廖著记载：戊戌变法以前，他反对《周礼》，批驳刘歆，张之洞告诉他，不赞成攻击《周礼》，并认为《知圣篇》大有流弊，要他改用"退笔"②即放弃以前的观点。他于是改变主意，删去与微言大义有关的一切论述，用帝、王二字标题，不立今、古名目③。经学第三变与第二变自相矛盾，由此可以得到解释。戊戌变法以后，廖平著《群经大义》，特别指出："因撰此篇，以副香帅作育苦心。"④这是他继续希望得到张之洞的谅解。廖平去世以后，章太炎撰墓志铭说，廖的经学六变中，以《周礼》《王制》所治理的大小不同，最为可观。康有为所接受的不过是廖氏第二变的观点，不足称道。廖学有根底，熟悉经学历史，不像康有为剽窃别人的东西。世人以廖与康并论，那是妄说。章太炎在这里主要是批评康有为，当然也因为廖第三变的主张，与自己的古文经学观点比较接近，所以加以肯定。钱穆说：廖平力求找出一个为什么必须尊孔的道理，但是又总是找不出。"乃屡变其书，以求一当。其学非考据，非义理，非汉，非宋，近于逞臆，终于说怪，使读者迷惘不得其要领。"⑤钱这个说法是对的。

谭嗣同是维新运动中重要的活动家，激进思想家。他并不单讲经学，没有这方面的专门著作。但他在《仁学》一书里面说，《春秋公羊传》是自己的思想来源之一。其中凡涉及孔丘学说，都要拉上今文经学观点任意发挥。例如他说，从公羊学推断，"三世"有"逆三世""顺三世"两种。"顺三世"中的"太平世"，"君主废，则贵

① 朱维铮校注：《梁启超论清学史二种》，第 63 页。
② 廖师慎：《读易记闻》附录最末，第 4 页。
③ 廖师政、廖师慎辑：《家学树坊》上卷，第 39 页。
④ 廖平：《群经大义》，第 5 页。
⑤ 钱穆：《中国近三百年学术史》，第 724 页。

贱平。公理明，则贫富均。千里万里，一家一人。视其家，逆旅也；视其人，同胞也。父无所用其慈，子无所用其孝，兄弟忘其友恭，夫妇忘其倡随。若西书中百年一觉者，殆仿佛《礼运》大同之象焉"①。"孔虽当据乱之世，而黜古学，改今制，托词寄义，于升平、太平，未尝不三致意焉……汉衰而王莽术之于上，竟以经学行篡弑矣；刘歆术之于下，又窜易古经以煽之矣"②。"天子既挟一天以压制天下，……民至此乃愚入膏肓，至不平等矣。孔出而变之，删《诗》《书》，订《礼》《乐》，考文字，改制度，而一寓其权于《春秋》。《春秋》恶君之专也，称天以治之，故天子诸侯，皆得施其褒贬，而自立为素王。又恶天之专也，称元以治之，故《易》、《春秋》皆以元统天。《春秋》授之公羊，故《公羊传》多微旨。……彼君之不善，人人得而戮之，初无所谓叛逆也。"③"方孔之初立教也，黜古学，改今制，废君统，倡民主，变不平等为平等，亦汲汲然动矣。岂谓为荀学者，乃尽亡其精意，……由是二千年来君臣一伦，尤为黑暗否塞，无复人理。沿及今兹，方愈剧矣……奈何使素不知中国，素不识孔教之奇渥温、爱新觉罗诸贱类异种，亦得凭陵乎蛮野凶杀之性气以窃中国！……凡为孔徒者，又宜如何太息痛恨，而况不一扫荡廓清之耶！"④

谭嗣同这些论述，除了认定孔丘托古改制，刘歆伪造古文，以及联系《礼运》解释公羊"三世"说，集中起来，是把孔丘打扮成一个反对君主专制、主张民主主义的伟大思想家、改革家，强调复兴中国出路在于恢复孔学改革精神，实行民主主义。他断

---

①　谭嗣同：《仁学》四十七，《谭嗣同全集》（增订本），中华书局 1981 年版，第 367 页。

②　《仁学》二十九，《谭嗣同全集》，第 335—336 页。

③　《仁学》二十七，《谭嗣同全集》，第 333—334 页。

④　《仁学》三十，《谭嗣同全集》，第 337—338 页。

言，孔丘学说宗旨是黜古学，改今制，"废君统，倡民主，变不平等为平等"。二千年被当做天经地义的"三纲五伦"，不过是专制君主控制人民身心的工具。它使人民不得自由，黑暗否塞，无复人理。联系到现实，就是应该推翻清朝统治，复活孔学教义，使民主主义得以实行。后面这些话已经不是什么谈论改革，而是公然号召革命了。谭嗣同的今文学观点多半出自康有为，但两人在对待孔学和对待清政权的态度上很不一样。谭嗣同提出"冲决网罗"，力图从孔学牢笼中解脱出来，并宣传反满。康有为不以为然，背后咒骂他"鬼幽鬼躁"，不得好死。谭嗣同《仁学》的部分印稿戊戌变法前已经在一些人中间流传。1897年梁启超发表在《时务报》上的《说群自叙》中说，他得到严复《天演论》、谭嗣同的《仁学》，"犁然有当于心"。大概古文派不知道《仁学》内容，他们与今文派论战中，也就没有指名攻击谭嗣同的今文学观点和主张民主、平等的激烈言论。《仁学》那些号召革命的文字，可以直接构成大逆不道，杀头定罪的依据。如果反对派知道了，也不会不揭发出来。

古文经学派的思想主张：

张之洞说，他一贯主张古文学，反对今文学。他自己说，"平生学术最恶公羊之学，每与学人言，必力诋之，四十年前已然，谓为乱臣贼子之资。至光绪中年，果有奸人演公羊之说以煽乱，至今为梗"[1]他曾想收买康有为放弃《孔子改制考》，"频劝勿言此学，必供养"[2]，被康拒绝。他又批评廖平，迫使廖改变学术观点。他打电报给徐仁铸，斥责《湘学报》议论怪诞，"或推尊摩

---

①　张之洞：《抱冰堂弟子记》，《张文襄公全集》第228卷，第27页。此书张自撰，托名《弟子记》。

②　康有为：《康南海自编年谱》，《戊戌变法》第4册，第135页。

西，或主张民权，或以公法比《春秋》"，不许《湘学报》在湖北发行①。他又打电报给湖南巡抚陈宝箴等，指责新出《湘报》的文章，其偏尤甚，要他纠正②。所著《劝学篇》凡讲到与经学有关的地方，都站在古文学的立场上批评今文学。张之洞自己说，《劝学篇》是为辟邪说而作的。他的幕客辜鸿铭指出，张之洞"盖欲借富强以保中国，保中国即所以保名教。厥后文襄门下如康有为辈，误会宗旨，不知文襄一片不得已之苦心，遂倡言变法行新政，卒酿成戊戌、庚子之祸。呜乎，文襄之作《劝学篇》，又文襄之不得已也，绝康梁，并以谢天下耳"③。也就是说，《劝学篇》就是为了反对康梁而作的。

王先谦在地方上广有势力，与叶德辉、张祖同、孔宪教同称为湖南四大绅士。他在维新运动期间是湖南顽固派反对维新派的首领。他联合张祖同、叶德辉等致函湖南巡抚陈宝箴，要求改组时务学堂，驱逐维新派人士。函中攻击梁启超等秉承康有为的学术，宣传平等平权，"自命西学通人，实皆康门谬种"。又指责谭嗣同、唐才常、樊锥、皮锡瑞等，说他们乘风扬波，肆其簧鼓，使无数青年子弟不知忠孝节义为何事④。他也是章太炎斥为"湖南腐儒"的主要人物。

叶德辉讲古文经学，推崇《周礼》、《左传》，反对《公羊》、《谷梁》。他认为《周礼》分官治事，因事设官，与泰西政教大概相近，能够见于实用。《左传》的文章与传记各尽其能事，可以从

---

① 张之洞：《张孝达尚书电致徐学使书》，苏舆辑《翼教丛编》第6卷，光绪二十四年（1898）八月武昌重刻本，第1页。

② 张之洞：《致长沙陈抚台、黄臬台》，《张文襄公全集》第155卷，第20页。

③ 辜鸿铭：《张文襄幕府纪闻》，《辜鸿铭文集》上册，海南出版社1996年版，第419页。

④ 《湘绅公呈》，《翼教丛编》第5卷，第12页。

中了解笔削褒贬的旨意。《公羊》、《谷梁》都是文章家，非传记家。刘逢禄提倡《公羊》，后来人们假借《公羊》推行邪说，离经叛道。叶德辉这些言论都是古文家的言论，同时也是抱着明显的政治目的而发的。

朱一新《复康长孺孝廉》等五篇文字，都是反驳康有为《新学伪经考》的。他指出康曲解了西汉今古文争论的关键。"汉儒断断争辩者，但谓《左氏》不传经，非谓其书之伪也"①。又指出康的方法也不对头。引用《史记》，出尔反尔，自相矛盾。那些信件都是平心静气的学术争论，摆事实，讲道理。据康有为记载：他与朱辩难颇多，经过交底，朱醒悟过来，同意康讲的所谓孔子大道。朱的公开言论和书札，不过是些门面话。只谈学术，不谈政治，在这一点上，朱一新就像今文学派中的廖平。

苏舆维新运动期间攻击维新派，反对今文经学。他搜集古文派批判今文学的论著，编成《翼教丛编》，于百日维新失败后出版。他写的《丛编》序言上说，梁启超主讲时务学堂，以康有为的《新学伪经考》、《孔子改制考》为主，加上平等民权、孔子纪年等说，"伪六籍，灭圣经也；托改制，乱成宪也；倡平等，堕纲常也；伸民权，无君上也；孔子纪年，欲人不知有本朝也。"② 这些都是可以置对方于死地的大帽子。章太炎作《翼教丛编书后》说，此书批驳康有为说经，未尝不中要害。牵涉政变立言，自造伤疤，无异于"逆阉之陷东林"，居心险恶。梁启超说叶德辉著《翼教丛编》数十万言，云云，是出于印象，不准确。但苏舆给论战对手戴的大帽子，使用的是叶德辉等人的说法，则是准确的。

----

① 《朱侍御答康长孺书》，见康有为《与朱一新论学书牍》附录，《康有为全集》第1集，上海古籍出版社1987年版，第1026页。
② 苏舆：《翼教丛编·序》。

3. 今、古文学派争论的主要问题

从康有为的《新学伪经考》开始大张旗鼓宣传今文学，全面否定古文学的过程，就是古文学派起而应战，双方论战斗争的过程。双方争论中不免涉及许多细节，大致可以分为两类问题：第一类，以前今文、古文学就有争论的；第二类，这次争论中新提出来的，也就是双方斗争的关键问题。

第一类问题：

古文经学是否出于刘歆的伪造？

今文学派对于刘歆伪造了古文，异口同声加以肯定。他们说，刘歆凭借在秘阁校书之权，伪撰古文，错乱诸经。后世古文盛行，是人们受到了刘歆的欺骗愚弄。所以刘歆之伪不黜，孔子之道不著。古文派反驳说，所谓刘歆作伪一说，是凭空捏造出来的，没有确实证据。指刘歆伪造古文虽然繁征博引，主要的论据是《汉书·王莽传》、《西京杂记后序》和《史通·正史篇》上的叙述。《王莽传》上说刘歆"颠倒五经，毁师法，令博士疑惑"。这句话明明说刘歆"颠倒五经，毁师法"，并没有说他伪造了什么。刘歆提议立古文为官学，立即遭到今文博士的激烈反对，但今文博士们也只是说刘歆变乱旧章，非毁先帝所立，没有申张他有何伪造古文的罪证。《西京杂记后序》与《史通》同样没有提供什么证据。班固担任兰台令史，纂修《汉书》，他的时代与刘歆相隔不及百年，怎么也毫无所闻？贾逵、马融、许慎、郑玄又都是东京大师，何以又都受到刘歆欺骗愚弄，没有一个人出来揭发？《新学伪经考》上忽而引《史记》为立论依据，以为铁案不移，忽而又斥《史记》上的有关叙述为伪造，不足凭信。同是一部书，任意取舍，惟我所需。这样得来的结论，如何能够成立。六经流传了二千年，一旦被定为刘歆撰造的伪品，所有研究者由此便不能坚守其说，于是，凡古书上与自己见解不合的，就指为伪说，就连孔子也要俯

首受我驱策，真正岂有岂理！

经学应该讲微言大义还是应该讲训诂名物，应该重视口说还是应该重视传记？

今文学派认为经学应该讲求微言大义，不能为考据所困惑。他们指出有清一代的学者，以为训诂名物以外别无经学，不知多少人为此疲耗心力，而无实用。人们因此认为经学无用。这种情形必须改变。讲求微言大义就应该重视口说的内容。孔子要回避当时的人事，作《春秋》列举事例，仅仅是作为记号，而微言大义皆传于口说。也就是说，孔子学说真谛全在传口说的今文学，不在讲传记的古文学。汉代公羊家何休说，"贵文章者谓之俗儒"，就是这个意思。古文派反驳说，微言大义与掌握训诂不可偏废。微言大义是后世义理之学的出发点，名物训诂是后世考据之学的出发点。不懂得名物训诂，何以能了解微言大义？今文学派如此强调口说，无非是便于贩卖自己的私货。刘向、班固说孔门七十子丧而大义乖，那是一种感慨的话，孔学大义并没有丧失。有保留于七十子的，见于《论语》，有保留于七十子后学的，见于诸子百家和汉儒的称引。口说没有一定，记忆恍惚，意义参差，何况还有那些非常异义可怪之论。重口说而轻传记，一部《春秋》就真成为断烂朝报了，更从何处去求它的微言大义？

《周礼》、《左传》、《古文尚书》等几部书的价值应当如何看待？

今文派说，《周礼》、《左传》、古文《尚书》是刘歆伪造的。左氏不传《春秋》，汉代人就讲过。《左传》是当时史家之言，不过偶然与《春秋》同时，并非替后者作传。指《左传》为传经之作，那是后来好事者的说法。古文派反驳说，《周礼》比较复杂，但不能断定为刘歆所伪造。《左传》上有些论断不中事理，可能出于后人附加。汉朝人说左氏不传《春秋》，并非认为其书便是伪造的。刘逢禄著《左氏春秋考证》，提出刘歆伪造《左传》之说，深文周纳，难以取信。《史记》不少地方采取《左传》，如果左书确系伪造晚出，司马迁从哪里去采择呢？以《春秋》为经，《左传》为史的说法并不对。"六经皆史"。古代没有以"史"名书的。《左传》、《公羊》、《谷梁》三传，各自附经而行，最初也没有"经"的名目。汉以后经与史才分开称呼。现在公羊家一定要把《左传》说为史，与经无关，目的在于废弃《左传》，独尊《公羊》。经史本无区别，强加区别并无意义。东晋出现的伪《古文尚书》，已经由阎若璩、惠栋等考证明白，与汉代的古文《尚书》完全无关，这是人们熟知的。

讲求经学当抱何种主义？

今文学派说，讲求经学当以通经致用为主义。清儒讲经学，动辄曰，经学所以考古。此言最谬。古已经过去了，考它何益。六经所载大义，虽不可尽行于今日，但那上面所讲的公理原则、政治制度，有相当部分今天仍可以采取。我们讲求经学，就是为了通经致用，解决今天的问题。古文派争论说，你们这些今文派不是主张西汉微言大义吗？以考古为谬，何以能够知道有西京微言大义之学，又何以知道有东京考据训诂之学。孔子说信而好古，又说好古敏求。孔子何尝以为讲求往事无益！

治经应当先通哪一经？

今文学派说，治经应当先通《春秋·公羊传》。孟子每次讲到孔子，就要谈到《春秋》，以为孔子生平最大事业无过于此的。司马迁、董仲舒称道孔子，也必列举《春秋》。他们都深知《春秋》是孔子经世之书。西方人有私人著书，则为国际公法，由各国遵行的。《春秋》一书，就是孔子所定的万世公法学。这就是为什么孔子会成为"素王"的。《公羊传》一书所传《春秋》的微言大义最为深切著明。学者先通《公羊传》，就可以谈到致用，观察现实问题了。古文派反驳说，春秋"素王"说是七十子之徒推崇孔子的说法，并非孔子自称素王。而且这种说法最初来自纬书，本来可疑。西方所谓的万国公法，强国用之处处得利，弱国用之，朝夕为人牵制。西方人在中国的行为，从来不讲什么万国公法，彰彰在人耳目。康有为之徒提倡变法，假托于无凭无据之公羊家，煽惑人心，其实是要实现其会党私心。那正是孔子所说的言伪而辩的少正卯。中国采行西学，制造洋器，已经行了三十年。中法、中日两次战争，何以毫无效果？这证明变法而不变人，不值外人一笑。孔子的公法并未行于春秋，更何以能够行于今日。要揭穿经学讲论中那种骗人的把戏，不管它打扮得怎么美丽。

六经为何人所作？

今文学派说，六经为孔子所作。廖平在《知圣篇》上说，今、古文的不同，"孔子述、作之辨，为千古一大学案"。他在《群经凡例》、《古学考》等著作上，同样认定，六经为孔子所撰，而流传下来的经书也完好无缺。康有为袭取廖平的观点，在《孔子改制考》上专立《六经皆孔子所作考》一章，指出《诗》、《书》、《礼》、《乐》是孔子藉前代的书删定的，《易》与《春秋》则全部出于孔子的手笔。他说，讲经学的人先要知道六经为孔子所作，然后才能了解孔子的所以为大圣、为教主，以及其学说足以范围世界、地位独尊。其他宣传今文学的作品上也都认为孔子被尊为万世师表，就因为他制作了六经，比前代圣贤伟大多了。坚持孔子作六经，对于这时的今文派来说，和坚持刘歆伪造古文同等重要。孔子如果不作六经，今文派说的孔子托古改制就不推自倒了。古文派说，孔子赞《易》象，删《诗》、《书》，订《礼》、《乐》，修《春秋》，秦汉以后百家所载，无不皆同。《论语》、《孟子》上也都有同样的记载，历历在目。孔子自己讲他述而不作。现在忽然把孔子没有做过的事说成做了的事，好比黄袍加身！表面托尊孔之名，暗地行反对六经之实。所谓反对六经之实，显然没有击中今文派的要害。

《春秋》一书的价值在什么地方？《春秋》与孔子托古改制的关系问题。

今文派说，《春秋》非记事之书，宗旨在表明微言大义，不重在纪述事实。它是孔子改定制度以教万世的书。孔子是一个创造学派，热心救世的人物。改制是孔子所创学派学说的中心。其实不独孔子，战国诸子也都是假托前代圣王为创造自己的学派的。古文派反驳说，事与义不能偏废。非见其事，不能明其义。《春秋》为后世立法，孔子不可能教人只知道空言，不知道事实。孟子说，孔子作《春秋》而乱臣贼子惧，就因为有事实可以印证。今文学家痛斥纪事的左氏，而独崇明义的《公羊》，目的在抹煞事义并陈，便于推行康有为之学。孔子改制，经无明文，传亦无明文。《公羊传》有"制春秋之义，以待后圣"一句话，不论怎么解释，也没有托古改制的意思。孔门七十子后学才有孔子改制的传说。何休用它来解说《公羊》，便造成了今天邪说的来历。所谓《春秋》托王于鲁，托鲁国的君主隐公为受命王，那是董仲舒《春秋繁露》的说法。《春秋繁露》的可信性前人著作已经表示怀疑。《汉书》董仲舒传上说，当时他的弟子吕步舒已经不知道其师说，称为"大愚"。董仲舒因此差一点送掉了性命。一千多年以后，我们怎么能够相信那一家之言，以为他独得了孔子改制的秘密。孔子修《春秋》是站在鲁国的角度讲话的，就像后世修郡县志，是站在某个地方的角度讲话一样。春秋诸侯并立，各国自有纪年，《春秋》用周朝的正朔，纪鲁国的年号，不过是表示它是按鲁国历史顺序叙述各国发生的事件的，没有不可理解的地方。后来的公羊家愈阐愈奇，异议蜂起，经义盲晦，祸害不可胜言。

孔子托古改制是这时今文经学紧紧抓住的一个关键，古文学派因此也不能不特别重视这个问题。王仁俊著《实学平议》，其中一篇就叫《改制辟谬》。文中列举十条理由，批驳改制说的荒谬，说现在有人为本朝臣子，忽然著书立说，要把清朝改为明朝的制度。这径直是叛逆①，是不可不反对的。

孟子在经学上的地位问题。

今文派说，孔子的学说后来分成了两大派，孟子为一派，荀卿为一派。孟子的学术在经世，荀子的学术在传经。秦汉以后，孔学都掌握在荀卿一派手里。荀学是孔学的孽派。孟子于六经中得力在《春秋》，而《春秋》中所传为大同之义。大同之义与"三世"说是相通的。古文派反驳说，荀卿所传是孔门正学。把它说成是孔学孽派，用意是要把二千年来汉宋诸儒的学说一扫而空，只留下传口说的《公羊》。什么叫三世？《公羊传》上有明文，三世指所见世，所闻世，所传闻世，后来的公羊家推演为据乱世，升平世，太平世，与《公羊传》上的三世无关，更与大同之义无关。《左传》上说，《春秋》内其国而外诸夏，内诸夏而外夷狄。经书上没有哪个地方说夷夏可以混为一统，变为大同。所谓孟子独传大同之义，不知何以见得！康梁之徒到处讲演《公羊》、《孟子》，以宣扬其大同之说。照此看来，他们主张孔子纪年，目的在废除君主，而不在尊崇孔子。

第二类，双方斗争的关键问题：

开新还是守旧、变法还是反对变法。

中国社会的基本矛盾或主要问题是什么？这时由维新派用充满危机感的语言鲜明地提出来了。那就是"救亡图存"、"维新变法"以及"振兴实业"的口号和要求。"百日维新"载湉颁布的一百余件诏令，关于"振兴实业"的占相当部分，包括政府设立铁

---

① 王仁俊：《实学平议》，《翼教丛编》第3卷，第25页。

路矿务部门、提倡私人兴办实业、奖励发明创造，许其专利等。也就是说，中国社会的基本矛盾或主要问题是中国濒临瓜分危机，民族遭受压迫，要求独立、解放；社会生产落后，要求实现近代化。严重的问题是，走什么样的路去达到民族独立、国家近代化的目的。维新派的方案是"维新变法"，即改革封建专制政体，兴民权，直到仿效日本、俄国的君主立宪。顽固派和原来也主张枝节"改革"的洋务派一致反对。变法与反对变法，成了时局激荡的漩涡。

今文经学、古文经学两派的争论，现在也就同维新派与维新运动的反对派直接联系到了一起。双方那些书本子上的是非得失争论，现在变成了社会现实问题、政治主张上的对立与争论。双方的政治主张有夹杂在经学中一起申述的，有援引经学词句替自己助张声势的。他们把彼此间政治主张的对立，明确归纳为"开新"与"守旧"对立，实质上是主张变法与反对变法的对立。具体地说，是变法、民权和平等几个问题的对立。今文学派以及与他们抱着同样政治观点的人，主张开新，要求变法，提出民权、平等。古文学派以及与他们抱有同样政治观点的人，主张守旧或实际上要求守旧，反对变法，反对民权，反对平等。经学上"伪经"与"改制"与否的争论，不过是现实斗争的一种手段而已。

关于变法：康有为在谈论经学的时候，采用"托古改制"的语言进行宣传，在上书、上折的时候，便直接改为主张变法了。康有为在《上清帝第一书》里明白提出了变法口号。《上清帝第一书》上，一则说："皇上知旧法之害，即知变法之利"，应该"讲求变法之宜，而次第行之"。再则说，一旦"变法，则治可立待"。康有为并且指出，所谓变法，不是指已经有的设立商局、学堂、开矿公司，创办电线、机器、轮船、铁舰之类，而是要改变"上体太尊，下情不达"的局面。旧的局面不改变，"虽良法美意反成巨害，不如不变之为愈矣"①。《上清帝第二书》引董仲舒"为政不调，甚者更张，乃可为理"的话，强调"穷则变，变则通"，批判所谓祖宗之法不可变的观点，提出设立"议郎"的主张②。"变法维新"是康有为和维新派活动的口号和旗子，也是今文学宣讲的内容。

古文派反对变法，极力替自己守旧辩护。他们把新学斥为邪说，把兴洋务、办实业等同于变法。张之洞在《劝学篇》里，一面主张派人出洋游学、办报馆、奖励农工商业等，一面反对改变封建统治秩序的"伦纪圣道"、"三纲四维"。他说，"不可变者，伦纪也，非法制也；圣道也，非器械也；心术也，非工艺也"。"法者，所以适变也，不必尽同，道者，所以立本也，不可不一。……所谓道本者，三纲四维是也。若并此弃之，法未行而大乱作矣"③。湖南城南、岳麓书院一些人发起订立的《湘省学约》，里面说，现在人们开口就讲维新、守旧，其实并不知道什么叫新与旧。研究经史、阐述义理，致力词章训诂，均为学人应修之业，何旧之有。所谓新学，应当是讲求工艺制造，通晓外国的政治学术。那些号召改制、创教，宣传民权、平等邪说的人，自称为维新，是冒新学之名，行西教之实，要"严杜假冒，以正岐趋"④。《湘省学约》并规定，凡省城"新学书局"一律改名为"西学书局"，避免人们想起新学与旧学对立。湖南学政徐仁铸查问《湘省学约》的来历，王先谦其势汹汹说，他就是倡议者、主笔人，雷

---

① 康有为：《上清帝第一书》，《康有为全集》第 1 集，上海古籍出版社 1987 年版，第 360 页。

② 康有为：《上清帝第二书》，《康有为全集》第 2 集，上海古籍出版社 1990 年版，第 85、100 页。

③ 张之洞：《劝学篇·变法第七》，《张文襄公全集》第 203 卷，第 19、22 页。

④ 《湘省学约》，《翼教丛编》第 5 卷，第 15 页。

霆斧钺一切由他承担。王先谦绝口不道"变法"二字，一味用一
些抽象贬责的调头反对维新派。他说振兴世道，在做实事，不图
虚名。日本维新，从举办制造业入手，现在中国求新，却从讲论
入手，言满天下，所务在名，所图在私。到头来，只有一切落空，
毫无实际。他又说，今日地球大通，各国通商来往不可阻止。中
国必须讲求工艺制造，抵制外国货物。声光化电及一切制造矿学，
皆当开通风气，力求精细。朝廷倡导西学，是于万难之中求自全
之策，没有什么不对的。自己参与创办湖南火柴、机器各公司，
诚心以为应办，至今并无他说。但朝廷所采者西学，并非要人信
从西教。康梁自成一教，他们讲平等，西国并不平等，他们讲民
权，西国人并无权力。康梁谬托西教以行其邪说，是中国的巨
蠹①。王先谦这里说的西学，指西方自然科学技术知识，西教指西
方资本主义社会的政治制度、意识形态。叶德辉对曾经是他师长
的徐仁铸所著含有变法思想的《輶轩今语》，撰文逐条批驳，诋毁
徐为所谓"康门之士"。他宣称"鄙人素不言变法，而只言去
弊"②。他指责维新派的变法宣传，说中国之事无不误于空谈，讲
学托名于开民智，伸民权，其实是搅乱时政，使四境鸡犬不安③。
严参康有为的御史文悌说，他早年留心西学，并非绝口不谈洋务
的人。中国讲求西学，贵在使人了解西学，为中国所用，并非要
将中国一切典章制度尽行摧毁，使人潜移默化，尽变为西洋人。
古文派以及与他们政治观点相同的人，在一些具体问题上说法不
同，他们的共同点是反对维新派要求变法，用举办洋务代替和抵
制变法。

① 《王祭酒与吴生学箴书》，《翼教丛编》第6卷，第9页。
② 《叶吏部答友人书》，《翼教丛编》第6卷，第30页。
③ 《叶吏部与南学会皮鹿门孝廉书》，《翼教丛编》第6卷，第22—23页。

关于民权：今文派中梁启超讲得最明白，他说，《春秋》大同之学没有不讲民权的。把六经中讲民权的地方编辑成书，会大有可观。一个国家要夺取或灭亡另一个国家，必先取得民心顺从。凡能兴民权的，断无灭亡之理。议院制度虽然创始于西方，中国五经诸子上，其实都可以找到类此意思的记述。中国君主统治的时间太长，君权太重，民权日衰，没有人敢明白讲出来。美国总统违法，议院可以根据法律撤换总统。英国虽为君主立宪国家，议会也曾废除君主。中国古代舜为君主，实际也是由民人公选的，并非尧所能私自授予。臣下与君主是一同办理民事的，他们没有私属的关系。康有为在推行变法过程中，没有发表正面提倡民权的言论，似乎还有意回避使用民权这个词。但他既然要求变法改制，主张设立议院，实行君主立宪，也就是主张君有君权，民有民权。变法的反对者指责康梁倡导民权，那是根据确凿的。

古文派以及持相同政治观点的人反驳说，治天下者大权不可以旁落，何况大权移于民下。试问权既下移，国谁与治。民可自主，君主还有何作为。主张民权是要煽动天下大乱。民主之说，经上没有，传上也没有。想要变历来乾纲独揽的天下为泰西民主之国的人，是汉奸之尤。张之洞在《劝学篇》里专列《明纲》一篇，大讲民权之害。他说：三纲"乃五伦之要，百行之原。相传数千年，更无异义。圣人所以为圣人，中国所以为中国，实在于此。故知君臣之纲，则民权之说不可行也"①。又说，民权之说，无一益而有百害。中国目前并非雄强，百姓所以能够自安其业，是由于有朝廷法纪维持。民权之说一旦流行，愚民必喜，乱民必作，势将大乱四起。外洋各国必借口保护侨民，兵舰陆军深入占

---

① 张之洞：《劝学篇·明纲第三》，《张文襄公全集》第202卷，第13页。

据，全局只有拱手而属于他人。所以民权之说，最是国外敌人所愿意听到的。外洋讲民权，不过是指国家有议院，民间可以发公论而已。以为议院便等于民揽大权，那是误解。总之民权在中国万不可行。《劝学篇》中又有《正权》一篇，指斥维新派"倡为民权之义，以求合群而自振"，是"召乱之言"①，坚决反对维新派要求实行君主立宪政治。王仁俊著《民主驳议》，他特意引一些孔子素王、公羊家、太平之世的字眼反驳民权主张。他说，中国的一切，必须以孔子的"经制之学"为断。根据君为臣纲的原则，"民主万不可设，民权万不可重，议院万不可变通。"民主非中国的学说，乃泰西的学说。民主在西方实行的结果，是罗马死党私会横行，法国民党叛君主，南美洲民众争权大乱。中国如果行民主，不要十年，二十三行省就要变成盗贼的渊薮了。几年以前刚在檀香山成立兴中会，国内一般人还根本不知的"会匪孙文"——孙中山的活动也被作为反对民主的根据来使用了。王仁俊反复议论孙中山起事、揭出民主号召、失败逃亡海外、无法将他捉拿归案惩处等等②。《民主驳议》全文中心在驳民主之非，硬把孙中山的事迹扯到一起来议论，意思是要人知道，孙文讲民主，而孙是乱臣贼子。

关于平等：今文学派说，平等是人的自然属性。孔子说"性相近，习相远"。性相近就是指的人的自然性质是平等的。最初无所谓小人，无所谓大人。问题在于学与不学。

古文派反驳说，平等之说源出于佛经。耶教《旧约》加以推广，演为万物平等之义。康有为、梁启超以民权、平等立教，那是抛弃孔学，引人崇信异教。人人平等，权权平等，就是没有了

---

① 张之洞：《劝学篇·正权第六》，《张文襄公全集》第 202 卷，第 23—26 页。
② 王仁俊：《实学平议·民主驳议》，《冀教丛编》第 3 卷，第 16—20 页。

尊卑亲疏。没有尊卑，就是无君，没有亲疏，就是无父，更谈不上孝悌。不平等则已，一平等就一切倒行逆施，人伦绝灭。

变法、民权、平等几个问题的争论，看起来是分散的，没有构成系统的论述。但在思想实质上，它们明显地属于两个不同体系、两种意识形态。今文学与维新派反映的是资产阶级意识形态里的一些东西，不过很初步，很不完全；古文学与顽固派坚持的则是传统的封建主义思想体系加上一些洋务派的观点。当人们的争论和以前一样，尚停留于经学本身的一些具体问题，诸如古文是否出于刘歆的伪造等，那只能从同一思想体系内部去看待它们的分歧。当争论卷入到变法、民权、平等这些问题的时候，他们与不同的体系有关便清楚显示出来了。因此，双方的争论很快就带有了特别深刻的社会性质。它事实上是不同社会阶级势力、不同利益的人们现实政治斗争的一部分。双方在变法、民权、平等与在孔学分歧上的不可妥协性，就是来自他们的政治立场、实际利益的不可妥协性。

今文派、古文派以及双方支持者讲过的一些话，充分反映出了那场斗争的激烈程度。樊锥在《开诚篇》中说："自民之愚也久矣，不复见天日也抑已甚矣。其上以是愚之，其下复以是受之。二千年沦肌浸髓，梏梦桎魂……束之缚之，践之踏之，若牛马然，若莓苔然。""今宜上至百寮，下至群丑，俱如此类，网罗净尽，聚之一室，幽而闭之，使其不见日月，不与覆载。"① 王先谦的某学生上书说，康有为、梁启超专以民权、平等无父无君之说为立教宗旨，论其罪状，同于叛逆。承其风者，樊锥、易蒪、唐才常肆无忌惮，显悖伦常。丧心病狂，莫此为甚②。叶德辉说：康梁之

---

① 樊锥：《开诚篇》三，《樊锥集》，中华书局1984年版，第9—10页。
② 《王献焌上王院长书》，《翼教丛编》第6卷，第3页。

书，外假大同之说，内溃名教之防。"海内不学之士可以文其固
陋，不轨之徒可以行其党会。其始创言变法以乱政，其继阴乘变
法而行教。粤人黄遵宪主之，湘人谭嗣同和之，……乃相率而鸣
于众曰'康学'。……假素王之名号，行张角之秘谋。……吾终见
其灭亡而已。"① 坚决反对"康学"、反对今文派的梁鼎芬宣布，他
的政治和学术宗旨是六个字："大清国，孔子教"。他致信王先谦
说："崇奉邪教之康有为、梁启超乘机煽乱，昌言变教。恰有阴狡
坚悍之黄遵宪、轻谬邪恶之徐仁铸聚于一方，同恶相济。名为讲
学，实与会匪无异。……悲夫，廉耻日丧，大局皇皇。群贼披猖，
毫无忌惮。吾党君子闻风相思，风雨凄凄，不改其度，请告张、
黄、叶（按：指湖南绅士张祖同、黄自元、叶德辉）诸公，誓戮
力同心，以灭此贼。……皇天后土，实鉴斯志。"② 从这些文字中
可以看出，今文派与古文派的斗争，不但各自的言论有很强的党
派性，他们的行动实际上也是结成党派的。彼此间怀着极大的政
治仇恨。卷入斗争的今文派与古文派的言论，显然反映的是维新
派与顽固派斗争全局中的一些最尖锐的问题。因此，他们的言论
是从思想理论领域把那场斗争的全局和实质指示在人们面前了。
今文派不能概括维新派，但多数人物与维新派同属一个阵营；古
文派不等于顽固派，但多数人物与顽固派同属一个阵营。今文、
古文两派是各自阵营的理论家、代言人、宣传者。学术观点与政
治立场、意识形态与阶级关系在这里紧密地结合在一起。

经学那种古老的思想观念，竟然产生出了改变政治制度的变
法与民权、平等要求，为什么？它是由中国社会历史的基本矛盾、
险恶的现实生活强烈摩擦、冲撞迸发出的火光。今文、古文两派

① 叶德辉：《长兴学记驳议》，《翼教丛编》第 4 卷，第 35 页。
② 《梁节庵太史与王祭酒书》，《翼教丛编》第 6 卷，第 2 页。

辩论中，涉及到现实问题的看法时，对这个问题说得非常明白。两派辩论中处处攻击对方，但双方同样强调外国入侵，民族危机空前严重。中法战争、特别中日战争马关条约以后中国的危险局势常常出现在他们辩论的文字里，只是各自的结论不一样。如何对待当前的现实，古文派主张守旧或照洋务派的路子走下去，今文派则主张开新，要求变法救亡。樊锥在《开诚篇》里试拟的载湉诏书说："今事已至此，危迫日极，虽有目前，抑无所用。与其肢剖节解，寸寸与人，税驾何所，蹐天无路，不如趁其未烂，公之天下。朕其已矣，宗庙可质。支那父老，或其谅我。"又说："四海一心，一心者，人人有自主之权，人人以救亡为是。穷极生变，郁极生智。"① 八九十年代，西方的民权、平等观念已经进到了一些阅读西书的知识分子头脑里。民族危亡，"郁极生智"，他们现在就生出智慧，要使用这种新学说了。经学那种古老思想观念所以与资本主义意识形态的民权、平等结合起来了，就正是在这种民族危亡的严重环境下产生的。人们在挽救民族危亡的斗争中，改变着旧的观念，同时，也汲收、产生新的观念。特殊的历史条件使古与今相凑泊，不期然而然。民权、平等反映了中国早期蒙眬的启蒙思想。救亡呼唤出早期启蒙思想，启蒙也推动救亡运动。后来的历史在此作了一次预演。

今文学派与古文学派的斗争，从书本上到与政治问题联系起来，愈演愈烈，康有为经学的影响始终贯穿其中，极其突出。究其原因，是由于康有为的经学已经远非孔子学说，而是加进西方资产阶级观点放胆改造过的、挂着孔子招牌的学说。新酒要用旧瓶来装潢，时髦的货色必须挂上老招牌去出售，强烈表现了时代的特点。

---

① 樊锥《开诚篇》，《樊锥集》，第11页。

　　《新学伪经考》、《孔子改制考》是康有为变法的主要理论著作，也是他改造孔子学说的主要著作。《春秋董氏学》、《礼运注》、《中庸注》、《论语注》① 等，也都一一为那种改造的需要服务，或者抒发同样的观点。康有为阅读过西方资产阶级学者哪些哲学、逻辑、社会、历史、政治、经济学的书，难以确指，其中有些书，例如严复译的赫胥黎《天演论》、斯宾塞《群学肄言》，肯定是引起过他的重视的。据说《天演论》出版的好几年以前，他就通过梁启超知悉了译稿的内容。《论语注》上说，"人类进化皆有定位，自族制而为部落，由部落成为国家，由国家而成大统。由独人而渐立酋长，由酋长而渐至君臣，由君臣而渐为立宪，由立宪而渐为共和。盖自据乱进为升平，升平进为太平，进化有渐，因革有由。验之万国，莫不同风。"② 其来源就出于《群学肄言》。西方那些讲进化论和社会学的书，唯物论和形而上学夹杂在一道，有的可以说半截唯物论，半截唯心论。康有为从它们中间汲取营养，来讲经学，发议论，在主要观点上形成了与孔子学说的直接对立。这样的观点有两条，最为引人注目。

　　头一条，关于历史发展的观点。孔丘讲述夏殷周三代的历史，说它们只有损益，没有发展，今后也会如此，"百世可知"。中国永远只会在封建主义轨道上慢慢爬行。康有为解释《春秋》"三世"说，在这个问题上实现了一个飞跃。第一，《春秋》讲所见、所闻、所传闻三世，以为所见世就到了太平世。照那样看，历史往后就不再进步了。康有为按照洪秀全的发明，把上述三世倒了过来。现在，即所见世是据乱，往下进行到小康、升平，最后才

────────────

　　① 康有为记载：《中庸注》、《论语注》均撰于广州讲学时期。戊戌变法失败后，书稿散佚。1901 年在槟榔屿再修《中庸注》，1902 年在哲孟雄大吉岭再修《论语注》。见两书序。

　　② 康有为：《论语注》卷二，《万木草堂丛书》第 2 卷。

是太平、大同。这使原有"三世"说那种在历史进化问题上自相矛盾的观点变成了历史进化的观点。第二,与《礼运》大同说沟通、糅合在一起讲三世,描绘出了一幅使人向往的社会历史发展蓝图。康有为说,三世中的"乱世者,文教未明也;升平者,渐有文教,小康也;太平者,大同之世,远近大小如一,文教全备也"[①]。社会历史就是按照据乱、升平、太平的顺序前进,由野蛮发展为文明,由低级发展为高级。他说,"孔子生据乱世,虽不得已为小康之法,而精神所注,常在大同"[②]。又说,"孔子生据乱世,而志常在太平,必进化至大同,乃孚素志"[③]。也就是说,最高级、最文明的社会为大同之世,是孔丘设想的理想社会,而且照孔丘的学说来看,现阶段就应该实行立宪制度。这样,维护封建主义,抱着历史静止观点的孔丘,一反掌间被装扮成主张资本主义和未来最高级、最文明社会的追求者了。这是一个大改变。

再一条,是关于变易、变化是客观世界的普遍法则的观点。《论语》上有"天道"的观念,没有讲变不变。又有"齐一变至于鲁,鲁一变至于道"的话,也只承认齐、鲁某些事情可变,没有认为道也可以变。儒学传统一直坚持"天不变,道亦不变",认为这才符合孔丘的思想。近代的经学家,例如魏源主张变易,但又认为有"真常不变之道"[④],以为变只适用于"势",不适用于"道"。说到底,还是天不变,道亦不变。康有为反过来,认为世界一切都是变化的,天道也是变化的。他说,"盖变者天道也。天不能有昼而无夜,有寒而无暑,天以善变而能久。火山流金,沧

---

① 康有为:《春秋董氏学》,《康有为全集》第2集,上海古籍出版社1990年版,第671页。
② 康有为:《论语注》卷二,《万木草堂丛书》第2卷,第3页。
③ 康有为:《礼运注》,《演孔丛书本》,第2页。
④ 魏源:《老子注》第一章。

海成田，历阳成湖，地以善变而能久。人自童幼而壮老，形体颜色气貌，无一不变，无刻不变"①。"夫物，新则壮，旧则老；新则鲜，旧则腐；新则活，旧则板；新则通，旧则滞，物之理也"②。他强调《易传》等古籍上提出了但没有着重发挥的一个重要思想，即认为事物的变化、新老交替，是由事物内在的矛盾对立运动所造成的。他说，"若就一物而言，一必有两。……知物必有两，故以阴阳括天下之物理，未有能出其外者"③。"盖太极两仪之理：物不可不定于一，有统一而后能成物；不可不对为二，有对争而后能进"④。此处一物"不可不对为二"的话，可能与宋代唯物论哲学家张载说的"有象斯有对，对必反其为，有反斯有仇，仇必和而解"有联系。康有为改"仇必和而解"为"有对争而后能进"，似乎是对辩证法更好的解释。应用这个说法来观察社会历史，那必定要得出结论：封建社会制度、封建主义的纲常伦理，无一不在矛盾对立运动中；因此，它们的改变、消失是不可避免的。这把孔子学说极力维护的封建统治制度和秩序，一概给推翻了。康有为没有在什么地方对自己勾画出的社会历史发展蓝图与矛盾变化是事物变化的普遍法则，联系在一起加以叙述。这是因为他从西方了解到的进化论和哲学，主要是庸俗进化论和形而上学的哲学，在它们那里，社会历史的发展与客观世界矛盾运动的法则，本来是彼此割裂、不相联系的，而且是不能容忍那种联系的。但是康有为拿它们来讲经学、发议论，却收到了改造孔子和孔学的效果。孔丘由一位封建主义的至圣先师，变成了近代半资本主义

① 康有为：《进呈俄罗斯彼得大帝变政记·序》，《戊戌变法》第3册，第1页。
② 康有为：《应诏统筹全局疏》，同上书，第198页。
③ 康有为：《春秋董氏学》，《康有为全集》第2集，上海古籍出版社1990年版，第799页。
④ 康有为：《论语注》，《万木草堂丛书》第3卷，第4页。

的大政治家、改革的祖师爷；孔丘学说则面貌刷新，由封建社会思想理论的准则，变成了与西方思想相通、适合于资产阶级改良主义政治运动的指南。

现在可以看出，孔子学说在历史上经过了几次大改造：董仲舒改造原始孔学，形成西汉带神学蛊惑性的今文经学；程颢、程颐、朱熹改造宋以前的孔学，渗入佛学，形成专讲性理的程朱道学。但那种改造，都是封建意识形态的旧说。康有为对孔学重新大改造的今文学，则把资产阶级意识形态的某些内容镶嵌到封建意识形态的镜框里，形成了一种新学说。封建理论加资产阶级观点，这就是康有为今文经学的实质。这个学说，理所当然地要受到古文学派的坚决排斥。某个拥护古文学的官员上折载浒，请跟孔子杀少正卯一样杀康有为，就不足为怪了。康有为作为思想家气象不凡，不过他的学说已经再也没有董仲舒、二程朱熹学说那样长期受人宠信的幸运。它刚一走上历史舞台，就宣布了过时。因为近代中国新的斗争接连兴起，已经不允许存在古代封建制度那种长期不变的幸运了。说到底，也就是中国争取民族独立、要求实现近代化的两大基本问题，已经不是依靠现有幼弱而且带有很大封建性的资产阶级政治代表者的活动，自上而下地改良一下某些政治措施所能奏效的。它需要依靠新的社会力量、选择新的方案去进行斗争了。

4．余波

戊戌变法失败，今文、古文两派斗争的形势骤变。参与变法活动或讲"康学"的人，这时受到迫害，不可能再从事原有的宣传讲论。现实的政治斗争也使经学不再成为他们制造舆论的手段了。古文派或顽固派由于在反动政变后获得政治上的利益，气势器张。他们刊出《翼教丛编》以及在《湘学报》等刊物上发表论著，继续打击今文派。学术思想界形成一股反动的逆流。

一直讲今文学但与变法活动全无瓜葛的廖平，这时也受到古文派的攻击指责。廖平自己也觉得与康有为讲经学"宗旨偶同，引为心咎"①。他于是写出《知圣篇读法》，一面极力划清与康有为的界线；一面在公羊学、孔子改制、素王说等问题上，回答古文派的指责。他表示当初著《知圣篇》，讲孔子改制，开始并没有刊刻。康有为用它的意思著书立说，造成祸乱，现在应该重加说明，"既曰自明，更以辟谬"。他认为，"素王之说与素封同"（按："素"字此处作空讲，素王即空王），孔子作六经，成为百世师法，后人不能仿效，其理甚明。康有为等"乱法者"假借旧说，推行变法，以为孔子改制立教，人人皆可改制，更由言论变为行动。这是他们的曲解，并非孔子本义有误。但是，现在攻击的人不加考察，"竟以素王二字，指为叛逆"，那是不对的。他又认为，自康有为等"托之《公羊》以为变法宗旨，天下群起而攻《公羊》，直若《公羊》故立此非常可怪之论，为教人叛逆专书。遂云，凡治《公羊》，皆非端人正士"。这太可悲叹了。照此说去，人们对于公羊学的鼻祖董仲舒不知该怎么评价。西汉一代公羊学盛行，议礼断狱，皆作为依据。由讲公羊学进入仕宦的人布满国中。他们尊君亲上，治乱锄奸，处处得《公羊》的利益。当时《公羊》何以不为毒害，到今天便忽然毒性大发了！难道那些讲公羊学的人都是些痴愚聋瞽，不了解《公羊》含有的毒性？因为治公羊学而成为罪魁乱首的，历史无其人其事。王莽、刘歆掠夺汉室政权，《周礼》、《左传》都由他们表彰过，我们并不能因为责备王莽、刘歆，就废弃《周礼》、《左传》二书，何况对于《公羊》？"《翼教丛编》攻《公羊》，并因而罪《孟子》。其不因而攻孔子几希矣。"②

---

① 廖师慎、廖师政：《家学树坊》，第6页。
② 同上书，第3—6页。

在康有为及其讲今文学的同道被剥夺了发言权的情况下，廖平对古文派的追击作出一些回答，是做得对的。要不然，就只有向古文学一面倒了。在这个意义上，廖平的答辩，可算那场斗争的余波。但也只是余波而已。

廖平说他讲经学与康有为"宗旨偶同"，是指他们都治公羊学，宣讲孔子改制等公羊学的主要观点。其他就没有什么相同的。就是讲孔子改制，讲法也不一样。廖平说，"旧著《知圣篇》专明改制之事，说者颇疑之。然，既曰微言，则但取心知其意，不必大声疾呼，以骇观听。"对于这种只限于"心知其意"的叙述，他到1898年也作了修订。从此改为就经言经，严格按照字面"专述经言，不详孔意"①。也就是说，只讲书本子上有的，其他一概不去涉及。像康有为、梁启超那样，用孔子改制来宣传变法，并直接间接提出民权、平等观念，是廖平所不敢设想的。康、廖都讲今文经学，又都处在民族危机深重，举世要求救亡图存的时代环境下，但他们所讲论的相同，而所以讲论的则大不相同。这除了个人原因，也暴露了经学那种植根于封建制度的意识形态本身固有的缺陷。它毫无客观依据，是非随人解说。这是一切旧的社会历史学说所共有的不可克服的固有缺陷。

廖平的今文经学，在维新运动期间始终只是旁门支流。这时今文经学运动的性质、地位，不是由他的研究和影响决定的。廖平在《知圣篇》等论著中多次强调，孔子一生事功在为后世立法，不这样理解，孔子就不过是一个碌碌无所建树的、选本多、门徒众的教授老儒而已。廖平的这个话很适合于说明他自己的地位。康有为讲今文经学受过廖平影响，但康有为是一代思想家，改革实践家，廖平则正是一位碌碌教授老儒。1898年以后，他的经学

---

① 廖平：《古考学》，第1页。

主张又变了几变，但越变越不成样子。钱玄同批评说，廖氏之书，东扯西拉，凭臆妄断，拉杂失伦，有如梦呓，正是十足的昏乱思想的代表①。钱赞成今文学，而没有回护他的同道。

梁启超、章炳麟往下的评论者，都肯定康有为的今文学源出于廖平，但都缺少进一步点明康有为到底从廖平接受了什么东西。梁启超说康的今文学从廖平一转手而归于醇正。所谓归于醇正，也就是不像廖平那样杂乱无章了，除此看不出别的意思。章炳麟说廖平学有根底，不像康有为剽窃他人的东西，康不能与廖并论等，那只表现了章炳麟的偏见，不足以成为学术上的公论。周予同说，廖平为人盖敏于学而怯于胆，屡次改变论点，自相矛盾。近著《孔经哲学发微》极尽附会荒唐的能事，真不知在说什么话了。康有为是袭取廖的旧说而成为集清代今文学的大成者的②。这里也没有指明"旧说"的内容。范文澜说，廖平堪称今文学大师，他讲今文学比康有为早些，康有为的《伪经考》、《改制考》是从廖平的《知圣篇》、《辟刘篇》推衍而来的③。这个论述准确，如果再点明一下，《知圣篇》的要点是讲孔子托古改制，就更具体了。廖平今文学提供的新的东西，是他重新恢复董仲舒、何休关于孔子托古改制的宣传并且把它与刘歆伪造古文说，再加上孔子作六经说同时提出来了。托古改制，古文为伪，它们一个上篇，一个下篇。没有上篇，下篇就没有存在的前提，要求改制就无从提起；没有下篇，上篇就没有现实的目的。刘逢禄、魏源等讲古文学为伪，但没有现实目的，所以他们的今文学是零散的，不过在故纸堆里炒来炒去。廖平头一次把这两条联系在一起，构成了从龚、

---

① 钱玄同：《重论经今古文学问题》，附康有为《新学伪经考》，中华书局 1959 年版，第 383 页。
② 朱维铮编：《周予同经学史论著选集》，上海人民出版社 1983 年版，第 21 页。
③ 《范文澜历史论文选集》，第 296 页。

魏到康有为的一个中间环节。这就是廖平在近代今文学上地位的所在。康有为的今文学正是把廖平的两条一并接受下来，充分加以推行和发展了。康有为因此成了清代今文学的思想体系的集大成者。今文学的要点在实践。"托古改制"几个字，体现出了今文学的神髓。章炳麟说，康不能与廖并论。实际上应该倒过来：廖根本不能与康并论。廖谈改制，但坚持与现实斗争划清界线；康讲改制，是给维新运动制造舆论。一个只谈兵法，不打仗；一个谈兵法，也带领兵将披挂上阵。所以，廖、康学术的区别就像一个纸上谈兵者与一个真正军事家的区别那样。

综观这场斗争，其特点是：

第一，与维新运动起落相始终；

第二，今文学挑战，古文学反攻；

第三，今文学带有封建外衣包裹的资产阶级意识形态成分与封建主义斗争的色彩；

第四，今文学反映了社会前进运动的要求和趋向，今文派的言论是变法宣传的一部分。

(二) 第二场斗争，古文学派挑战，今文学派退出政治争论

前一场斗争刚刚结束。后一场斗争就开始了。古文学派现在发起进攻，今文学派防守。现在的古文学派是一些政治观点激进或暂时趋向激进，完全不同于前面那些政治立场保守、反动的人物。他们的活动是和历史演进的一个新的阶段相联系的。

1. 有关学者及其著作

章炳麟（1868—1936）字枚叔，号太炎，浙江余杭人。他曾被江浙反清团体光复会推举为领导人之一。孙中山集合原有的兴中会、黄兴为首的华兴会和光复会建立革命同盟会，推进了中国资产阶级民主革命的进程。因此，在有的历史论著上孙、黄、章

并列。章太炎政治思想主张的高峰是在 1903 年。他发表《序革命军》、《驳康有为论革命书》，举起反清与批判改良派的旗子，给思想界增添了活力。他以学者兼革命家主编同盟会机关报《民报》，也产生过正面影响。后来反对孙中山、随着实际上退出革命活动。辛亥革命后，组织统一党，与孙黄对立。热衷卷入政治，宗旨动摇不定。晚年著书讲学。"九·一八"事变后要求南京政府抗日，呼吁奔走。历年著述见上海人民出版社《章太炎全集》。

刘师培（1884—1920）字申叔，号左庵，一度改名光汉，江苏仪征人。在东京讲反满，又狂热鼓吹无政府主义。他与章太炎宣传反满和讲论古文经学的观点相同，彼此视为同志。1908 年他暗地向两江总督端方自首，并建议端方出资、让章旅居印度学佛。为此与章有书信来往。后来与章闹翻，又向东京同盟会总部举报，说章被清方收买。辛亥革命后加入筹安会，助袁世凯实行帝制。后来担任北京大学教授，讲文字训诂与古文经学。他的著作，后人辑为《刘申叔先生遗书》。

黄侃（1886—1935）字季刚，湖北蕲春人。在东京，师事章太炎，治音韵训诂和古文经学。历任北京大学、东南大学等校教授。著作中讲古文经学的有《春秋疑义》等。

与章太炎、刘师培关系直接的《国粹学报》编辑者撰稿人邓实、诗人黄节，或研究、或附和古文经学。

2. 经学研究中的思想、主张

章太炎经学最初并没有严格区分今古文，只反对刘逢禄关于"《左氏》传经为刘歆伪造"的观点。二十八岁起，开始分别今古师说，专意古文。自己刻印称刘歆私淑弟子。康有为成立强学会，章捐币赞助。梁启超、夏曾佑在上海办《时务报》，章违背乃师俞樾的意思，离开诂经精舍，去参与撰述。但在经学问题上一开始就与康有为不合。他推尊惠栋、戴震"真我师表"，而"与长素辈为背道驰"。中间一度表示同意今文学的绌周王鲁，改制革命，不久也抛弃了。到了晚年，他评价自己的经学研究说："《春秋左传读》乃仆少作，其时滞于汉学之见，坚守刘、贾、许、颖［按：指刘歆（子骏）、贾逵（景伯）、许淑（惠卿）、颖容（子严）］旧义，以与杜氏立异，晚乃知其非。近作《春秋左氏疑义答问》，惟及经传可疑之说，其余尽汰焉。先汉贾太傅、太史公所述《左传》故文旧说，间一及之。其《刘子政左氏说》已先刻行，亦间牵摭《公羊》，于心未尽慊也"。又说，"方余壮时，《公羊》之说盛行，余起与之抗。然琐屑之谈，无预大义。"① 所谓琐屑之谈"无预大义"，是晚年心境改变以后的说法。

章太炎的著作中讲经学或涉及经学的有几种情形：第一种，专门的经学著作。其中有《春秋左传读》（1891—1896 年撰写，1913 年有石印本，1982 年收入《章太炎全集》）、《今古文辨义》（1899 年）、《春秋左传读叙录》（1907 年发表于《国粹学报》）、《驳箴膏肓评》（以前未发表，据姜义华分析②，与《叙录》均系撰写于 1902 年）、《刘子政左氏说》（1909 年）、《驳皮锡瑞三书》（1910 年），以及后来的《太史公古文尚书说》、《古文尚书拾遗》、《春秋左氏疑义答问》等。第二种，《訄书》、《国故论衡》、《检论》上关于经学的论述。《訄书》最初刊行于 1899 年，汇集经史政论为一编。讲经学的不占主要篇幅，但它以《尊荀》开头，以《独圣》结尾，穿戴着经学靴帽，俨然一部经学论战著作。1902 年《訄书》修订重印，改为《原学》第一，《订孔》第二，删去了原先带有尊孔内容的《尊荀》、《独圣》，讨论经学的地方仍然不少。1910 年在日本初版的《国故论衡》地位与《訄书》相当。章氏对

---

① 汤志钧：《章太炎年谱长编》下册，中华书局 1979 年版，第 924 页。
② 姜义华：《章太炎思想研究》，上海人民出版社 1985 年版。

此书自视甚高，说胜过陈澧的论述经史小学的著作《东塾读书记》十倍，后人自有识者。1915 年完成的《检论》，仍是由《訄书》改订而成的。评论孔学经学的某些内容也仍然保留在上面。第三种，杂著与书信，不少是讨论经学的。《自述学术次第》尽管简略，经学仍占相当位置。在这三种情形里面，比较有现实意义的，是本世纪第一个十年里写的著作。

梁启超说，章太炎好谈政治，在经学上稍荒厥业。杨向奎说，章长于音韵小学，而短于经①。实际上在长达三十年时间里，章氏一直与公羊学相抗，《春秋左传读叙录》是一部足以驳倒刘逢禄的系统著作。杨伯峻在《左传》研究上推重《叙录》是有道理的。章氏在思想上所达到的高度，是不可以单从经学专著多寡上来加以衡量的。

刘师培著有《经学教科书》（以后又改名《经学传授考》）第一册，比皮锡瑞的《经学历史》更为简略。他的主要著作收集在《刘申叔遗书》中。其人阅读宏富，有时议论含糊。例如《经学教科书》上划分两汉至清代的经学有四派，说大抵两汉为一派，隋唐为一派，宋元明为一派，"近儒别为一派"。这当然不能叫做学派的划分，只能说是时代的划分。他是主张经学有用论的，说六经浩博，虽然不能当作教本，然，"经学所该甚广，岂可废哉②"！

邓实的有关论著散见于《国粹学报》上。他是今文经学的坚决反对者。照他说，清代道光、咸丰以后，外国接踵入侵，清政府顾不上对内思想控制，知识分子从此开始讲经世致用之学。西汉今文经学注重议论，便于附会引伸。公羊家的"三世""改制"等说，尤其与主张变法的思想相吻合。一些人专讲今文学，表面

---

① 杨向奎：《绎史斋学术文集》，上海人民出版社 1983 年版，第 349 页。
② 刘师培：《经学传授考》序。

上是探求学问，自相尊贵，实际上是拿学术作敲门砖，觊觎权位利禄。"故今文之学出，而神州益不可为矣。盖今文学者，学术之末流，而今文学盛行之世，亦世运之末流也"。紧接这段话，他还加上了两个"吁，可慨欤！吁，可慨欤！"①邓实不止门户之见极深，像章太炎那样痛斥龚自珍、魏源的学术，而且一笔抹煞康有为发起的维新运动，以至瞎扯一通，咬定当时中国的衰败，今文经学也不得辞其咎。这样的议论，令人想起王先谦、叶德辉等对维新运动的攻击。

3．今文经学、古文经学两派的争论

现在的这场争论，主要是章太炎对康有为、廖平、皮锡瑞今文经学的批评。其中对廖平、皮锡瑞的批评限于学术观点，不涉及政治争论。

第一类，今文、古文是非争论的继续：六经为谁所作，如前次一样，仍是争论焦点之一。

廖平强调孔子作六经，康有为采用廖说在《孔子改制考》上认定六经为孔子所作，前面已经讲过。皮锡瑞在《经学历史》与《经学通论》上也重复，必须确认六经为孔子所作，确认孔子作六经的宗旨在于垂教万世，才可以谈论经学②。章太炎争论说，孔子贤于尧舜，自在性分，并非专在著作。孔子自有独至，不在六经。六经自有高于前贤的地方，但不得因此谓其中无前贤现成之书。知道这一点，许多怀疑就可以冰释③。又说六艺是墨家、道家所共知的。墨子的言论中就曾称引《诗》、《书》、《春秋》。当时"老墨

---

①　邓实：《国学通论》，《国粹学报》，第一年，第一册。

②　皮锡瑞：《经学历史·经学开辟时代》，中华书局 1959 年版。

③　章太炎：《今古文辨义》，转引自汤志钧：《章太炎年谱长编》上，第 93—94页。

诸公不降志于删定六艺，而孔子擅其成"①。这个事实证明六经并非孔子制作，是孔子依据旧籍删定而成的。1910 年，章太炎作《驳皮锡瑞三书》即《孔子作易驳议》、《孔子制礼驳议》、《王制驳议》，进一步反驳孔子作六经的说法。不过这一次反驳的对象主要是刘逢禄、王闿运、皮锡瑞。他说，皮锡瑞作《王制笺》、《经学历史》、《春秋讲义》三书，"乃大诬谬"。《王制笺》以《王制》为素王改制之书，说已荒忽。《经学历史》钞疏原委，妄以己意为断，疑《易》、《礼》皆孔子所为，愚妄滋甚。《春秋讲义》不能守师说，糅杂三传，施以评论，上非讲疏，下异语录，"锡瑞之愦惑兹亦甚矣"。《国故论衡·原经》篇也一再指出"刘逢禄、王闿运、皮锡瑞之徒"以为六经为孔子所作，是没有根据，不能成立的。

刘师培也反复讲，六经乃先代旧典，非孔子所作。孔子以前早有六经。东周之际，讲论六经的不止孔子一家。管子、墨子都见过六经，他们的著作中常有称引。不过东周诸子虽然同治六经，但他们没有定本，到孔子才有了编定的本子。后来其他的本子失传，只有孔子删定的本子保留下来了。也就是说，有周代未修的六经，有孔子已修的六经。后人所见的只是孔子已修的六经。所以六经为古代典籍，非儒家所私有。什么叫"经"，刘师培也像章太炎那样从字义学上加以解释，指出许慎《说文》"经"字取象治丝，"纵丝为经，横丝为纬"，引伸为组织的意思。六经并没有什么神秘，它们或为学校讲义，或为教学课本。《易经》是哲理学讲义，《诗经》是唱歌课本，《书经》是国文课本兼政治教材，《春秋》是本国近代史课本，《礼经》是修身课本，《乐经》是唱歌课本和体操模范②。刘师培的这些话浅易平实，神圣不可侵犯的六

---

① 章太炎：《訄书·订孔》，日本东京翔鸾社 1905 年版，第 3 页。
② 刘师培：《经学传授考》第二章、第四章、第五章、第八章。

经，原来不过如此。

孔子删定六经的目的是什么？

今文经学热衷于宣传神学目的论。康有为、廖平、皮锡瑞都以为孔子受天命为素王，制作六经，为后王立法。廖平多次强调，不了解孔子作六经是为后世立法，就是不了解孔子的一生事功，就太卑视孔子了。章太炎着重批评了这种说法。他要求"夷六经于古史"。他反复讲，六经只不过是古代社会历史的记录。看待六经，应当用历史的方法，别其门类，考其制度，核其名实，从而去了解古代历史及其因革变化①。六经作为古代历史的面目恢复了，那种以为孔子作六经为后王立法的说法，就被从根本上否定了。章太炎指出，今文学家以为孔子作《春秋》是为汉代订立法制，那完全是汉代五行家以经术求富贵编造出来的说法。汉朝的官号、郡县、刑罚都沿袭秦代而来。秦法是李斯制订的。所以真正为汉代制法的是李斯，而非孔子②。至于说孔子作《春秋》是为百世立法，那就更荒唐了。法制要与社会生活随时变革。古今时世不同，孔子何以能够事先预定。今文学家援引谶纬说明经义，随意曲解文字，"单文节适，肤受以求通。辞绌则挟素王，事谬则营三统"③。那是由种种蔽锢造成的。扫除那些蔽锢，就像把黑夜变为白昼，鬼物便不能显其神奇了。

关于"三统""三世"说问题。

康有为在戊戌变法以前，讲"三世"说，宣传变法。他流亡国外后再次撰修《中庸注》（1901年）、《论语注》（1902年），仍在讲三世问题。《中庸注》上说，据乱世、升平世、太平世"每世

① 章太炎：《訄书·订孔》，第3页。
② 章太炎：《原经》，《国故论衡》，上海中西书局版，第116页。
③ 章太炎：《明解故上》，《国故论衡》，第137页。

之中又有三世焉，则据乱亦有乱世之升平、太平焉，太平世之始，亦有其据乱、升平之别。每小三世中又有三世焉，于大三世中又有三世焉。故三世而三重之为九世，九世而三重之为八十一世。展转三重，可至无量数"①。《论语注》上也说："世有三重。有据乱世中之升平、太平，有太平中之升平、据乱。……一世之中可分三世，三世可推为九世，九世可推为八十一世，可推为千万世，为无量世。太平大同之后，其进化尚多，其分等亦繁，岂止百世哉！"② 两段话意思相同。（按：有的文章上根据《中庸注》这段话，认为康有为在这里取消三世的不同内容，提出大三世、小三世等无数三世，是故弄狡猾，在"三世"说上倒退了。《中庸注》原来的稿子现在无法见到，康说本来如此还是后来改变了，难以断言。）章太炎争论说，康有为喜欢讲三世，以说明时代进化，可是什么叫"三世"说呢？"察《公羊》所说，则据乱、升平、太平于一代而已矣。礼俗变革，机器迁讹，诚弗能于一代尽之。"③《公羊》的三统指三代，三世指一代。两者本不相同，妄人多混为一谈。康有为在致南北美洲华侨书上说，"三世"说中的据乱世指君主专制时代，升平世为君主立宪时代，太平世则为民主平等大同时代，中国现在是君主专制之世，民主平等必须等到千年以后。章太炎批评说，"今日固为民族主义之时代"，对于满族与汉族应当区别看待，不能把它们等同起来。现在既然是君主专制的据乱世，康有为又大讲未来的太平世，岂不是自悖其"三世"说。

　　① 康有为：《中庸注》，演孔丛书本，第36页。
　　② 康有为：《论语注》，万木草堂丛书第二卷，第11页。又康对《论语》评价甚低，认为它出自曾子门人弟子手笔。曾子学术专主守约，注意词气，容貌粗迹，《论语》主要反映了曾学狭隘内容，缺少孔子大道的记载。"论语之学实曾学也，不足以尽孔子之学也。"（《论语注》序）
　　③ 章太炎：《訄书·尊史》，日本东京翔鸾社1905年版，第188页。

第二类，双方斗争的关键："纪孔""保皇"还是批孔反满，革命还是反对革命？

乍一看，古文派与今文派争论的范围与前段没有什么不同，问题也还是那一些。但实际上，这次争论是在完全不同的斗争环境下进行的。汲引过许多人的改良主义浪潮，这时已经成为过去。一部分知识分子的思想认识，发生了和正在发生重要的变化。他们开始由爱国，变法到主张革命。现在的经学斗争，正是这种思想认识变换的一部分。与上次争论相比，无论政治上、学术思想上都跨到了一个新的阶段。"纪孔""保皇"还是批孔反满，革命还是反对革命的问题，是这次争论的关键。

1903年，章太炎明确地讲，爱国知识分子要经过纪孔、保皇两个关。他在致上海爱国学社学生陶亚魂、柳亚子二人的信中说："知二子昔日曾以纪孔、保皇为职志，人生少壮，苦不相若，而同病者亦相怜也。……当知生人智识程序本不相远，初进化时，未有不经'纪孔''保皇'二关者。"[①] 反对纪孔、保皇，在思想理论上就必定要去批孔、反满。章太炎就是这样做的。

对于孔丘与孔学，章太炎不像今文学派那样，塑造出一个现代的孔丘去与传统的孔丘相对立，而是直接对孔丘作出客观批判。他在《訄书》修订本上说，孔丘下比孟轲，博习故事则贤，而智德少歉。汉代的刘歆，名与实都足以同孔子相抗衡。1906年，他主编《民报》，同时讲演诸子学，重点在论证"儒学之害，在淆乱人之思想"。他叙述孔丘的学问和行事说：孔丘干七十二君，给后来的游说开了头。孔丘自己讲"无可无不可"；又说，"可与立，未可与权"；又说"君子之中庸也，君子而时中"。孔丘的教义唯

---

① 章太炎：《致陶亚魂、柳亚庐书》，汤志钧编：《章太炎政论选集》，中华书局1977年版，第191页。

在趋时。其行为、主张因时而变，所以说"言不必信，行不必
果"。所谓中庸，其实就是乡愿。提倡中庸可以使人变为国愿，更
甚于乡愿。孔丘反对乡愿，而不反对国愿，可见他是如何热衷于
利禄。孔丘主张"时中"、"时申"、"时绌"，结果是道德不必求其
是，理想也不必求其是，只要便于一时的行事就可以了。应用儒
家的道德，使艰苦卓绝的人很少，冒没奔竞的人很多；应用儒家
理想，是宗旨在可否之间，议论止于函胡之地。孔丘的学问本来
出自老子，其权术更有过之。孔丘用诈术骗取老子保存的典籍，
来自己完成六经编纂。他耽心被揭发出来，又用威胁的手段把老
子从东方诸国逼走。老子到了秦国，才著《道德经》，披露其事。
老子的书如果早出，必不免于杀身之祸。孔丘对于老子师徒之间
忌刻如此，其心术可知，其流毒害人可知，等等。今文学派极力
把孔丘打扮成垂教万世的圣人，章太炎则极力剥去长期以来人们
安在孔丘头上的灵光圈。在此以前，著述家里面还没有人这样彻
底地批判过孔丘和孔学。

　　章太炎以外，这时其他知识分子也有反孔批孔的。1908年，
中国留学生在日本出版的刊物《新世纪》、《河南》分别发表《排
孔征言》、《无圣篇》，对孔丘和孔学进行批判。《排孔征言》说，
孔丘砌起专制政府的基础，荼毒中国二千余年。中国人想要获得
幸福，必须先对孔丘革命①，即彻底批判孔丘的学说。《无圣篇》
说，历史上的圣人是一种不可思议的怪物。中国有了"至圣"孔
子，便"沮人生之自由，禁学术之发达"。人民要自由，就要反对
孔圣人②。它们把反对封建专制制度与反对孔学直接相联系，与章
太炎从经学上贬孔相比，各有各的意义。

----

① 《排孔征言》，《新世纪》第52期。
② 《无圣篇》，《河南》第3期。

对于清政府，章太炎与康有为号召"保皇"相对立，要求推翻清朝统治，实行反满革命。1902 年《訄书》修订本开始订孔、反满。《訄书》开头加上的"客帝匡谬"中指出："满洲弗逐，欲士之爱国，民之敌忾，不可得也。"1903 年，他在著名的《序革命军》、《驳康有为论革命书》中讲的都是反满问题。《序革命军》按照传统的说法，把推倒清政权叫做"光复"，说是改制同族，谓之革命；驱除异族，谓之光复。"今中国既灭亡于逆胡，所当谋者，光复也，非革命云尔。"《驳康有为论革命书》反驳康有为说，康以前崇拜《公羊》，颂法董仲舒《春秋繁露》，以为那是一字一句皆神圣不可侵犯的。可是《公羊》明明主张复九世之仇，这与今天的反满革命相合。康有为为了替清政府辨护，任意歪曲《公羊》复仇之义，阻挠人们革命。《驳康有为论革命书》引人注目地写着"载湉小丑，未辨菽麦"。"公理之未明，即以革命明之，旧俗之俱在，即以革命去之。革命非天雄、大黄之猛剂，而实补泻兼备之良药"。章太炎这样激烈的反满言论，在当时抱有爱国思想的知识分子里面是很突出的。

批判孔学、宣传反满革命，光靠经学本身并不能讲出许多道理。革命是历史提出的最新要求。论述它的必要性和合理性，就必须从新的理论观点出发提出新的论据。上一次斗争中，今文学派应用西方民权、平等观念来宣传变法思想。这一次，古文学派论述革命的必要性，把应用西方思想理论的范围扩大到了社会学和民族主义理论方面。章太炎熟悉斯宾塞、吉丁斯、日本学者岸本武能、有贺长雄等人的社会学著作。1902 年，他翻译出版过岸本武能的《社会学》一书。从那些著作上他获得了不少西方资产阶级的政治见解、民族问题的观点。《驳康有为论革命书》上一面罗列着不少经学掌故、名词，如三世三统、《公羊》、《繁露》、《春秋》之义、纬书、素王玄圣等，一面又写着今日为民族主义之时代，人生的智慧自竞争而发生，人心进化，猛进不已，"不自由，无宁死"等等。全文援引古今中外的历史和社会、民族学说，证明反清革命是合乎社会进化的公理的。

孔学以外的其他古代典籍，也是章太炎宣传反满革命征引利用的资料。辛亥革命前一年，章氏发表《国故论衡》，认为"经国莫如《齐物论》"，同时在专著《〈齐物论〉释》上强调，"齐物者，一往平等之谈"。资产阶级革命派都信仰法国启蒙思想家卢骚的社会平等学说，在他们的言论中极力宣传卢骚的学说。章太炎把中国古典文献与西方政治理论结合起来，从哲学思想理论上加以阐述，带有浓厚的个人色彩，归根结底，它又是在一定程度上表现出了中国旧民主主义革命者向西方社会历史学说寻求斗争武器的共同性。中国古典哲学的形式，西方政治思想学说的某些内容相糅合，可以从哲理玄谈解释，也可以从现实去观察。

在经学研究上，章太炎有几点明显地超过康有为和他同时所有的人。这几点是：

首先，头一次用新的眼光评价孔丘，把孔丘由一个完美无缺、至高无上的圣人，降到了一个普通的历史家的地位上。孔丘的形象由完全虚假变得比较接近真实了。孔丘不过是先秦诸子中的一家，孔丘学说不过是先秦诸子学说的一种。孔丘没有、也不可能制订出千秋万世应当遵行不逾的典则。世界上不可能有那种永久的典则。孔丘和孔学后来被捧得越来越高，以至到了无以复加的地步，那是西汉独尊儒术和后来长期的封建统治所造成的。那种形象是虚构的，绝对不真实。

其次，改变经学研究的性质，经籍由历来阐发、颂扬的教条，变成了客观研究、了解的对象。什么叫"经"？班固、郑玄以下的学者普遍把它解释为经天纬地、永恒适用的真理。章太炎指出，六经都是历史记录或历史资料，研究经籍，目的在于了解古代社会历史真相，而不在于所谓"通经致用"。经籍一点也没有神圣性。往后他对什么叫"经"还解释说，世人以"经"为常，以"传"为转，全都出自后代训说。一些书籍所以名之曰"经"，不过起源于古代的书籍装订。"经者，编丝缀属之称"。它是用来串联竹简、木简的绳索。古代印度文字写在贝叶上，称为修多罗，和这是一样的。修多罗直译为线，意译为经。这虽只是从语源学上说明"经"为何物，而未能指出它的社会属性，但是揭露了"经"原来不过如此，人们的迷信可以破除了。

再次，强调指出孔丘和孔学的主要功绩，在于保存民族历史，保存民族文化，它们在长时间里，成了中国民族精神支柱的主要部分。章太炎指出，一国的历史正像一国的家谱，使往事世代相传。如果一国的历史没有了，就可以知道这个国家人民的爱国心一定衰竭了。历史记载翔实，阅览的人从中得知国家贫弱的原因，战争胜负的由来，民族盛衰的变迁。人们处世论事不可以不知道这一些。章太炎特别强调古史重点在《春秋》一书。他说，孔丘不传播《春秋》，后人无从知道前代事迹，一旦被侵略，就会相安于奴隶牛马的地位，不思反抗。自秦朝到如今，四夷交侵，王道中绝多次，然而入侵者无法毁弃旧章，又多次拨乱反正。"令国性不坠，民知自贵于夷狄，非《春秋》，孰纲维是？"[1]他晚年作《春秋疑义答问》，说自己治此经近四十年。又说，《答问》是自己"三十年精力所聚之书"。在他看来，《春秋》的中心在辨明夷夏大防。如果早年讲《春秋》在于反满，后来就是从原则上讲反抗外国侵略，宣传民族思想了。

这几点，是章太炎讲经学的精粹。它体现了古文经学的求实态度，在思想观点上又是迈越古文经学的。如何看待孔子和孔学，

---

[1] 章太炎：《原经》，《国故论衡》，第117页。

人们从这里头一次看到了一个科学性的评说。

比较一下，章太炎与康有为的经学研究，两人一开始就走着不同的路子。在动摇二千年来孔学的至高权威，卸下人们的思想枷锁的工作上，两人各自建立了重要的业绩。康书在前，论述集中，产生的震撼大；章书在后，论说分散，冲击波小一些。康有为批判了刘歆的伪经，并没有批判孔经为伪。推倒刘经，目的仍在树立孔经；宣传孔子改制立法，同时也是连带宣传了孔学神圣。章太炎最初出版《訄书》带有尊孔印记，但很快就自我匡正了。康有为是站在孔学的一边动摇孔学，章太炎则是站在孔学以外来评价孔学。他们的起跑点不一样，到达的终点有近有远。章太炎继续了康有为的工作，又是同前者对立，对前者的否定。梁启超说，章对于思想解放其勇决程度不及康氏。这是注意了他们经学论述的直接反响的一面，没有注意对立、深入的另外的一面。一个坚持"纪孔"，一个反对"纪孔"，从这里可以看到谁到底更勇决一些。康有为的开辟作用自然不可忽视。章太炎的著作在后，这也使他便于展开论说。世事的急剧变迁更极大地促进了他。

综观今文学与古文学第二场斗争，其特点是：

第一，与20世纪初，资产阶级革命运动兴起相适应；

第二，古文学派挑战，今文学派防守；

第三，古文学与今文学都在引申中带有资产阶级意识形态的成分，但两者立场不同，又都拖着封建主义的尾巴；

第四，古文学派反映了社会前进运动的要求和趋向，古文派的一些言论，间接地、或多或少地构成了资产阶级革命宣传的一部分。

4. 两次斗争中的经学与西学

第一、第二两次斗争中，今文派与古文派不只有对立，也有重要的共同点，这就是他们讲经学时往往夹杂一些关于西学的议论，或者讲经学，也兼讲西学。有人即使本身不讲西学，也要把对于西学的态度问题提出来加以解释。1897年，年事已高的古文派学者俞樾在一篇文章中对他的学生们说，最近三年中，时局一变，风气大开，人人争言西学。我与各位同学抱着古老的遗经不放，这是前人所说的不通世变的鄙儒。战国时期有孟子，又有荀子。孟子法先王，荀子法后王。你们如果想作孟子之徒，我愿与大家一起继续讲经学；你们如果想作荀子之徒，就请去讲西学①。俞樾的话表明他本人虽然坚持不讲西学，但是他也认识到再也不能阻止他的学生们去讲西学，更不用说阻止其他人了。这反映了西方资本主义文化日益增强的冲击，导致中国思想界发生了中学与西学、新学与旧学的激烈斗争。作为中学核心部分的经学，必然要卷进这个斗争的漩涡里面。

康有为、章太炎讲经学，也兼讲西学。他们的学问，在不同程度上是不中不西，或者中学表层涂抹些西学釉彩，亦中亦西。这使他们从旧学派分裂出来，成了新学派。不中不西，难免肤浅或者支绌灭裂，但是他们毕竟因此各自构成了自己学说的特色。

康有为、章太炎以外，经学家里面不少人谈论西学，是拿中学比附西学，即认为西方的一些事物、学说是中国古已有之的。从西方把那些学说介绍过来，正好比"礼失而求诸野"。今文派使用这种比附手法，古文派也使用这种比附手法。

在今文经学家里面，皮锡瑞的观点是有代表性的。他认为西学源出于中学，讲西学的人应该先通中学。他说，西学最先出于中国周秦诸子，庄、列、关尹诸书证据俱在。《史记》、《汉书》上，都说西汉七国之乱，畴人子弟分散于海外。大约中国这时学

---

① 俞樾：《诂经精舍课义第八集》序言。

艺失传，为外国所得，现在又由外国传回中国了。讲西学的人要能先通中学，方有实用，只能说几句洋话，认几行洋字者无用①。又说，西学虽然有用，也要先通中学。不先通中学，对于圣贤义理、中国政教得失，古今变革，都不可能了然于心。此等人讲西学，未必能精，即使能够通专门之学，也不过一技之长。再次等的略通语言文字，只可当通事买办。此等人材，又何足用②。皮锡瑞断言西学出于中学，又极力抬高中学，贬低西学，实际是表明西学已经闯进经学殿堂，讲经学的人回避不了要涉及西学。

廖平附会西学表现得尤其突出。他在经学《二变记》上批评以前的经学研究说，那些说经者如议瓜（按：指秦始皇令儒生议瓜故事），如圆谎，经学研究成了一个众人聚讼的场所。凡学问应该愈深入，愈增加智慧，惟独经学不然，愈学愈愚蠢，深为学术政治的大害③。廖平这个批评，对自己比对别人更加适合。他的经学变了许多变，但有一条始终没有变，那就是拿春秋时代比今天的西方，认为春秋时代的状况相当于今天欧洲的状况，孔丘立的法适用于春秋时代的中国，也适用于今天的西方世界。他在《知圣篇》上大段议论说，孔丘没有出生以前，中国的政教与今天的西方相同。西方人梯山航海到中国以求圣教，就是《中庸》上讲的"施及蛮陌"。但西方人只须取法六经，就有了师法，西方不必再生孔丘。中国春秋之时，无所取法，天所以特生孔子，立经垂教，由中国推及海外，由春秋推及百世。这是事物的规律。今日的泰西，正如中国春秋之时，无所取法。泰西仪文简略，上下等威无甚差别，君臣之分甚略，以谋反叛逆为公罪。父子相殴，其

①　皮锡瑞：《皮鹿门学长南学会第二次讲义》，《湘学报》第六号。又《师伏堂未刊日记》。

②　皮锡瑞：《皮鹿门学长南学会第四次讲义》，《湘学报》第廿一号。

③　廖平：《经学四变记》，第3页。

罪同等。男女婚嫁自行择配，父子兄弟如同路人，尊祖敬宗之义缺略无闻。"故孔子特建纲纪，以拨其乱。百世以俟，正谓此耳。"[①] 照廖平的看法，孔丘的学说不单是对中国的春秋之世讲的，也是对两千多年以后的西方世界讲的。中国与外国不分，古代与现代不分。在《知圣篇》和以后的著作上，他一直坚持这种说法，不断地加以重复。和这相联系，廖平极力想从中国古代典籍上，找出一些字句，来证明西方的某些知识、社会观念，是中国古已有之的。例如他说，近代知道有五大洲或九洲万国，《周礼》上"大行人"有九洲，邹衍有海外九洲之说，"与今西人说若合符节"。地球上南北有极，东西无极。中国经书上的"昊天罔极"、"士也罔极"、"畏此罔极"、"匪东方则明，月出之光"，都是南北有极，东西无极之说。西人重公，公理公法皆不主一偏，原本也出自经书。《诗》所谓"薄浣我私"、"骏发尔私"、"退食自公"、"夙夜在公"皆是讲的公私之分，以公为重。又天主之说，专尊天，薄诸神，经传亦同其义。随手抓来些片言只语，信口妄言，是廖平附会西学的特点。

在古文学派中，叶德辉从宗教方面捏造根据，证明西学出于中学。他说，天下古今的宗教或教派，没有比道教再宏大、开辟再早的。孔丘问礼于老子，道教一变为儒，再变为法。其中传往国外的一支变为释教。释教盛行于印度，今天的西域、海外各种宗教，如回回、天方、天主、耶稣，又都是释教的支流余裔。那些宗教纵横于五大洲之间，究其来源，最终要归于道教[②]。又说，周秦诸子分为九流，经过婆罗门教介绍，传往西方，成了泰西学、

①　廖平：《知圣篇撮要》，《家学树坊》，第14页。
②　叶德辉：《明教》，《翼教丛编》第3卷，第32页。

教鼻祖①。叶德辉显然知道中学与西学不好任意比附，所以改为从宗教上立论。但归根到底，还是认为西学出于中学。王仁俊则言之凿凿，认为西方民主之说来源于墨子。墨子主张"尚同"，意思就是主张选举天下贤能的人，立为君主。《墨子》上说，天下万国的君主互相攻伐，是天下的巨蠹。要使天下万国的君主从事于"一同""非攻"。这是泰西合众国建立民主制度的滥觞。墨学被中国摒弃放逐了二千多年，想不到现在又从西方传回来，实在是四万万黄种的不幸②。

另一老辈古文派学者孙诒让（1848—1908）没有参加政治争论，也主张西学起源于中学。孙诒让的书以《墨子间诂》、《周礼正义》最为著名。他说，中国开化四千年，文化的兴盛，首推周代。"故《周礼》一经，政治之精详，与今泰东、西各国所以致富强者，若合符契。然则华盛顿、拿破仑、卢骚、斯密亚丹之论，所经营而讲贯，今人所指为西政之最新者，吾二千年前旧政已发其端。"③ 孙诒让的说法，涉及的范围更广。他分不清封建时代与资本主义时代不同历史阶段的区别，分不清两种不同的社会政治制度，把它们搅混在一起，显得不通世变。

1902 年，梁启超有一段批评用中学比附西学的话，痛切地指出了那种作法的弊端。他说，今天讲保卫礼教的人袭取近世新学理加以比附，说某某是孔子已经知道的，某某是孔子已经讲过的。他们所爱的仍在孔子，不在真理。万一四书六经上没有可以比附的地方，那就明明知道是真理，也不敢相从了。万一有人挑剔所比附的地方，说孔子并非如此，那也就不敢不抛弃了。照这样下

---

① 叶德辉：《读西学书法书后》，《翼教丛编》第 4 卷，第 68 页。
② 王仁俊：《实学平议》，《翼教丛编》第 3 卷，第 17、18 页。
③ 孙诒让：《周礼政要》序。

去，人们永远没有掌握真理的一天。"故吾所恶乎舞文贱儒，动以西学缘附中学者，以其名为开新，实则保守，煽思想界之奴性而滋益之也。"[①]

这些讲经学的人，这些孔教保卫者，为什么偏偏要拿中学比附西学呢？他们中间有人说这是自大，不够谦逊。其实这种说法仍是自我夸饰。他们不是什么自大，而是内心慌乱和自卑，是在西学冲击面前无能为力的彻底的自卑。中学比附西学，把西方当今一些学说、事物指为与中国古代相合，与孔学一致，其实际的意义是，这时中国封建的文化已经丧失了独立的地位，它抵挡不了资本主义文化的侵袭，而要去攀附后者，寻求依据来保护自己的生存地位。纵然它含有抵抗西方文化侵略而发出呐喊的某种意义，但却表明自己是没有能力来抵抗那种文化入侵的。因为那种文化入侵来自外国资本主义的全面入侵。这不是单从文化思想上所能解决的。何况那种比附出于虚构捏造，强作解人，不能掩人耳目。

中西文化关系上的西学中源说，自然不是近代经学讲论者的发明。它的来源较早。当明代末年耶稣会传教士把欧洲一些科学知识带到中国的时候，就引起了少数知识分子试图解答中学与西学的关系问题。他们的设想是"会通以求超胜"，先使两者"会通"，然后由中学"超胜"西学。徐光启最初提出了这样的主张。但那个理想并没有坚持下去。清代前期逐渐出现了一种"西学东源"论，认为西学源出于中学。考据家兼数学家王锡阐、梅文鼎首先倡导这个说法，戴震、梅珏成（梅文鼎孙子）等人相继引申发挥。戴震并在《四库全书》天文算法类书目提要中列举资料，证明西方的某些算法是先从中土流入西方然后又转而流回中国

---

① 梁启超：《清代学术概论》，朱维铮校注：《梁启超论清学史二种》，第71页。

的。"西学东源"由此差不多成了清朝官方学说。阮元撰《畴人传》，介绍清代经学家兼历算家，也极力宣扬这个说法。戴震在清代学者中最称巨擘，学术淹博，有新思想。但现代人的研究指出他在天文算学中拿中学比附西学，株守执拗，信古而愚，穿凿妄断，令人齿冷①。这方面，以前人们对他的称誉言过其实了。《四库全书》编纂以后一百余年，近代经学讲论者仍在西学东源说上打转，而知识却远远落后于他们的先辈。这不止是经学的悲剧。

中国文化有自己的独特内容和价值观念。任何一种文化不可能拒绝汲收他种文化中的有益成分，而不妨害自己更新和发展。明代末年以后，西方一些科学知识的传入，是中国传统文化汲收新知和发展自己的一个机会。清代经学家们完全错过了这个机会。爱因斯坦说："西方科学的发展是以两个伟大的成就为基础，那就是：希腊哲学家发明形式逻辑体系（在欧几里得几何学中），以及（在文艺复兴时期）发现通过系统的实验可能找出因果关系。"②清代经学家中一些人熟知西方几何学，但是他们没有发展形式逻辑体系的思维方法，不重视发展理论几何学、即与数量无关、纯粹依靠公理和公设作为讨论基础来进行证明的几何学。戴震撰《孟子字义疏证》，模拟欧几里得《几何原本》，每题先下定义，次列公理，然后解题、推论，批评宋明理学家的《理》只是意见，并非真理。他自以为这部书代表了平生学术的最大成就，但强调的是形式逻辑对于经学考据的工具作用，而不是形式逻辑体系的思维方法。当时一些人被戴震的学术浩博所震撼，崇拜推服，惟独

---

① 中国科学院自然科学史研究所编：《钱宝琮科学史论文选集》，科学出版社1981年版，第153、163、164、165页。

② 《爱因斯坦文集》第1卷，商务印书馆1994年版，第574页。

瞧不起《孟子字义疏证》，以至认为它在戴著中无足轻重，不值得提及。这除了出于拒绝接受批评宋明理学，也是拒绝接受形式逻辑体系的思维方法。那些经学家们一如汉代经生，把经学方法作为思维的最高方法。凡有辩论，总要引证诗云子曰作为根据。孔学经典上的是非，就是他们认识上的是非。独获创知，首先从方法论上被扼杀了，无法产生。他们强调研究学问要"实事求是"，何谓"实事"，除天文算学等少数门类以外，这里只有儒家经典以及与之相关的繁琐无边的考辨资料。自然界的诸般现象被排除在他们的视野外面。进行系统的实验发现，简直无从谈起。在中世纪，西方经院哲学把自然科学变为神学的奴婢，清代经院哲学——经学则把历算科学变为孔学的奴婢。"西学东源"论盛行，说明从孔学体系羁绊下解放出来，是中国传统文化汲收新的方法论、认识论，更新自己的决定性关键。

那么在清代前期，中国古代思想文化中是否也确有某些内容传到西方，并产生过一定影响的呢？

欧洲早已接触到中国的丝、火药与磁针，但对中国文化思想了解模糊。儒学思想理论、中国历史大量介绍到欧洲，是1596年利玛窦到达中国内地南京等处以后的事。17世纪耶稣会传教士翻译的《五经》、《四书》和他们编纂的多种《中国历史》、《孔子传》等，分别用拉丁文、英、法、德文在欧洲出版。近人的研究，这些书的译者、编者、书名、出版时间，记载明析[1]。儒学崇理性、尚人文、强调人的道德修养，受到18世纪法国启蒙运动思想家卢骚、孟德斯鸠、伏尔泰、魁耐、狄德罗诸人的重视。孟德斯鸠《法意》、伏尔泰《风俗论》都论及儒学典籍或中国历史。《史记·赵世家》公孙杵臼、程婴舍死立赵氏孤儿的故事，就是伏尔泰称

①　阎守诚编：《阎宗临史学文集》，山西古籍出版社1998年版，第26—28页。

誉的中国伦理道德的事例之一。1658年卫匡国的《中国通史》在慕尼黑出版，使《圣经》的真实性发生动摇。《中国通史》上说，中国历史从伏羲开端。伏羲早在洪水以前，这说明《圣经》有问题。启蒙思想家们利用他们了解的儒学理论、中国历史文化，作为武器，推进反对教会、反对封建专制的斗争。德国哲学家莱布尼茨怀着极大的热情，研究了解中国思想、文化，拿中国文化与欧洲文化加以比较、评论[①]。他坦然表示，自己发明的对当今计算技术至关重要的二进位制数学系统来自《易经》阴阳八卦的启发。他写信给人说，中国皇帝和士人应该知道伏羲的发明并非浅薄的东西，人们要由此去注意古代哲学起源。大量事实说明，孔学典籍，中国文化，通过耶稣会教士传播到欧洲，对西方思想界产生过深刻的影响。

中国传播到西方去的思想文化其中是否又有以"西学"资格回到故乡来显露神奇的呢？英国学者李约瑟照自己的研究，认为辩证唯物主义渊源于中国，由耶稣会教士介绍到西欧，经过马克思主义者一番科学化以后又回到了中国[②]。这是一个新说。《易经》、《老子》是人们首先可以举出的含有丰富的朴素辩证思维内容的典籍。它们理应受到哲学家、科学史专家的重视，深入发掘。对于李约瑟的论断要继续研究，而它应当是有根据的。不过即令如此，也与清代经学家们的"西学中源"说，风马牛不相及。他们说的出于"中源"的西学，是讲的畴人、方伎一类，而且时间也不对头。

---

① 莱布尼茨：《中国近事序言》、《致闵明我的两封信》，（德）夏瑞春编：《德国思想家论中国》，江苏人民出版社1995年版，第1—20页。

② 转引窦宗仪著，刘成有译：《儒学与马克思主义》中译本序，兰州大学出版社1993年版。

四　穷途末路，二千年儒学统治的终结
（辛亥革命至五四运动）

辛亥革命过去不久，中国思想界发生了极大的变化。五四新文化运动大张旗鼓地宣传资产阶级民主主义的新思想、新道德、新文化，批判封建主义的旧思想、旧道德、旧文化，给思想界带来了全新景象，扬葩吐艳。作为封建文化主体的经学，本来已经从根本上动摇，现在走到山穷水尽了。

（一）今文、古文两派学者及其著作

康有为、章太炎、廖平这时都继续在从事经学著作。

两派中不见于前面的活动，这时或稍后以著作知名的有：

崔适（1852—1924），字怀瑾，又字觯甫，浙江吴兴（今湖州）人。早年从俞樾受学，后来改攻今文经学。北京大学教授。著有《史记探源》、《春秋复始》、《论语足证记》、《五经释要》等，是康有为、廖平以后今文学派的主要著作家。

吴承仕（1881—1939），字检斋，安徽歙县人。清光绪举人。师事章太炎，研究古文《尚书》。北京大学、北平中国大学、天津南开等校教授，中共党员。抗日战争中在天津坚持地下抗日斗争，遭日军杀害。著作有《〈尚书〉集释》等。

钱玄同（1887—1939）字德潜，浙江吴兴人。留学日本，从章太炎学古文经学、音韵学。北京大学、北京师范大学教授。《重论经今古文问题》是他讲经学的主要著作。

（二）经学研究中的思想主张

今文学的情况：康有为在辛亥革命以后生活了 16 年，没有

专讲经学的著作。辛亥革命发生以后，他提出"中华救国论"，夹杂一些大同小康之类的言词，目的在于反对共和制度。他说"《春秋》据乱之后，为升平、太平之世，《礼》于小康之上进以大同共和主义"。共和制度应该重在道德、物质，不重在政治。如果误用这种制度，那就成为暴民政治，可以亡国①。1917年他参加张勋复辟遭到失败，幽居美国使馆，决定重刻《新学伪经考》，改名《伪经考》。书上有一篇《后序》，强调的是"辨伪经而得真经"。1920年、1922年，他自己加上题记，重印《孔子改制考》。那些都不过是旧书翻印，已经毫无现实意义。康有为这时批评廖平说，廖平一面尊今文，攻古文，一面又尊《周礼》，讲所谓皇帝王霸之运，矛盾自陷，界地自乱，脉络不清，条理不晰，杂糅今、古，与自己道不同不相为谋。这里所说的"道"是指今、古文不可杂糅，没有其他的意思。廖平多次指责康有为剽窃了自己的学术研究，康有为一直保持沉默，这是他对廖平作的惟一的一次答辩。

廖平的经学在辛亥革命以后变为讲"天学""人学"。他的著作中收有经学《五变记》，指《大学》为人学，《中庸》为天学，其他各经或为人学，或为天学。那些议论中还掺杂佛教、医学、法家、刑名诸家的言论，已经不是儒家经术，成了地道的杂家，或什么家也不是。他的学生某人1918年作《经学五变记笺释》，越说越糊涂，不知所云。

崔适治经，最初以郑玄为宗，不分今、古文。后来读到康有为《新学伪经考》，大为佩服，极口赞誉。他说自己以前一直服膺纪昀、阮元、段玉裁、俞樾诸人的著作。它们证据确凿，然而也有可以反驳的地方，惟独《新学伪经考》没有，可谓古今无比。

---

① 康有为：《康南海文集》，共和编译局1914年版。

如果没有这部书，那他兼宗今、古文，至今尚在梦中①。他的《史记探源》、《春秋复始》诸书，都据康有为的书加以引申发挥。1916年，崔适年近七十，尚在北京大学教课，讲《春秋复始》。据说这是他用毕生精力完成的一部书，内容是对《公羊传》分类解释，要使人从那里看出孔子的《春秋》大义。其中有些考证足以取信。例如徐亨《公羊传疏》引戴宏序，讲《公羊》的传授世系，由子夏传公羊高，高传儿子平，平传儿子地，地传儿子敢，敢传儿子寿，至汉景帝时，公羊寿与齐国人胡母子都使《公羊》著于竹帛。《春秋复始》反驳说："戴宏序乃有公羊氏之世系及人名，何以前人不知而后人知之也？且合《仲尼弟子列传》、《孔子世家》与《十二诸侯年表》、《六国年表》、《秦本记》、汉诸帝记观之，子夏少孔子四十四岁，孔子生于襄公二十一年，则子夏生于定公二年，下迄景帝之初，三百四十余年，自子夏至公羊寿甫及五传，则公羊氏世世相去六十余年，又必父享耄年，子皆宿慧，乃能及之，其可信乎？"②五四运动以后强调过今文经学成就的钱玄同，认为康有为、崔适推翻刘歆伪造古文，在考证学上的价值比阎若璩的《古文尚书疏证》有过之而无不及。《史记探源》尽量发挥康有为《新学伪经考》的论点，凡《史记》上有"古文"二字或与古文说相同的，崔适都指为刘歆或后人窜改。周予同评论说，崔书虽然自诩为有许多见解是康有为没有讲过的，但书中行文过于简短，不能列举理由，以塞反对者的责难。在方法论方面，多有武断的缺陷③。崔适认为自己的成就在今、古文真伪辨别上，钱、周的评论也是从这方面说的。崔适的研究限于书本子上的辩

① 钱玄同：《重论经今古文学问题》，附康有为《新学伪经考》，中华书局1959年版，第383页。
② 崔适：《春秋复始》。
③ 朱维铮编：《周予同经学史论著选集》，第530页。

论，不涉及现实的思想理论问题。

古文学的情况，1913 年，章太炎撰《自述学术次第》，分为十节，记述经学的只有简短的一节，主要说他专治古文，对兼讲古、今文的马融、郑玄也并无阿好。同年，他在北京聚众讲学，讲的内容是小学、文学、史学和玄学，没有单讲经学。1914 年，章在袁世凯软禁下增删《訄书》，改为《检论》，增加了《易论》、《尚书故言》、《春秋故言》等篇目。这些都不是为了与今文学派继续争论，而是为了举出前人所没有讲过的话，发明"先圣"的"故言"。《訄书》重印本中的《客帝匡谬》、《分镇匡谬》、《解辫发》这时都删掉了。《检论》的编订，明显地是增加了"国故"，而减少了战斗性。鲁迅说，战斗的文章是章太炎一生最大最久的业绩，并非著者自视为学术华衮、粹然成为儒宗的那些东西，就是指的这种情形。

章太炎晚年的经学著作有《太史公古文尚书说》、《古文尚书拾遗》、《春秋左氏疑义答问》，以及书信中关于经学的论述。其中有些很重要的论点。例如说，孔丘述而不作，《春秋》系根据鲁史成书，笔削无几。褒贬之谈起于孟子。孟子说"孔子成《春秋》而乱臣贼子惧"，这不是说《春秋》是为乱臣贼子而作的。大抵古人作史，是为了呈给君上，而非给平民看的。司马光作《资治通鉴》献给宋神宗，就是证明[1]。又说，认为《春秋》是经非史，那是晚近经师的遁辞。《春秋》在孔子的编述中，成名垂后很晚，讲授时间短暂。它只是历史，不关性与天道，安得有所谓微言！这些看法都比较深刻，不过限于零散论述，没有构成新的系统，更与他以前的战斗没有什么联系。

吴承仕研究《尚书》古今文异同，认为古、今文《尚书》原

---

[1]　汤志钧：《章太炎年谱长编》下册，中华书局 1979 年版，第 924 页。

本皆古文，传习皆今字，与龚自珍说今、古文近似。这也反映了古文研究与当时思想界没有什么联系的状况。

今文派与古文派现在哪一方都没有提出新的思想认识，去引起人们的注意。更重要的是今文派、古文派在孔丘评价上一向壁垒分明。如今这种界线趋于泯灭。今文派视孔丘为制作六经的大圣人，古文派只认为孔丘是传播六艺的历史家。今文派从他们的观点出发，要求"纪孔"，古文派反对"纪孔"，只主张给孔子以客观评价。辛亥革命以后，古文派与今文派在这个问题上进行了最后一场斗争。

1912年，康有为从国外写信给他的弟子陈焕章、麦孟华，要他们在上海组织孔教会。1913年，康有为在《不忍》杂志上发表《孔教会序》、《以孔子为国教配享天坛议》等文。他又提出一个自己的《宪法草案》，规定以孔教为国教，他强调有孔教才有中国，舍孔教就没有中国了。梁启超早在1902年，就反对过康有为建立孔教的主张，对"保教党"坚决加以驳斥。1913年6月，袁世凯下令各省尊孔祀孔。8月间，陈焕章、夏曾佑等以孔教会的名义向临时的参众两院提出要求，请定孔教为国教。梁启超也列名其中。各地的尊孔团体纷纷活动。

同年12月，章太炎发表《驳建立孔教议》，反驳康有为等人的主张。他说，中国素无国教，孔子在中国的地位是保民开化的先驱，不是教主。孔教本非前代所有，今天无所谓废不废，没有废弃，也就无所谓恢复。学校瞻礼，事在当行。"树为宗教，杜智慧之门，乱清宁之纪，其事不便。"[①] 在另一篇文章里，章太炎对自己的论点作了进一步发挥。他说中国本无国教，孔子也本无教

---

① 章太炎：《驳建立孔教议》，《章太炎政论选集》，中华书局1977年版，第688—693页。

的名称。孔子表彰六经只在传播历史，著《孝经》、《论语》只在开创儒术，与宗教毫不相干。现在孔教的名称起于妄人康有为，是今文经师流毒的表现。刘逢禄、宋翔凤等号曰通经致用，喜好口说而忌讳传记。他们以古文《周礼》出于周公，嫌恶儒术为周公、孔子的通名，于是特别提出孔教，这比宋儒"道统"说更加狭隘，纰缪更甚。又说，近世今文家如王闿运，认为墨家巨子即矩子，矩者，十字架也；"有朋自远方来"的朋就是凤，指凤凰自远方飞来，廖平认为《论语》上的"法语之言"，就是作法兰西语；《君子之道斯为美》，是说俄罗斯一变而为美利加；"有马者借人乘之"，是表明孔子以前通行拼音字，马即号码，乘就是乘除。如此等等，荒诞离奇，有如梦呓。如果有人照此办理，以为孔丘应该解为空虚，本无其人，历史上流传下来的人物事迹，都是孔子仇家阳虎编造出来的，那又有何难！今文家的所教所学非使学术绝灭，把人变成狂夫和狰狞怪异的方相不止[1]。从这些语言中，可以看出双方争论的激烈，似乎没有妥协余地。

但事隔不久，古文派与今文派在尊孔问题上就变成了完全一致。

今文派方面，当康有为极力鼓吹建立孔教的时候，廖平也在继续讲他的独尊孔经，以拨全球之乱。1913 年，廖平作《坊记新解》说，春秋时代，中国由禽兽进于野人，大约与今天的海外程度相同，孔子拨乱反正，制定礼教，加以引导，用夏变夷，使人自知别于禽兽。由秦汉至今二千余年，人伦礼教无往而不在，都是至圣孔子所赐予的。自欧化东行，追随新学说的人，以为旧礼教完全无用，抛弃不顾，这是要用夷变夏。用进化的观点看，必

---

[1] 章太炎：《示国学会诸生》，《章太炎政论选集》，中华书局 1977 年版，第694—697 页。

须"独尊孔经，以拨全球之乱。"因为孔子的礼教对外国也适用，不会囿于中国一隅①。廖平同时又撰《伦理约编》，罗列一些西方事物和人物言论，与《公羊》拨乱反正的话凑在一起，宣传中国伦理的优越。他的门徒把那种札记式的文字，誉为"尊孔第一奇书"。廖平一直坚持独尊孔学，想要用孔学来拨全球之乱，以为孔子是所谓万世师表，甚至也是为其他星球立法的等等。廖信口雌黄，原因不止一端，首先这是他站在封建主义立场上，头脑里充满了封建主义文化的离奇幻想和虚构，因此不遗余力地宣传那种幻想和虚构，而不知道自己可悲地离开现实世界是如何遥远了。其次也是表现了今文经学特有的怪异性，把孔子和孔学加以神化。今文学从董仲舒起，就带有某种巫术色彩。廖平在这一点上保存并发挥了今文经学的传统。又其次，中国遭受外国侵略，一些人丧失民族自信心，也使他想到用封建文化这个武器来与外来文化相对抗，所谓"推尊至圣，以挽已散之人心，御艰巨之外侮"②。他的办法是一面无限抬高孔子，一面任意贬低世界资本主义文明，怪诞荒唐，不讲道理。他翻来覆去就是讲出了一个尊孔，学术思想上没有什么可以汲取的东西。

古文派方面的情况，主要是章太炎的学术思想越来越倒退，最后对他当年的订孔、反孔表示忏悔，变为主张尊孔读经。

章太炎在《诸子学略说》里，说老子收藏的故书被孔子用诈术骗走。1910年有人问他这个说法的来源，他回答说，讲老子征藏故书为孔子所诈取，不是臆说，然后历举证据加以申述。1922年，他来了一个一百八十度转弯。前一年，南京高等师范学校教授柳诒征在一篇讲诸子学的文章中，指名批驳章太炎，说他"好

---

① 廖平：《坊记新解》，第1页。
② 廖平：《伦理约编》，第1页。

诋孔子"，《诸子学略说》等文纯出主观，逞其臆见，削足适履，创为莫须有之说，给孔子乱安罪名。现在孔学沦废，是章太炎等人的罪过。对于柳诒征的这种尖锐批评，章太炎不但没有提出反驳，反而在1922年发表《致柳翼谋书》，公开检讨，完全接受柳文的指责。他说，大著"所驳鄙人旧说，如云'孔子窃取老子藏书，恐被发覆'者，乃十数年前狂妄逆诈之论。以'有弟兄啼'之语，作'逢蒙杀羿'之谈，妄疑圣哲，乃至于斯"。"足下痛予箴砭，是吾心也。感谢，感谢。"① 在这封信里，他表示订孔、批孔旧说虽然早就放弃，绝口不谈了，现在想起来仍追悔莫及。希望同道能够引导青年后进，归于朴质，不要一味跟随新学说，浮华放纵，这才是对孔学有利的。章太炎早年"激而诋孔"，与"纪孔""保皇"的今文学对抗，现在转过来维护孔学，维护他以前坚决反对的东西。在这个关键问题上，古文派与今文派的界线实际上不复存在。这时五四新文化运动正在继续发展。在这场思想运动中，批评孔学、推进新思想，与维护孔学、维护封建主义旧思想，两种观点、两个营垒鲜明对立。章太炎不是站在思想斗争的新营垒一边，而是倒退回去站在旧思想营垒一边，阻挡新思想运动前行的车轮。

尊孔必然要主张读经，非读经无以尊孔。1925—1927年，大革命正在南方蓬勃发展。军阀统治下的地区，号召读经的声音震撼人们耳鼓；同时，也受到了学术研究者的大声抗议。1926年，周予同在一篇题目叫《僵尸的出祟》文集中辩论说："如果你们顽强的盲目的来提倡读经，我敢作个预言家，大声的说：经不是神灵，不是拯救苦难的神灵！只是一个僵尸，穿戴着古衣冠的僵尸！

它将伸出可怖的手爪，给你们或你们的子弟以不测的祸患。"① 那种辩论，正说明五四运动以后，一些人仍然主张以读经来解决中国的社会问题。其中就有康有为、章太炎。

章太炎晚年多次宣传读经，主张读经救国。1935 年，他在一篇《论读经有利而无弊》的文章中说："余敢正告国人曰，于今读经有千利无一弊。"② 儒家的学问不外修己治人。经籍上所载的无非修己治人之事。中国民族精神就藏在经书里面。本人身预革命，深知民国能够肇造，就是得力于藏在人们脑中的反清复明思想。经籍上所讲的治人之道，虽然可以有所取舍，而对于保持国家民族的性格最为重要。至于说读经可以变为顽固，那是过虑。和尚学佛走入魔道的并不多见。我们为什么要因噎废食！在《与人论读经书》里说，近代经学荒废，自中学以下未尝通《论语》、《孝经》。民国初年小学废经，至今已二十年，学者不知大禹周公，"若因循不改，又二十年，吾知汉族之夷于马来也"③。他要青年讽诵经书，并列举出经书各种篇目，要求中学读完五万四千字，高中读完十八万字，然后进入大学讲汉唐及清儒经学④。从讲古文经学，从事反满斗争，变为主张读经救国，这岂止是和尚学佛走入了魔道！在尊孔读经上，古文学派与今文学派终于合流。

（三）在新文化运动"打倒孔家店"的潮流下，经学统治地位最后结束

古文派与今文派一致宣传尊孔，受到了五四新文化运动的致

---

① 朱维铮编：《周予同经学史论著选集》，第 604 页。
② 汤志钧：《章太炎年谱长编》下册，第 950—951 页。
③ 同上。
④ 同上书，第 971 页。

命冲击。新文化运动把打击的矛头直接指向孔丘，大声宣布"打倒孔家店"。不管康有为、章太炎等人如何宣传尊孔，提倡读经，再也改变不了新的时代潮流的所向。

原来熟悉经学或讲过经学的人，现在也转换了方向。1918年被称为"禀有汉学遗传性"的胡适著《中国哲学史大纲》，胡适宣布："我不主张今文，也不主张古文。"①《大纲》上虽然塞入不少经学讨论过的问题，但讲的完全是哲学史，不是经学。有的评论者说，胡适那部书像是一个研究中国思想史的美国人写的，但也没有说它扯到了思想史以外的问题。不主张今文，也不主张古文，表示胡适不赞成那种经学研究。1920年，梁启超著《清代学术概论》，书上很多地方讲经学问题。著者声明：他本人作为清代今文学运动的一员，书上不容不加以叙述。但那纯然是以现在执笔之梁启超，批评三十年前史料上的梁启超，所以它只是一部评述有清一代经、史、哲、文的学术著作，与讲经学的著作连不到一起。二十年代范文澜著《群经概论》、周予同著《经今古文学》等，他们是在介绍评价经学，不是参加今、古文争论。三十年代，钱玄同著《重论经今古文学问题》，推尊康有为《伪经考》的成就，符定一著《新学伪经考驳谊》驳伪经说。他们限于自拉自唱，几乎没有人注意到那种过时的争论。

顾颉刚、钱玄同是近代经学结束时的亲历者。顾颉刚叙述那种状况说：1920年我在北京大学毕业以后认识钱玄同。钱在日本留学时是章太炎的学生，回国以后又是崔适的学生。他兼通今、古文，又对今、古文都不满意。他不止一次地对我说："今文家攻击古文经伪造，这话对！古文家攻击今文家不得孔子真意，这话也对！我们今天该用古文家的话来批评今文家，又该用今文家的

① 胡适：《中国哲学史大纲》，商务印书馆1918年版，第98页。

话来批评古文家，把他们的假面目一齐撕破。"在那时，当许多经学家在今、古文问题上长期斗争之后，我觉得这是一个极锐利、极彻底的批评，是一个击碎玉连环的解决方法。我的眼前仿佛打开了一座门，让我们进去对这个二千余年来学术史上的一件大公案作最后的判断了①。顾颉刚的叙述充分地讲出了近代经学如何走到了山穷水尽。人们已经认识到，这门学问的柳暗花明，到此为止，前面再没有什么好徘徊瞻望的。

近代经学是历史的产物，它完成了历史提出的必须完成的任务。今文学、古文学两派的激烈斗争，暴露了经学的重重矛盾和不合理性。这种矛盾和不合理性，是要由它的自我揭露来实现的，没有其他办法代替。五四新文化运动"打倒孔家店"的口号，宣告近代经学及其斗争成为过去；同时，是高声宣告了经学二千年统治地位的最后终结。

"六经"与《论语》、《孟子》等孔学典籍，不再作为特定的统治思想体系发生作用，但这决不等于说，它作为古老传统文化的载体，作为社会历史资料，就不再在一定范围里成为客观的学术研究对象了。就从历史学领域看，《左传》、《周礼》两部书，尤其《左传》是今文经学、古文经学斗争的集中点。《左传》基本内容的真伪，也关系古文真伪全局。

《左传》研究中一些难题，不会一下都能解决，再无异议。但刘歆伪造说，为当代研究者所否定。杨向奎分别研究《左传》与两汉经学，熟悉今、古文经学历史。他认为刘歆接受的是今文学教育，在思想体系上属于今文学派。刘向作《洪范五行传》，刘歆因之作《三统历谱》，都是今文学体系。刘歆治《春秋》，实际是以今文学义法讲古文学的《左传》。但他并没有篡改古文经《左

①　顾颉刚：《秦汉的方士与儒生》，上海古籍出版社1978年版，第6—7页。

传》，更谈不到"伪学"①。杨说有据，足以取信。

　　杨伯峻在《左传》研究中评论康有为、崔适的观点说："康有为接受刘逢禄《左氏春秋考证》的论点，更加以穿凿附会，因此指《左传》等书为'伪经'。《新学伪经考》、《孔子改制考》等书，在当时政治上起的作用，自然应该另行论定。至于在学术上，那却毫无是处。章炳麟作《春秋左传读叙录》，一条条地驳斥刘逢禄，读者无妨把这两部书大致翻看一遍（按：章《叙录》也不全准确）。崔适作《史记探源》和《春秋复始》也和康有为之说同。同样不值一驳。因为他们只是臆测，不举可靠的证据，不依合理的逻辑。这是某些今文学者的通病。"② 杨向奎、杨伯峻是致力于经学、《左传》研究的学者，他们的看法，反映了现代的研究者一般看法。

　　今文学派提出的刘歆伪造古文说，那个在政治斗争和学海都掀起过波澜的学说，如今已经成为过去了。但也有持怀疑态度的，认为今古文两派各有困难，在新材料出现以前，这个问题将继续成为悬案③。不过即使这样，那也仅仅是史实考证上的问题，与人们认识传统的思想理论再也没有多少牵连。前几年湖北荆门葛店出土的大批竹简，儒家的资料不少。据考定，竹简时间为公元前300年，约当战国中、晚期。颜渊、子路、曾子的名字，《仲尼闲居》篇名，都在上头。《仲尼闲居》一向被认为西汉人的作品，不受重视。葛店竹简说明那是错了。其他如马王堆帛书等，都是新的重要资料。它们将帮助人们进一步研究、了解孔学典籍和中国古代思想文化。

---

①　杨向奎：《绎史斋学术文集》，第139—140页。

②　杨伯峻：《春秋左传注》。

③　冯友兰：《中国哲学史新编》第3册，人民出版社1985年版，第218页。

结　束　语

（一）经学的功能在于阐述孔学。孔学的核心部分是建筑在小农经济基础上的关于血缘关系、等级制度、君权至上的伦理和统治秩序的教义。近代以前，经学地位的巩固和权威性，来自旧的经济基础、封建统治地位的巩固和权威性。中国近代沦为殖民地、半殖民地半封建社会，封建统治已经不能照旧运转。孔学的权威性在时代潮流冲击下，原有的地位、作用必定要随着改变。问题只在如何改变。

梁启超评论清末思想界的潮流说，那时主要有四支力量：一是梁启超和他周围的人鼓吹改良思想，输入外国学说；二是章太炎提倡种族革命，把考据学引向新方向；三是严复介绍西方功利主义学说；四是孙中山提倡社会主义。惟有它们才算思想界的重镇。梁启超这个话是从新营垒方面说的，符合事实。旧营垒里的经学在新思想传播中没有地位，但是作为传统文化的主流，它不可能在剧烈的社会变动、现实斗争中是站在一边，冷眼旁观，毫无作为的。

近代经学与当时的政治斗争，从正反两方面瓜葛相连。今文学同维新运动联系在一起，古文学同20世纪初的资产阶级政治运动联系在一起。它们的传播宣讲，使那种运动在知识界的影响更加广阔，精神力量增强。经学封建意识形态的特性，决定它自己不能改造自己，去适应剧烈变化了和正在继续变化的社会生活的要求。但它又望风而动，参预到了尖锐的现实斗争之中。这说明它的封建性与民族性密切相关，二者难以分割。要看到它的封建正统性，也要看到它的民族文化特殊性。排除封建文化里面的民族性内容，对于今文学、古文学各自暂时与历史进步运动发生联系的事实就无法解释。中国近代民族丧失独立，社会生产落后两大基本矛盾的突出，把一切都变得格外复杂了。评价近代经学的地位，必须注意到这个情况。

从旧营垒方面看，经学对新思想的传播，也并非没有相当影响。近代经学在很大程度上所作的是破除旧思想桎梏的工作。它的鼓吹宣讲，出乎意料之外的正是自我揭发，自我否定。康有为的《新学伪经考》以及廖平等人的著作都起了这样的作用。《新学伪经考》宣布今文为真，古文为伪，使两千年来意识形态领域的最高权威第一次发生了极大的动摇，以至被形容为大飓风。辛亥革命以前章太炎的著作，刘师培等人的一些文章，也都起了这种作用。他们宣布古文为真，今文为妖妄荒诞，不能不使经学的地位再一次受到打击。一切外部学说，谁也不能代替经学自身的揭发来做到这一点。自我否定，同时也就取得了自我存在的价值。因为立新就要破旧，立新就要解除旧思想的桎梏。康有为、梁启超、章太炎都是这样做的。

（二）经学是中国封建阶级的意识形态，近代经学中却朦胧出现了民权、平等等西方资产阶级的口号和字眼，众口喧腾。今文经学在维新运动时所以引起了轰动，不能脱离其中加进了民权、平等思想。也就因为这样，康有为才被安上了"其貌则孔，其心则夷"的大罪名。古文经学所以在辛亥革命前受到一些人的注意，不能离开其中汲收了西方资产阶级民族主义。也就因为这样，章太炎才成了资产阶级民主革命的重要理论家。这里似乎发生了近代经学是否仍旧是封建阶级意识形态的问题。

近代经学多少存在形式与内容上的矛盾，但是并没有改变它的封建主义的意识形态的性质。其所以出现那种矛盾，无非是反映了中国半殖民地半封建社会那种特有的时代环境、社会矛盾。讲经学的主要人物的主张表明：孔学体系、封建意识形态，在经学讲论中仍然是压倒资产阶级意识形态的。张之洞谈经学，也谈西学。他强调"旧学为体，新学为用"，封建的纲常秩序、孔子学说体系不能改变。廖平讲经学，加意攀附西学，他一辈子都沉迷在孔学终归会统治环球的梦幻中。康有为讲西学，发起维新运动，他的著作仍然是讲的尊孔、尊经。皮锡瑞讲经学，也谈论西学，强调要先通中学，才能利用西学。章太炎一度批孔，最后又回到尊孔读经的老路上，尽管不能因此说他就是封建意识形态的代表者。事物矛盾的两面，有占主导地位的一面，有不占主导地位的一面。近代经学中占主导地位的，是封建主义的纲常伦理、孔学名教和它的整个体系，而非民权、平等那些观念。民权、平等观念出现，给争论火上加油，带来了爆炸性的效应，但它根本谈不上与封建意识形态相匹敌。经学的性质没有改变，也不可能改变。

中国近代社会是一个过渡性社会，新与旧相重叠。传统势力顽固，时代环境毕竟不可抗拒。近代经学所以出现这种新旧相夹杂的现象，犹如照相，那是把传统的东西与西方传入的东西重叠地摄在一张底片上。它从一个侧面反映出了近代中国过渡社会的特点。

（三）孔子学说的基本内容，是直接面对社会现实的。这是它的很大长处。同时，孔子生当礼崩乐坏乱世，要求恢复周礼，反对"攻乎异端"。这又使他主张复古，思想封闭。一面是现实精神，一面是复古主义，自我封闭。孔学的这种性格，是近代今文学与古文学来自基因的共同的性格。

近代经学不像清代正统汉学那样，生怕与现实生活相接触。从龚自珍、魏源起，已经开始把原始孔学的现实精神显示出来。维新运动中的今文派、辛亥革命前的古文派，进一步发挥出了这个长处。它们分别从评价孔子和孔学来表示出自己对现实的态度何等积极。今文学派说，孔子是一个热心关怀现实生活的人物，他积极地主张救民，主张改革。其改制主张上掩百世，下掩百世。他栖栖遑遑东奔西走，为的是创造新社会，拯救陷于痛苦的人群。他孜孜矻矻著述六经，也是抱着同一目的。古文学派说，孔子是一个历史学家，他关心当代，也关心后世。孔子所以修订《春秋》这部历史书，是为了对社会现实秩序中发生的混扰拨乱反正。《春秋》里面贯穿的夷夏大防的大义，则是后来中国民族精神不衰的支柱。章太炎强调的历史上四夷交侵，"令国性不坠，民知自贵于夷狄，非《春秋》，孰纲维是？"就是这个意思。关心现实的实际意义，是要投身于矛盾中去改造现实。维新运动中的今文派、辛亥革命前的古文派，就是这样。它们一个倡言"改制""开新"，一个高扬"排满""革命"。它们都不是徒托空言，都与一定范围的群众性活动联系在一起。这是近代经学最值得重视的部分。

　　然而，就在一转眼间，今文学与古文学又都转而宣传复古主义、封闭思想。康有为要求立孔学为国教，是他讲"新学伪经"、"孔子改制"时不会想到的；章太炎提倡读经，是他写"订孔"、"诋孔"论著时不会想到的。他们的提法不同，在对待孔学、对待社会现实上倒退，则没有两样。康有为参加张勋复辟以后，对他的晚年很少有人去论及。对于章太炎，鲁迅说，章氏原是拉车前进的好身手，腿肚大，臂膊也粗。到了晚年，车还是拉，然而，是拉车屁股向后。这是复古主义的悲哀。复古思想，自我封闭，是孔学体系中极大消极因素。日本学者远藤隆吉认为"孔子为中国祸本"[①]。看复古保守思想，不能说全无根据。

　　东、西汉经学道不同，不相为谋。它们都解说孔学，又各有自己的性格，壁垒分明。这连及到近代经学两派的不同性格。

　　西汉今文学思想比较开放。其中"大一统"、三世中的"太平

---

①　见章太炎：《訄书·订孔》。

世"，都有"夷狄"与"中国"相互关系的解说。夷狄可以渐进为中国，中国可以变为"新夷狄"。界线只在是否遵行"先王之道"。也就是说，"夷狄"与"中国人"的区分，不是肤色外貌，而是文化。韩愈据此在《原道》里说："孔子之作《春秋》也，诸侯之用夷礼者则夷之，夷之进入中国者则中国之。"美国学者拉铁摩尔把这个话翻译为："几千年以前，孔子就发明了这样一个公式：让愿穿夷狄服装的人做夷狄，愿穿中国服装的人做中国人"[①] 是很形象的。用文化区分"中国"还是"夷狄"的认识，有益于中国民族融合。"三世"愈进愈文明，改制、变法，也都是开放的思想。它的一个大弊病，是宣传神学，求助于超自然的神性来解说社会生活秩序。今文学的这种性格，在很大程度上改变了孔学本来的面目。近代今文学充分发挥西汉今文学的开放思想，也接受其中的神秘性，不分青红皂白。它根据近代社会的环境现实，在更大程度上改变了孔学面貌。近代今文学就这样表现出了自己的性格。东汉古文经学缺少哲学思想。它寻求了解孔学原意，考证典章制度，训诂文字，目的是恢复孔学原貌。到了末流，完全脱离社会现实。古文学的这种性格，没有在全局上给孔学添加什么，但也没有把孔子学说变成另一个样子。近代古文学保持东汉和清代朴学传统，没有涂改孔子形象，政治态度因内部派系而异，或者拥清，或者反满。近代古文学就这样表现出了自己的性格。原始孔学中没有神与宗教的地位，对中国主流文化的演进，影响很大。前代与近代古文学都保持这种性格，这个传统在现实生活中的重要作用，是容易觉察出来的。

（四）经学从历史舞台退出，意识形态领域并没有显得空寂。"五四"前后，西方各种牌号的哲学，一窝蜂地被介绍到中国，宣

---

① 拉铁摩尔夫妇：《中国简明史》。

传自己，争取阵地。美国实用主义哲学家杜威、英国逻辑实证主义哲学家罗素亲自来到中国布道，一时引人注目。马克思主义的介绍、讨论是那些新学说、新思想中的一种。对于中国传统文化，他们都是"外来异物"。它们中许多不为专业以外的知识界所知，很快消声匿迹。最后马克思主义在中国广泛传播，并终于与中国固有文化结合起来了。原因究竟何在？

第一，中国先进分子一直指望向西方寻求到救国救民的真理，帝国主义残暴侵略中国的历史和现实，使那种指望破灭了。毛泽东说的中国人向西方学习，"为什么老师总是侵略学生呢"，道出了那种指望破灭的情景。走西方资本主义的老路救中国，此路不通。第二，俄国十月革命，布尔什维克建立起无产阶级领导的政权，马克思主义理论变为现实的社会制度。中国先进分子面前出现了一条新的道路：应用马克思主义，走社会主义的道路救中国。孙中山说，"马克思主义是三民主义的好朋友"，中国革命要"以俄为师"，是彻底的民主主义者首先说出的马克思主义对中国前途的意义。第三，马克思主义是一个科学思想体系。它关于基础与上层建筑的关系、生产力与生产关系的矛盾与适合、私有制社会里阶级矛盾与阶级斗争、社会制度由低级向高级发展的理论，深刻明晰。《共产党宣言》各种译本或内容介绍，首先出现。中国人依据自己的文化背景、现实生活，对这个思想很容易接受下来，把它作为改变半殖民地半封建中国命运的斗争武器。第四，马克思主义与中国传统文化中古典的朴素的唯物辩证法的思想是可以沟通的。也就是说，中国人接受马克思主义哲学思想有内在的根据。尽管中国古典哲学与马克思主义哲学产生于相隔遥远的历史时代，属于截然不同的社会意识形态、属于不同的世界观和思想体系，但中国古代典籍复杂多样，其中关于唯物辩证法的思想，一向是人们所熟知的。自然它的形式是中国传统的。

马克思主义哲学中互相联系的两个部分，一是唯物论，二是辩证法。中国传统哲学、首先是经学里面，就流传着这两者的科学要素。汉代人关于"实事求是"的思想和《易传》上的朴素辩证法，很能说明问题。《汉书·河间献王传》上提出"修学好古，实事求是"。"实事"与"好古"联系在一起，说明那是对讨论古代文献而言的。但同时，它又是说出了一个如何对待客观事物的普遍原则。前人和现代人对"实事求是"这个话的含义都有解说，意思不相违悖。简短地说，"实事求是"就是从客观存在的实际出发，进行分析研究，引出事物的固有客观规律性。在哲学上这个提法关系重大。它与中国程朱道学把主观的"理"看做客观实际、欧洲中世纪经院哲学中的"实证论"或"实证主义"哲学把精神看做独立的实体相反，"实事求是"是把客观存在看做第一性的独立于人的主观意识之外的东西。客观事物是人认识的出发点，规律性只能从客观事物的矛盾运动中引出。因此，"实事求是"是讲出了一个唯物论的道理，足当创见。清代朴学重视"实事求是"，前人长期没有努力应用这个原则去研究社会生活、研究自然界的种种，那不是原则本身的问题。《周易》上包含事物互相矛盾的观念，变易是它的一个基本观念。《易传》在一处叙述中认为，世界没有永恒不变的事物。"日中则昃，月盈则食。天地盈虚，与时消息。"事物所以运动变化，来源于事物本身对立面的相互作用。那种对立面叫做阴阳，一刚一柔。"一阴一阳之谓道"。"刚柔相推而生变化"。阴阳刚柔永远互相推动，不断地转换自己的位置，事物就这样改变着自己的面貌和性质。《易传》面里朴素的辩证法的观点，从古到今，不知道引起过多少人的讨论、解说，加以传播。例如胡适说，《易》的基本观念之一是变易。天地万物都不是一成不变的，都是时时刻刻在那里变化的。孔子看到滚滚流动时的河水时说，"逝者如斯夫，不舍昼夜"。大地万物都像那滔滔河水，才到现在，便又成了过去。这便是《易》的意义。所有的变动都起源于一个"动"字。天地间有刚性的"阳"与柔性的"阴"两种原动力。它们互相冲突，互相推挤，于是生出种种运动，种种变化。万物变化全是自然的，唯物的，不是唯神的①。这个看法，表达了不少近代人对《易传》变易思想的认识。与此同时，《老子》也把运动变化的原则看做世界事物的普遍原则，把运动变化的来源看做事物自身的对立面的相互依存与转化。辩证法思想同样明确。《老子》与《易传》形式不同，其中讲"无"与"有"的关系，形象生动。它同样不知受到过多少人的重视，研究解读。中国古代的唯物论思想和朴素辩证法，当然是带有臆测性和直观性的，需要应用建立在近代科学基础上的马克思主义哲学来加工，使之完善化。

以上四条，一、二、三条主要讲从中国近代社会历史、时代环境和斗争来看，第四条讲从中国传统哲学来看，说明马克思主义与中国国情相符合。马克思主义与中国传统文化相结合，是中国文化的自我更新，是中国文化现阶段的重要发展。孔子学说统治成为过去，近代经学结束，是历史朝前演进的必然，是合理的和不可避免的。为什么五四运动以后，西方各种牌号的新思想、新学说蜂涌进入中国，又都像昙花一现，转眼过去，惟有马克思主义终于落地生根，开花结果了？这四条就是回答。

编者附记

这是作者生前亲自定稿的最后一篇文章。此文在《明清论丛》付排之际，作者重病住院。承蒙近代史研究所马勇、姜涛帮助查阅、核对引文、注释出处。此次编入选集，又承姜涛据作者手稿对全文作了进一步的校订引文和注释。但文中有些内容一时难以查考，只能依原稿处理。请读者惠予谅解、赐正。

---

① 胡适：《中国哲学史大纲》，第78—79页。

六 外　　录

山长水又远，佳景在前头*
——对齐赫文斯基院士的祝愿

俄国远东研究所中国研究中心副主任伊巴托娃教授 11 月来中国社会科学院访问，告诉我齐赫文斯基院士明年（1998）八秩大寿，俄国学者将出一本书加以庆祝，希望我能够写点什么。我感谢她告诉我这个消息，表示理当祝贺，尽老朋友之谊。前年我届满八十岁的日子过去以后，他在国外见到社会科学院的同事，询问我的近况，得知此事以后表示，要是早知道，至少也应该打个电报祝贺。

齐赫文这个由郭沫若、曹靖华给他取名的苏联汉学家的名字，是早就耳熟的。但见面比较晚。整个 50 年代，我与苏联学术界历史、考古、语言、经济、哲学等方面的学者有不少联系。我认识的第一位苏联研究中国历史的学者，是 1951 年来中国访问的写过一本中国近代史的列宁格勒大学教授叶菲莫夫。叶年龄并不算大，齐赫文由于听过他讲中国近代史，一直认他为自己的师长一辈。我认识的苏联第一位研究汉语的学者是出版过四卷《汉俄大辞典》的奥沙宁，齐赫文是同他一起学汉语的。1953 年，我参加中国科

* 原载《读书》1998 年第 3 期。

学院代表团访问苏联。行前郭沫若院长特地告诉我，苏联汉学家中有对屈原研究有兴趣的学者，具体提到齐赫文和他的同学、朋友费德林。我临时赶写了一篇关于屈原研究的报告，另外也准备了一个以抗日战争为中心的中苏人民友谊的讲话稿。中国科学院访苏代表团1953年3月4日，也就是斯大林逝世的前一天到达莫斯科。代表团在苏联的访问长达三个月，我始终没有见到费德林，也没有见到齐赫文。但是却见到了其他一些研究中国历史、语言、文学、哲学史的汉学家。那是我在向苏联学者作专题报告的时候。

这个报告会在苏联科学院哲学历史学部举行，由科学院老资格的副院长巴尔金主持，有潘克拉多娃院士、涅契金娜通讯院士等一百余人参加。我的报告《中国历史科学现状》俄译稿刊载在同年第五期《历史问题》上。我讲完以后，会场上有人举手，问是否可以提问题？我表示欢迎，并说，中国孔子有句话："知之为知之，不知为不知，是知也"，我将本着这个态度回答各位的问题。代表团年轻的译员郑揆翻译过我的话以后，会场很快有学者提出，译员讲的孔子的话不准确，那句话应当如何如何翻译才对。话音未落，又一位朋友表示不同意前面那位的译法，陈述自己的意见。接着又有第三位、第四位相继加入争论。先是坐着讲，很快有人站起来讲，相持不下。主持会议的老院士巴尔金这时把手一挥，你们不要争了，还是提问题，让刘教授讲吧！我回答问题时会场一直活跃。报告会结束了，涅契金娜通讯院士献上由两位青年抬着的用树条编织盛满泥土长着蓝色鲜花的大花篮。3月中旬，莫斯科街头积雪未消，回旅馆时汽车后箱载着一篮鲜花从街上驰过，特别显眼。不久我知道了齐赫文、费德林这时都在莫斯科，但他们不在研究所工作，而在外交部门供职。屈原研究无人提起，关于中苏友谊的题目，中国使馆代办戈宝权主张不讲为好，理由没有说。苏方工作人员对此一再感到惋惜。后来莫斯科中央广播电台邀我作了一次华语广播讲演。

1958 年，中苏科学院订有双方学者互访计划。苏联中国研究所副所长杜曼访问北京，我同他代表各自的单位，拟制出一个共同搜集出版中俄关系史资料的草案，经双方科学院批准，执行了一段时间。杜曼曾是齐赫文攻读中国历史、文化的教师之一。中苏科学院学者互访计划里，也列有这一年我访问莫斯科的项目，苏联报纸上并载有相关的消息。那时我连续三次至外地出差，时间很紧，我建议取消了那个项目。也就在这年春夏间，历史学博士齐赫文作为近代史研究所的客人来访。闻名不如见面，我们从此相识。他搜集资料等计划，事先已有安排。不过大部分时间是在外地，不在北京。从那时到现在，整整四十年了。这是我们共同在人生道路上经历的一半的岁月。

同所有的人一样，我们都生活在一定的历史条件下和一定的客观环境里。我们都从事学术研究，历史进程中的曲折，难免造成学术研究中人们思想观点上的某些曲折。六七十年代我同齐赫文院士之间的争论，彼此凡越过客观事实，从而加上的"帽子"、推论的话，都属于此类。今天看来，那段曲折的历史已经成为遥远的过去。对于那些争论，白纸黑字写在那里，他人和后人怎么批判——如果值得批判的话，那是他人和后人的事。1983 年 10 月，齐赫文院士作为苏中友协的会长率领友协代表团访问北京，我是中国史学会主席团执行主席。分别二十多年以后我们重又相逢，彼此都觉得有话可说，坦率相对。比较一致的看法，大致是认为一要讲辩证法，二要讲唯物论，那就是承认一切事物都是处在矛盾运动中的，历史的步伐终归是要向前行进的。我们都主张双方正常的学术交流需要重新开始。

最近十几年里，我与齐赫文院士见面的机会增多。有些情节一直留在记忆里。

1985年8月，我担任中国历史学代表团团长，出席在联邦德国斯图加特召开的四千余人参加的第十六届世界历史科学大会。齐是世界历史科学委员会执行委员。主办者制订的大会主题是马克斯·韦伯的历史学说与思想。德国总统魏茨泽克出席开幕式并讲话。其中说"看来德国的历史学说比德国历史更受人尊敬"。换一个说法，也就是认为德国军国主义、法西斯主义统治的历史，是遭人厌恶的。我觉得这个话相当开明而有思想。开幕式结束以后，主人设午餐招待，被邀请的不过三十来人。我同代表团顾问季羡林教授一同参加。齐院士把我介绍给他的夫人，对我在开幕式上致词博得的礼节性掌声表示祝贺。我想同德国总统说几句话，留学德国十年的季老忙于与其他朋友交谈，齐院士主动替我翻译与德总统的谈话。在后来的见面中，我们不止一次回忆起那次会议。他说，魏茨泽克出身于贵族，本人是一位民主主义者。又说，"看你那会儿！"意思是我现在更衰老了，那会儿显得还有精神。1986年10月，苏联科学院在莫斯科举行纪念孙中山诞辰120周年学术讨论会，我同中国几位同事应邀与会。我在开幕会上致词祝贺，认为苏联学者关于孙中山研究的成果，不少是值得中国学者汲取、借鉴的。表示双方应当加强这方面的交流。访问日程完成的前两天，在一次座谈会结束时，齐院士忽然提出，苏联最高苏维埃主席团副主席托勒库诺夫准备邀请你明天会面，你看怎样？这当然与学术讨论会无关，而是因为我这时是中国人大常委会成员。我说，明天的日程都安排满了。他马上说，"那些日程都可以取消，这样吧，你先同大使馆联系一下再作决定。"我回到旅馆，很快接到中国使馆公使、现在的大使李凤林电话，说苏方与使馆说过了，使馆建议我接受邀请，并由大使陪同前往会见。第二天，我同大使李则望一起至克里姆林宫办公室拜访托勒库诺夫副主席。谈话不涉及具体问题，是一个表示友好的行动。这明显是齐院士、东方研究所的朋友提出或建议的。回国以后，我向彭真委员长写了一个书面报告。1992年，莫斯科东方出版社出的《刘大年历史论文选集》，也是那次访问中齐院士、东方研究所的朋友提议并在编者、译者努力下实现的。我写在书前面的《致苏联读者》叙述了那个过程。

中国孙中山研究学会举办的纪念孙中山诞辰120周年国际学术讨论会，1986年11月在孙中山家乡翠亨村召开。我们邀请了齐赫文院士和另外几位苏联学者前来出席。他们受到同行的热情欢迎。到会的外国学者中有苏、日、美、法、加拿大、澳大利亚等国同行三十余人。国际上研究孙中山的第一流专家几乎都在其内。这是我同齐院士一起参加的又一次规模较大的国际学术讨论会，也是他重游曾经向往的孙中山家乡。

自那以后，他又多次访问北京，不管是否中国社会科学院邀请来的，我们多半都会见面谈谈。有一两次是在苏联解体以后，谈话没有固定题目，也不回避什么。这表示彼此总是对一些事情共同感到关心，共同感到有兴趣。

我与齐赫文这位汉学家所以成为长时间交往的朋友，当然是由于我们在学术研究上有共同的话题，这个话题，就是如何认识中国近代历史，以及相关的种种问题的讨论与交流。虽然我们还各自研究着其他题目，但单凭中国近代史这个话题，也就足以提供长期接触的机会了。

齐赫文院士关于中国近代史的研究，在我看来，《19世纪末叶中国的改良运动和康有为》、《孙中山，外交政策梗概和实践》和《中国通往统一和独立之路——1898—1949》这三部书，应该是他的代表作。前一部书我大致读过，另外两本我只能从著者写的相关文章和我们平时的交谈中，推断它们的梗概，不能对所有论点发表意见。这三本书，我认为：

（一）选题、观点在俄国、苏联汉学研究中，或者当初是新的，或者现在也是极有见地的。著者采取历史唯物论的科学方法论来进行研究。他利用一切机会收集资料，校正自己的看法。例如关于康有为研究，他在二战一结束，作为苏联驻华使馆人员，刚来到北平，就找到康同璧等人收集康有为及维新运动资料。关于康有为、孙中山的评价，1949年6月，他同毛泽东见面，并有时间单独谈话，便请问毛如何看待二人在历史上的地位。因此，这两部书资料比较充实，内容经得起推敲。

（二）视野开阔，国际形势的叙述占有重要地位。中国近代历史的基本问题，一是列强的侵略把中国变成了半殖民地，中国要求民族独立解放；二是封建统治加上外国的压迫剥削，中国贫穷落后，要求实行工业化、近代化。这两个基本问题都与列强在中国的争夺及其演变密切联系在一起。离开了或者修改了这方面的内容，就必然改变历史面貌，失去真实。这几部书把中国近代历史放在世界形势大格局里来论述，特点明显。

（三）对历史时代的划分提出创见。康有为、孙中山研究反映了著者对中国不同历史阶段的了解。《中国通往统一和独立之路——1898—1949》把1898—1949年联接在一起来考察，是一个新的见解。我们说的中国近代史一向是指1840—1949年的历史。中国这段时间里的社会性质、社会矛盾、阶级关系、推动社会运动的力量与以前以后都大不相同，明白无误。但进一步考察中国要求实行近代化的过程，就可以换一个角度来看问题。中国的近代史研究中，有一种以洋务运动、维新运动、辛亥革命作为近代历史主线的主张。那种主张有一定的道理，就是重视了清政权开始引进西方军事与民用工业产品、技术。但它忽视了维新运动、辛亥革命与洋务运动的不同政治要求，对政权的不同态度、也就是忽视了它们所体现的不同生产关系、阶级矛盾斗争性质、运动

的不同方向。从维新运动开始来考察中国要求实现近代化的过程，
就区分出事件的性质，明显的合理了。这对于中国近代史研究者
是有启发的。

（四）康有为研究有中译本流传，孙中山研究存在争论，都表
明了它们的国际影响。关于孙中山的争论，前述 1986 年广东国际
学术讨论会，我与写过《孙中山——壮志未酬的爱国者》的美国
年长学者韦慕庭教授在广州珠岛宾馆一见面，他就说，齐赫文把
孙中山说成那么倾向俄国，未免不合事实，但自己不想在这个会
上跟他争论。我讲了黄宗羲的一句话："以水济水，不成学问。"
意思是两杯白水相加在一起，还是白水。做学问不能缺少不同意
见的讨论，他完全可以各抒己见。我也说，孙中山是伟大的民主
主义者，并不相信共产主义，否则就不是孙中山了。但孙中山在
寻求西方支持绝望以后，认为中国革命要以俄国革命为榜样则是
事实。齐、韦两位提交这次讨论会的论文，都是讲孙中山与苏联，
它们倾向不同。相反意见的存在，也就是表示对面影响的存在。
齐赫文院士的三部代表性著作上，当然不会没有可以讨论的问题，
这里用不着一一细说。

一个学问家的成就，因素不止一端，关键在善于接受时代潮
流的正面赐予。高明的老师、启蒙者的作用也很重要。齐赫文在
汉学研究上的重要成就，和他那位鼎鼎大名、郭沫若《苏联纪行》
上称为阿翰林的汉学泰斗阿列克谢耶夫院士是分不开的。阿列克
谢耶夫对中国文化的研究，涉及中国古典文学、语言、中世纪哲
学、宗教、民俗学等广泛领域。他在难度很高的中国古典文学等
的研究上，进入了国外汉学研究一般很难进入的境界区。他培养
了整整一代苏联有成就的汉学研究者。比这一些更有意义的，是
他所抱定的汉学研究宗旨和活动所表明的俄国、苏联汉学研究的
方向。1936 年，阿列克谢耶夫在南京《中苏文化》杂志上发表的

一篇题为《中国文化在俄国和苏联》的文章中强调说：在沙皇俄国未曾有过对中国文化的正面宣传。苏俄从革命一开始，就不以适应这种或那种政治需要和局势为目的来宣传和研究中国文化。他自己是一个专家教授，在1917年以前在讲台上只是"照本宣科"。在苏俄时期，则在大学、俱乐部以及战舰上讲中国文化、艺术、文学、诗歌等，吸引了很多听众。齐赫文院士归纳他的老师研究汉学的方向说："这位俄国学者研究中国的出发点是对中国人民及其文化的热爱。"他明确地表示要努力研究大众的文化、即中国广大劳动群众的文化，而不是社会上层封建官僚文化。"这种出发点使阿列克谢耶夫有别于西欧资产阶级汉学家，而他自己却是受过西方传统汉学教育的人。"也就是说，苏联、俄国的汉学研究，从这时起，确立了强调研究中国人民文化的高尚传统和明确的革新方向。如果说，阿列克谢耶夫是近代俄国、苏联汉学的奠基人，革新方向的倡导者，那么，站在远处观察，我想可以说：齐赫文是众所推服的当代苏联、俄国汉学研究的组织领导者之一，是用他的代表作把俄国汉学研究推进到了一个新境地的首屈一指的代表人物。苏联、俄国汉学研究的成就与革新方向属于过去，也无疑地应该属于现在，属于未来。

　　齐赫文院士不久以前出版的《我的一生与中国》一书，篇幅不大，内容丰富。全书末尾一一列举出对他有过帮助的老师、教授的名字，说"是他们培养了我对中国及其勤劳的人民，对中国丰富的文化和悠久历史怀有深深的敬意"。这些话读来令人愉悦感动。又说："我还想在本书结束的时候，向我在生活道路上遇到的中国学者郭沫若、侯外庐、曹靖华、吴晗、刘大年、胡绳以及其他许多中国朋友深表谢意，是他们帮助我理解和正确评价我的邻国——中国的丰富文化遗产，促进了苏中两国人民之间相互理解和友谊的发展。"关于这一点，我认为齐院士只讲了一个方面。学术上的帮助、交流从来是互相的。就拿我来说，对孙中山早期活动在俄国的反应，对俄国、苏联汉学研究上述状况的了解等，就是从他的著作中得来的。过去这样，今后也还是这样。

当老朋友齐赫文院士八十华诞的时候，我首先祝愿他老当益壮，在学术研究上初衷依旧，松柏长青；这也是祝愿俄国汉学研究在自己的革新传统下，不断取得新的成就；也是祝愿中俄两国文化交流不断加强，继续促进中俄两国人民友谊的发展。

北京东厂胡同在历史上颇有名气，是我与齐院士头一次和以后多次见面的地方。翠亨村那个风景如画的孙中山家乡，值得我们旧地重游。中俄两个伟大国家，比邻而居，山水相连。其间不知道有多少晴峰雪海，壮览奇观，需要人们去开发探求。我期望它们的实现：

　　东厂重高会，
　　翠亨复胜游。
　　山长水又远，
　　佳景在前头。

1997 年 12 月于木樨地

讲座元老　西京大师*

　　1997年7月，京都大学名誉教授井上清来北京出席卢沟桥事变60周年国际学术讨论会。在中国社会科学院授予他名誉博士学位隆重而又简朴的会议上，我代表中国社会科学院近代史研究所和中国近代史学界向井上清先生表示了热烈的祝贺。

　　中国社会科学院的学术地位怎么样，要由外界评论。中国社会科学院向国外学者授予名誉博士学位，只有很少的几位。第一位是英国著名大学者、中国科学史著作家李约瑟，第二位是日本皇家科学院院长有泽广巳，接下来就是井上清先生。这多少还是反映了中国社会科学院是重视自己的学术权威的。其中的两位日本朋友都是学术界的知名人士。

　　我与井上清先生相交近40年，自认为对他的学术研究有相当了解。

　　第一，著作严谨，理论鲜明，基本事实都有确凿根据，没有泛泛之论。他所著有关日本史著作多达二十余种，尤以《昭和五十年》、《日本军国主义》（四卷本）、《日本帝国主义的形成》、

---

　　* 本文是1999年11月28日在北京协和医院病床上口述的。

《昭和天皇的战争责任》等为中国学者所熟悉。他的大部分著作都已译成中文，流传甚广，是中国学者研究日本史的重要参考书。

第二，坚持真理，铁骨铮铮。60 年代井上清当选为日本民间很有影响的学术会议成员。以后没有继续当选，这不是他的学术水平不够，而是他坚持真理，不屈服于政治上、学术上任何压力。例如，关于钓鱼岛，日本各党派都声称属于日本，但是井上清先生著《"尖阁列岛"——钓鱼岛的历史解析》一书，以史实证明历史上钓鱼岛是属于中国的。再如关于日本的天皇制，他坚持认为对日本的民主化不利。右翼势力打电话、寄信，多方威胁要杀害他。但他毫不动摇，夫人也说，你们要杀就杀。

第三，"文化大革命"中他访问过中国。"文革"结束以后，日本某知名人士在会上问我，你知道日本最大的马克思主义者是谁呢？我说不了解。他说日本最大的马克思主义者是井上清，言下不免有揶揄之气。于是我在会上讲了一段话。我说关于这个问题，我要为井上清先生辩护几句。"文化大革命"有"四人帮"的阴谋。阴谋是外人所不能知道的。不要说他是个外国人，我是个中国人也不知道很多情况，更不了解阴谋的内幕，何况他是个外国人呢？所以凭这个事实来评价井上清，说井上清是不是马克思主义，那是不公平的。而且这个问题不仅是井上清，其他外国人也不了解那几个人策划的阴谋。因此，我们不好凭这一件事，就对人简单地加以否定。

附诗二首：

赠老友井上清先生

一

云雷论学许相知　　一帜堂堂独树之①
骨里人窥千尺铁　　书中自理百团诗
回头讲座推元老　　屈指西京数大师②
我诗观君再踊跃　　光辉顶上几驱驰

二

等身著作鬓双斑　　与世清泉照胆肝
党锢传中范孟博③　　儒林史上汉任安④
昆仑历后谈高下　　沧海量来认窄宽
一部马恩笑神会　　寸心寰宇共波澜

1984 年 4 月于北京

---

①　30 年代，日本学术界关于日本资本主义的状况、性质有一场论战。一派称劳农派，一派在岩波书店出版日本资本主义问题讲座，称讲座派。井上清先生为后一派代表人物之一。
②　西京，即日本京都。
③　《后汉书·党锢传》：范滂，字孟博，"早年慨然有澄清天下之志"。
④　《后汉书·儒林传》：任安，字定祖，善《易》，兼通数经，品行高尚。时人称曰："居今行古任定祖"。

可敬的日本友人*

——山田一郎

历史上出现过的种种，一些被人忘记掉，一些由时间的河流冲走。中国的抗日战争正在被一些人拼命"忘记"，知道抗日战争中被俘的日本军人建立的先叫觉醒同盟、后叫反战同盟的组织及其成员们的事迹的人，肯定寥寥无几了。反战同盟的故事缺少现场录音录像，但一个内容深刻的故事，又不是几盘录音录像带说得完的。

日本反战同盟的士兵，多半活动在战地最前沿。我在冀南先后与单个的和成组的反战同盟士兵打交道，可惜至今能叫出名字的只剩下秋山良照、水原健次两人了。太行山腹地距战地前沿较远，没有想到在此地又遇到身为医生的反战同盟成员山田一郎。他在医院给过我很大的帮助。医生天天给人看病，不可能记住患者谁叫张三李四；相反，病人由于亲身感受，很容易记住医生，不论是庸医或名医。

* 原载《百年潮》1999 年第 8 期。

我突然咯血，山田说出一个药方

　　"七·七"六周年前夕，我与中共冀南区党委组织科长刘国平一同到达河南涉县附近北方局太行分局所在地赤岸，也就是129师驻地。刘国平是来汇报工作的，我们分住两处。太行分局组织部接待我的是干部科长刘建勋，中午在农民院子里吃午饭的时候，他指给我说，那位正在向房东借碗箸的是组织部长赖若愚。刘建勋与我年龄相近，善于工作。他约我晚饭后在村外道路上散步，谈谈。赤岸村子较大，居民房舍依地势高下回环，错落分布在面朝东的山坡上。村外一小块罕有的平地，庄稼长得绿油油的，不像那么干旱缺雨。我的情况刘国平已经大致对刘建勋谈过。我希望去延安，当然也准备就在太行学习。他认为两者都可以，不妨休息几天，了解些情况再作决定。我告诉他，上山以来忽然每天咯几口血，连续三四天了，想问问医生。他让我到师部医务室看了看。年轻的医生夫妻俩，说我是肺萎缩。不知究竟，于是决定我先到129师卫生部医院检查身体，再作决定。原来我打算看看太行分局与边区政府从冀南来的熟人和领导同志，现在也只好暂时搁下。我与刘建勋再没有见过面。"文化大革命"初期，他是河南省委书记。

　　八路军总部、北方局驻地，在涉县以北清漳河畔山西辽县（左权）麻田镇。涉县上溯清漳河到麻田约70华里。八路军总部卫生部与129师卫生部、它们的野战医院前此已经合并，地点在更北面30华里的隘峪口村。我从赤岸出发，第二天中午以前到达麻田。饭铺的菜包子刚刚出笼，我一边吃，一边打听出北方局党校就在附近某村。冀南行署副主任刘建章同志正在那里学习，时间允裕，我顺道往访。我与刘见面，他们同室二三人，睡铺上都挂着蚊帐，正准备午间休息。这种很简单、但从容不迫的生活，从平原游击战争环境中来的人，也感到新鲜。刘后来当过铁道部长，他在"文化大革命"中的遭遇是不少人知道的。从党校往北，经过五年以前到过的桐峪镇，晚饭前抵达隘峪口村。两天来，我上下午都喀过几口血，除此没有异样。

休养所所长看过太行分局的介绍信，由护士领我到靠近村边的一间病室住下。三间南房，只有一位病不重的休养员。据他告知，医院共分一、二、三、四所。这里叫一所，医疗水平较好。129师卫生部就住在河滩对面的东隘峪口村。我路上不免疲劳，现在思想放松下来。抱着否定所谓肺萎缩或肺结核，终于去延安的希望，只等安排检查身体。

第二天早起一切如常。上午，突然胸口发热。还没来得及想是怎么回事，一股血流夺口而出。嘴来不及吐，从鼻孔往外喷。大约三五分钟后血量减少，并逐渐停止下来。护士把所长找来，看见地上一摊血，他也估计不出有多少毫升。只嘱咐躺下不要动，让护士用凉毛巾敷胸口，观察情况。大约两小时以后，血又大口往外冲，情形跟上次一样。用一路上吃饭喝水的搪瓷缸接住血，渐停以后，近少半缸。医生来看，吩咐护士注射葡萄糖液，继续观察。同室病号这时搬走了。下午和往后两天，恶劣情形依旧。我去厕所晕倒，被人抬回病室。中国文献上常说，某人"呕血而亡"，我意识到自己现在正面临这种境况，不出现奇迹，就不会延续几天了。显然这也是医生的估计。第四天上午，休养所当过红军、年龄较大的指导员，站在我面前，关切地问："你有什么话要说吗？"我很平静，回答说"没有"。然后又有气无力地说了两句："没有死在战场上，死在医院里，有点遗憾！事后请通知我们机关一下。"指导员说："心放宽些。你的病我们还会想办法治。医院里医务主任白云，是日本医生，很有经验。我们已经去请了，他会来的。"指导员走后不久，白云主任、医生、护士一同来到病室。情况白云大体已经知道，又问了问。回头对医生说（这位医生我记得姓杜，懂点德文），如果能够找到白阿胶，也许还有点希望，别的没有办法。白云看上去比我要大几岁，会说几句简单的汉语。医生想了想，说医院以前好像有白阿胶的，一个多月以前战备藏到山洞里了，不知能否找着。白云没有检查是什么病，就说出了一个药方。事实上，这时不论对病症作出什么诊断，都是缓不济急。关键是要找到一个药方，控制住呕血，挽救死亡。白云就是说出了一个药方，虽然他也不觉得有把握。这位白云主任，后来知道，他叫山田一郎。

　　大出血第四或第五天，人已经奄奄一息，眼也快睁不开了。医生拿来一块拳头大小的白阿胶，对我说，这都归你了。等溶化成流质以后，用羹匙吞服，一天服四五次，看看怎么样。护士拿我的搪瓷缸熬了一满缸，样子像糨糊。我也不管有效无效，头一天就吞掉了将近三分之一。再过两天，"糨糊"消灭光了，说也奇怪，出血居然渐渐减少。四五天以后，吐血完全停止。

　　西隘峪口村南一二百米有片杨树林，一条清浅的小溪沟从树林下穿过。轻的伤病号三三两两，常在树林下、溪沟边乘凉聊天。医生、女护士偶尔有来洗衣服或转转的。我不需要卧床了，但严重气短，后来勉强一步步移动，参加到树林人们中间去。他们对我的病看法不一，多半认为白阿胶是不能止住肺结核出血的。究竟是什么病，问题没有解决。卫生部部长钱信忠同志深受病人信任。他给附近农民群众治病，农民称他为"活神仙"。谈天的病友中有人说："你的病只有找钱部长才能确诊。"我问该怎么找法？他们说有办法。你先找唐兮凤唐医生看病，漂亮的唐医生是钱部长的爱人。她解决不了，就会把钱部长给你找来。不久恰逢唐医生来溪沟洗衣服，我跟她谈起看病问题。几天以后，她果然跟钱部长一起到我的病室来了。钱问明了出血情况，仔细听了听胸部，斩钉截铁地说，"你的结核病不严重，大出血是人工破裂"。然后说，破裂口不容易短期愈合，休息一段时间再看看吧。我这才明白过来，何以上山以后忽然喀血？是过敌人封锁线迷路，走到山顶日军碉堡脚下，天已破晓，连续从悬崖陡坡下跳、翻滚，造成肺部内伤。这就是"人工破裂"了。钱这个诊断后来证明是准确的。它对我同样重要。肺结核虽然没有排除，但不严重，思想负担也就大部解除。看来休息一段时间还可以工作，心情开始好起来。战场上死人是不可避免的。当初决心到敌后来的时候，说过准备"马革裹尸"的话，那也不是清谈。我和同一个环境里的其他人一样幸存下来，不过是偶然。与日军遭遇我被推到了死亡的边缘，碰上山田一郎、钱信忠两位，使我又活了下来。如果说这也是奇迹，那是他们两位丰富的医学经验与治病救人精神创造出的奇迹。去延安的希望陷于渺茫，那就只好等着瞧了。

山田同我后来还有几次简短交谈。他的医术，除了我自己的感受，也耳闻其他病人对他的好评。不久以后，我从西隘峪口转移到附近名叫石暴的小山村疗养。不知道山田是什么时候离开医院的，自然也无从了解他前后的经历。

山田加入中共，后又成了
野坂参三的助手

1963 年 12 月，我参加中国学术代表团访问日本，代表团团长张友渔因病临时住进代代木医院。我们照接待实行委员会的安排，访问日共总部，然后我和侯外庐等去医院探视团长病情。时间仓促，也不可能想到医院有何可以留意的地方。不久，中国举

办国际"北京科学讨论会",我是中国代表团团员,钱信忠是副团长之一。在一次交谈中,我问钱,山田一郎其人不知下落怎么样?钱答:"他现在叫佐藤,是日共代代木医院院长。"那时距离在隘峪口与山田相遇,不过20年,见面或者还能认识。我去了代代木医院,毫无所知,真是失之交臂。十年内乱过去,我几次访问日本。日共与中共这时断绝来往,我也不便去打听山田近况,只是在碰到有人问我在抗日战争中的经历时回答说:"我在日本不止有学术界的朋友,也有战场上的朋友。"这首先说的是日久没有忘怀的山田一郎,也是指当年冀南战场上曾在一起的反战同盟的朋友们。

俗谚说:山不转路转。这个话好像谈不上什么哲理,但它指出世界上的事是不断变化的,你没有想到过的情景是可以突然出现的。转来转去,我终于又一次与山田见面并知道了他的生平梗概。从中可以窥见,他是反战同盟那个群体一位出色的代表性人物。

山田一郎"七·七"事变前以优异成绩毕业于东京大学医学部,就业以后潜心研究医学。1938年5月被征入伍,编入华北派遣军,驻扎山东兖州、汶上县等地。1939年8月随部队"讨伐"梁山一带的八路军,被八路军包围,恶战一昼夜,日军大队长以下200人全军覆没。他头部负伤,与另外四名日军一同被俘。过了两个月,他在微山湖小岛逃跑,几天以后再次被俘。开始在太行山八路军野战医院当医生,他曾打听附近铁路,寻找武器,继续准备逃跑。思想转变以后,他1942年加入中国共产党。1943年6月,也就是隘峪口医院给我看病以前不久,转为中共正式党员。1944年到延安进入冈野进(野坂参三)任校长的日本工农学校。中共七大会议他参加旁听。"八·一五"日本投降时,他是马上就要回国的冈野进的三名助手之一。在参加毛泽东特地为冈野进举行的欢送会之后，他们一行四人从延安乘飞机至东北，转往莫斯科，1946 年 1 月经朝鲜回到日本。他从此退出中国共产党，加入日本共产党，创办日共领导的东京代代木医院，担任院长、总院长达 50 年。

山田的经历、活动中，有两点很鲜明：

他从一名饱受军国主义教育，只知道"为日本而战"的军医，转变为信仰科学共产主义学说，当然是由于被八路军俘虏，生活在抗日根据地的客观环境所决定的。但他是一名受过高等教育的知识分子，不可能对于一向排斥、格格不入的共产主义学说轻易地盲从。在他思想上，对于那个学说有一个接受与不接受的问题。他在高中时代曾见到过马克思主义的宣传画和传单，从来没有想过去接近它。在八路军里生活两三年以后，体会到共产党与中国人民抗日斗争的正义性与坚定不摇的信心，开始了"新生"的想法。一个偶然的机会，他从反战同盟朋友那里读到苏联哲学家米歇尔·比索卢比奇著、广岛定吉译《辩证唯物论与历史唯物论》一书。他说书上"最初让我叹服的是对于'物质、空间、时间'等概念的严谨的理论叙述。就这样，每天晚上我读这本书直到把油灯里的油用干"。那本书放在他背囊里，打仗行军，变得破破烂烂的。他先后还读了河上肇的《贫乏物语》、苏共党史、小林多喜二的小说、毛泽东《论持久战》、刘少奇《论共产党员的修养》等。那些读物使他作为一个共产主义者的信念与日俱增。他说那时自己在日军包围下，不知经过多少次九死一生的险情，"但我的思想完全不曾动摇过"。事实证明的确是这样。1943 年 5 月，日军对太行山再次大"扫荡"，反复搜山。他与卫生部工作人员隐蔽在山洞里，沉稳应付从洞口来回经过的其势汹汹的敌人，一同度过危险。当时在场的老干部，至今犹能言之历历。一要在实际工作上锻炼，二要接受新的思想理论启迪，山田的转变就是这样实现的。

在这方面，他体现了不少革命知识分子共同的经历，不过环境对他更加困难。

回国组织"八四友会"

　　山田回到国内以后，一直站在进步群众反对日本军国主义的前列。办医院的同时，他积极参加社会活动。在战争中从事反战活动的日本军人回国以后，组织起"八四友会"（取八路军新四军各一个字命名），追求和平民主，反对复活军国主义。日本投降50周年，"八四友会"出版"战争体验"专刊，它叙述成员们的主张和目标说：我们中的很多人以前被欺骗，为日本军部侵略中国所利用。自从做了八路军、新四军的俘虏，我们认识到了侵略战争的本质。为了实现中日两国的和平，我们在中国的战场上，与中国人民并肩作战，冒着生命危险，参加了反战活动。"战后，日本与世界形势都发生了很大的变化，但是，这期间的日本历届政府，一贯不承认过去的战争是侵略战争，而是跟在美国后面企图推进军国主义的复活，扩大向海外派兵。我们一定要阻止日本再次踏上悲惨的战争之路。""八四友会"的成员们反对当局篡改日本军国主义侵略中国的历史，主张中日两国人民和平友好相处，这与日本众多抱有良知的国民、占主流地位的历史研究者的认识是一致的。但是，侵略战争到底是什么样子的，他们来自血与火交融的战场上，来自对中国人民家破国亡、灾难痛苦的亲见亲闻，这使他们又是具有独特的条件来认识侵略战争的。山田是"八四友会"活动的组织者、推动者之一。1983年、1997年，他先后发表文章，指名批评中曾根。他说自己在青年时期，认同了"为日本而战"的欺骗民众的帝国主义思想，那种思想和独裁制度非常可怕。"中曾根内阁提出战后政治总决战的口号"，反动活动猖獗，应该与这种反动活动斗争到底。山田去年出版的回忆录，书名叫《一个幸运的人——军医、八路军俘虏、新的战士》。他是他们那个群体政治观点、价值观念的代言人。他们在战争中和战后的行动是勇敢的，是正义和光明磊落的。众多普通日本群众对这个问题的认识，在这里也得到了反映。

八路军、新四军俘虏的日军，据1945年3月八路军总部作战参谋部门公布，共3880人，逃跑220人。先后参加觉醒同盟—反战同盟的1200人。延安日本工农学校的学生最多时达百余人。他们都是反战活动的积极分子，其中不少人后来成了日本共产党党员。国民党军队俘虏的日军，最后大部分集中在贵州镇远县战俘营，共500人。另一西北战俘营，人数不详。日本进步人士鹿地亘、池田幸子在郭沫若等支持下，一度在重庆建立日本反战同盟总部，少数士兵并到宜昌前线进行反战活动。国民党担心他们受共产党影响，命令解散反战同盟，那些战俘此后默默无闻。国民党、共产党抗战路线的对立，也连及到日本战俘现实的与后来的遭遇。"八·一五"以后，延安日本工农学校学生回国。周恩来欢送他们说：各位回国，我们没有赠送什么珍贵的礼物，"我们送去的，是为建设新日本而发挥作用的青年"。山田就是这些青年中的一分子。他和他的同志们，是日本法西斯给自己播种下的否定自己的充满活力的种子。

五十五年后在日本的重逢

我与山田、即现在的佐藤猛夫先生又一次见面，是1998年11月在东京。经过事先联系，由日中历史研究中心尾行洋一研究员陪同，一行四人，至东京目黑区佐藤住宅造访。主人在门口迎接，当初两个青年人，现在是一双龙钟老叟。当然谁也无法辨认面前的是谁。坐下寒暄，追述往事，当我提到"白云医务主任"时，他不顾费力地一下从沙发上站起来，紧紧拉住我的手，说"白云"那个名字只在短时间里用过，知道的人甚少，我们在临峪医院相识，这是确凿无疑的了，感谢，感谢。在场的女主人、和我一同造访的朋友都为之动容。时间相隔55年，世界变化天翻地覆。一名来自八路军的病人，一名八路军医院里给病人留下难忘印象的日本医生，重新碰到一起，回顾往事，我们都没有忘记过去，没有淡化当初的理想。我们的会见，友谊、庆幸、乐观、慨叹衰老，兼而有之。这尽管只是个人的交往，它的背景是反映抗日战争复杂的状况，以及由抗日战争演变而来的现实生活的一角。

与佐藤见面的当天，尾行先生在一个会上宣布说，今天上午刘大年先生与老朋友日本的白求恩佐藤先生见面，情景感人。我是从个人角度了解佐藤的，是否可以称他作"日本的白求恩"，没有想过。全面评价山田在八路军医院里的工作，我想要以当时的领导人钱信忠部长的看法为准。回到北京以后，我去看望好几年不见的钱老。他87岁了，健康一如昔时，我讲了会见山田的情况，留下会见的两张照片。钱老讲述在太行山医院里的情形说："那时医院有两个外国人，一个德国人某某，很好，但年轻，是来实习的。山田则很有经验。在医院里，外科手术我自己做，内科由他主治，他肯负责任。至于称他是'日本的白求恩'，我看可以这样说。"60年代他担任国家卫生部部长时，邀请佐藤来中国访问过。总之，钱对佐藤的评价是很好的，是友好和怀念的。中日两国人民友好交流中有不少使人感兴趣的话题。我这里叙述的，显然也不失为那种话题之一。

钱的记忆力惊人。在我们谈话快结束时，我说，当初与日军遭遇，肺部破裂不死，对您和山田我是永远感谢的。他不假思索地说，你是外伤出血，一看就可以知道。肺结核出血不是那样，除非有空洞。不过当时是危险的，你是命大。"你是命大"这个话他以前对我也是说过的。

佐藤虽然年近九旬，1998年底我两次接到他的来信，说想见见钱部长和我，并到太行山看看。当年用武之地的太行山，至今犹在他的向往中，可谓壮心不已。

他的《一个幸运的人》回忆录中，我所知道的事迹是实实在在的。太行山医院里，工作人员以为他是光棍，曾经酝酿给他介绍一位女护士，但事情没有成功。在东京，我们谈话中，我插进了这个情节，并向他夫人表示抱歉。他只是说："我不是光棍。"等我看见回忆录，上面详细记载着那段故事，而我所知的不过是休养员中的传闻，只是说明那并非子虚乌有。回忆录所附的各种照片中，竟然有两张难得的隘峪口的照片。50多年前八路军野战医院人物衣饰、环境外貌跃然在目。跟它近在咫尺的，就是西隘峪口村城堡式的拱门、我呕血住的病室、休养员们乘凉聊天的杨树林、女护士们洗衣的流水溪沟了，我仿佛又一次置身其境。

作者著述要目

一、书目

（一）著作

美国侵华简史

华北大学 1949 年 8 月版

美国侵华史

人民出版社 1951 年版

莫斯科外文出版社 1953 年版

人民出版社 1954 年再版

1955 年布拉梯斯拉法斯洛伐克文版

1956 年柏林德文版

台湾历史概述（合著）

北京三联书店 1956 年版

北京三联书店 1962 年再版

香港三联书店 1978 年版

中国近代史诸问题

人民出版社 1965 年版

人民出版社 1978 年再版，再版时更名为《中国近代史问题》

赤门谈史录——论辛亥革命的性质

人民出版社 1981 年版

刘大年史学论文选集

人民出版社 1987 年版

Лю Данянъ, Избранные статьи по проблемам исторической науки. гл. ред. Л. С. Переломов, М., Наука Издательская фирма " Восточная литература",1992.

抗日战争时代

中央文献出版社 1996 年版

（二）主撰

中国史稿，第四册，

人民出版社 1962 年版

人民出版社 1964 年重印

中国近代史稿

第一册，人民出版社 1978 年版

第二册，人民出版社 1984 年版

第三册，人民出版社 1984 年版

全三册，人民出版社 1986 年重印

（三）主编

范文澜历史论文选集

中国社会科学出版社 1979 年版

孙中山书信手迹选

1986 年文物出版社洋装版、线装版

中日学者对谈录——卢沟桥事变 50 周年中日学术讨论会论文集

北京出版社 1990 年版

中国复兴枢纽——抗日战争的八年

北京出版社 1995 年版

北京出版社 1997 年修订再版

二、论文

1．介绍辛亥革命运动中的君主立宪派，人民日报，1949 年 10 月 10 日

2．一八七四年美国与日本合作进攻台湾的经过，新建设，1951 年第 5 卷第 3 期

3．中国历史科学现状，科学通报，1953 年，7 月号

4．马克思列宁主义是历史科学的基础——苏联历史科学研究工作的特点之一，人民日报，1953 年 8 月 11 日

5．历史研究工作是革命斗争的一个组成部分——苏联历史科学研究工作的特点之二，人民日报，

1953 年 8 月 14 日

6．批评与自我批评推动着历史科学的发展——苏联历史科学研究工作的特点之三，人民日报，1953 年 8 月 15 日

7．苏联的先进历史科学，科学通报，1953 年，11 月号

8．抗美援朝简记，中国科学院历史研究所第三所集刊，第一集，1954 年 7 月

9．历史研究所第三所的研究工作，科学通报，1954 年，8 月号

10．从中国封建土地制度问题上看梁漱溟思想的反动本质，历史研究，1955 年，第 5 期

11．台湾一千七百年的历史，人民日报，1955 年 10 月 25 日

12．关于尚钺同志为《明清社会经济形态的研究》一书所写的序言，历史研究，1958 年，第 1 期

13．提倡艰苦劳动的学风，人民日报，1958 年 3 月 18 日

14．研究历史应该厚今薄古，历史研究，1958 年，第 5 期

15．要着重研究"五四"运动以后的历史，人民日报，1958 年 7 月 5 日

16．戊戌变法六十年，人民日报，1958 年 9 月 29 日

17．中国近代史研究中的几个问题，历史研究，1959 年，第 10 期

18．义和团运动说明了什么，人民日报，1960 年 8 月 30 日

19．论康熙，历史研究，1961 年，第 3 期

20．辛亥革命与反满问题，历史研究，1961 年，第 5 期

21．新中国的历史科学——1962 年 2 月在巴基斯坦历史学会第 12 届年会上作的报告，历史研究，1962 年，第 2 期

22．中国近代思想史的一页，新建设，1962 年，12 月号

23．中国近代史诸问题，历史研究，1963 年，第 3 期

24．论中国近代史上的人民群众，历史研究，1964 年，第 1 期

25．帝国主义对中国的侵略与中国人民反对帝国主义的斗争，1964 年，第 4 期

26．回答日本历史学者的问题，人民日报，1965 年 3 月 2 日

27．毛主席指引我们研究中国近代史，光明日报，1977 年 9 月 15 日

28．当代的历史课题，光明日报，1978 年 12 月 28 日

29．关于历史前进的动力问题——在太平天国学术讨论会上的发言，近代史研究，1979 年，第 1 期

30．《范文澜历史论文选集》序，近代史研究，1979 年，第 1 期

31．中国近代史研究的现状，近代史研究，1980 年，第 2 期

32．评国外看待辛亥革命的几种观点，近代史研究，1980 年，第 3 期

33．承先启后　责无旁贷——祝中国史学会重建，光明日报，1980 年 7 月 1 日

34．王芸生先生和他的《六十年来中国与日本》，人民日报，1980

年 7 月 7 日

35. 中国近代史研究从何处突破？光明日报，1981 年 2 月 17 日

36. 孙中山——伟大的爱国主义者与民主主义者，近代史研究，1981 年，第 3 期

37. 历史与现实，近代史研究，1981 年，第 4 期

38. 孙中山——伟大的爱国主义者，红旗，1981 年，第 18 期

39. 戊戌变法的评价问题，近代史研究，1982 年，第 4 期

40. 历史是伟大的教师——纪念抗日战争胜利 37 周年，光明日报，1982 年 8 月 14 日

41. 学习郭老——在中国史学会纪念郭沫若同志诞辰 90 周年学术报告会上的发言，近代史研究，1983 年，第 1 期

42. 当前历史研究的时代使命问题，近代史研究，1983 年，第 3 期

43. 关于历史研究的指导思想问题——评马克思主义"过时论"，世界历史，1983 年，第 4 期

44. 郭沫若与哲学，人民日报，1983 年 6 月 13 日

45. 论领袖与群众，哲学研究，1983 年，第 9 期

46. 坚持史学领域批判历史唯心论的斗争，光明日报，1983 年 11 月 5 日

47.《中国国民党"一大"六十周年纪念论文集》序言，《中国国民党"一大"六十周年纪念论文集》，中国社会科学出版社，1984 年版

48. 杨秀峰《历史动力学说之检讨》重印记，近代史研究，1984 年，第 3 期

49. 异化与历史动力问题，哲学研究，1984 年，第 4 期

50. 论历史学理论研究，近代史研究，1985 年，第 4 期

51. 论历史研究的对象，历史研究，1985 年，第 3 期

52.《历史研究》的创刊与"百家争鸣"方针的提出，历史研究，1986 年，第 4 期

53. 太平天国史学一大家——祝贺罗尔纲 85 寿辰和从事学术工作 60 年，近代史研究，1986 年，第 6 期

54. 开拓者的启示——在吕振羽学术思想讨论会上的书面发言，光明日报，1986 年 11 月 5 日

55. 孙中山与中华民国——纪念孙中山诞辰 120 周年，近代史研究，1987 年，第 1 期

56."欲登高，必自卑"——
1986 年 5 月 6 日在歙县历史学理论
讨论会上的发言，史学理论，1987
年，第 1 期

57. 荣孟源《史料与历史科学》
序，《史料与历史科学》，人民出版
社，1987 年

58. 说"合力"，历史研究，
1987 年，第 4 期

59. 历史与展望——1987 年 7
月 13 日在早稻田大学的讲话，史学
理论，1987 年，第 4 期

60. 抗日战争与中国历史，近
代史研究，1987 年，第 5 期

61. 从京都到东京——记卢沟
桥事变 50 周年中日学术讨论会，中
共党史研究，1988 年，第 1 期

62. 侯外庐与马克思主义历史
学，历史研究，1988 年，第 1 期

63. 一个历史学家的地位——
纪念陈寅恪先生学术讨论会致词，
光明日报，1988 年 6 月 29 日

64. 鄙弃抱残守缺　勇敢坚持
真理——在史学界第四次代表大会
上的讲话，世界历史，1988 年，第
6 期

65. 中葡新关系十年，人民日
报，1989 年 2 月 7 日

66. 吴茂荪与孙中山研究会，
近代史研究，1989 年，第 1 期

67. 日本当局为何在侵华战争
性质问题上倒退，人民日报，1989
年 2 月 21 日

68. 马克思主义与中国传统文
化，求是，1989 年，第 7 期

69. 说历史的选择，求是，
1989 年，第 24 期

70. 田家英与学术界，《毛泽东
与他的秘书田家英》，中央文献出版
社，1989 年版

71. 太阳照在新中国的上
空——在纪念鸦片战争 150 周年座
谈会上的发言，光明日报，1990 年
6 月 5 日

72. 中国近代化道路与世界的
关系，求是，1990 年，第 22 期

73. 天壤公言录——《中日学
者对谈录》序言，北京出版社，
1990 年版

74. 做什么，怎么做？——在
中国抗日战争史学会成立大会上的
讲话，抗日战争研究，1991 年，第
1 期

75. 九·一八事变 60 周年国际
学术讨论会开幕词，抗日战争研究，
1991 年，第 2 期

76. 北方大学记，近代史研究，
1991 年，第 3 期

77．孙中山对中国国情的认识，真理的追求，1991年，第10期

78．辛亥革命研究与历史前进观点——辛亥革命80周年国际学术讨论会开幕词，湖北日报，1991年10月17日

79．抗日战争与中华民族的统一，抗日战争研究，1992年，第2期

80．七十年与四十年——《日本侵华七十年史》序，《日本侵华七十年史》，中国社会科学出版社，1992年版

81．继承以往，开拓未来——在郭沫若诞辰100周年纪念学术讨论会上的发言，近代史研究，1993年，第1期

82．第二届中日关系史国际研讨会开幕词，抗日战争研究，1993年，第2期

83．《中国近代人口史》序，《中国近代人口史》，浙江人民出版社，1993年版

84．光大范文澜的科学业绩，近代史研究，1994年，第1期

85．历史要分析——谈《胡乔木文集》第2卷阐述的历史方法论，中共党史研究，1994年，第1期

86．抗日战争的历史意义与民族精神，抗日战争研究，1994年，第4期

87．民族的胜利　人民的胜利，人民日报，1995年8月15日

88．抗日战争的几个问题——在纪念抗日战争胜利50周年学术讨论会上的报告，光明日报，1995年9月11日

89．照唯物论思考，抗日战争研究，1996年，第2期

90．关于研究孙中山与中国现代化问题，文汇报，1996年11月13日

91．方法论问题，近代史研究，1997年，第1期

92．当前近代史研究的几个理论问题，人民日报，1997年1月11日

93．伟大的转折，抗日战争研究，1997年，第3期

94．邓小平理论与社会主义黎明，人民日报，1997年10月10日

95．毛泽东评《二十四史》，人民日报，1997年12月2日

96．山高水又远，佳景在前头——对齐赫文院士的祝愿，读书，1998年，第3期

97．这一百年——中国由百年衰败到奋起复兴，瞭望，1998年，

第33期

98.历史学的变迁,北京大学学报,1998年,第4期

99.可敬的日本友人山田一郎,

百年潮,1998年,第8期

100.评近代经学,明清论丛,第一辑,紫禁城出版社,1999年12月

作者生平年表

1915年8月8日，出生于湖南省华容县一个小康之家。原名揭谦，谱名宅礼。祖父在当地小有田产。父亲是府城乙种师范学校的毕业生，曾做过小学校长，早逝。

1922—1929年，在家乡入塾，在县城读小学，接受"子曰诗云"一类教育。

1929—1931年，在湘鄂西苏区华容县参加少年先锋队，任总队长，又任乡苏维埃政府文书。红军撤离后，到岳阳逃亡数月。

1932—1935年，在华容县城西乡地主程家"起疃"就读，塾师为老秀才蔡瑞之，学问根底扎实，文字雅训。开始读《湖南日报》，初知时事。后入县立师范补习班半年，复转入衡阳高中。

1936年春考入长沙孔道中学插班高中，又转入长沙湖南国学专修学校，8月，因学校停办，失学后曾游历武汉、江西、南京。

1937年4—7月，在武昌暂住，寻找职业未果，得知卢沟桥事变消息，感受到武昌市民的抗战情绪。

1937年下半年，拜华容城北万庾镇老辈文人贺冕为师，攻习诗文，得见陈三立（陈寅恪父亲）五言律诗。贺冕在抗战中担任华容参议会议长，解放后任湖南文史馆馆员。

1938年初，抗战形势冲击华容城乡。读到一本《唯物主义与伦理哲学》的禁书，大吃一惊，但没有动摇孔学信念。在上海办刊物《我们的学校》的朱婴返回华容，从《我们的学校》上读到延安抗日军政大学的消息，砰然心动。

5、6月，根据朱婴指点从华容来到长沙，寻找去延安门路。在长沙感受到战争后方的浓烈气氛。在地摊上读到一本《文摘》上刊登郭沫若写的与蒋介石会见的散文。朱婴解放后曾任西北大学党委书记、陕西省科委副主任。在长沙两次到八路军办事处接洽往延安事，得到老共产党人徐特立、王凌波指点，拿到录取抗大的证书，并且初步受到唯物主义的教育。8月到达延安，进入中国人民抗日军政大学第五期。到陕北后读到的第一本马克思主义原著是《共产党宣言》，从此，盲目崇拜孔学的观念动摇了。

同年10月在陕北洛川加入中国共产党。

1939年7月，抗大毕业后，初任太行山报主编，继任冀西专区行政干部学校教导主任、总支书记。

1940年，任冀南行政主任公署宣传科长，抗战学院政治教员。

1941年起，先后任晋冀鲁豫边区政府冀南行署宣传科长、教育科长，政治学校教员，冀南抗战史料编纂委员会委员，中共冀南区党委文委委员、国民教育委员会秘书长。

1942年，在冀南抗日游击战争战场上，读到范文澜著《中国通史简编》。

1943年，读范文澜著《汉奸刽子手曾国藩的一生》，产生研究中国近代史的念头。

1943—1945年，因遭遇日军跳崖，引起肺部大出血，在太行山十八集团军总后勤部白求恩医院养病。

1946年，任北方大学教务处副处长、工学院副主任。

1947年，利用养病机会，收集美国侵华史料，秋天，写成《美国侵华简史》稿。

1948年6月，北方大学与华北联合大学合并，成立华北大学，任华北大学研究部党支部副书记、历史研究室副主任、史地系主任。

1949年3月，范文澜率华北大学四部历史研究室从正定迁来北平东厂胡同一号，刘大年先留正定养病，8月迁来北平，在先农坛养病。这一年，所著《美国侵华简史》由华北大学出版，人民日报从8月至10月连载，又，人民日报10月10日发表《介绍辛亥革命中的君主立宪派》一文。

1950年5月，任中国科学院近代史研究所研究员。

1951年，在《新建设》杂志发

表《1874年美国与日本合作进攻台湾的经过》。《美国侵华史》正式由人民出版社初版发行，俄文译本在莫斯科出版。

同年，任中国科学院支部副书记（当时中国科学院只有一个支部）、党组成员、编译局副局长、《科学通报》主编。

1952年，与范文澜所长一起接待列宁格勒大学副校长叶菲莫夫教授。叶菲莫夫研究中国近代史，是新中国建立后第一位访华的苏联历史学家。

同年任中国科学院研究人员学习委员会党组副书记、政务院文委直属机关党委委员。

1953年，在《科学通报》7月号发表《中国历史科学现状》，日本同朋社出版竹内实主编《中国近现代史年表》，译载该文。莫斯科《历史问题》杂志亦译载此文。《美国侵华史》俄文本再版。

同年参加中国科学院访苏代表团赴苏联访问、讲学三个月。回国后，在人民日报连续发表介绍苏联历史科学研究工作的文章。

经中央决定，组织中国历史问题研究委员会，任委员，参与组建中国科学院的三个历史研究所。

1954年，中国科学院组建三个历史研究所，按序列，近代史研究所改称历史研究所第三所，任副所长。赴上海洽办顾颉刚先生调中国科学院历史研究所第一所事。在《科学通报》8月号发表《历史研究所第三所的研究工作》，在《中国科学院历史研究所第三所集刊》发表《抗美援朝简记》。《美国侵华史》由人民出版社再版。

同年，中国科学院主办的《历史研究》杂志创刊，任副主编，尹达任主编。

同年，中国科学院根据苏联经验组建学术领导的工作机构——学术秘书处，任秘书，秘书处秘书还有钱三强、贝时璋、叶渚沛、钱伟长、柳大纲、张文佑、叶笃正等，钱三强为秘书长。

1955年，在《中国科学院历史研究所第三所集刊》第二集发表与丁名楠、余绳武合著的《台湾历史概述》，在人民日报10月25日发表《台湾一千七百年的历史》，在《历史研究》发表《从中国封建土地制度上看梁漱溟思想的反动本质》。《美国侵华史》斯洛伐克文版在捷克斯洛伐克的布拉梯斯拉法出版。

同年，与吕振羽、季羡林组成

中国史学家代表团出席民主德国汉学家会议。

同年，中国科学院哲学社会科学部成立，任学部委员、学术秘书。

1956年，《台湾历史概述》由北京三联书店出版。《美国侵华史》德文版在柏林出版。

同年，任中国科学院哲学社会科学规划办公室主任，出席全国科学规划工作会议。中国科学院组成以郭沫若为首的中国历史教科书编辑委员会，由郭沫若、陈寅恪、陈垣、范文澜、翦伯赞、尹达、刘大年七人组成中国历史教科书编审小组。

1957年，与《大公报》原总编辑王芸生讨论《六十年来中国与日本》一书的修订问题。

同年，经上级批准，实际主持所务，任近代史研究所领导小组组长，所长范文澜专事著述。又任中国科学院哲学社会科学部分党组成员。

1958年，在北京大学历史系主任翦伯赞主持的历史讲座上发表《关于尚钺同志为〈明清社会经济形态的研究〉所写的序言》演讲，讲稿在《历史研究》刊登。北京高等教育出版社出版此文单行本。在人民日报发表《要着重研究五四运动以后的历史》以及《戊戌变法六十年》等文章。

1959年，在《历史研究》发表《中国近代史研究中的几个问题》。

1960年，在人民日报发表《义和团运动说明了什么》。

1961年，在《历史研究》先后发表《论康熙》和《辛亥革命与反满问题》。前文引起学术界的广泛重视和评论。

同年，参加历史学家考察团赴内蒙古考察。

1962年，与历史学家白寿彝访问巴基斯坦，在巴基斯坦历史学会第十二届年会上发表演讲：《新中国的历史科学》。

同年，主持撰写的《中国史稿》第四册出版。这是郭沫若主编的《中国史稿》的近代史分册。

1963年，参加张友渔为团长的中国学术代表团访问日本。在《历史研究》发表《中国近代史诸问题》，日本《亚细亚经济旬报》译载。

1964年，在《历史研究》先后发表《中国近代史上的人民群众》和《帝国主义对中国的侵略和中国人民反对帝国主义的斗争》。

同年，作为中国代表团成员出席在北京召开的北京国际科学讨论会。当选为第三届全国人民代表大会代表。

1965年，在人民日报发表《回答日本历史学者的问题》，引起毛泽东的注意和好评。出版论文选集《中国近代史诸问题》。

同年，出席巴基斯坦历史学会第15届年会，发表《亚洲历史怎样评价?》报告，受到与会者好评。人民日报和《历史研究》分别发表此文，《北京周报》英、日文版和德、法文版先后予以译载。

1966年，"文化大革命"开始后，作为"走资派"被批判。

1967年1月8日，人民日报在6版以"周扬、刘大年之流是叛徒的辩护士"通栏标题，组织文章对周扬、刘大年进行了歪曲事实的所谓批判。

1969—1971年，在河南息县哲学社会科学部干校接受劳动改造。

1971年年中，应郭沫若邀，从干校回到北京，讨论《中国史稿》扩大篇幅、继续写作问题，同时参加中华书局组织的二十四史标点工作。这一年，日本著名学者井上清教授访问中国，在郭沫若推动下，

经周总理批准，公开出面参加接待，在当时政治气氛下，是政治上获得解放的表示。

1972年，约集从干校回京的研究人员数人，开始《中国近代史稿》的编撰工作。

1975年，接待日本学术文化代表团，赠诗吉川幸次郎团长。

同年，任中共近代史研究所总支委员会书记，当选第四届全国人大常委会委员。

1977年，在光明日报发表《毛主席指引我们研究中国近代史》。

1978年，主持撰写的《中国近代史稿》第一册在人民出版社出版。论文集《中国近代史诸问题》再版，《台湾历史概述》在香港三联书店出版。

同年，任中国社会科学院研究生院教授、博士导师。经中共中央书记处批准成立孙中山研究会，与胡绳分任正副会长。当选第五届全国人大常委会委员。

1979年，主编《范文澜历史论文选集》在中国社会科学出版社出版。主持南京太平天国史国际讨论会，在开幕式上发表《关于历史前进的动力问题》的演讲。

同年，被日本东京大学校长聘

为特聘教授，在东京大学研究生院讲学三个月，主讲中国近代史，着重讲辛亥革命，研讨班班长为田中正俊教授。

同年，被正式任命为近代史研究所所长、党委书记。

1980年，在《近代史研究》发表《中国近代史研究的现状》和《评国外看待辛亥革命的几种观点》。

同年，中国史学会重建，任主席团执行主席。

1981年，在《中国历史学年鉴》发表《中国近代史研究从何处突破？》，光明日报刊出后引起广泛注意。在《近代史研究》刊出《孙中山——伟大的爱国主义者和民主主义者》。在东京大学讲学的讲稿结集出版，题名为《赤门谈史录——论辛亥革命的性质》。

同年10月，在武汉主持辛亥革命七十周年国际学术讨论会。

1982年，在《近代史研究》发表《戊戌变法的评价问题》。在光明日报发表《历史是伟大的教师——纪念抗日战争胜利三十七周年》。

同年，从近代史研究所所长位置上退下来，担任名誉所长。

1983年，在《近代史研究》发表《当前历史研究的时代使命问题》，在《世界历史》发表《关于历史研究的指导思想问题》，在《哲学研究》发表《论领袖与群众》，在人民日报发表《郭沫若与哲学》。

同年，当选第六届全国人大常委会委员。在全国史学界第三次代表大会上继续当选为中国史学会主席团执行主席。

1984年，主持撰写的《中国近代史稿》第二册、第三册出版。在《哲学研究》发表《异化与历史动力问题》。

1985年，在《近代史研究》发表《论历史学理论研究》。以中国史学家代表团团长身份赴德国斯图加特出席第十六届国际历史科学大会，在会上发表了《论历史研究的对象》的长篇论文。这是中国史学会第一次以集体会员身份出席国际历史科学大会。主持涿县孙中山研究述评国际学术讨论会。参加中国社会科学院学术代表团访问日本。

1986年，主编《孙中山书信手迹选》在文物出版社出版。主持了歙县历史学理论学术讨论会。

1987年，在《历史研究》发表《说"合力"》，引起了学者争鸣与讨论。率中国历史学家代表团出席东京和京都的七七事变50周年学术讨论会，提交了《抗日战争与中国历史》的学术论文。自编的《刘大年史学论文选集》在人民出版社问世。

1988年，在《历史研究》发表《侯外庐与马克思主义历史学》。在中国史学界第四次全国代表大会上讲话：《鄙弃抱残守缺，勇敢坚持真理》。在广州陈寅恪先生学术讨论会上致词。

同年，当选第七届全国人大常委会委员。

1989年2月20日，在七届全国人大常委会第六次会议上，就日本当局在侵华战争性质问题上的倒退做了义正辞严的发言，吸引国内外视听。日本报纸迅速转载这个发言，苏联、法国、美国报纸、通讯社纷纷发表评论，谴责日本当局的行径。

在人民日报刊出《日本当局为何在侵华战争性质问题上倒退？》，在《求是》杂志发表《马克思主义与中国传统文化》。在广州孙中山研究国际学术讨论会上致开幕词。

1990年，在中国社会科学院近代史研究所建所四十周年举办的"近代中国与世界"国际学术讨论会上致词，讲题为：《中国近代化的道路与世界的关系》。主编《中日学者对谈录》中文版出版。

1991年，在沈阳主持"九·一八"事变60周年国际学术讨论会并致开幕词，在武汉主持辛亥革命80周年国际学术讨论会并致开幕词，为在夏威夷召开的辛亥革命学术讨论会提供了论文。

同年，中国抗日战争史学会成立，当选为会长，并在成立大会上发表了演讲；抗战史学会主办的刊物《抗日战争研究》创刊，任编辑委员会召集人。

1992年，在《抗日战争研究》发表《抗日战争与中华民族的统一》。出席郭沫若诞辰100周年学术讨论会并发言。

同年，俄罗斯科学院远东研究所研究员嵇辽拉（别名列诺莫夫）编译的《刘大年史学论文选》（俄文本）在莫斯科出版。

1993年，在北京主持第二届近百年中日关系史国际学术讨论会并致开幕词。

1994年，在《近代史研究》发表《光大范文澜的科学业绩》，在《抗日战争研究》发表《抗日战争的历史意义与民族精神》。

1995年，出席全国纪念抗日战争胜利50周年学术讨论会，并在开幕式上作主题报告。在人民日报发表《民族的胜利，人民的胜利》。主编《中国复兴枢纽——抗日战争的八年》，北京出版社初版。

1996年，在《抗日战争研究》发表《照唯物论思考》。论文集《抗日战争时代》在中央文献出版社出版。

1997年，在《近代史研究》发表《方法论问题》一文，对当前中国近代史研究的若干理论问题提出自己的看法。人民日报、《求是》杂志分别摘载此文。在北京丰台主持"七·七"事变60周年国际学术讨论会。《中国复兴枢纽》修订再版。

同年，担任中国社会科学院中日历史研究中心专家委员会召集人。

1998年，为祝贺俄罗斯科学院院士齐赫文斯基80寿辰，在《读书》发表《山长水又远，佳景在前头》的文章。为纪念翦伯赞诞辰100周年，撰成题为《革新派先贤祠中的一员》的文章。

同年11月，率领中国社会科学院中日历史研究中心代表团访问日本。在东京会见了日中友好会馆会长后藤田正晴、日中历史研究中心评议委员会座长隅谷三喜男及各位评议委员，在京都拜访了京都大学名誉教授井上清。

1999年9月，在中国社会科学院主办的"中国社会科学50周年学术报告会"上作报告，阐述马克思主义指导和中国人文社会科学的历史使命问题。被俄罗斯科学院授予外籍院士的称号，10月在北京与齐赫文斯基院士畅叙友谊。完成长篇论文《评近代经学》的定稿。

同年11月13日，因发烧住进协和医院。面对医生无法查出病因，豁达、大度，完全以唯物主义的态度对待生命的过程。遗言：一辈子做了个爱国的中国人。感到最自豪的是当过一年零半个月的正规八路军战士，在国家民族危亡的时候不是个旁观者。后事从简，没有财产，书籍送湖南华容县。12月28日，上午10时50分，因循环衰竭，停止呼吸。

2000年2月28日完成于

东厂胡同一号

附录：

战士型的学者　学者型的战士
——记刘大年的学术生涯
张　海　鹏

一

1998 年 11 月中旬，中国社会科学院中日历史研究中心专家委员会代表团访问日本，83 岁的中国社会科学院近代史研究所名誉所长刘大年同志率团前往。在会见日中友好会馆会长后藤田正晴先生（84 岁）的时候，在会见日中历史研究中心评议委员会座长隅谷三喜男先生（82 岁）的时候，在会见京都大学名誉教授井上清先生（85 岁）的时候，刘大年就中日关系中的一个重要问题，即历史认识问题发表讲话，引起了与会者的注意。此行另一个意外收获，是刘大年会见了半个多世纪前在八路军总部白求恩医院工作的日本医生山田一郎。1943 年，刘大年从冀南去太行山抗日根据地，在山头与日军遭遇，跳悬崖脱险，但肺部受伤破裂，生命垂危。山田出主意，用中国的传统药物治疗，终于转危为安。山田一郎是八路军的日本俘虏，东京大学医学部的高材生。他在八路军中参加了中国共产党，抗战胜利后回国，转为日本共产党党员，在东京代代木医院当院长，更名为佐藤猛夫，今年已经 89岁，头脑清楚。据陪同会见的日本友人在日中友好会馆的会见会上当众介绍，刘大年先生与日本的白求恩的会见场面是极为感动人的。刘大年对于这次能够见到战场上的日本朋友之一，在整个访问期间，都非常兴奋和愉悦。

　　刘大年于1915年8月出生于湖南华容县一个中小地主家庭。抗日战争前家境已经衰落。六岁入小学，大部分时间念私塾。1936年肄业于长沙湖南国学专修学校。1937年夏天，他为了寻找职业，正住在武昌粮道街一家学生公寓里。7月8日傍晚，当报道发生卢沟桥事变的报纸"号外"在武昌蛇山传播时，他在蛇山和黄鹤楼一带看到了临时偶然聚集起来的大量人群，在那里议论卢沟桥和宛平城的战事。那些带着愤怒和兴奋情绪的人群的激昂议论，使他感受到了中国人的民族精神和爱国情怀。平津失陷，日寇深入国境，国家危在旦夕。抗日战争的时局大变动改变了国家的命运，也改变了周围的环境，他受爱国思想和求知欲驱使，决定去延安。1938年从家乡到长沙八路军办事处，受到湖南知识青年尊崇的"徐先生"徐特立、老资格共产党人王凌波指点，8月间到达陕北，进了陕北抗日军政大学，同年加入中国共产党。翌年抗日军政大学第五期毕业。抗大毕业后他被分配在冀西和冀南抗日根据地工作。以后长期生活、斗争在河北平原和太行山上。

　　1939年起，他先后任冀西专区行政干部学校教导主任，冀南行政主任公署、晋冀鲁豫边区政府冀南行署宣传科长、教育科长，冀南抗战学院、政治学校教员，北方大学工学院副主任，北方大学、华北大学历史研究室副主任。1950年5月中国科学院近代史研究所成立，担任研究员，兼中国科学院编译局副局长，并为科学院党组成员。1954年以后，任近代史研究所副所长、中国科学院哲学社会科学部学部委员。那时候，近代史研究所所长范文澜年事已高，经领导机关同意，专心于中国通史的写作，由刘大年主持所务。"文化大革命"中被作为走资派批判，下放劳动。1978

年恢复工作，任中国社会科学院近代史研究所所长，社会科学院研究生院教授，博士生导师。1982 年以后，他离开近代史研究所的实际领导岗位，任近代史研究所名誉所长，摆脱了繁杂的行政事务，他能够集中更多的时间和精力，来关注中国近代史的研究事业。

从小学至湖南国学专修学校肄业，刘大年大半受的是旧式传统教育。他把所谓"国学"看作根本学问，一意追求，很少接触社会政治现实。到陕北以后，读到的第一本马克思主义原著是《共产党宣言》。虽然似懂非懂，却在自己头脑里打开了一个前所未有的新天地。从此，只要是新书，不管是政治经济学的、哲学的、外国历史的，都如饥似渴地去读。从湖南到陕北的途中，他还提醒自己："国学"是我们祖宗立国的根本，不可忘记。读过那些有限的新书以后，仿佛大梦初醒。盲目崇拜孔学的观念，不知不觉烟消云散了。他从此确立起马克思主义的思想基础和献身革命的人生道路。那条道路，最现实的就是到烽火连天的抗日战争前线去，从事民族解放的斗争，经受锻炼和考验。这是那时许多有觉悟的青年知识分子共同走过的道路。中华人民共和国建国后各方面事业的干材，很多是这一代经受过抗日战争烽火洗礼的青年。

在抗日根据地里，他一直从事宣传教育工作，需要重视马克思主义理论学习；同时又在一些院校、训练班屡次讲授社会发展史、中国革命运动史等课程，更需要读有关的书，特别是读历史书。抗日根据地环境艰苦，谈不上多少文化设施，但也不是无书可读。李达的《社会学大纲》、郭沫若的《中国古代社会研究》、吕振羽的《史前期中国古代社会研究》、《殷周时代的中国社会》，以及苏联人、日本人讲中国社会历史的书，在少数人手里仍然能够找到。他就是在那时读到上面这些著作，并引起对哲学、历史学的重视的。抗日战争的八年，在一方面可以说是他为以后从事学术研究工作做准备的八年。

二

抗战胜利后，刘大年弃戎从学，开始从事学术工作。如果说，抗日战争的八年，刘大年是作为一名战士，经历战火的洗礼与考验，关注中国的命运的，那么，这时候，他开始尝试换一个角度，以学者的身份观察中国的历史与中国的命运。刘大年不是一个只坐在书斋里，钻进象牙之塔里做学问的学者。他像在前线作战的战士总是依据战线的实际而又迫切的需要，选取最重要的突破口那样，依据中国社会现实的急切需要以及从中国与世界关系发展的大局出发，提出课题，展开研究。他具有"国学"的良好根底，又运用马克思主义唯物史观作为解剖刀，分析历史资料，研究历史与现实的关系，他写出的一些研究论著，受到新兴的中国近代史学科的研究者重视。

刘大年写的头一本书是《美国侵华简史》。1947年，他生病离开工作休养，开始收集中美关系史资料。那时美国在抗日战争后期就确定下来了的扶蒋反共政策正在加紧实施，中国人民与美国统治集团的矛盾一天天激化。中美关系的历史怎样，很自然地成了人们关心的问题。在解放区，研究这个题目，苦于缺乏原始资料。北方大学校长、历史学家范文澜向他提到可以注意两部书，一部是李鸿章全集，一部是王芸生的《六十年来中国与日本》。《美国侵华简史》的有关部分就大量利用了这两部书的材料。为了收集资料，他经过当时中宣部副部长陈伯达介绍，访问了中共党内国际问题专家王炳南和柯伯年。文稿最后经过在中宣部工作的哲学家艾思奇审阅，认为可以出版。1949年8月，《美国侵华简史》由华北大学出版，同时在《人民日报》上连载。不久经过修改、补充，于1951、1954年，以《美国侵华史》为书名，由人民出版社出第一、第二版。苏联、朝鲜、捷克斯洛伐克和民主德国相继出版译本。苏联《大百科全书》第二版第21卷（中国卷）历史部分刊有记录。《美国侵华史》的出版适应当时的需要，在社会上产生了相当的影响。这是从革命根据地走出来的学者在观察、研究中美关系时写的第一本书，也是新中国建国初期出版的第一本有关中美关系的学术著作。半个世纪过去了，今天有关中美关系历史的研究已经大大前进了，但是人们仍然没有忘记刘大年这本给新中国献礼的书。对于作者来说，这是他研究中国近代史的开始，同时也奠定了他在中国近代史学界的地位。

1955年至"文化大革命"以前，刘大年出版了《台湾历史概述》（与丁名楠、余绳武合著）、《中国史稿》第四册（主持编写）、《中国近代史诸问题》等三本书。《台湾历史概述》可以说是《美国侵华史》的续篇。1950年美国出兵台湾，派遣第七舰队进驻台湾海峡，引起了全体中国人民的严重抗议。《台湾历史概述》就是这种形势在学术界的反映。这本书简要通俗，出版后，得到过中国科学院学术奖金，70年代曾印行第二版。

《中国史稿》第四册的编写与历史学界的百家争鸣直接相关。郭沫若与范文澜都用马克思主义研究历史，他们对于中国奴隶制与封建制的分期不同。以前各讲各的，到了北京以后，两人的著作都为自己的观点辩护，谁也没有基本上改变。1954年中国科学院决定新设立两个研究所，连同原来的近代史所，称历史一、二、三所。郭沫若、陈垣、范文澜分别担任所长。目的是加强中国历史学研究，推进百家争鸣。经过酝酿，郭沫若准备主编一部中国通史，范文澜则继续写他的《中国通史简编》。郭编通史后来定名为《中国史稿》，古代部分由历史一二所合并后的历史所承担，分为一、二、三册，尹达负责组织编写；近代、现代史分为第四、第五册，由刘大年、田家英主持编写。刘大年主持了《中国史稿》第四册的全部编写工作，从提出提纲到最后定稿；近代史研究所的部分学者为这本书的编写，贡献了心力。

以前讲中国近代史的书，包括拥有众多读者的范文澜著《中国近代史》，一般带有记事本末的特点，而且内容偏重于政治史。这在当时是有道理的，但是需要改进。《中国史稿》第四册作了改变。依照刘大年的看法，1840 至 1919 年近代中国 80 年的历史，明显地表现为鸦片战争至太平天国失败、1864 年至戊戌变法与义和团运动失败，以及 1901 年至五四运动爆发的三个不同时期。在那几个时期里，帝国主义、中国社会各阶级的相互关系、他们的矛盾斗争各有特点。其中社会经济状况、阶级斗争、意识形态是结合在一起的，统一的。因此，新的著作要求根据历史演变的时间顺序讲述事件；不只讲政治事件，也要讲经济基础、意识形态，不只讲汉族地区的历史，也要讲出国内各民族在斗争中与全国的联系和相互关系。《中国史稿》第四册这种写法，就是总结了建国以来中国近代史学科的研究成果，加以概括和升华，给中国近代史搭起了一个新的架子，有些地方做出了可喜的概括。当时它是指定的高等学校教材，印数很多。1982 年全国近代史专家在承德举行学术讨论会，有的研究者评论说，60 年代最有影响的近代史著作是郭沫若主编、实际上是刘大年写的《中国史稿》第四册。这个评论指出了那本书在一段时间里流行的情形。此后，我国高等学校历史系编写或者使用的中国近代史教材，大体上也参照过这个框架。

《中国近代史诸问题》是一本论文集，1965 年出第一版，1978 年出第二版时改名为《中国近代史问题》。其中《回答日本历史学者的问题》、《亚洲历史评价问题》和《论康熙》三篇论文，引起过国内外的评论和争论。1963 年 12 月，刘大年参加中国访日学术代表团，在日本历史教育工作者协会大阪支部举行的欢迎会上演讲，事后根据日本《历史地理教育杂志》刊载的讲演记录稿写成《回答日本历史学者的问题》，发表在《人民日报》上。文章中有关于世界历史发展中心、如何评价历史人物等问题的论述。1965 年 4 月，毛泽东看了这篇文章，认为文中说的世界历史发展中心应该是世界人民革命斗争的主要潮流所在的地方，讲得很对；但对于如何评价历史人物提了一个问题：照这么讲，剥削阶级的历史人物还是没有什么作用啰？这说明那时史学论著上对剥削阶级的历史人物的研究和评价存有简单化偏向。刘大年的论述不免也蒙受其影响。1965 年 5 月，他应邀出席巴基斯坦第十五届历史学会，提供的论文叫《亚洲历史评价问题》，受到与会者欢迎。1965 年 7 月，《人民日报》全文发表，同年 11 月和 1966 年 3 月，《北京周报》英、日文版和德、法文版先后刊载，表明论文提出了许多读者关心的问题。《论康熙》在《历史研究》发表后，在国内引起反应是很自然的，那时候史学界存在着"左"的偏向，高喊"史学革命"，主张打倒帝王将相，以为刘大年讲帝王将相，是想"反潮流"。事隔不久，又在国外引起了苏联方面的批判。苏联《历史问题》杂志 1963 年 10 月号上发表苏联科学院院士齐赫文斯基等人的文章，说那样评价康熙，"在刘大年以前，中国没有一个历史学家提出过"，并认为它所表现出的错误倾向是同中国离开国际共产主义运动的协调一致路线有密切关系的。《历史问题》开了头，以后苏联报刊多次举出《论康熙》加以批驳。刘大年在《中国近代史问题》一版、再版后记里也都简要予以回答。一个学术问题的争论变成了政治性的争论，它从一个局部、一个侧面反映出了历史的曲折。实际上，《论康熙》这篇文章，使用马克思主义唯物史观，观察和分析了康熙皇帝和清朝初期的历史，对康熙皇帝和清朝初期在中国历史上的地位，做出了客观的评价，至今仍被史学界看作是历史研究的一篇范文。我国清史专家戴逸教授最近还指出："《论康熙》这篇文章，一直是我们研究清史的人经常阅读的。"①

"文化大革命"以后，刘大年的研究工作，一是继续研究中国近代史，二是研究历史学理论问题。这以后，出版了《赤门谈史录》、《中国近代史稿》（第一、二、三册，主持编写）、《刘大年史学论文集》、《抗日战争时代》以及《中国复兴枢纽——抗日战争的八年》（主编）等几部著作。

《赤门谈史录》主要讨论辛亥革命的性质，列举经济基础、领导革命的社会力量、同盟会纲领、革命的主力军等四项根据，说明辛亥革命是资产阶级民主革命。在叙述中分别评价了国外同类著作上的代表性观点。关于辛亥革命的性质，海峡两岸研究者的评价截然不同。此岸学者认为辛亥革命是中国资产阶级性的革命，彼岸学者坚决不同意，认为是全民革命，或者国民革命。这种讨论在 80 年代初引起过广泛的注意，至今还在进行，可见分歧之大之深。台湾学者认为，领导革命的孙中山等人不是资产阶级，中国当时还没有资产阶级，即或有，也是大贫、小贫，怎么说辛亥革命是资产阶级性的革命呢！《赤门谈史录》在这次争论前数年，就对辛亥革命是资产阶级民主革命进行了翔实的论证，卓有见地。《赤门谈史录》是多次讲演的结集，讲演的听众是日本学者。这是因为，1979 年，作者由日本东京大学校长向坊隆聘请为东大研究生院特聘教授，讲授中国近代史，着重讲辛亥革命。《赤门谈史录》就是在那个讲稿基础上写出的。东京大学的校门为江户时代加贺藩"大名"前田家旧物，朱漆大门，称为"赤门"，本书命名

---

① 戴逸：《刘大年同志与中国历史研究》，《近代史研究》1995 年第 5 期。

的寓意在此。

"文化大革命"后期，郭沫若主编的《中国史稿》准备扩充篇幅，重新编写的任务提上日程。近代史部分仍由刘大年主持编写。他那时从设在河南农村的"干校"回到了北京，还没有"解放"。由于预计要写的字数较多，经郭沫若同意，把近代部分独立出来出版，定名为《中国近代史稿》。刘大年约集丁铭楠、钱宏、樊百川、张振鹍、龙盛运、刘仁达、金宗英等参加编写。他根据各位作者提供的初稿，从头加以改写、定稿。1978 年出版第一册，1984 年出版第二、三册。第一册付印时郭沫若去世，书上的署名是中国社会科学院近代史研究所。《中国史稿》第四册树立了中国近代史的一个框架，如有的评论者所说，"有骨头无肉"，《中国近代史稿》大体上采用了那个框架，加上往后的研究成果，大大丰富了各章节的内容，使某些主要部分的论证更有说服力，史料则大为充实了。每个时期各有总评，成一家之言。第三册讲完了义和团运动，后面尚待继续编写。这三册书出版后，也被定为高等学校教材，印制数量不少。

《刘大年史学论文选集》出版于 1987 年，讲史学理论的文章排在首位，占的篇幅也较多。刘大年认为中国历史学传统悠久，中国的和世界的历史学各有自己的科学成分，有了它们我们才能够认识以往的历史。但是历史学是否以及怎样成为一门科学，至今仍是一个争论问题。马克思主义的历史唯物主义给历史学奠定了科学基础，它并不能代替历史学理论。探讨历史研究如何成为科学，就是历史学理论最后要解决的问题。他讲历史学理论的文章不少，大部分收拢在《论文集》里面。这些文章是：《历史研究的指导思想问题》、《历史研究的对象问题》、《历史前进的动力问题》、《历史上的群众与领袖问题》、《历史研究的时代使命问题》、《历史学理论的建设问题》等。对于历史学理论的一些关键问题他都讲了自己的看法。本书出版以后，它还在继续思考马克思主义历史学理论问题。这些问题是：

（一）关于哲学指导思想问题。刘大年指出：科学，无论自然科学和社会科学研究，都离不开一定的指导思想。就像恩格斯说的那样，不管自然科学家采取什么样的态度，他们还是得受哲学的支配。问题只在于他们是愿意受某种坏的时髦哲学的支配，还是愿意受一种建立在通晓思维的历史和成就的基础上的理论思维的支配。有的历史研究者在对待指导思想问题上，喜欢标榜"无偏无党，浩然中立"，其实那不过是表示他拒绝某种思想，而选择另外的思想。马克思主义的历史唯物主义是科学思想中的最大成果。历史研究要成为科学，只有依靠马克思主义的哲学指导。这里是指它的思想体系，不是指个别的词句与某些哪怕是很重要的论点。马克思主义已经被人们"驳倒"了一千遍，一万遍。最新的反驳来自于苏联、东欧国家社会主义制度崩溃之后，一些预言家们站出来说，这是共产主义的"大失败"、"总危机"，断言马克思主义已经"过时"了。

在这样的历史背景下，要想讲清楚历史学的哲学指导思想问题，首先要讲清楚什么是马克思主义、什么是唯物史观。刘大年认为，马克思主义历史唯物主义作为一个科学理论体系，简单说起来，那就是它以人类社会任何共同生活里的基本事实，即生活资料的谋得方式为出发点。第一，它找到了人类社会存在和历史运动的物质存在、物质基础。人们依赖一定的生产力并结成相应关系进行解决衣食住行需要的物质资料生产，来开始自己对历史的创造。其他一切创造都起源于和最终依赖于这个创造的存在和继续，这是认定历史运动是独立于人的意志的客观过程的头一个也是决定性的根据。这个根据是推不倒的，所以历史唯物论是推不倒的。第二，它指出了社会生活中经济、政治、意识形态是不可分割的以及他们各自的作用和相互关系。人们的社会关系同时表现为经济、政治和意识形态的关系。它是一个统一的社会关系客观体系。人们按照自己的意志创造历史，但人们不能脱离物质生活环境条件，而必须受物质环境条件的约束从事创造。这就是说，人们以前总是从人的思想活动说明历史是飘浮无根的，只有从所生活的那个物质环境条件来说明历史，才能落到实处。第三，人们对于在社会生活中多种多样的活动，以前似乎是不可能加以任何系统化的，现在则被综合起来，归结为完全可以从物质上量化查考的社会经济结构系统了。这就是归结为物质生产体系结构中不同利益人群，即不同阶级可以量化查考的状况，以及由此而来的不同地位作用上。一定的质必定表现为一定的量，社会物质生活中不能以某种方式量化的事物，就很难确定其质的地位。

（二）关于历史研究的对象问题。刘大年认为：历史研究的对象为何物，一向众说纷纭。或者认为历史研究不存在一定的客观对象，或者认为凡过去的一切全部都是研究对象，或者认为历史上某些事物、某个领域的状况是研究的对象。以某些事物、某个领域为对象的，又有"人事"说、社会说、结构说、文化说、综合说、规律说等各种主张。从它们中间选择一种，或者对所有各种主张兼收并蓄，综合成为某种新说，都行不通，必须另寻出路。判别历史研究的对象，首先要找出它的客观根据。其根据应当是时间上连续性的事物，全面、集中体现出人创造历史的和客观实在的事物。依照这个根据，从社会关系及其运动考查历史研究的对象，我们就知道，原始社会、私有制时代和未来的共产主义社会都是建立在一定的社会关系之上，而又各有自己的特点的。私有制社会历史研究对象的本质，就是社会阶级、阶级矛盾斗争，它们相互关系的消长变迁，和以此为纽带的全部社会关系的客观体系及其运动。

（三）关于历史前进的动力问题。对于什么是人类历史前进的动力，同样存在各种各样的答案，有过无数的争论和辩难。在私有制社会，生产力与阶级矛盾斗争，其中只有一个是推动历史前进的动力，还是两个都是？如果只能有一个，它是生产力还是阶级矛盾斗争，如果两个都是，它们的关系到底怎样？对此我们需要有统一完整的理解。刘大年认为：生产力是最终起作用的，阶级矛盾斗争是直接起作用的。它们的关系不是一个排斥一个，一个代替一个。它们紧密相联结，又各立门户。生产力与生产关系的矛盾运动，生产方式的变化和发展，决定整个社会的变化和发展。在私有制历史上，这种变化和发展，是通过阶级矛盾与对抗，通过阶级间的斗争来实现的。因此，说阶级矛盾、斗争推动历史前进，是对问题的直接回答。这种观点不同于"历史是由个人创造的"那种空洞的观点，而是指出了个人活动是由一定社会关系、环境决定的，它会使人认识到社会历史过程，最终也是自然历史过程。

（四）历史发展规律问题。历史之所以成为一门科学，最后在于它是有规律可寻的。找不出规律的认识，就不能以科学相矜夸。以前人们有时拿历史唯物主义的一般规律、社会经济规律来说明历史运动。它们或者失于宽泛，或者失于狭窄。我们认定了社会阶级、它们间相互关系的消长变迁是历史研究的对象，我们就知道了它们运动演变的规律也就是历史前进的规律。规律要从事物的重复性表现出来。物质生产过程，产品交换分配，同一经济形态下的生产力与生产关系矛盾，不同范围不同形式的社会阶级、阶级矛盾斗争，一种社会制度代替另一种社会制度等等，论现象背后的本质，无不处在重复中。例如中国近代史中的帝国主义、封建阶级、人民大众的状况，每一次重大事变、社会变动的过程，就是它们间的斗争、它们的性格、相互关系重复表演与发展的过程。社会历史中的重复性就是常规性、规律性。与自然界的事物不同，历史运动规律要通过有思想意志的人的活动、斗争来实现。历史运动方向并不随着权力人物的意志愿望改变，这说明人们的意志只有在与重复性所表现出的客观规律性相适合才能起作用。写得比较好的近代史的书，就是写出了这种运动规律的书。

刘大年认为：历史唯心论与历史唯物论，面对的社会现象相同。由于立脚点相反，对事物、事件的看法处处分歧对立。唯心主义看到了社会现象的复杂性，但无法抓住本质的事物。因此，它的科学成分，只能停留在个体的、现象上的描述、分析，对于整个社会关系内在的联系，他们的演变，不得不出于臆想和猜测。先天的弱点，使那种研究不能真正成为现代科学。唯心论否认历史运动中存在不以人的意志为转移的客观规律性；有时也讲规律，但并非指对社会关系内在联系的认识，不过表示研究者的主观任意性。根据历史唯物主义观点，确认历史研究的对象是社会阶级、阶级矛盾斗争以及由此构成的社会关系客观体系及其运动，事情就截然不同了。它找到了历史研究如何成为科学的前提。

这就是刘大年对马克思主义唯物史观的阐述，是他对于马克思主义历史学理论的思考。在刘大年看来，"马克思主义是建立在近代社会生产力基础之上的，是资本主义生产力与生产关系存在、资本主义生产关系存在的产物。资本主义这个人类历史上的特殊阶段没有走完它的行程，马克思主义这个伟大的认识科学，就依然是人们认识社会、认识社会历史走向的科学思想体系"①。我们说，宇宙间一切事物都是变的，只有变是不变的。马克思主义是人类社会发展到资本主义阶段的产物。这个阶段正在蜕变中。研

① 刘大年：《历史学的变迁》，载《北京大学学报》（哲学社会科学版）1998年第4期。

究对象的暂时性，决定了科学本身的暂时性。马克思主义论述资本主义社会矛盾的部分有一天是要过时的，但那是在世界资本主义生产关系消灭以后。

刘大年是在抗日战争的洪流中成长起来的。在他的晚年，他又把他的研究兴趣同抗日战争的历史研究自然地联系了起来。

1982年，在我们的邻国日本发生了一件引人注意的事。日本文部省规定修改中学历史教科书，公然否认日本对中国的侵略。教科书的作者家永三郎教授起而抗议，同日本政府的文部省打起了官司。这一事件引起了中国、东南亚各国以及世界舆论的关注，也引起了刘大年的严重关注。这个抗日战争时期的八路军战士不能不把历史研究的眼光逐渐转移到抗日战争这一段历史上来。这一年，他第一次发表有关抗日战争历史的文章。1987年，他在《近代史研究》第5期发表《抗日战争与中国历史》一文，表明他研究的深入。1989年2月20日，刘大年作为全国人大常委在七届全国人大常委会第六次会议上，就日本当局在侵华战争性质问题上的倒退做了义正词严的发言，曾吸引国内外视听。日本报纸迅速转载这个发言，苏联、法国、美国报纸、通讯社纷纷发表评论，谴责日本当局的行径。此后几年里，刘大年撰写了好多篇有关抗日战争史的论文。1996年，他将这些论文结集出版，题名《抗日战争时代》。同时，他还用相当多的精力，组织并主持编写了《中国复兴枢纽——抗日战争的八年》这本学术著作。该书在抗日战争胜利50周年时由北京出版社出版，1997年修订再版。

抗日战争的历史，国内学术界的认识，并不完全一致。刘大年认为，"抗日战争的历史和整部中国历史一样必须成为科学的客观研究的对象。我们必须把抗日战争的研究建立在坚实的科学基础上，提高它的科学性。……对于叙述历史，我们主张客观的历史是怎么样,写出来的历史也必须是怎么样。"① 这就要求,在研究抗日战争历史时,一是必须以事实为根据,二必须是具体问题具体分析。实际上,有的研究者在人物评论中,看重人物的自我表白,胜过看重客观事实。有的史实评论中,看局部多,看全局少。顾虑把共产党的地位、作用降低了的,有之;顾虑把国民党的地位、作用降低了的,也有之。问题争论、讨论中不乏停留在表面的,没有解决的远远多于解决了的问题。按照胡乔木的说法,"对这段历史的认识还有许多不够深刻的地方"②。这些问题中,有两个特别重要,这就是正面战场和敌后战场的作用问题,国民党和共产党的领导作用问题。

刘大年认为,弄清这些问题,要认识抗日战争时期历史的特别复杂性。抗日战争时期的对日战争,首先是民族战争,同时也是人民战争;其间交叉着错综复杂的矛盾,既有民族矛盾,又有阶级矛盾;抗日战争既是一场民族解放战争,又是一场与国内民主革命相结合、相伴随的战争。既有正面战场,又有敌后战场;既有国民党对正面战场的领导,又有共产党对敌后战场的领导。只有依据历史事实,看到抗日战争历史的复杂性,具体分析具体问题,才有可能把抗日战争历史研究中认识不够深刻的地方,进一步弄清楚。由此出发,刘大年对于抗日战争历史,有如下观点:

(一)中国抗日战争是在中国共产党倡导的抗日民族统一战线的旗帜下,以国共合作为基础,各阶级、各族人民团结起来进行的中华民族解放战争。当时国家权力掌握在蒋介石、国民党手中。抗日战争有蒋介石、国民党参加,才有了全民族的抗战。抗战期

---

① 刘大年:《照唯物论思考》,《抗日战争研究》1996年第2期。引自《抗日战争时代》,第142页。

② 胡乔木:《致中国抗日战争史学会成立大会的信——代发刊辞》,《抗日战争研究》1991年第1期。

间，蒋介石虽然没有放弃反共，也没有放弃抗战。从全民族战争的角度看，蒋介石、国民党在抗战中的重要地位和作用，应当得到客观的、全面的理解。同样，中国共产党领导的人民力量的存在和发展，是这场民族解放战争胜利的基本条件之一，而且，这个基本条件所发生的作用，贯穿在抗战的全过程里。如果没有这个基本条件，全民族抗战是否能实现，或者一时实现了，能否坚持下去而不中途夭折，以及中国是否能取得抗战的最后胜利，就要打一个大问号。所以，人民力量的存在和发展这个基本条件的极大重要性，更加应该得到客观的、全面的理解。因此，抗日战争这场民族解放战争的胜利，是国民党、共产党和全国人民共同奋斗争取得来的。

（二）两个战场的存在是决定抗日战争面貌和结局的关键。抗日战争的特异之处是蒋介石政权控制的正面战场与共产党领导的敌后解放区战场并存。它们在战略上互相依托、互相配合，与强大的敌人角胜。两个战场是互存互补的关系，缺一不可。缺了一个，抗日战争的胜利都是难以想象的。有正面战场的坚持，又有敌后战场的强大存在，才有战争胜利的结局。两个战场的存在来自于国共合作，来自于抗日民族统一战线。在战争中日军由胜利推进转向失败，国民党和共产党的力量朝相反的方向运动这种复杂的过程，是从两个战场上开始和完成的。两个战场在战争中的不同表现，直接影响着全国的政治局势。因此，两个战场的地位和作用，客观地表现了国民党和共产党在抗战中的地位和作用。既不要看轻国民党的作用，更不要看轻共产党的作用。

（三）在抗日战争中，国民党、共产党两个领导中心并存。国民党与共产党在抗日战争中的领导权，是由抗战前两个敌对政治实体的关系嬗变而来的。说国民党、蒋政权发挥了领导作用，是因为它掌握着民族战争所必需的、国际国内承认的统一政权，它指挥 200 万军队，担负着正面战场的作战任务。它虽然积极反共，在抗日问题上严重动摇，但到底把抗日坚持下来了。说共产党发挥了领导作用，是因为它坚持了抗日统一战线，使民族战争所必需的国内团结能够维持下来，指挥八路军、新四军，担负着敌后战场的作战任务。它们所处的地位不同，能够起作用的方面不一样，也不表现为某种平衡，而又都是不可缺少的。在抗日战争这个整体大局中，国民党、共产党都起着领导作用。这个作用，都是全局性的，不是局部的、暂时的。双方这种都是全局性的领导作用，不是由于它们存在某种形式的共同领导或与之相反的分开领导来实现的，它们的领导作用是在又统一、又矛盾斗争中来实现的。在抗日统一战线内部又统一、又斗争的过程中，国共力量的消长发生着变化，总的趋势，是人民的力量、共产党的力量逐渐增强，并且历史性地改变了国内政治力量的对比。这是对抗日战争中国民党、共产党的领导地位和作用的最终的说明。

（四）抗日战争是中国近代历史发展的一个根本转变，是近代以来中国第一次取得的对外战争的全局胜利。这个胜利，改变了中国历史发展的航向。抗日战争中，军事上和国内政治关系上同时并存着两个过程、两种演变：一个是日本的力量由强变弱，由军事胜利到最后的彻底失败；另一个是国内两大政治势力的力量对比发生了重大变化。前一个演变关系到中国亡不亡国、民族能否独立的问题，后一个演变关系今后是新中国还是旧中国、中国能否打开通向近代化前途的问题。

以上可以看出，这些看法，可以说是抗日战争史研究的一次思想总结，他所提出的一系列看法，较之以前一些简单的说法，显得具有科学性了，更加实事求是了，更加符合历史真相了。这是一个八路军老战士，一个马克思主义的历史学家在他晚年的学术生涯中所达到的一个新的境界。

三

刘大年的历史学研究，有着非常明显的特点。除了始终坚持马克思主义历史唯物主义的指导外，他还非常注意历史研究与现实的关系，非常注意追踪中国近代史研究的前进步伐。

在历史学理论的研究中，刘大年曾提出历史与现实的关系进行讨论。他认为，讲过去的事，回答现在的问题，瞻望未来，是历史科学的基本特点，也是它与文学、经济学研究中结合现实需要所不同的地方。他说：中国马克思主义历史学一诞生，就明白宣告了自己负担的迥然有异于封建阶级、资产阶级历史学的崭新使命。它把过去与现在、未来的联系，完全不是看作外部的偶然的联系，而是看作内在历史运动客观规律的联系。他认为，从今天来说，从社会主义事业出发，古今中外的历史都需要研究。今天的现实生活要求历史解答的问题，不是减少，而是增加了，研究任务不是减轻，而是加重了。从宏观角度看，现实的研究任务是：第一，深入研究中国历史发展的全部客观过程，揭示中国的社会主义、共产主义长远前途，仍然是中国历史科学首要的和根本的任务。第二，中国今天是社会主义建设时期，社会主义建设需要各方面的知识。认识中国全部文明史，就是认识我们的先民是怎样对待、改造他们所处的环境、改造世界的，从中吸取和改造一切有价值的东西，来服务于今天的社会主义建设事业。第三，必须通过一个国家的具体历史的研究，找出与其他国家的共同点与不同点。我们今天需要从全世界历史的广度，从发达国家现代化的高度，进一步观察人类社会发展的前景，把我们对社会主义前途的科学认识，提高到一个新的水平上来。第四，中华人民共和国的历史，应当认真开展研究。中华人民共和国已经走过了差不多半个世纪，其间有顺利发展，也有重大曲折。顺利发展所取得的辉煌成就，证明社会主义制度是惟一合乎"国情"的最富有生命力的制度，而所遇到的重大曲折，并没有证明这个制度不具有强大生命力，只是证明它需要改革。历史的长河看不到尽头，社会生活中的改变、革新也就不会有尽头。总之，刘大年认为，一门中国近现代史，一门历史学理论，是历史学里面与现实关系密切的领域。他的研究工作的注意力主要放在这两个门类上。为什么研究历史，由此可以见出他的志趣所在。

刘大年的中国近代史研究，在研究课题的选择上，研究方法和学术观点的运用上，是开放的、进取的，不是一成不变的、故步自封的。在历史学理论和中国近代史研究上，他经常关注着国内外研究的进展。在他的论文中，经常引证国外某些著名学者的论点，描述国外研究的状况。他随时阅读国外报道，为了论证或者便于自己阐述某种观点，经常引用国外著名政治家、学者或者重要报章社论的最新见解，以及经济发展数字。前些年，有的青年学者引用国外的所谓"三论"，来驳斥他的观点，他也作文回答，用很专业的术语描述国外自然科学最新发展的情景来为自己辩护。在讨论中国近代史发展主线的时候，他在《中国史稿》、《中国近代史稿》以及有关论文中，有很鲜明的观点。但是，他并没有停止在这种思考上。

改革开放以来，中国近代史学界有人主张用近代化的观点从新改写中国近代史。这不失为一种应当思考的主张。1990年，刘大年在中国社会科学院近代史研究所为建所40周年举办的国际学术讨论会上，就中国近代化的道路与世界的关系提出论文，指出："适应世界潮流，走向近代化，是中国社会发展的必然趋势"，同时指出，"近代中国没有实现西方那样的近代化，但它凭自己的力量打开了走进近代化世界的大门"①。此后，他又进一步指出：在 110 年的中国近代史期间，"明显地多了一个帝国主义的侵略压迫，少了一个民族独立；多了一个帝国主义支持下的封建统治，少了一个社会工业化、近代化。因此，中国近代史上的基本问题是两个，第一，民族独立问题，第二，社会工业化、近代化问题"。至于这两个基本问题之间是什么关系，刘大年认为："没有民族独立，不能实现近代化；没有近代化，政治、经济、文化永远落后，不能实现真正的民族独立。中国人民百折不回追求民族独立，最终目的仍在追求国家的近代化。"② 民族独立和近代化问题，两者的内容虽不相同，不能互相代替，但又息息相关，不能分离。

刘大年认为：中国近代史上存在着一个特殊的矛盾现象：在民族遭受压迫和民族工业出现上存在着虽不相等却是明显的两个走向、两条路线。一条是急剧的下降线，半殖民地半封建统治秩序不断加深，中国最后被推到了接近亡国的险境。一条是曲折而微弱的上升线，上一个世纪六七十年代中国近代工业出现，本世纪初短暂地显现出一个小小的浪潮，直到日本发动全面侵华战争，民族工业也仍多少保持增长倾向。就是伴随着民族工业的产生，中国出现了新的社会力量，出现了民族资产阶级、工人阶级、近代知识分子。其中，工人阶级是近代工业的生产劳动者，最富于革命性、创造性，民族资产阶级、近代知识分子也各有特色。这些新的社会力量，各自凭着自己的作用，再加上占人口最大多数、深受压迫的农民群众，才构成了争取民族独立的最后支柱。了解

---

① 刘大年：《中国近代化与世界的关系》，载中国社会科学院近代史研究所科研组织处编《走向近代世界的中国》，成都出版社 1992 年版，第 2、13 页。

② 刘大年：《抗日战争与中国近代史的基本问题》，载《抗日战争时代》，中央文献出版社 1996 年版，第 125、130 页。

了这些新生的社会力量与民族工业直接间接的关联，了解了中国近代史上民族压迫与近代工业同时存在的下降与上升两条线、两个走向的矛盾运动，也就可以对中国近代历史有更完整、更丰富、更深刻的认识了。

中国的现代化要走什么道路来实现？刘大年把它论述中国近代史的观点贯穿下来，反复讲，中国走社会主义道路来实现现代化，是历史的选择。对于社会主义，它以前受传统束缚，在讨论邓小平社会主义初级阶段理论中，他认为现在中国是在社会主义的黎明。他说："社会主义初级阶段实际有两重意思，一是起点不高，二是前程远大。这好比从黑夜到白昼，必须经过黎明那一段。黎明也有两重意思，一是还处在晨光之熹微中，二是跨过这一段，前面就是天光大亮。照我看，社会主义初级阶段可以归结到一点：中国社会主义是在黎明，世界社会主义是在黎明。"①"黎明"是一种文学形象的说法，它讲了眼前，也讲了未来，可以认为是有科学性的形象说法。这里也指出了中国要实现现代化有很长的路要走。

四

新中国诞生后，中国历史学发展到了一个新的阶段。刘大年在这时与学术界的接触多起来。1953年秋天，中共中央设立历史问题研究委员会，中宣部提名委员会由陈伯达、郭沫若、范文澜、吴玉章、胡绳、杜国庠、吕振羽、翦伯赞、侯外庐、刘大年、尹达等11人组成。毛泽东批准了那个名单，并指定陈伯达为委员会主任。在委员会里，刘大年比大多数人都年轻，

---

① 刘大年：《邓小平理论与社会主义黎明》，载《人民日报》1997年10月10日。

属于晚辈后学。委员会活动很少，有些工作是通过科学院去做的。刘大年因为担任中国科学院学术秘书（负责联系哲学社会科学），又在近代史所工作，有责任协助郭沫若院长，担负起有关的组织事务性事情。组织科学院研究人员思想改造工作，筹备成立历史一、二所（如西北大学校长侯外庐、上海顾颉刚调来历史二所分别担任副所长、研究员，都是刘大年经手的。中山大学历史系陈寅恪教授与中国科学院和《历史研究》杂志的联系也经由刘大年之手），筹备中国科学院哲学社会科学学部，遴选学部委员，制订十二年科学发展远景规划等，他是始终参予者或日常事务的主持者。1957年范文澜经上面批准，集中时间写书，刘大年实际主持近代史所的工作。他回忆说，长时期在科学院工作，有很多机会向学术界前辈和同志学习，深受教益。但政治运动、行政工作又往往把作为研究员担任的科学研究变成了业余，计划经常不能实现。他的感受是：研究学问和从事革命事业中的任何其他工作一样，要取得相当成绩，环境当然有关，关键在人的追求、奋斗。环境影响人，人克服困难，在改造环境中前进。

　　刘大年与我国老一辈社会科学家、历史学家有密切联系。他与我国史学界著名的"五老"：郭沫若、范文澜、吕振羽、翦伯赞、侯外庐有很多工作关系。他经常对后学谈到"五老"的风范。当1987年"五老"中的最后一位侯外老去世时，他曾经满怀感情地回忆并评价"五老"对创建我国马克思主义历史学的功绩。他说，他们那一代人为推动时代前进，付出了辛勤劳动，他们做完了时代交给的答卷。但那些答卷也只代表过去的时代。他认为，马克思主义历史学必须跟上时代步伐，不断发展前进。以往已经证明马克思主义历史学与中国革命实践相结合，表现了巨大生命力，"那么，现在和今后，按照新的条件，坚持这种结合的马克思

主义历史学就是常青的。"① 刘大年还与我国老一辈的自然科学家
有密切联系。1946 年他担任晋冀鲁豫边区北方大学工学院首任负
责人，组建工学院，接触一些自然科学家，这使他至今仍是北京
理工大学校友会名誉会长。他以后在中国科学院工作，同许多自
然科学家交往。他与竺可桢、杨钟健、梁思成、贝时璋、华罗庚、
钱三强等自然科学家都有很好的工作关系和个人关系。数学家华
罗庚和被称为"西医先驱"的北京协和医院张孝骞老大夫去世后，
他都写过悼念文章。

　　刘大年在对外学术交流中也非常活跃。他从 1953 年参加中国
科学院访苏代表团，到最近一次访问日本，有许多次出国进行学
术访问和政治性访问的机会，到过许多国家。1983 年，在他的推
动下，中国史学会加入国际史学会。1985 年，他率中国历史学家
代表团出席有 4000 人参加的第十六届世界历史科学大会，并在开
幕式上讲话，表示中国史学家将与各国同仁一道，为繁荣国际历
史科学而努力。按照惯例，国际历史科学大会开幕式除了东道国
的贺词外，就是国际史学会秘书长的工作报告，特别安排刘大年
讲话，使中国史学家获得了荣誉。② 大会开幕式后，德国总统魏茨
泽克举办招待会，邀请三十余位学者出席，中国代表团团长刘大
年和代表团顾问季羡林应邀出席。当德国总统与刘大年交谈时，
苏联科学院院士齐赫文斯基教授主动代为翻译。齐赫文院士是苏
联首屈一指的汉学家，研究中国近代史的学者。四十年来，刘大
年与齐赫文之间有过许多的学术交流、争论，彼此参加过在各自
国家召开的各种学术讨论会。近代史研究所与苏联科学院东方学
研究所、远东研究所建立起来的学术交流关系，与他们两人之间

---

① 刘大年：《侯外庐与马克思主义历史学》，《历史研究》1998 年第 1 期。
② 张椿年：《中国史学界的骄傲》，《近代史研究》1995 年第 5 期。

的友谊有很大关系。1992年，齐赫文出版了他的回忆录《我的一生与中国》，记录了他从30—90年代与中国的交往。书的末尾，一一列举对他有过帮助的老师、教授的名字，说"是他们培养了我对中国及其勤劳的人民，对中国丰富的文化和悠久历史怀有深深的敬意"，同时又说："我还想在本书结束的时候，向我在生活道路上遇到的中国学者郭沫若、侯外庐、曹靖华、吴晗、刘大年、胡绳以及其他许多中国朋友深表谢意，是他们帮助我理解和正确评价我的邻国——中国的丰富文化遗产，促进了苏中两国人民之间相互理解和友谊的发展。"[①]

刘大年还与德国著名学者、老一代汉学家贝喜发教授、日本著名学者、诗人吉川幸次郎、井上清教授等，建立了学术交流关系。国外这些知名学者都成了中国人民真诚的朋友。中国十年内乱结束，1978年，吉川写给刘大年的诗上说："今闻日月重开朗，蓬矢桑弧兴未除"[②]，是祝贺，也是赞扬。京都大学名誉教授井上清研究日本近代史、日本帝国主义史，著作富有科学性，铁骨铮铮。1960年井上清应刘大年邀请，访问近代史研究所，从这时候开始，刘大年与井上清结下了深厚的友谊。此后学术交流、思想交流，从未间断。1990年，近代史研究所建所40周年，井上清专程前来祝贺，他对刘大年表示：近代史研究所是他学术活动的第二个"家"。前面提到过的刘大年1979年东京大学的讲学，那时的主持者是东京大学田中正俊教授。1986年，已经是东京大学名誉教授的田中正俊写了一本小书，题为《战争·科学·人》。这本书，以他自己21岁被作为"学徒兵"驱赶上战场的亲身经历，揭

---

① 齐赫文：《我的一生与中国》，陈之骅等译，社会科学文献出版社1994年版，第121页。

② 引自刘大年：《赤门谈史录》，第135页。

露日本军国主义的罪恶。他在序言里说："谨以本书献给抗日民族
解放战争的英勇战士，我们的老师刘大年先生。"① 短短一句话，
不仅表明了作者追求真理的可贵品格，也代表了日本正直学者对
中国学者，对刘大年———一位八路军出身的历史学家的尊重之情。

　　1964 年起，刘大年连续当选为第三届至第七届全国人大代
表，第四届至第七届全国人大常委，是六、七届全国人大教科文
卫委员会委员。1980 年中国史学会重建，他当选为第二、第三届
史学会主席团成员、执行主席。现在是中国社会科学院近代史研
究所名誉所长、孙中山研究学会副会长和中国抗日战争史学会会
长。

　　本文开头提到刘大年这次访问日本，遇到了抗战中在八路军
中服务的日本友人的故事。与此同时，他还与一个未曾谋面的日
本朋友互通音问。这位日本朋友就是昭和天皇的胞弟三笠宫崇仁
亲王（现年 83 岁）。《抗日战争研究》1995 年第 2 期发表了原载日
本《This is 读卖》杂志三笠宫的文章，那是 1943—1944 年，三笠
宫化名若杉参谋，广泛考察中国战场以后，对中国派遣军总司令
部干部的一个讲话：《作为日本人对中国事变的内心反省》。他在
这个讲话中列举日本自甲午战争以后侵略中国的事实，揭露日本
军人的残暴行为，说日本对中国是"无所不取，掠夺殆尽"，特别
指出共产党的军队"对民众的军纪也特别严明，决非日本军队所
能企及"，在这种情况下，中共若不"猖獗"，那将成为世界七大
奇迹中的第一大奇迹了吧。他还说："在我看来，这样的日本军
队，是无法与中共对阵的。"这份讲话，当时作为"危险文书"被
没收，近年被日本学者从档案中查找出来，经三笠宫肯定后予以

---

　　① 田中正俊：《战争·科学·人》，韩一德译，黑龙江人民出版社 1990 年版，第 6
页。

发表。显然，无论是 1944 年，还是 1994 年，三笠宫都是讲了真话的，他是谴责日本对中国的侵略的。尽管他是昭和天皇的胞弟，是皇族，他的态度值得中国人民钦佩和尊敬。刘大年通过日本政治家后藤田正晴把一封亲笔信转送给三笠宫崇仁，正是表达了这种看法。刘大年在信中评价三笠宫的讲话说："先生以宏达坦荡襟怀，对待近代中日关系的历史，对待中日战争，我认为这是真正反映了日本民族的优异本色与勇敢精神，体现了日本众多国民的良知，是足以受到日本严肃的学术界公允评价，而载诸竹帛的。"几天以后，后藤田先生给刘大年先生回信，说后藤田亲手把这封信送呈三笠宫，"三笠宫殿下非常高兴，殿下说：'刘大年先生的大著我一定仔细拜读，先生处请代为多多致意。'"

　　他永远在前进，在追求。这就是刘大年：一个战士型的学者，一个学者型的战士。

1998 年 11 月 28 日草于东厂胡同一号，

12 月 19 日修改，30 日夜再改